Rollenbewußtsein und Subjektivität
Eine literartypologische Untersuchung politischer Memoiren
am Beispiel von Otto von Bismarcks 'Erinnerung und Gedanke'

Ihnen, sehr verehrte Frau Professor Mittenzwei –
meiner langjährigen Hochschullehrerin, die mir Freude an und Einsicht in die Literatur vermittelt hat und mir diese Arbeit ermöglicht hat.
Ich danke Ihnen dafür.
In herzlicher Verbundenheit
Ihre

Marina Adler
21. Februar 1992

Analysen und Dokumente
Beiträge zur Neueren Literatur

Herausgegeben von Norbert Altenhofer

Band 29

Peter Lang

Frankfurt am Main · Bern · New York · Paris

Marina Stadler

Rollenbewußtsein und Subjektivität

Eine literartypologische Untersuchung politischer Memoiren am Beispiel von Otto von Bismarcks ERINNERUNG UND GEDANKE

Peter Lang

Frankfurt am Main · Bern · New York · Paris

Die Deutsche Bibliothek - CIP-Einheitsaufnahme

Stadler, Marina:

Rollenbewußtsein und Subjektivität : eine literartypologische Untersuchung politischer Memoiren am Beispiel von Otto von Bismarcks "Erinnerung und Gedanke" / Marina Stadler. - Frankfurt am Main ; Bern ; New York ; Paris : Lang, 1991
(Analysen und Dokumente ; Bd. 29)
Zugl.: Frankfurt (Main), Univ., Diss., 1991
ISBN 3-631-44317-X

NE: GT

D 30
ISSN 0721-2925
ISBN 3-631-44317-X
© Verlag Peter Lang GmbH, Frankfurt am Main 1991
Alle Rechte vorbehalten.

Das Werk einschließlich aller seiner Teile ist urheberrechtlich geschützt. Jede Verwertung außerhalb der engen Grenzen des Urheberrechtsgesetzes ist ohne Zustimmung des Verlages unzulässig und strafbar. Das gilt insbesondere für Vervielfältigungen, Übersetzungen, Mikroverfilmungen und die Einspeicherung und Verarbeitung in elektronischen Systemen.

Printed in Germany 1 2 3 4 6 7

Rollenbewußtsein und Subjektivität

Eine literartypologische Untersuchung
politischer Memoiren am Beispiel
von Otto von Bismarcks
Erinnerung und Gedanke

Inauguraldissertation

zur Erlangung des Grades eines Doktors

der Philosophie im Fachbereich Germanistik

der Johann Wolfgang Goethe-Universität

zu Frankfurt am Main

vorgelegt von

Marina Stadler

aus München

1991

1. Gutachter: Professor Dr. Ingrid Mittenzwei
2. Gutachter: Professor Dr. E. E. Metzner

Tag der Promotion: 7. Februar 1991

Erschienen als Band 29 in der Reihe Analysen und Dokumente, hrsg. von Norbert Altenhofer im Verlag Peter Lang.

*Meinen Eltern und Felicitas
in Dankbarkeit*

Vorwort

Danken möchte ich an dieser Stelle all denen, die das Zustandekommen dieser Arbeit mit Rat und Tat gefördert haben. Frau Professor Dr. Ingrid Mittenzwei regte das Thema an, betreute die Arbeit und nahm engagiert Anteil an deren Fortgang.

Mein Dank gilt weiterhin der Konrad-Adenauer-Stiftung, die mich mit einem Graduiertenstipendium unterstützt hat und mir die Gelegenheit bot, an zahlreichen Seminaren teilzunehmen; dem Fürsten Ferdinand von Bismarck, der mir einen einwöchigen Aufenthalt im Fürstlich von Bismarck'schen Archiv in Friedrichsruh und die Verwendung der dort aufgefundenen Quellen in der vorliegenden Arbeit gestattete; dem Leiter des Archivs, Herrn Dr. Dirk Bavendamm, und Herrn Müller-Wusterwitz, der mir geduldig und hilfreich bei meinen Nachforschungen zur Seite stand; Diane Pfaff und Hans Jürgen Mitter, die mit steter Bereitschaft und Geduld bei der Anfertigung des Druckmanuskriptes geholfen haben.

Frankfurt/Main, 16. März 1990   Marina Stadler

INHALTSVERZEICHNIS

I. Einleitung 1

II. Typologie selbstbiographischer Literatur

1. Typologische Einordnung der Memoiren 8

    1.1 Unterscheidung Autobiographie - Memoiren 8
    1.2 Memoiren als Dokumentation 21
    1.3 Die Subjekt-Objekt-Relation in den Memoiren 25
    1.4 Die mittelbare Präsentation 30
    1.5 Der Memoirenschreiber als Rollenträger 31

2. Typologiemodell der politischen Memoiren 39

    2.1 Politische Memoiren - Memoiren von Politikern 39
    2.2 Kritik an Neumanns Idealtypus der Memoiren 43
    2.3 Das Rollenbewußtsein in den politischen Memoiren 49
        2.3.1 Rollenbewußtsein und Rekonstruktion 52
        2.3.2 Rollenbewußtsein und Legitimation 61
        2.3.3 Rollenbewußtsein und Erinnerung 70
        2.3.4 Rollenbewußtsein und Wahrheit 77

3. Die politischen Memoiren als literarischer Typus 92

    3.1 Gattungstheoretische Einordnung 92
    3.2 Die Ästhetik der Wirklichkeitssprache 101
    3.3 Die narrative Struktur politischer Memoiren
        3.3.1 Der Aufbau 110
        3.3.2 Die Erzählhaltung 113
        3.3.3 Die Darstellungsweise 118
        3.3.4 Die Darstellungsmittel 128

III. Beispiel: Otto von Bismarcks ERINNERUNG UND GEDANKE

1. Die Forschungssituation 132

   1.1 Das geschichtswissenschaftliche Erkenntnisinteresse 134
   1.2 Das auf die Person gerichtete Erkenntnisinteresse 141
   1.3 Das literaturwissenschaftliche Erkenntnisinteresse 151

2. Die Entstehungsgeschichte von ERINNERUNG UND GEDANKE 162

   2.1 Zur Vorgeschichte 162
   2.2 Die Diktate 170
   2.3 Lothar Bucher und seine redaktionelle Tätigkeit 179
   2.4 Die Überarbeitung der Memoiren durch Bismarck 183
   2.5 Die Herausgabe der Memoiren nach Bismarcks Tod 186

3. Der Aufbau von ERINNERUNG UND GEDANKE 192

   3.1 Das konstituierende Chronologieprinzip Buchers 195
   3.2 Das konstitutive Erzählprinzip Bismarcks 200

4. Literartypologische Untersuchung von ERINNERUNG UND GEDANKE 222

   4.1 - Macht - oder das Schachspiel der Politik 227
   4.2 - Verantwortung - oder das Ethos des Politikers 255
   4.3 - Dienen - oder die Leitung des Herrn 277
   4.4 - Entmachtung - oder der schwere Abschied 292

IV. Schlußwort - "...nur das, was man sagen will" 339

V. Literaturverzeichnis 345

I. Einleitung

Die literaturwissenschaftliche Beschäftigung mit einem Werk wie ERINNERUNG UND GEDANKE von Otto von Bismarck ruft Zweifel hinsichtlich der Rechtfertigung eines solchen Unternehmens vielleicht eher hervor als die mit eindeutig als Literatur definierten Werken.

Muß eine Betrachtung der Memoiren sich nicht zwangsläufig im Felde der Geschichtswissenschaft aufhalten im Sinne eines quellenkritischen Nachvollzugs des Werkes? Muß ein angemessenes Erkenntnisinteresse nicht gerade das sein, die Memoiren eines - gleichermaßen geprägten wie prägenden - Zeitzeugen wie Otto von Bismarck durch kritische Quellenprüfung auf ihre historische Genauigkeit hin zu untersuchen?

Wenn der Historiker unter diesem quellenkritischen Gesichtspunkt urteilt, daß die Memoiren Bismarcks "politisch und historisch in höchstem Grade desorientierend"[1] gewirkt haben, dann grenzt er aber gerade das Moment aus - und das muß er tun aufgrund seines spezifischen Erkenntnisinteresses -, auf das eine literaturwissenschaftliche Untersuchung wie die vorliegende ihr Interesse lenken darf: auf die besondere Richtung des (Rück-)Blicks, die Subjektivität dieser Rückschau.

Eine solche Perspektive scheint um so mehr gerechtfertigt, als die Urteile über Bismarcks Memoiren bis heute eine merkwürdige Diskrepanz aufweisen: einerseits - aufgrund überzeugender Quellenkritik - als massive Geschichtsfälschung bewertet, werden sie in den Bereich der historischen Lüge verwiesen, der der Leser mit kritischer Zurückhaltung hinsichtlich ihrer historischen Authentizität zu

---

[1] Gall, Lothar, Bismarck, Der weiße Revolutionär, korrigierte Ausg., Frankfurt/Main, Berlin, Wien, 1983, S. 724. [Im folgenden zitiert als 'Bismarck'.]

begegnen habe; andererseits - als herausragendes Zeugnis deutscher Memoirenliteratur gelobt - wird ihnen innerhalb der politischen Weltliteratur ein hoher Rang zugewiesen.

Das mit der Beobachtung dieses Befundes zusammenhängende Interesse richtet sich demnach auf die Momente, anhand derer der oben konstatierte Wert und die Bedeutung von ERINNERUNG UND GEDANKE innerhalb der Memoirenliteratur bestimmt werden kann. Und hier ist es gerade der von der Geschichtswissenschaft erbrachte Nachweis der - aus ihrer Sicht - zweifelhaften historischen Authentizität der Memoiren, der den Literaturwissenschaftler ermutigt, die Bedeutung von ERINNERUNG UND GEDANKE auf dem ihm eigenen Felde zu suchen und darzulegen.

Damit tritt die Subjektivität der Memoiren, die Art und Weise ihrer sprachlichen Organisation in den Vordergrund. Mit dieser Perspektive sieht sich auch die vorliegende Arbeit der Frage nach der Authentizität von ERINNERUNG UND GEDANKE verpflichtet, sie sieht diese jedoch aufgrund ihres Erkenntnisinteresses gerade in der Person des Erzählers Bismarck, der sein Bild der Vergangenheit zur sprachlichen Wirklichkeit kommen läßt. In diesem Entwurf von Vergangenheit vergegenwärtigt Bismarck erzählerisch ein Stück Geschichte, denn

> "Geschichte nennen wir das Bild, das wir uns von Vergangenheit machen. Geschichte ist nicht das, was geschah. [...]. Geschichte ist Schichtwerk, die künstliche Anordnung von Wissen über Vergangenheit. Geschichte ist geordnete Erinnerung, Bericht vom Geschehenen, und dem entspricht die andere umgangssprachliche Bedeutung des Wortes besser: Geschichte heißt auch Erzählung."[2]

Mit dieser Bestimmung von Geschichte ist bereits das hinsichtlich der Betrachtung von ERINNERUNG UND GEDANKE relevante Untersuchungsmoment umrissen; der als *Geschichtserzählung* zu bezeichnende Erzählakt konstituiert sich in der Zusam-

---

[2] Jäckel, Eberhard, Über den Umgang mit Vergangenheit, in: E.J., Umgang mit Vergangenheit, Beiträge zur Geschichte, Stuttgart 1989, S. 118.

menfügung dessen, was ein Subjekt über Vergangenheit weiß, was im Speicher seines Gedächtnisses aufbewahrt und nun von ihm in einer bestimmten Ordnung zur sprachlichen Wirklichkeit gebracht wird. Es ist diese sprachliche Wirklichkeit der Memoiren Bismarcks, die in der literaturwissenschaftlichen Analyse in ihren wesentlichen Momenten erfaßt werden soll.

Die Erfassung erfordert die Darlegung der Kennzeichen der Literaturgattung, der die Memoiren Bismarcks zuzurechnen sind. Diesem Ziel dient der erste Teil dieser Arbeit, in dem es um die typologische Einordnung der Memoiren sowie um eine Typologisierung *politischer Memoiren* geht, deren konstitutive Merkmale, idealtypisch gefaßt und unter Ausblendung der weniger relevanten Eigenschaften, ins Blickfeld gerückt werden.

Dazu sei der häufigste Irrtum in bezug auf den von Max Weber geprägten Begriff des Idealtypus von vornherein ausgeschlossen: *Idealtypus* bedeutet nicht das Idealbild einer Sache, also nicht den Typ größter Wünschbarkeit; er ist kein normativer, sondern ein wertfreier Begriff und

> "wird gewonnen durch einseitige *Steigerung eines* oder *einiger* Gesichtspunkte und durch Zusammenschluß einer Fülle von diffus und diskret, hier mehr, dort weniger, stellenweise gar nicht, vorhandenen *Einzel*erscheinungen, die sich jenen einseitig herausgehobenen Gesichtspunkten fügen, zu einem in sich einheitlichen *Gedanken*bilde."[3]

Die idealtypische Methode beinhaltet die "*gedankliche* Steigerung bestimmter Elemente der Wirklichkeit"[4], die Isolierung der dominierenden Tendenz eines Phänomens und

---

3 Weber, Max, Die Objektivität sozialwissenschaftlicher und sozialpolitischer Erkenntnis, in: Methodologische Schriften, Studienausgabe, Mit einer Einführung besorgt v. Winckelmann, Johannes, Frankfurt/Main 1968, S. 43.
4 Ebd., S. 42.

ihre Verfolgung bis zur letzten Konsequenz, dem *Idealtypus*.

> "Typen werden hier als gedankliche Konstruktionen verstanden, die im einzelnen Werk niemals vollkommen verwirklicht werden und deren unumschränkte Verwirklichung auch nicht als notwendig anzusehen ist."[5]

Die idealtypische Methode abstrahiert, um den empirischen Gegenstand rein ins Blickfeld zu bekommen und ihn unbehindert von historischen Zufälligkeiten der Analyse unterwerfen zu können. Ihr Ergebnis ist eine Typologie, die als gedankliche Konstruktion der Wirklichkeit zu verstehen ist.

Für die Bildung des literarischen Typus - und damit für die methodische Vorgehensweise des ersten Teils der vorgelegten Untersuchung - gilt demnach,

> "daß verschiedene Eigenschaften von Texten zusammengefaßt und als möglicherweise ursprüngliche, meist aber abstrakte Einheit begriffen werden - Eigenschaften, welche im konkreten Werk weder in vollständiger Zahl, noch rein anzutreffen sind [...]."[6]

In dem im ersten Teil entwickelten Typologiemodell politischer Memoiren wird also nicht ein normatives Schema angestrebt, sondern eine Ordnungsstruktur, durch die die Mannigfaltigkeit der auffindbaren Phänomene einzuordnen ist.

Es geht hierbei um die Auseinandersetzung mit der von der Forschung vertretenen These, daß die Memoiren in ihrer Bindung an äußere Begebenheiten eher dem Bereich der - auf Objektivität gerichteten - Dokumentarliteratur verpflichtet seien. Da die vorliegende Untersuchung von der These ausgeht, daß sich in Memoiren nicht Objektivität zeigt, wird im weiteren - im kritischen Rückgriff auf das von

---

5 Schwab, Sylvia, Autobiographik und Lebenserfahrung, Versuch einer Typologie deutschsprachiger autobiographischer Schriften zwischen 1965 und 1975, Würzburg 1981, S. 18.
6 Anderegg, Johannes, Fiktion und Kommunikation, Ein Beitrag zur Theorie der Prosa, Göttingen 1973, S. 54.

Bernd Neumann entwickelte Merkmal des die Memoiren kennzeichnenden Rollenbewußtseins[7] - diese These der prinzipiell subjektiven Organisation politischer Memoiren im Modell typologisch dargestellt.

Das Typologiemodell wird auf der Grundlage von Werken der politischen Memoirenliteratur eines begrenzten Zeitraums (Ende 19./Anfang 20. Jahrhundert) gebildet. Innerhalb dieses Modells werden die unterschiedlichen Aspekte des politische Memoiren kennzeichnenden Rollenbewußtseins aufgezeigt. Dessen wesentliche Kennzeichen werden dargelegt, indem es zu typischen Schlüsselbegriffen selbstbiographischer Literatur (*Rekonstruktion, Legitimation, Erinnerung, Wahrheit*) in Bezug gesetzt wird.

Dabei geht es um den Aufweis der dialektischen Subjekt-Objekt-Struktur politischer Memoiren, nämlich um die für sie charakteristische Verbindung des dokumentarischen Materials mit dem Erzählsubjekt, das sich als mitwirkendes Organ geschichtlicher Abläufe begreift und rollenbewußt seine geschichtliche Mittäterschaft inszeniert. Deshalb sind politische Memoiren, so lautet ein Ergebnis dieser Untersuchung, eine durch hohen Subjektivitätsgrad geprägte Rollendarstellung eines Ich-Erzählers, der im Medium seines Rollenbewußtseins sein Bild der Vergangenheit erzählerisch wiedergibt.

Auf der Grundlage dieses typologischen Rasters werden die politischen Memoiren dem literaturwissenschaftlichen Gegenstandsbereich zugeordnet, und zwar der nicht-fiktionalen Kunstprosa, so daß sie unter gattungstheoretischem Aspekt als ein Teil *der* Prosa aufgefaßt werden, der ein außersprachliches Referenzobjekt zugrundeliegt.

Die literarische Qualität politischer Memoiren hängt ab von der Ästhetik der sie konstituierenden Wirklichkeits-

---

[7] Vgl. Neumann, Bernd, Identität und Rollenzwang, Zur Theorie der Autobiographie, (Diss., Frankfurt/Main 1970), Frankfurt 1971.

sprache. Diese bezieht ihren Wert, ungeachtet ihrer Referenzialisierbarkeit, aus der Herstellung von Sinnkonstitutionen, durch die der instrumentelle Charakter von Sprache transzendiert wird. Das hier gewählte Kriterium zur Beurteilung der literarischen Qualität politischer Memoiren ist demnach die sprachliche Formung des zur Wirklichkeit gebrachten Rollenbewußtseins. Das bedeutet, daß der Literaturwissenschaftler sich um Aufdeckung derjenigen Mechanismen bemüht, die zur Entstehung der oben genannten Sinnrelationen führen; er versucht zu erklären, auf welche Weise ein beim Leser empfundener Eindruck hervorgerufen wird und welche sprachlichen Mechanismen dem zugrunde liegen.

Dazu bedarf es auch literaturwissenschaftlicher Kategorien, die die narrative Struktur politischer Memoiren betreffen. Deshalb werden konstitutive Momente der Erzähltechnik, wie *Aufbau, Erzählhaltung, Darstellungsweise* und *Darstellungsmittel* typologisch gefaßt.

In der im zweiten Teil durchgeführten Untersuchung von ERINNERUNG UND GEDANKE werden zunächst die von der Forschung formulierten Erkenntnisse hinsichtlich der Memoiren sowie ihre Entstehungsgeschichte dargestellt. In der Betrachtung des Aufbaus von ERINNERUNG UND GEDANKE werden die - für die Werkstruktur relevanten - unterschiedlichen Kompositionsprinzipien dargelegt.

Die literartypologische Untersuchung von ERINNERUNG UND GEDANKE weiß sich der im ersten Teil entwickelten Erkenntnis verpflichtet, daß sich in politischen Memoiren ein Ich-Erzähler rollenbewußt ausspricht. Ihr Interesse ist deshalb bei der Betrachtung von ERINNERUNG UND GEDANKE auf das spezifische Rollenverständnis Bismarcks gerichtet und auf die Art und Weise, in der es sich sprachlich konstituiert. Es soll gezeigt werden, wie Bismarck sich als Politiker in seinen Memoiren darstellt, wie er gesehen werden will und

welche sprachlichen Mittel er zur erzählerischen Umsetzung
dieser Selbstdarstellungsabsicht einsetzt.

Die literaturwissenschaftliche Analyse zielt demnach auf
die Sprach- und Darstellungskunst Bismarcks, auf seinen
schöpferischen Gebrauch der Sprache, deren tradierte Konnotationen er in kreativer, oft spielerisch anmutender
Weise weiterdenkt. Der für Bismarck kennzeichnende Stil
sprachlicher Schlichtheit und Prägnanz wird unter dem
Aspekt untersucht, wie und zu welchem Zweck die Sprachmittel eingesetzt werden. Denn es geht hier um die Darstellung und Analyse der Memoiren Bismarcks als eines literarischen Werks. Wenn man "die besondere Funktion, welche
die Sprache in der Literatur erfüllt"[8], bedenkt, und unter
diesem Gesichtspunkt die Sprache Bismarcks hinsichtlich
ihrer "mehr als nur darstellend[en]"[9] Funktion betrachtet,
bietet ERINNERUNG UND GEDANKE ein reiches Reservoir für die
Analyse.

Daß ERINNERUNG UND GEDANKE "immer wieder zur Quelle neuer Mißverständnisse und Fehlinterpretationen geworden"[10] ist, ist
das Ergebnis einer unkritischen Rezeption des Werkes; im
Glauben, "daß niemand besser Geschichte schreiben könne
als der Mann, der die neuere Geschichte gemacht hat"[11], erwartete man ein historisch präzises Quellenwerk. Die Doppelbödigkeit des Werkes nicht erkennend, wurde keine Trennung mehr zwischen Quellenzeugnis und literarischer Verarbeitung vollzogen. In der Trennung dieser Verzahnung liegt
der erkenntniskritische Aspekt der vorliegenden Untersuchung, die ganz bewußt eine ihrem Erkenntnisinteresse angemessene Perspektive der Analyse entwirft.

---

8 Wellek, René, Warren, Austin, Theorie der Literatur, Frankfurt/Main, Berlin 1963, S. 16.
9 Ebd., S. 17.
10 Gall, Bismarck, a.a.O., S. 724.
11 Fester, Richard, Über den historiographischen Charakter der Gedanken und Erinnerungen des Fürsten Otto v. Bismarck, in: Historische Zeitschrift, 1900, Bd. 85, S. 47.

II. Typologie selbstbiographischer Literatur

1. Typologische Einordnung der Memoiren

Während es in der Forschung einerseits an vielfachen Modellen für die Autobiographie nicht mangelt, fällt andererseits das Defizit an grundsätzlichen typologischen Bemühungen um die Memoiren auf. Das Ziel der folgenden Unterscheidung zwischen Autobiographie und Memoiren ist es, unter Berücksichtigung der vorliegenden Forschungsergebnisse und in kritischer Auseinandersetzung mit ihnen eine typologische Einordnung der Memoiren vorzunehmen.

1.1 Unterscheidung Autobiographie - Memoiren

So gebräuchlich die Unterscheidung zwischen Autobiographie und Memoiren seit langem ist, so schwierig ist eine klare Abgrenzung aufgrund präziser Definitionen und eines differenzierten Kriterienkatalogs. Dies zeigen schon die frühen Typologieversuche von Theodor Klaiber, Hermann Ulrich und Marianne Beyer-Fröhlich.

Für Theodor Klaiber unterscheiden sich Selbstbiographie und Memoiren grundsätzlich hinsichtlich der "besonderen Wurzeln und Hintergründe im seelischen Leben"[1] ihrer Verfasser. Hat der Selbstbiograph das Bedürfnis, die innere Kohärenz seines Lebens zu reflektieren, so befindet er sich in einer "Gemütsverfassung, die sich gerne in die Rätsel und Hintergründe des eigenen Daseins versenkt"[2] und nach tieferen Zusammenhängen - vornehmlich in der Kinder- und Jugendzeit - sucht. Deshalb sieht Klaiber - bei aller Unterschiedlichkeit der Abstufungen - das wesentliche

---

[1] Klaiber, Theodor, Die deutsche Selbstbiographie, Beschreibungen des eigenen Lebens, Memoiren, Tagebücher, Stuttgart 1921, S. 28.
[2] Ebd.

Kennzeichen der Selbstbiographie darin, daß sie einen planmäßigen Lebensablauf wiedergibt sowie

> "die Schilderung einer Entwicklung, einer fortschreitenden Entfaltung der eigenen Persönlichkeit in der Stufenfolge der ihr beschiedenen Lebensmöglichkeiten."[3]

Während der Selbstbiograph Selbsterlebtes unter dem Aspekt seiner eigenen Entwicklung und seines Innenlebens präsentiere, so stelle der Memoirenschreiber Selbsterlebtes in seinem Bezug zur Außenwelt dar. Deshalb trete das Erzähler-Ich in den Memoiren – "häufig bis zur Unfaßbarkeit"[4] – in den Hintergrund zugunsten der Darstellung großer Persönlichkeiten und geschichtlicher "Begebenheiten in ihrer reinen Tatsächlichkeit."[5] Seine Beobachtungen fasse der Memoirenschreiber "zu Klugheitsregeln, zu politischen Mahnsprüchen, zu zugespitzten Kernworten zusammen."[6] Memoiren sind historische Dokumente insofern, als sie

> "zeigen, wie das Persönliche und Alltägliche zum Geschichtlichen wird, wie die großen Begebenheiten aus dem kleinsten Tun einzelner sich zusammensetzen, wie die Weltbühne hinter den Kulissen aussieht, wie die Fäden des Geschehens in der Hand der Drahtzieher zusammenlaufen."[7]

Da Memoirenschreiber häufig bedeutende politische und gesellschaftliche Funktionen innegehabt hätten, seien ihre Werke von dem "Bedürfnis, mit der Mitwelt abzurechnen"[8] und dem Rechtfertigungsdrang ihrer Verfasser geprägt.

So richtig diese Feststellung Klaibers über den unterschiedlichen Blickwinkel des Selbstbiographen und des Memoirenschreibers ist, so unhaltbar ist seine Folgerung, das Fehlen von Memoiren in Deutschland in erster Linie auf die "ganze innerliche und schwerlebigere Art"[9] des Deut-

---

3 Ebd., S. 29.
4 Ebd., S. 30.
5 Ebd., S. 31.
6 Ebd., S. 30.
7 Ebd., S. 31.
8 Ebd.
9 Ebd.

schen zurückzuführen und - im Unterschied dazu - ihre Blüte in Frankreich vor allem damit zu erklären, "daß der Franzose die eigene Person viel besser zur Geltung zu bringen versteht als der Deutsche."[10]

Sieht Klaiber als Merkmal der Memoiren ihre Tendenz, das Ich des Verfassers hinter der geschichtlichen Abbildung verschwinden zu lassen, so hebt Hermann Ulrich die bewußte Ichbezogenheit des Memoirenschreibers hervor. Er entwirft eine typologische Dreiteilung und kennzeichnet Memoiren als Tatsachenschilderung, Selbstbiographien als den Versuch, das Wesen eines Menschen aufzudecken, und Lebenserinnerungen als Entwicklung des Ablaufes eines Lebens, ohne daß über den Kern des betreffenden Menschen reflektiert werde.[11]

In der Selbstbiographie, die ganz auf den "Kern der Person"[12] gerichtet sei und "nur in der Abgeschiedenheit von der 'Welt' bei religiösen oder metaphysischen Naturen"[13] entstünde, habe die Umwelt nur eingebettet in einen "göttlichen 'Heilsplan'"[14] oder im Hinblick auf das Wesen der Person Bedeutung. In den Memoiren, deren Grundlage die soziale Welt sei, ginge es dagegen um die Schilderung der Außenwelt durch eine "vom Sozialen und nicht vom Kern her bestimmte[n]"[15] Person "in bewußter Ichbezogenheit"[16]:

> "Der Akzent liegt auf dem öffentlichen Leben, dort, wo aus den Möglichkeiten des Tages das für die politische Geschichte Bedeutsame entspringt. Ihre Verfasser sind darum besonders Politiker, Staats- und Kriegsmänner, alle solchen, die

---

10 Ebd.
11 Vgl. Ulrich, Hermann, Die Entwicklung der deutschen Selbstbiographie, in: Westphal, M. (Hg.), Die besten deutschen Memoiren, Lebenserinnerungen und Selbstbiographien aus sieben Jahrhunderten, Leipzig 1923, S. 10.
12 Ebd., S. 50.
13 Ebd.
14 Ebd.
15 Ebd.
16 Ebd.

eine 'Rolle' in der sozialen Umwelt spielen oder spielen wollen, denen es auf Handlung ankommt und nicht auf Selbstreflexion."[17]

Die in Deutschland eher als Memoiren vorkommende Lebenserinnerung sei typologisch zwischen der reinen Selbstbiographie und den reinen Memoiren angesiedelt, auch wenn die typologische Abgrenzung gegenüber den Memoiren geschichtlich schwierig sei. Hier finde sich eine öffentliche Person, die jedoch mit ausgeprägten persönlichen Zügen ausgestattet sei. Es herrsche ein inniger Zusammenhang zwischen der äußeren Welt und dem individuellen Entwicklungsgang des Verfassers.[18]

Das Interessante an Ulrichs Typologie ist die Hervorhebung des spezifisch subjektiven Zuges in den Memoiren. Sah Klaiber als typologisches Merkmal der Memoiren ihre Tendenz, das Ich des Verfassers hinter der geschichtlichen Abbildung verschwinden zu lassen, so betont Ulrich, daß diese Abbildung immer in subjektiver Brechung vollzogen werde. Mit seinem Hinweis auf die soziale Bestimmtheit des rollenspielenden Memoirenschreibers liefert Ulrich ein weiteres typologisches Unterscheidungskriterium zur Trennung zwischen Autobiographie und Memoiren.

Marianne Beyer-Fröhlich nennt als Kennzeichen der Autobiographie die Enthüllung des Wesens eines Menschen und seiner einmaligen Persönlichkeit. Die Autobiographie strebe "symbolischen Ausdruck für den Wert der Einmaligkeit des gelebten Lebens"[19] an. In dem Bemühen, "einen geschlossenen Daseinskreis"[20] zu geben, nehme die Jugendgeschichte in der Autobiographie eine zentrale Stellung ein, von der aus

---

17 Ebd.
18 Vgl. ebd., S. 44/45.
19 Beyer-Fröhlich, Marianne, Die Entwicklung der deutschen Selbstzeugnisse, Leipzig 1930, S. 81/82.
20 Ebd., S. 82.

spätere Entwicklungen aus der abgeklärten Sicht des Verfassers dargestellt würden:

> "Zu den inneren Gesetzen der Autobiographie gehört der Eindruck einer synthetischen Zusammenraffung der analytischen Beobachtung [...]."[21]

Im Gegensatz zu dieser Selbstbesinnung des Autobiographen trete das Ich der Memoirenschreiber, die "mehr oder weniger Weltkinder"[22] seien, zugunsten bedeutender politischer und kriegerischer Ereignisse und der Schilderung von Persönlichkeiten zurück. Daß die Memoiren, deren eigentlicher Träger die Aristokratie sei, im Unterschied zu Deutschland in Frankreich so große Verbreitung und literarische Qualität gefunden hätten, läge "in dem ungeheuren Kulturerbe der Antike, das den romanischen Völkern als Bildungsschatz aus erster Hand zuteil geworden ist."[23]

So unangemessen die Bewertung der Memoiren als Zeugnis einer "zum Bewußtsein kommenden Kulturepoche"[24] ist, so bemerkenswert erscheint zunächst die Feststellung Beyer-Fröhlichs über die Subjektivität der Darstellung in den Memoiren, deren Ziel es sei,

> "Ursache, Veranlassung und tatsächliche Wirkung von bekannten Ereignissen in anscheinend objektive, in Wirklichkeit äußerst subjektive Beleuchtung [zu] bringen [...]."[25]

Allerdings beurteilt sie dieses Kennzeichen nicht als ein typologisches der Memoiren überhaupt, sondern rechnet "die übermäßig persönliche Stellungnahme"[26] den deutschen Memoiren als Defizit an, das darauf zurückzuführen sei, daß "dem Wesen des deutschen Menschen [...] der Stil der Memoirenschreibung weniger gelegen"[27] sei.

---

21 Ebd.
22 Ebd., S. 78.
23 Ebd.
24 Ebd.
25 Ebd., S. 80.
26 Ebd.
27 Ebd., S. 80/81.

Auch wenn die hier vorgenommenen, um Systematik bemühten Abgrenzungsversuche zwischen Autobiographie und Memoiren teilweise zu interessanten Einzelerkenntnissen führen, so bleibt die von Klaiber und Ulrich unternommene

> "Zuordnung zu Volkstypen und Nationalcharakteren mit all ihren Konsequenzen ebenso undiskutabel [...] wie Marianne Beyer-Fröhlichs Versuch, die Geschichte der deutschen Autobiographie als eine Kulturgeschichte des >deutschen Menschen< zu schreiben."[28]

Um eine systematische Abgrenzung geht es auch Wayne Shumaker, der nicht nur eine für den angelsächsischen Raum neue Unterscheidung zwischen Autobiographie und Biographie trifft, sondern auch eine Typisierung von Autobiographien vornimmt (*Autobiographie* stellt für ihn den Oberbegriff dar). Ausgehend von der Darstellungsintention, der Perspektive und dem vorgegebenen Stoff entwickelt er mit Hilfe der Begriffe "subjective" und "nonsubjective", die ihm als "principle of subdivision"[29] dienen, eine Vierertypologie der Autobiographie:

> "On the whole, the most practically helpful solution will be to divide autobiographies first into groups of 'subjective' and 'nonsubjective' works and then to subdivide the latter group into 'reminiscences' and 'chronicles of *res gestae*.' The subjective group will include all works which take much account of psychic states, no matter what kind of pointing is attempted; reminiscences are works of social anecdote; *res gestae* include not only most memoirs, but also narratives of adventure, business success, and the like."[30]

Als modernsten Typ beurteilt Shumaker die eigentliche Autobiographie (subjective autobiography), die er wiederum in eine rein subjektive, psychologisch ausgerichtete Form und eine handlungsorientierte "life-and-times"-Form untergliedert. Grundsätzlich begreift er die subjektive Autobiographie als "the professedly 'truthfull' record of an

---

28 Müller, Klaus-Detlef, Autobiographie und Roman, Studien zur literarischen Autobiographie der Goethezeit, (Habil.-Schr., Tübingen 1974/75), 1. Aufl., Tübingen 1976, S. 14.
29 Shumaker, Wayne, English Autobiography, Its Emergence, Materials, and Form, Berkeley 1954, S. 97.
30 Ebd., S. 54.

individual, written by himself, and composed as a single work."[31] Während die unpersönlichen und sozial engagierten Erinnerungen (reminiscences) "conversation about acquaintances and prominent persons"[32] beinhalten, finden sich in Memoiren (res gestae) als ältester Typ unpersönliche Berichte und Erzählungen, in denen "the extrapersonal materials have historical value [...]."[33]

Abgesehen davon, daß die vierfache Unterteilung Shumakers eher verwirrend als klärend ist, ist vor allem die Unterscheidung von "subjective" und "non-subjective" hinsichtlich selbstbiographischer Literatur nicht einzusehen. Sie täuscht vielmehr über die in Autobiographie und Memoiren gleichermaßen, allerdings in unterschiedlicher Ausformung, anzutreffenden Subjekt-Objekt-Relationen hinweg. Ein weiterer Kritikpunkt, den vor allem Schwab vertritt, ist die Diskrepanz zwischen den übergeschichtlichen Typen der Autobiographie einerseits und ihrer Abgrenzung nach inhaltlichen Kriterien andererseits:

> "Durch diese Bindung allein an den 'Gehalt' der Autobiographien als Kriterium ihrer Typisierung verlieren Shumakers Typen wieder ihre überhistorische Bedeutung."[34]

Diese mit dem Versuch einer systematischen Unterscheidung verbundenen Schwierigkeiten sind vielleicht der Grund dafür, daß man sich in der Forschung bis heute weitgehend einig ist über die Schwierigkeit einer klaren Trennung von Autobiographie und Memoiren: Pascal hält die Grenzziehung für schwer und kommt letztlich sogar zu der Annahme, daß es eine exakte Grenze nicht gebe.[35] Auch Tarot sieht fließende Grenzen zwischen Autobiographie und Memoiren[36], und

---

31 Ebd., S. 106.
32 Ebd., S. 51.
33 Ebd.
34 Schwab, a.a.O., S. 31.
35 Vgl. Pascal, Roy, Die Autobiographie, Gehalt und Gestalt, Stuttgart, Berlin, Köln, Mainz 1965, S. 16.
36 Vgl. Tarot, Rolf, Die Autobiographie, in: Weissenberger, Klaus (Hg.), Prosakunst ohne Erzählen, Die Gattungen der nichtfiktionalen Kunstprosa, Tübingen 1985, S. 33.

Wuthenow hält eine Unterscheidung für notwendig, räumt aber ein, daß die Übergänge häufig und rasch sein können.[37] Aichinger weist kritisch auf die Ausweitung des Begriffes Autobiographie hin und stellt grundsätzlich fest:

> "Die Variationsbreite des Begriffes ist sehr groß; im Benennungssystem herrscht weitgehende Unsicherheit; immer wieder auftretende Überschneidungen widersetzen sich allen Versuchen, feste Grenzen zu ziehen. Trotzdem besteht eine durchgehende - wenn auch oft nicht schärfer umrissene - Vorstellung davon, daß die Autobiographie sich von den benachbarten Arten unterscheidet."[38]

Neben der Anerkennung dieser Differenzierungsschwierigkeit besteht grundsätzlich Einigkeit über "die typologische Opposition zwischen Autobiographie und Memoiren"[39] und ihr wesentliches Unterscheidungskriterium: die Autobiographie als "die Beschreibung *(graphia)* des Lebens *(bios)* eines Einzelnen durch diesen selbst *(auto)*"[40] wird typologisch als die mehr introspektive, auf die persönliche und psycho-soziale Entwicklung des Individuums gerichtete Geschichte eingeordnet:

> "Hier will der Autor sein Leben im Zusammenhang darstellen, die Entfaltung und Entwicklung seiner Persönlichkeit gestal-

---

37 Vgl. Wuthenow, Ralph-Rainer, Autobiographien und Memoiren, Tagebücher, Reiseberichte, in: R.-R.W. (Hg.), Zwischen Absolutismus und Aufklärung: Rationalismus, Empfindsamkeit, Sturm und Drang, 1740-1786, Reinbek bei Hamburg 1980, S. 149. [Im folgenden zitiert als 'Autobiographien'.] Dagegen ist die Differenzierung, die Bernd Neumann in seiner Untersuchung über "Identität und Rollenzwang" (a.a.O.) vorgenommen hat, von großem heuristischem Wert, so daß in der vorliegenden Untersuchung noch ausführlich Bezug darauf genommen wird.
38 Aichinger, Ingrid, Probleme der Autobiographie als Sprachkunstwerk, in: Österreich in Geschichte und Literatur 14, 1970, S. 420. [Im folgenden zitiert als 'Probleme der Autobiographie'.]
39 Sloterdijk, Peter, Literatur und Lebenserfahrung, Autobiographien der Zwanziger Jahre, (Diss., Hamburg 1976), München, Wien 1978, S. 39.
40 Misch, Georg, Begriff und Ursprung der Autobiographie, in: G.M, Geschichte der Autobiographie, Bd. 1, Das Altertum, 1. Hälfte, 3., stark vermehrte Auflage, Frankfurt/Main 1949, S. 7.

ten; die Tendenz ist auf Totalität, d.h. auf Erfassung der wesentlichen Züge gerichtet."[41]

Aufgrund dieser auf "die Einheit eines Lebens durch die Zeitläufte hindurch"[42] gerichteten Blickrichtung des Autobiographen werde die Autobiographie zu einem Instrument der Selbsterkenntnis:

> "Die eigentliche Absicht der Autobiographie und ihr anthropologisches Privileg als literarische Gattung treten von daher deutlich zutage: dank der Tatsache, daß sie ein Leben in seiner Gesamtheit rekonstruiert und entziffert, ist sie ein Mittel der Selbsterkenntnis."[43]

In den Memoiren dagegen (lat. memor: eingedenk, sich erinnernd; memoria: Gedenken, Erinnerung; franz. mémoires: Denkwürdigkeiten, Lebenserinnerungen) tritt das Individuum zugunsten der Darstellung äußerer Ereignisse und Begebenheiten zurück:

> "Der Akzent liegt jedenfalls auf der Schilderung äußerer (oft politischer) Verhältnisse und der Charakteristik von Persönlichkeiten des öffentlichen Lebens, die Erzählstruktur ist, im Vergleich zur S., [gemeint ist die Autobiographie] lockerer, [...] die Frage nach der eigenen Existenz [...] fehlt."[44]

Richtet sich also in der Autobiographie "die Aufmerksamkeit des Autors auf die eigene Person, in Memoiren oder

---

41 Aichinger, Probleme der Autobiographie, a.a.O., S. 420. Ähnlich lautet die von Lejeune gegebene "Definition: *Rückblickender Bericht in Prosa, den eine wirkliche Person über ihr eigenes Dasein erstellt, wenn sie das Hauptgewicht auf ihr individuelles Leben, besonders auf die Geschichte ihrer Persönlichkeit legt.*" Lejeune, Philippe, Der autobiographische Pakt, in: Niggl, Günter (Hg.), Die Autobiographie, Zu Form und Geschichte einer literarischen Gattung, Darmstadt 1989, S. 215.
42 Gusdorf, Georges, Voraussetzungen und Grenzen der Autobiographie, in: Niggl, Die Autobiographie, a.a.O., S. 133.
43 Ebd.
44 Aichinger, Art. *Selbstbiographie*, in: Kohlschmidt, Werner, Mohr, Wolfgang (Hg.), Reallexikon der deutschen Literaturgeschichte, begr. v. Merker, Paul, Stammler, Wolfgang, 2. Aufl., neu bearb. u. unter red. Mitarb. von Kanzog, Klaus, sowie Mitw. zahlreicher Fachgelehrter, Bd. 3, Berlin, New York 1977, S. 803.

Erinnerungen auf andere"[45], so tritt in Memoiren

> "der Entwicklungs- und Individualitätsgedanke zugunsten der Schilderung öffentlicher, politischer und kulturgeschichtlicher Ereignisse, die Erinnerung an berühmte Zeitgenossen oder das eigene politische, kulturelle oder gesellschaftliche Wirken in den Hintergrund [...]."[46]

Leitet man eine Formel aus den hier dargestellten Unterscheidungen zwischen Autobiographie und Memoiren ab, so kann man die Präsentation der *inneren Geschichte* (= Dokumentation der Innenwelt) als autobiographischen Typus, die Präsentation der *äußeren Geschichte* (= Dokumentation der Außenwelt) als Typus der Memoiren einordnen.[47]

Begriffsgeschichtlich geht die Bezeichnung *Autobiographie* oder *Selbstbiographie* auf die 1796 erschienene, von J.G. Herder initiierte und von David Christian Seybold bearbeitete Sammlung "Selbstbiographien berühmter Männer" zurück.[48] Ist die Bezeichnung *Autobiographie* also relativ jung, so gründet der Ausdruck *Memoiren* auf dem griechischen "hypomnemata" (im lateinischen "commentarii") und

> "kann als Titel dienen für Aufzeichnungen rein sachlichen Inhalts, für offizielle Berichte, z.B. von Gelehrten, Gesellschaften, ebenso wie für eine autobiographische Schrift. Im

---

45 Pascal, a.a.O., S. 16.
46 Tarot, a.a.O., S. 33.
47 Aichinger ist in ihrer Unterscheidung vorsichtiger: "Es handelt sich offenbar um schwer faßbare, nicht sofort zu erkennende Abweichungen, möglicherweise nur Nuancen. Die Memoiren betonen die Beziehungen zur Umgebung stärker, räumen äußeren Ereignissen mehr Platz ein. Vielleicht könnte man von einem größeren Offensein der Welt gegenüber sprechen." Aichinger, Probleme der Autobiographie, a.a.O., S. 421.
48 Vgl. Misch, Begriff und Ursprung der Autobiographie, a.a.O., S. 7/8, Anm. 1. Während Misch an dieser Stelle unter Berufung auf das 'Great Oxford Dictionary' als älteste englische Quelle des Wortes das Jahr 1809 datiert, weist Thomas Cooley - so der Hinweis von Kuczynski - in seiner Geschichte der amerikanischen Autobiographie darauf hin, daß der Begriff in einer wahrscheinlich vom englischen Linguisten William Taylor stammenden Rezension bereits 1797 in England auftauchte. Vgl. Cooley, Thomas, Educated Lives: The Rise of Modern Autobiography in America, Columbus 1976, S. 3; Kuczynski, Jürgen, Probleme der Autobiographie, Erfahrungen im Umgang mit dem eigenen Ich und Ansichten über die Kunst der Erinnerung, 1. Aufl., Berlin und Weimar 1983, S. 8.

letzteren Sinne sprach und spricht man auch heute noch z.B. im Englischen von 'persönlichen Memoiren'."[49]

Historisch stehen die Memoiren in der Tradition der "weltliche[n] Selbstbiographie im späteren Mittelalter"[50], der "res gestae", in der es - wie Misch formuliert - um die "Abspiegelung des äußeren Lebens"[51] geht:

> "Diese durch und durch 'öffentlichen' Lebensbeschreibungen vermitteln den Eindruck eines völlig mit seiner sozialen Rolle übereinstimmenden Individuums, das fraglos und ohne individuelle Abweichung die durch die Tradition vorgegebenen Verhaltensmuster nachlebt. Hier fehlt überall noch die Dimension der Innerlichkeit."[52]

Die Memoiren entstehen im höfischen Umfeld der Feudalgesellschaft und werden meist von Personen geschrieben, die sich in nächster Umgebung des Regenten befinden. Im 17. und 18. Jahrhundert sind die Memoiren dieser Hofleute in Deutschland

> "noch der Regelfall, und ihre Ich-Form meint die Augenzeugenschaft, nicht ein Selbstzeugnis. Den Charakter eines Selbstzeugnisses können Memoiren damals wegen der festen thematischen Tradition nur dann annehmen, wenn sie von Fürsten selbst geschrieben werden."[53]

Erst nachdem im 18. Jahrhundert auch Regenten selbst - wie Friedrich II. - das Amt des Memoirenschreibers übernehmen, ändert sich der Charakter der Memoiren, die trotz des Anspruchs auf Unparteilichkeit ihrer Verfasser apologetische Züge tragen. Es entstehen vermehrt politische Memoiren,

> "die im 19.Jahrhundert und 20. Jahrhundert in zunehmendem Maße von Regenten und führenden Staatsmännern als mehr oder weniger apologetische Vermächtnisse geschrieben werden und

---

49 Misch, Begriff und Ursprung der Autobiographie, a.a.O., S. 9.
50 Misch, Geschichte der Autobiographie, Bd. 4, 1. Hälfte, 3. Teil, Das Hochmittelalter in der Vollendung, aus dem Nachlaß hg. v. Delfoss, Leo, Frankfurt 1967, S. 311.
51 Ebd.
52 Neumann, a.a.O., S. 175.
53 Niggl, Geschichte der deutschen Autobiographie im 18. Jahrhundert, Theoretische Grundlegung und literarische Entfaltung, 1. Aufl., Stuttgart 1977, S. 59.

weithin die heutige Vorstellung von Memoiren als der spezifischen Berufsautobiographie der Politiker und öffentlich Handelnden bestimmen."[54]

Von dieser Vorstellung der Memoiren als Darstellung "der öffentlichen kämpferischen Aktion"[55] unterscheidet sich die Einordnung der Autobiographie als Suche nach dem Rätsel der zum Problem gewordenen Existenz.[56]

In ihrer Konzentration auf diesen autobiographischen Typus hat die Forschung überzeugend das Gewicht der Erzählerinstanz als *das* konstitutive Element nachgewiesen, von dem aus das Geschehen organisiert wird, als Reflexionsleistung des erinnernden Ichs über "das <autos>, das Selbst."[57] Die Betonung liegt hierbei also auf dem entscheidend gestalterischen Akt durch das Erzähler-Ich, das, wie es Pascal formuliert, Vergangenheit formt, indem es "einem Leben ein Muster ('pattern') unter[legt]"[58] und aus ihm eine zusammenhängende Geschichte formt.

In Abgrenzung zu dieser zentralen Typisierung der Autobiographie, die "nicht Tatsachen, sondern Erfahrungen"[59], "nämlich erzähltes und in der Erzählung gedeutetes Leben, erfahrenes und erinnertes Ich"[60] liefert, wird der Typus der Memoiren durch die Bindung an "eine Kontinuität des Faktischen"[61] eigenständig charakterisiert.

Als Beobachter und Zeuge seiner Zeit ist das erzählende Ich an die Kette der Ereignisse gebunden und an die Ver-

---

54 Ebd., S. 60.
55 Misch, Geschichte der Autobiographie, Bd. 3, Das Mittelalter, 2. Teil, Das Hochmittelalter im Anfang, 2. Hälfte, Frankfurt/Main 1962, S. 1429.
56 Vgl. Aichinger, Probleme der Autobiographie, a.a.O., S. 421.
57 Wuthenow, Autobiographien, a.a.O., S. 151.
58 Pascal, a.a.O., S. 21.
59 Ebd., S. 29.
60 Wuthenow, Das erinnerte Ich, Europäische Autobiographie und Selbstdarstellung im 18. Jahrhundert, München 1974, S. 37.
61 Wuthenow, Autobiographien, a.a.O., S. 149.

pflichtung, einer gewissen chronologischen wie 'objektiven' Rekonstruktion treu zu bleiben:

> "Memoiren zielen somit [...] auf den die jeweiligen Vorgänge erklärenden Kontext, auf Kausalität, auf die Erläuterung und Erklärung des einzelnen wie der übergreifenden Zusammenhänge."[62]

Indem das Interesse des Autors auf die außerhalb seiner selbst liegende Welt gerichtet ist, er "sich meist nur als Zuschauer der Vorgänge und Aktionen"[63] einführt, tritt das Erzähler-Ich hinter die abgebildete Begebenheit zurück als dahinterliegende Gestaltungsinstanz. Deshalb sei, so lautet die Folgerung, in den eher statischen, "auf Darstellung historischer Wirklichkeit"[64] gerichteten Memoiren

> "der Erzähler dann auch viel weniger Hauptperson als das Ich der Autobiographie und Selbstdarstellung; es ist weniger Gegenstand als Zeuge."[65]

Der springende Punkt - das sei deutlich unterstrichen - liegt also in der Gewichtung des erzählenden Ichs. Autobiographisches Erzählen wird konstitutiv an das Hervortreten des Erzähler-Ichs aus dem Erzählten gebunden. Dieses muß sichtbar werden, sich bemerkbar machen in seiner Selbstreflexion (in der sich die Subjektivität des autobiographischen Individuums durchsetzt), in seiner *Suche nach der verlorenen Zeit*, in der es sich als erzählendes und erzähltes Ich manifestiert.

Autobiographisches Erzählen genießt deshalb auch einen weiten erzählerischen Freiraum, nicht gebunden an 'objektive' Rekonstruktion des geschichtlichen Substrats, relativ frei im Umgang mit chronologischer Ordnung, hauptsächlich orientiert an der spezifischen Leitidee des erzählenden Ichs und dessen *Lust am Fabulieren*.

---

62 Ebd.
63 Misch, Begriff und Ursprung der Autobiographie, a.a.O., S. 17.
64 Wuthenow, Das erinnerte Ich, a.a.O., S. 19.
65 Ebd.

Das Gewicht des Erzähler-Ichs und die Freiheit autobiographischen Erzählens sind also *die* Unterscheidungsmerkmale, anhand derer die bisherige Forschung in ihrer Konzentration auf den autobiographischen Typus ein rudimentäres Modell der Memoiren von ihrem System der Autobiographie abzieht.

1.2 Memoiren als Dokumentation

Oft genug wird den Memoiren erst dann literarische Qualität zuerkannt, wenn man in ihnen autobiographische Züge aufspürt. Die Bindung des erzählenden Ichs an äußere Begebenheiten gleichzusetzen mit der Unterwerfung unter den Dokumentationszwang und der damit in letzter Konsequenz verbundenen Auslöschung des Erzählers durch das Erzählte bedeutet aber, das Gewicht des Erzählsubjekts in das Feld der Bedeutungslosigkeit zu verweisen und die Memoiren auf eine 'Objektivität' der Aussage zu verpflichten, in der das Subjekt sich selber ausschaltet. Käte Hamburger kennzeichnet diese Situation - bezogen auf den "Memoirenroman"[66] - als die "Grundsituation des fixen Ich"[67], das

> "seiner selbst als des Bezugspunktes, als des Aussagesubjekts weitgehend vergessen kann. Das vergangene Leben, die ehemalige Welt mit Dingen, Menschen und Geschehen überwächst das Aussagesubjekt, wenn dieses sich auch in jedem Augenblick des vergangenen Lebens, in der Form seiner früheren Ich-Stadien mitanwesend darstellt - wenn anders überhaupt die Form der Ich-Erzählung aufrechterhalten werden soll."[68]

Die Problematik dieser These und der Einordnung der Memoiren als "'nonsubjective' works"[69] soll im folgenden anhand der Auseinandersetzung mit den Thesen Hamburgers dargelegt

---

66 Hamburger, Käte, Die Logik der Dichtung, ungekürzte Ausg. nach d. 3. Aufl. 1977, Frankfurt/Main, Berlin, Wien 1980, S. 282.
67 Ebd., S. 283.
68 Ebd.
69 Shumaker, a.a.O., S. 54. Die Leichtigkeit, mit der hier mit dem Begriff "nonsubjective" in vermeintlich heuristischer Absicht umgegangen wird, ist erstaunlich.

werden. Zur Klärung der Terminologie, auf die im weiteren zurückgegriffen wird, wird hier auf das dichtungstheoretische Modell Hamburgers verwiesen, ohne allerdings auf die durch die Forschung inzwischen oft bestrittene fundamentale ontologische Differenz einzugehen, die Hamburger zwischen Fiktion und Wirklichkeitsaussage annimmt.[70]

Die Grundlage der Überlegungen Hamburgers ist die Abgrenzung zwischen Wirklichkeitsaussage und Fiktion. Ausgehend von einer prinzipiellen Differenz zwischen dem Roman in der Er-Form als Typus der Fiktion und dem Roman in der Ich-Form als Typus der fingierten Wirklichkeitsaussage, wird die Grenze zwischen Fiktion und Wirklichkeitsaussage von Hamburger nicht im Bereich der Erzählgegenstände, sondern im Bereich der Darstellungsweise gezogen.

Die *Fiktion*, als "die Seinsweise dessen, was nicht wirklich ist"[71] und sich als Nicht-Wirkliches, wie der Traum, das Spiel, der Schein und die Illusion, zu erkennen gibt, ordnet Hamburger allein der Er-Erzählung zu, und bezeichnet das fiktionale Erzählen als "Mimesis der Wirklichkeit"[72].

Im Unterschied dazu wird das *Fingieren*, das "ein Vorgegebenes, Uneigentliches, Imitiertes, Unechtes"[73] bedeutet und dem Nicht-Wirklichen den Schein des Wirklichen verleiht, der Ich-Erzählung und der hier anzutreffenden Wirklichkeitsaussage zugeordnet (in der fingierten Ich-Erzählung dann als "*Mimesis der Wirklichkeitsaussage*"[74] bezeichnet):

> "Denn es gehört zum Wesen jeder Ich-Erzählung, daß sie sich selbst als Nicht-Fiktion, nämlich als historisches Dokument setzt. Dies aber tut sie aufgrund ihrer Eigenschaft als Ich-Erzählung."[75]

---

70 Vgl. hierzu z.B. Müller, a.a.O., S. 57 ff.
71 Hamburger, Die Logik der Dichtung, a.a.O., S. 273.
72 Ebd., S. 287.
73 Ebd., S. 273.
74 Ebd., S. 287.
75 Ebd., S. 272.

In der Ich-Erzählung ist das Ich immer als ein reales Aussagesubjekt aufzufassen, denn

> "Aussage ist immer Wirklichkeitsaussage, weil das Aussagesubjekt wirklich ist, weil, mit anderen Worten, Aussage nur durch ein reales, echtes Aussagesubjekt konstituiert wird."[76]

In der Subjekt-Objekt-Relation der Wirklichkeitsaussage, die sich "nicht durch die Ichform konstituiert"[77] sondern "im Wesen der Aussage gelegenen Gesetzmäßigkeiten"[78] unterliegt, ist "das Ausgesagte das Erfahrungs- oder Erlebnisfeld [...] des Aussagesubjekts [...]."[79] In der Form der Ich-Aussage ist grundsätzlich jede, auch die äußerste Unwirklichkeitsaussage eine Wirklichkeitsaussage, die aber eine echte oder fingierte sein kann.[80]

In Hamburgers Modell wird die selbstbiographische Äußerung im sprachlogischen Feld der ">echten< Wirklichkeitsaussage"[81] angesiedelt als ein Text der nicht-dichtenden Sprache. Die dadurch zwischen Aussagesubjekt und -objekt bestehende "polare Beziehung"[82] ist demnach eine Relation, deren spezifische Auslotung den unterschiedlichen Typus selbstbiographischer Texte kennzeichnet. So ist es möglich, eine "Skala mehr oder weniger subjektiver" und vice versa objektiver autobiographischer Berichte"[83] aufzustellen, in der sich die unterschiedliche Handhabung des Dualismus zwischen Erzähler und Erzähltem niederschlägt.

Bezugnehmend auf dieses hier knapp skizzierte dichtungstheoretische Modell Hamburgers wird in der Forschung hinsichtlich der Memoiren häufig auf die Gefährdung oder gar

---

76 Ebd., S. 48.
77 Ebd., S. 41.
78 Ebd.
79 Ebd., S. 53.
80 Vgl. ebd., S. 286.
81 Ebd., S. 273.
82 Ebd., S. 53.
83 Ebd., S. 272.

Zerstörung der Ich-Ich-Relation hingewiesen[84], die "durch eine intensive Verflechtung von vergangenem Erleben, gesellschaftlichen Verhältnissen und historischer Wirklichkeit"[85] ersetzt werde. Die Memoiren werden hier dem Bereich der Dokumentarliteratur zugeordnet, in deren strenger Durchführung "Aussagesubjekt und -objekt keine korrelativen Größen mehr [sind], weil das Subjekt sich als Erzähler selbst liquidiert."[86] Diese

"Beziehungslosigkeit zwischen dem erzählenden und dem erzählten Ich [...], die sich als typisch für die autobiographische Dokumentation erwies und auf die rein faktische oder historische Ausrichtung dieses Typus zurückzuführen ist"[87],

wird als typologisches Merkmal der Memoiren angesehen. Diese seien deshalb gekennzeichnet als eine

"konsequent exzentrische Form der Autobiographie, die das Erlebte auf die geschichtliche Totalität zurückbezieht, statt es als Äußerungsform der Individualität zu deuten. Der Memoirenstil ist in seiner Intention auf die historische Objektivität das entgegengesetzte Extrem zum konsequenten Subjektivismus [...]."[88]

Diese Verpflichtung auf das dokumentarische Authentizitätsprinzip, auf das "Gesetz der Memoiren, das eine möglichst objektive, belegbare, vollständige Darstellung des Lebensweges fordert"[89] und die daraus folgende erhebliche Einschränkung der erzählerischen Gestaltungsfreiheit, der Möglichkeit individueller Formung des Erzählstoffes durch den Ich-Erzähler kennzeichnen dieses Typologiemodell der Memoiren, das sich fragen lassen muß, welches definitorische Handwerkszeug es für die graduelle Bestimmung des Erzählsubjekts *innerhalb der Memoiren selbst* bietet.

---

84 Vgl. Schwab, a.a.O., S. 75. Müller bezeichnet dieses Moment – im Hinblick auf die Tendenz der Autobiographie "ihre als objektiv verstandenen Aussagen [...] ins Biographische zu stilisieren" – als *"Ablösung vom erzählenden Ich"*. Müller, a.a.O., S. 38. Hervorhebung M.S.
85 Schwab, a.a.O., S. 75.
86 Ebd., S. 74.
87 Ebd., S. 76.
88 Müller, a.a.O., S. 197.
89 Neumann, a.a.O., S. 15.

Die Kennzeichnung des Memoirenschreibers als Dokumentarist und des Memoirenstils als dokumentarische Methode bedeutet nicht nur die Infragestellung der "Subjekt-Objekt-Polarität der Aussage"[90], sondern auch, daß die Einschaltung des Erzählsubjekts konsequenterweise als Durchbrechung des Dokumentationsprinzips (= Memoirenstil) gedeutet werden muß. Für eine Untersuchung, die von der Prämisse ausgeht, daß Memoiren durchaus Raum bieten für eine gewichtige Darstellung des erzählenden Ichs, die sich jedoch anders als in der autobiographischen Manier vollzieht, lassen es die vorliegenden Modelle an Beurteilungskriterien fehlen, die eine typologische Bestimmung des Memoirenstils unter Einbeziehung des Erzählsubjekts ermöglichen.

Bemerkenswert ist, daß sich viele Untersuchungen auf die Darlegung der in Autobiographie und Memoiren unterschiedlichen *Methode* beschränken und keine Unterscheidung mehr im Hinblick auf die *Verfahrensweise* vornehmen. Gerade im Bereich der Memoiren aber läßt sich zeigen, daß innerhalb der spezifischen Methode auf subjektive Art und Weise verfahren wird.

Die vorliegende Untersuchung konzentriert sich deshalb auf den Bereich der *Verfahrensweise* in den (politischen) Memoiren, denn gerade diese ermöglicht dem Erzähler, sich als Subjekt zu thematisieren.

1.3 Die Subjekt-Objekt-Relation in den Memoiren

Anders als in den bisherigen Untersuchungen, die von der autobiographischen Methode der Erzählerpräsenz die dokumentarische Methode und die damit verbundene 'Abwesenheit' des Erzählers in den Memoiren abgrenzen, wird hier gezeigt, daß in den Memoiren eine spezifische Form der Er-

---

90 Schwab, a.a.O., S. 76.

zählergegenwart existiert, die sich im Rahmen der Verfahrensweise vollzieht.

Dahinter steht die Überlegung, daß in den Memoiren - auch wenn sie methodisch mehr der Abbildung der Außenwelt als der Innenwelt verpflichtet sind - sich diese Abbildung nicht *'objektiv'*, sondern in der spezifischen Brechung durch das Erzähler-Ich vollzieht, ja vollziehen muß, denn erst durch diesen Vermittlungsakt des erzählerischen Subjekts, durch die "Subjekt-Objekt-Struktur"[91], wird der Erzählgegenstand überhaupt konstituiert. Wenn auch "eine einseitige Betonung jedes dieser beiden Pole bei gleichzeitiger Vernachlässigung des anderen denkbar"[92] ist, so bleibt festzuhalten:

> "Unmöglich ist aber die Aufgabe von Subjekt oder Objekt, weil sich beide in dialektischer Verschränkung erst gegenseitig bedingen."[93]

Es ist überraschend, daß diese Tatsache des prinzipiell subjektiven erzählerischen Gestaltungsakts, der natürlich auch den Memoiren zugrundeliegt, in ihrer Verpflichtung auf die Dokumentarmethode in der neueren Forschung häufig unterbewertet, wenn nicht sogar übersehen wird. So ist es aufschlußreich, daß eine Vertreterin dieser Position in der Kennzeichnung der dokumentarischen Methode begrifflich auffallend ungenau wird:

> "Die *Neigung der dokumentarischen Methode* zu 'Gegenständlichkeit' statt zu 'Selbsterforschungen' (Baumgart) beseitigt theoretisch das Ich des Autors. Sie stellt von ihm *unabhängige Fakten* und unveränderte Zitate fremder Personen zusammen, erreicht dadurch eine *relative Objektivität* der Aussage und führt gleichzeitig zur Negation, ja Destruktion des subjektiv-künstlerischen Schöpfertums, das jahrhundertelang den Kunstbegriff dominierte."[94]

---

91 Hamburger, a.a.O., S. 44.
92 Schwab, a.a.O., S. 22.
93 Ebd.
94 Ebd., S. 39. Hervorhebung (kursiv) M.S.

Hier muß die Frage erhoben werden, wer denn nun die vom Ich des Autors *unabhängigen Fakten* (unklar ist, was damit gemeint ist) beseitigt; denn dies kann doch nicht die *dokumentarische Methode* sein. In dieser unscharfen Formulierung liegt das entscheidende Moment, denn es muß einen Autor geben, der diese Zusammenstellung vornimmt; in seinem Maßstab aber, nach dem er die Dokumente auswählt, liegt die Subjektivität dieses Verfahrens begründet, so daß auch *relative Objektivität* (was immer das sein mag) nicht zu erreichen ist.

Diese unterstellte Erfüllung des Objektivitätsanspruchs in den Memoiren ist um so unverständlicher, als doch auch für die Vergangenheitsrekonstruktion in den Memoiren, jedem aus der methodischen Legitimation entspringenden Dokumentationswillen ihrer Verfasser zum Trotz,

> "kaum wird angenommen werden können, diese Vergangenheit werde jemals völlig unverfärbt, ja unverfälscht in die Gegenwärtigkeit des Erzählmoments herübergenommen werden."[95]

Der Grund für die Verkennung der Subjekt-Objekt-Relation in Bezug auf die Memoiren liegt offensichtlich darin, daß der Begriff der Dokumentation nicht unter dem Aspekt der Gestaltung durch das Subjekt reflektiert wird, was deshalb unzutreffend ist, da das Dokumentieren nicht Selbstzweck, sondern eingesetztes Mittel zu einem durch das Subjekt bestimmten Zweck ist:

> "Autobiographisches Dokumentieren ist vielmehr selbst eine Art von Gestaltung, von konstruktivem Umgang mit Erfahrung - anders als im landläufigen Verständnis vom Dokumentarischen, das oft mit z.T. illusionären Vorstellungen von Authentizität und Natürlichkeit der Wiedergabe verbunden auftritt."[96]

Mit dem Begriff der Erfahrung ist die - auch für die Memoiren - entscheidende Schnittstelle zwischen Subjekt und

---

[95] Wuthenow, Das erinnerte Ich, a.a.O., S. 19.
[96] Sloterdijk, a.a.O., S. 64.

diesem gegenübertretender Objektwelt angesprochen:

> "Denn der Begriff der Erfahrung schließt ein, daß die Wirklichkeit auf die eigene Person einwirkt, daß die empfangenen Eindrücke verarbeitet werden: Erfahrung wäre zu definieren als die gelungene Vermittlung von Wahrnehmungen und Eindrücken mit der eigenen Identität."[97]

Gerade in diesem durch das Subjekt konstituierten Beziehungsgefüge zwischen Wahrnehmungen und eigenem Bewußtsein liegt die jedes literarische Werk kennzeichnende subjektive Sinnkonstitution verborgen. Hier läßt sich - wie Sloterdijk für den Gesamtbereich "lebensgeschichtliches Erzählen"[98] feststellt - "der 'magische' Augenblick des literarischen Prozesses demonstrieren: der Übergang von Erfahrung in Sinnzusammenhänge."[99]

Das diesem *magischen* Moment der Überführung der Erfahrung in einen vom Subjekt hergestellten Sinnzusammenhang innewohnende wirklichkeitstranszendierende Moment ist - so unterschiedlich die selbstbiographischen Formen auch sind - in jeder Organisation der Lebensgeschichte eines Subjekts wirksam:

> "Dieses historisch-sozial individualisierte Ich organisiert schreibend seine Erfahrungen zu Literatur, indem es sie erzählerisch ausbreitet, reflektorisch deutet, sie im Zusammenhang mit durchgreifenden biographischen patterns zu einer Synthese ordnet, sie auswählt, pointiert, stilisiert, für sie alle eine sprachliche Instrumentierung sucht und so durch Schreiben und Schweigen, durch Bekenntnis und Lüge ein Lebensbild produziert, das für andere zugänglich wird."[100]

Auch die Tatsache also, daß Memoiren - als eine spezifische Form lebensgeschichtlichen Erzählens - durch ein "*historisch-dokumentarische[s] Schema*"[101] gekennzeichnet sind,

---

97 Scheible, Hartmut, Wahrheit und Subjekt, Ästhetik im bürgerlichen Zeitalter, Reinbek bei Hamburg 1988, S. 15.
98 Sloterdijk, a.a.O., S. 6.
99 Ebd.
100 Ebd.
101 Ebd., S. 59.

ändert nichts am subjektiven Zugriff auf das dokumentarische Material und dessen Selektion durch das Subjekt:

> "Die Darbietung verschiedener Dokumente ist - ungeachtet der Frage nach Echtheit und Fälschung - in deren Auswahl und Anordnung ebenso der ordnenden Kraft des wie auch immer gesteuerten Bewußtseins ihres Präsentators unterworfen, wie es die Erinnerungen eines Autobiographen sind."[102]

Deshalb sind Memoiren ebenso wie die Autobiographie "nicht das Sammelsurium dessen, was ein einzelner insgesamt objektiv durchlebt hat, sondern sie sind strukturierte Selbstbilder."[103] Auch sie konstituieren sich "erst in der wechselseitigen Durchdringung von Subjekt und Objekt, von Ich und Welt und damit auch von realen und literarischen Momenten [...]."[104]

Wenn also auch für die Memoiren gilt, daß ihr Inhalt

> "bei aller Objektivität der vorgegebenen Sachverhalte sich erst zusammen mit der Perspektive des Autobiographen ergibt, daß also erst die Einheit von rückblickendem Ich und Erlebtem ihren Gegenstand ausmacht"[105],

dann sollte Abschied genommen werden von ihrer Reduzierung auf eine Erzählform, in der das erzählende Ich durch das Gewicht des (vermeintlich) *objektiv* wiedergegebenen

---

102 Kronsbein, Joachim, Autobiographisches Erzählen, Die narrativen Strukturen der Autobiographie, (Diss., Bielefeld 1983), München 1984, S. 137.
103 Fischer, Wolfram, Struktur und Funktion erzählter Lebensgeschichten, in: Soziologie des Lebenslaufs, hg. u. eingel. v. Kohli, Martin, Darmstadt und Neuwied 1978, S. 319. In diesem Zusammenhang muß zudem die Frage gestellt werden, auf welche Art und Weise ein Subjekt *objektive* Erfahrungen machen kann, suggeriert doch der Begriff *Objektivität* die Möglichkeit einer vom erkennenden Subjekt unabhängigen reinen Gegenstandserfassung. Wenn *objektiv* beschrieben wird als "unabhängig und absehend vom Subjekt, vom subjektiven Meinen, von der Natur und dem Interesse des Subjekts" (Art. *objektiv* in: Schmidt, Heinrich, Philosophisches Wörterbuch, neu bearb. v. Schischkoff, Georgi, 21. Aufl., Stuttgart 1982, S. 500.), dann ist es für ein Subjekt gar nicht möglich, diese Welt *objektiv* zu erfassen. Zudem ist die Kategorie der Objektivität gerade im Hinblick auf selbstbiographische Literatur von geringem Nutzen.
104 Schwab, a.a.O., S. 28.
105 Müller, a.a.O., S. 17.

Geschehens verblasse oder gar verschwinde. Auch in den Memoiren wird der

> "Erlebnis- und Erfahrungsbereich eines historischen Individuums und damit Wirklichkeit [geschildert] wie und insofern sie subjektiver Erfahrung zugänglich ist [...]."[106]

Für den Subjektivitäts- bzw. Objektivitätsgrad der Memoiren ist "weder der Typus der Aussage noch die Ich-Form, sondern allein die Haltung des Aussagesubjekts zu seinem Objekt, des Autors zu seinem Gegenstand"[107] ausschlaggebend. Demnach muß der Blick auf eben diesen Vermittlungsprozeß in den Memoiren gerichtet werden.

1.4 Die mittelbare Präsentation

Innerhalb dieses Vermittlungsprozesses (= Verfahrensebene) durch das Erzählsubjekt erfährt das Dokumentationsmaterial seine spezifische Umformung an der Stelle, an der es in den subjektiven Bedeutungszusammenhang überführt wird. Diese besondere Verfahrensweise mit dem Faktum, dessen Vermittlung und Modifizierung, verweist auf den Stellenwert der sich dahinter offenbarenden gestaltenden Instanz und deren Möglichkeit, sich gleichsam durch das Faktum hindurch zur Erscheinung zu bringen.

Erzähltheoretisch ist mit der *mittelbaren Präsentation* also der Vorgang gemeint, in dem das Aussagesubjekt durch das Aussageobjekt in Erscheinung tritt. Diese Betrachtungsweise erhebt insofern erkenntniskritischen Anspruch, als sie der Verkennung der Subjekt-Objekt-Relation in den Memoiren entgegentritt.

Im Gegensatz zu der These, daß Darstellungen, in denen das Aussageobjekt dominiert, zur Liquidierung des Aussagesub-

---
106 Ebd., S. 15.
107 Schwab, a.a.O., S. 21.

jekts führen, wird hier unter dem genannten Aspekt erwogen, inwieweit in Memoiren das Aussagesubjekt sich durch die spezifische Behandlung des Aussageobjekts darstellt und sich so aus dem Dokumentationsmaterial erhebt, indem es dieses unter dem Aspekt der Selbstdarstellung instrumentalisiert.

Dieser Auffassung liegt die These zugrunde,

> "daß es die implizierte Unmittelbarkeit der Aussage in Wirklichkeit nicht gibt [...] und daß sie durch die verbürgte Realität des Schreibenden und seines >wirklichen< Lebens keineswegs gewährleistet ist. Man unterstellt die naiv verstandenen Prämissen der Form als Bedingungen ihrer Realisierung, ohne zu beachten, *daß grundsätzlich jede literarische Form schon Vermittlung ist*, die ihren Gegenstand erst sichtbar werden läßt, wenn sie als solche erkannt wird."[108]

1.5 Der Memoirenschreiber als Rollenträger

Für einen solchen Untersuchungsansatz müssen inhaltliche Kriterien zur Beurteilung des Aussagesubjekts gefunden werden. Zu diesem Zweck wird hier auf die Untersuchung Bernd Neumanns und seine Kategorien *Identität* und *soziale Rolle* zurückgegriffen, mittels derer er eine klare Grenze zwischen Autobiographie und Memoiren zieht.

---

[108] Müller, a.a.O., S. 15. Hervorhebung M.S. Hinsichtlich der Autobiographie ist diese von Müller formulierte Auffassung über die grundsätzliche Vermittlung literarischer Äußerungen in der Forschung weitgehend unbestritten. (Vgl. z.B. Wuthenow, Das erinnerte Ich, a.a.O., S. 20/21, Sloterdijk, a.a.O., S. 24 ff., Niggl, Einleitung, in: G.N., Die Autobiographie, a.a.O., S. 3). Anlaß für die kritische Auseinandersetzung mit der Auffassung der Autobiographie als unmittelbares Selbstzeugnis des Menschen bot vor allem die folgende These von Werner Mahrholz: "In keinem literarischen Dokument finden wir so unmittelbar das gelebte Leben wieder, wie in der Selbstbiographie. Hier spricht unbewußt und bewußt der Mensch als Kind der Zeit u n m i t t e l - b a r." Mahrholz, Werner, Deutsche Selbstbekenntnisse, Ein Beitrag zur Geschichte der Selbstbiographie von der Mystik bis zum Pietismus, Berlin 1919, S. 8.

Neumann sieht sich dem von Georg Misch formulierten heuristischen Prinzip, "die Geschichte der Autobiographie als Geschichte der menschlichen Individuation zu verstehen"[109], ebenso verpflichtet wie dessen Erkenntnis, daß es zum Verständnis der Autobiographie einer Verknüpfung literaturwissenschaftlicher und historischer Kategorien in Verbindung mit einer psychologischen Methode bedürfe.[110] Er distanziert sich aber von dessen geistesgeschichtlicher Methode, durch die die Persönlichkeit zu einem nicht aufhebbaren Geheimnis irrationalisiert werde; dadurch desavouiere Misch die von ihm angekündigten

> "'historischen Begriffe' und die 'psychologische Methode', derer er sich bei der Erschließung der Geschichte der Autobiographie zu bedienen versprach [...]."[111]

Neumann dagegen begreift die Geschichte der menschlichen Individuation "als einen konkret historisch-sozialpsychologischen"[112] Vorgang und strebt - unter Bezug auf die Psychoanalyse Freuds, die Charaktertypologie David Riesmans und die Verhaltenstheorie G.H. Meads - als gegenstandsadäquate Methode eine "Vermittlung zwischen literaturwissenschaftlicher und sozialpsychologischer Betrachtungsweise"[113] an, in der es gelte, das Verhältnis von Persönlichkeit und Geschichte am Gegenstand festzumachen. Das Ziel dieser Vorgehensweise ist,

> "daß die konkret am Text erarbeiteten literaturwissenschaftlichen Ergebnisse auf dem Hintergrund soziologischer und sozialpsychologischer Befunde neu verstanden und erklärt werden sollen."[114]

Über die erörterte Kennzeichnung der Autobiographie als Darstellung "persönliche[n] und psychische[n] Ergehen[s]

---

109 Neumann, a.a.O., S. 5/6.
110 Neumann bearbeitete und korrigierte 1968 parallel zu der Arbeit an seiner Dissertation den letzten Band der "Geschichte der Autobiographie" von Georg Misch.
111 Neumann, a.a.O., S. 2.
112 Ebd., S. 6.
113 Ebd.
114 Ebd., S. 7.

des Individuums"[115] und der Memoiren als Schilderung äußeren Geschehens hinaus, trifft Neumann eine formale und substantielle Unterscheidung zwischen Autobiographie und Memoiren, indem er eine Verbindung zwischen Sozialpsychologie und Rollentheorie herstellt. Aufgrund des in dieser Weise entwickelten, sozialpsychologisch fundierten Begriffsgerüstes unterscheidet Neumann mittels der Termini *Identität* und *soziale Rolle* zwischen Autobiographie und Memoiren.

In der Autobiographie präsentiert der Ich-Erzähler sein erzähltes Ich in dessen Hineinwachsen in die Gesellschaft und Durchlaufen des Erziehungs- und Bildungsprozesses als ein Ich, das noch keine soziale Rolle innehat. Im Mittelpunkt der "ihrem Wesen nach entwicklungsgeschichtlichen Autobiographie"[116] stehe die Ausbildung der Identität, die Neumann im Rückgriff auf Freud als das konfliktfreie Zusammenspiel der drei psychischen Instanzen Es, Ich und Über-Ich beschreibt.

Der Terminus der Identität, der "die Übereinstimmung des Einzelwesens mit sich und seiner Gesellschaft"[117] meint und als Prozeß zu verstehen ist, verweist auf den sozialen Kontext, die bürgerliche Gesellschaft, in der das bürgerliche Individuum das Subjekt dieser Identitätsfindung ist. Dabei sei zu berücksichtigen, daß das Individuum keineswegs autonom sei, denn es sei immer gleichermaßen Subjekt der Gesellschaft, insofern es diese bestimmt wie auch ihr Objekt, insofern es von dieser bestimmt werde.[118] Aufgrund dieser Ambivalenz sei das Erreichen der Identität, das zugleich Emanzipation (von der psychischen Unreife) und Unterwerfung (gegenüber den gesellschaftlichen Normen) be-

---

115 Ebd., S. 10.
116 Ebd., S. 20/21.
117 Ebd., S. 20.
118 Vgl. ebd., S. 21.

deute, immer an subjektive und objektive Bedingungen geknüpft:

> "Auf der subjektiven Seite verlangt Identität eine abgeschlossene psychische Reifung. Die drei psychischen Instanzen Es, Ich und Über-Ich müssen im Sinne realitätsgerechten Verhaltens miteinander harmonieren; das Ich muß stark genug sein, Es- und Über-Ich-Forderungen, die Triebansprüche und die Ansprüche der Gesellschaft, miteinander versöhnen zu können."[119]
> "Von der objektiven Seite, der Seite der Gesellschaft her gesehen, bedeutet das Erreichen der Identität die feste Übernahme einer sozialen Rolle, der Berufsrolle in der Regel."[120]

Während also die Geschichte dieses - in seinem Ablauf vom jeweiligen Individuum abhängigen - Prozesses das Thema der Autobiographie ist, stellt sich in den Memoiren ein in die Gesellschaft integriertes Individuum dar, das mit Erreichen der Identität eine soziale Rolle übernommen hat:

> "Wenn die Memoiren das Ergehen eines Individuums als Träger einer sozialen Rolle schildern, so beschreibt die Autobiographie das Leben des noch nicht sozialisierten Menschen, die Geschichte seines Werdens und seiner Bildung, seines Hineinwachsens in die Gesellschaft. Memoiren setzen eigentlich erst mit dem Erreichen der Identität, mit der Übernahme der sozialen Rolle ein, die Autobiographie endet dort."[121]

Der Begriff der *Rolle* bezieht sich hierbei auf den öffentlichen Bereich, auf Beruf und gesellschaftliche Funktion, so daß "die Memoiren vor dem privaten Bereich enden, [...] dort, wo die Autobiographie beginnt."[122]

Während sich also das autobiographische Ich im Prozeß der Aneignung einer Rolle und in der Auseinandersetzung mit dieser befindet, liegt den Memoiren ein Selbstverständnis des Erzählers zugrunde, das sich als "Aufgehen im sozialen Rollenspiel"[123] kennzeichnen läßt:

> "Memoiren ließen sich so als die literarische Form der Lebenserinnerungen des in die Gesellschaft integrierten, seine so-

---

[119] Ebd., S. 21/22.
[120] Ebd., S. 23.
[121] Ebd., S. 25.
[122] Ebd., S. 13.
[123] Ebd., S. 12.

ziale Rolle ohne Vorbehalt spielenden Menschen definieren. [...]. Der Memoirenschreiber vernachlässigt also generell die Geschichte seiner Individualität zugunsten der seiner Zeit. Nicht sein Werden und Erleben stellt er dar, sondern sein Handeln als sozialer Rollenträger und die Einschätzung, die dies durch die anderen erfährt."[124]

Aufgrund dieser strikten Trennung von Autobiographie und Memoiren trifft Neumann nun eine weitere Feststellung über "*ihre substantielle Verschiedenheit*"[125]. Der Autobiograph, der sein Leben mittels der Erinnerung beschreibe, folge dem Lustprinzip:

> "Im Bestreben, die verlorene Zeit in der Erinnerung wiederzufinden, gehorcht der Autobiograph dem Lustprinzip. Denn die Erinnerung bringt im wesentlichen nur die glücklich verbrachten Tage zurück. [...]. Der Autobiograph, der in seinem Leben häufig genug das hilflose Objekt sozialer und psychischer Zwänge war, erhebt sich im Abfassen der Lebensgeschichte zum Subjekt. [...]. Für die meisten Autobiographen stellt das Abfassen einer eigenen Lebensbeschreibung eine Tröstung über die Versagungen dar, die sie im Leben erfuhren."[126]

Der Memoirenschreiber dagegen, der die Erinnerung und die ihr innewohnende Phantasie als Fehlerquelle betrachtet,

> "gehorcht in dem Bestreben, möglichst fehlerfrei und genau seine Laufbahn zu schildern, dem Realitätsprinzip. Er weiß, daß seine 'Erinnerungen' offizielle Funktionen haben: entweder sollen sie sein Handeln verteidigen und in das rechte Licht rücken, oder sie wollen Geschichte überliefern."[127]

So wie in der Entwicklungsgeschichte des Individuums das Lustprinzip durch das Realitätsprinzip abgelöst wird, so wird auch der Umschlag von der Autobiographie zu den Memoiren, der den "literarischen Reflex der veränderten so-

---

124 Ebd.
125 Ebd., S. 60.
126 Ebd., S. 61.
127 Ebd., S. 62.

zialpsychologischen Situation"[128] darstellt, von der Durchsetzung dieses Realitätsprinzips bestimmt:

> "Beim 'normalen' Individuum aber siegt das Realitätsprinzip endgültig mit der Eingliederung in die Gesellschaft. Dieser Sachverhalt findet sich wieder im typischen Umschlag der Autobiographie in Memoiren, die erfolgt, sobald die Identität erreicht, die Übernahme der sozialen Rolle erfolgt, das Lustprinzip vom Realitätsprinzip abgelöst worden ist."[129]

Erst die Durchsetzung des Realitätsprinzips, das durch den steten Erkenntniszuwachs des Subjekts gekennzeichnet sei und "die vorurteilsfreie, adäquate Erkenntnis der Realität"[130] ermögliche, sichere die Selbsterhaltung des Individuums. Die Wirksamkeit des Realitätsprinzip zeige sich in der Fähigkeit des Subjekts zu rationalem, kritischem Denken auch gegen individuelle oder gesellschaftliche Widerstände. Aufgrund dieser Fähigkeit verdingliche der Mensch aber zugleich seinen Erkenntnisgegenstand, den er rational durchdringt, ohne dessen Eigenarten zu erfassen.

Es sei diese "Tendenz zur 'Verdinglichung'"[131], die sich auch in den Memoiren und der hier anzutreffenden "Faktengläubigkeit"[132] niederschlage. Der Memoirenschreiber, der die "Ansprüche der Realität vor die der Innerlichkeit"[133] stelle, sei bestrebt, seine Persönlichkeit mittels Zitaten, Dokumenten und Belegen "'dingfest'"[134] zu machen und so sein vergangenes Leben nicht zu vergegenwärtigen, sondern *objektiv* zu rekonstruieren. Ein typisches Merkmal dafür, daß der Memoirenschreiber im Unterschied zum Autobiographen dem Realitätsprinzip folge, sei die Gliederung der Memoiren nach öffentlichen Ereignissen:

> "Das öffentlich-geschichtliche Ereignis wird *unmittelbar*, ohne durch das Prisma einer bestimmten Persönlichkeit ge-

---

128 Ebd., S. 71/72.
129 Ebd., S. 71.
130 Ebd., S. 63.
131 Ebd., S. 84.
132 Ebd.
133 Ebd., S. 63.
134 Ebd., S. 84.

brochen zu werden, zur Zäsur im Leben des Memoirenschreibers."[135]

Auch das Zitat sei ein Zeichen für die Außengerichtetheit des Memoirenschreibers:

"Der Memoirenschreiber gibt lieber das Urteil anderer über ihn selbst als eine psychologische Selbstbetrachtung. Auch hieraus spricht die Mentalität des Rollenträgers, der nur ist, was er für andere darstellt. Damit aber kann keine Individualität adäquat erfaßt werden."[136]

Aufgrund dieser These Neumanns, daß sich in den Memoiren ein Rollenträger auf der Grundlage des Realitätsprinzips präsentiert, läßt sich weiter folgern, daß diese Verpflichtung auf das *Realitätsprinzip* dem jeweiligen Rollenverständnis des erzählenden Ichs unterliegt und von diesem entscheidend modifiziert wird.

Auch wenn der Memoirenschreiber "genau rekonstruieren, dokumentieren [will], wie sein Leben verlief"[137], so wird er doch das Dokumentationsmaterial in Bindung an sein spezifisches Rollenbewußtsein "in bewußter Ichbezogenheit"[138] behandeln.

Die Rollenträgerschaft des Memoirenschreibers wirkt also in besonderer Weise auf das sogenannte *Realitätsprinzip* ein, das durch diese Vermittlung eben nicht mehr der *vorurteilsfreien Realitätserkenntnis* dient. Sonst wären Memoiren - wie Neumann es in Anlehnung an Herbert Marcuses "Eros und Kultur" formuliert - in der Tat "'lustlos', aber 'richtig und 'nützlich' [...]."[139]

Den Terminus des *Realitätsprinzips* aufnehmend, wird hier dessen spezifische Handhabung in den Memoiren herausgearbeitet und als typologisches Merkmal eingeführt. Gerade

---

[135] Ebd., S. 90. Hervorhebung M.S.
[136] Ebd., S. 84.
[137] Ebd., S. 62.
[138] Ulrich, a.a.O., S. 50.
[139] Neumann, a.a.O., S. 85.

weil der Memoirenschreiber der - hier nicht in Abrede gestellten - Dokumentationsmethode im Sinne der exakten Rekonstruktion nicht gerecht werden kann, weil das Faktum immer unter der Folie des jeweiligen Rollenbewußtseins vermittelt wird, präsentiert er geformte, aus der Perspektive der eigenen Person dargestellte Geschichte. Damit aber muß - auch unter diesem Aspekt - endgültig auf die Vorstellung möglicher darstellerischer Objektivität in dem Sinne verzichtet werden,

> "daß der Text weitestgehend auf die Charakterisierung des Ich verzichtet, sich von dessen Meinung oder Urteil befreit, das Vergangene erzählt, ohne es in Relation zur gegenwärtigen Situation des Autors zu sehen und - im Extrem, nämlich im Zitat fremder Texte oder Aussagen - ganz auf das Eingreifen des Schreibenden verzichtet."[140]

Es zeigt sich, daß mit der Zuweisung der Memoiren in den Dokumentarbereich und ihrer ausschließlichen Verpflichtung auf die *Kontinuität des Faktischen* oder an ein rigoroses Realitätsprinzip allzu weitläufige Kategorien geschaffen worden sind, die der Differenzierung bedürfen.

Für eine präzise qualitative Bestimmung des Typus ist es sinnvoll, sich einen Bereich der Memoiren vorzunehmen, in dem sich das Realitätsprinzip und dessen enge Verwobenheit mit dem Rollenbewußtsein mit besonderem Gewicht und in spezifischer Ausprägung präsentiert: in den Memoiren von Politikern.

---

140 Schwab, a.a.O., S. 22.

2. Typologiemodell der politischen Memoiren

Das Typologiemodell der politischen Memoiren wird - in Abgrenzung zu Neumanns Idealtypus der Memoiren - auf der Grundlage unterschiedlicher Memoiren von Politikern dargestellt. Diese Darstellung soll verdeutlichen, daß die den Memoiren zugeschriebene angestrebte "objektive Wiedergabe des Lebens"[1] durch das spezifische Rollenbewußtsein des Politikers entscheidend modifiziert wird.

2.1 Politische Memoiren - Memoiren von Politikern

Die Formulierung "politische Memoiren" ist im Sinne dieser Untersuchung so zu verstehen, daß das Adjektiv hier nicht als nähere Erläuterung des Substantivs dient; d.h., die Memoiren der Politiker werden nicht dadurch, daß sie politisch sind, näher bezeichnet. Diese Feststellung ist insofern wichtig, als es in dieser Untersuchung um die Kennzeichnung des für diese Form der Memoiren Typischen geht; die Frage nach dem politischen Charakter der Memoiren von Politikern ist eine andere und führt von dem vorliegenden Untersuchungsgegenstand weg. Aus Gründen der Vereinfachung wird jedoch der gebräuchliche Terminus "politische Memoiren" für die Memoiren von Politikern verwendet.

Thema der politischen Memoiren ist, im weitesten Sinne und in Anlehnung an Mischs Autobiographiedefinition formuliert, die Beschreibung des Handelns eines Politikers durch diesen selbst. Als Politiker werden in dieser Arbeit Personen verstanden, deren Handeln - in Abhängigkeit von je bestimmten Interessen - bestanden hat in der "Leitung

---

[1] Neumann, a.a.O., S. 95.

oder [...] Beeinflussung der Leitung eines *politischen* Verbandes, heute also: eines *Staates*."²

Entsprechend der weit gefaßten Bestimmung der Politik und des Politikers werden in dieser Arbeit deutschsprachige Memoiren aus dem Zeitraum zwischen 1887 und 1925 untersucht, deren Verfasser zu einer bestimmten Zeit handelnd an der Beeinflussung oder Leitung eines politischen Verbandes beteiligt waren. Die Einschränkung auf einen begrenzten Zeitraum ist notwendig, um das Typologiemodell auf ein solides Fundament zu stellen: die Begrenzung auf Werke, die ähnlichen Zeit-, Kultur- und Gesellschaftsumständen entstammen, soll ihre Vergleichbarkeit hinsichtlich der sie kennzeichnenden typologischen Merkmale gewährleisten. Aus diesem Grund wird auch auf die Einbeziehung zeitgenössischer politischer Memoiren, wie sie in den letzten Jahren vielfältig erschienen sind, verzichtet.

Ein weiterer Gedanke bei der Auswahl der Werke war, Memoiren von Politikern einzubeziehen, deren politische und geschichtliche Bedeutung unterschiedlich ist; in dieser Hinsicht nehmen die Memoiren Otto von Bismarcks sicherlich eine exponiertere Stellung ein, als etwa die von Friedrich Ferdinand von Beust³, August Bebel⁴, Ludwig Bamberger⁵,

---

2 Weber, Politik als Beruf, 8. Aufl., unveränderter Nachdruck der 7. Aufl. von 1982, Berlin 1987, S. 7. Hervorhebung im Original in Sperrschrift.
3 Beust, Friedrich Ferdinand, Graf von, (1809-1886), 1849 sächsischer Außenminister, ab 1853 zusätzlich Innenminister, 1858 bis 1866 sächsischer Ministerpräsident, 1866 bis 1871 österreichischer Außenminister und Reichskanzler.
4 Bebel, August, (1840-1913), sozialdemokratischer Politiker und Arbeiterführer, Mitbegründer der sächsischen Volkspartei 1866, seit 1867 Mitglied des Reichstages, 1869 Begründer (mit Wilhelm Liebknecht) und Führer (bis 1913) der sozialdemokratischen Arbeiterpartei, Abgeordneter der Sozialdemokratischen Partei im Reichstag.
5 Bamberger, Ludwig, (1823-1899), liberaler Politiker und Journalist, Mitglied des Reichstages 1871-1893, dem linken Flügel der Liberalen zuneigend.

Hermann von Eckardstein[6] und Alexander von Hohenlohe[7]. Aber auch Memoiren, die wie diejenigen Bambergers vor dem Beginn der eigentlichen politischen Tätigkeit abbrechen oder wie diejenigen Hohenlohes eine mißglückte politische Laufbahn schildern, geben Aufschluß über das die Erzählung durchwirkende Rollenbewußtsein ihrer Verfasser und deren dezidierte Absicht, sich rollenbewußt zu präsentieren. Zugleich geht es in der Auswahl darum, mit den Werken Eckardsteins und Hohenlohes auch unbekanntere politische Memoiren als Grundlage des hier entwickelten Typologiemodells zu verwerten.

Im folgenden werden die untersuchten Werke kurz skizziert, mit Ausnahme der Memoiren Bismarcks, die im zweiten Teil dieser Arbeit ausführlich untersucht werden.

Friedrich Ferdinand Graf von Beust stellt in seinen 1887 erschienenen zweibändigen Memoiren *"Aus drei Viertel-Jahrhunderten"*[8] seine staatsmännische Tätigkeit dar. Ausgehend von seiner Jugendzeit entwickelt er - unter Verwendung umfangreichen Archiv- und Dokumentarmaterials - ein vielfältiges Bild seines politischen Wirkens.

Die unvollendeten Memoiren des Führers der Sozialdemokratischen Partei *August Bebel "Aus meinem Leben"*[9] umfassen drei Teile und wurden in der Zeit zwischen 1907 bis zu seinem Tode 1913 verfaßt. Beginnend mit seiner Jugend- und Ausbildungszeit, stellt Bebel sein politisches Wirken dar und entwirft dabei - ebenfalls unter Wiedergabe zahlreicher Dokumente - ein facettenreiches Bild der deutschen Arbeiterbewegung sowie der deutschen Sozialdemokratie.

---

6 Eckardstein, Hermann Freiherr von, (1864-1933), 1. Botschaftssekretär in London 1899-1902.
7 Hohenlohe-Schillingsfürst, Alexander Prinz zu, (1862-1924), Mitglied des Reichstages 1893-1903, Legationsrat im Auswärtigen Amt 1894-1898, Bezirkspräsident in Colmar 1898-1906.
8 Beust, Friedrich Ferdinand, Graf von, Aus Drei Viertel-Jahrhunderten, Erinnerungen und Aufzeichnungen in 2 Bde., Bd. 1 (1809-1866), Bd. 2 (1866-1885), Stuttgart 1887.
9 Bebel, August, Aus meinem Leben, Mit e. Einl. v. Brandt, Brigitte, ungekürzte Ausg., Berlin, Bonn 1986.

Auch die zwischen 1894 und 1898 verfaßten *"Erinnerungen"* des liberalen Parlamentariers *Ludwig Bamberger*[10] blieben Fragment; sie enthalten wenig dokumentarisches Material. Von seiner Jugend- und Studienzeit ausgehend, berichtet Bamberger über seine Tätigkeit als Journalist und französischer Bankier bis hin zu seinem politischen Wirken in Deutschland.

Die *"Lebenserinnerungen und politische[n] Denkwürdigkeiten"* des Botschaftsrats *Hermann Freiherrn von Eckardstein*[11] erschienen 1919-21 und umfassen drei Bände. Ausgangspunkt ist auch hier die Kinder- und Jugendzeit des Verfassers; im Rückgriff auf umfangreiches Dokumentarmaterial berichtet Eckardstein weiterhin über seine Botschaftertätigkeit und entwirft dabei ein Bild der deutschen Politik seit der Entlassung Bismarcks.

Die 1925 erschienenen Erinnerungen *"Aus meinem Leben"* des *Prinzen Alexander von Hohenlohe*[12] blieben aufgrund des Todes des Verfassers unvollendet und enthalten wenig Dokumentarmaterial. Hohenlohe, der von 1898 bis 1906 Bezirkspräsident in Colmar war, geht ebenfalls von seiner Jugend- und Ausbildungszeit aus, beschreibt seine und auch die politische Tätigkeit seines Vaters und gibt eine Fülle von Eindrücken der sozialen und politischen Situation seiner Zeit wieder.

---

10 Bamberger, Ludwig, Erinnerungen, hg. v. Nathan, Paul, Berlin 1899.
11 Eckardstein, Hermann, Freiherr von, Lebenserinnerungen und politische Denkwürdigkeiten, Bd. 1, 3. Aufl., Bd. 2, 2. Aufl., Leipzig 1920, Bd. 3 (Die Isolierung Deutschlands), 2. Aufl. Leipzig 1921.
12 Hohenlohe, Alexander von, Aus meinem Leben, Frankfurt/Main 1925.

2.2 Kritik an Neumanns Idealtypus der Memoiren

Ausgehend von der Prämisse, daß der Memoirenschreiber als Rollenträger schreibt, folgert Neumann, "daß das Individuum völlig hinter dem Rollenträger verschwindet"[13]:

> "Indem der Memoirenschreiber seine Individualität ganz hinter den historischen Ereignissen zurücktreten läßt, verfällt er in die Haltung des Epikers: er stellt Geschehenes unpersönlich vor, statt erinnernd zu vergegenwärtigen, was ihm als Individuum durch es widerfuhr."[14]

Der Memoirenschreiber, der sich mit seiner Rolle voll identifiziert, stehe, wie Neumann betont, "seinem Tun ebenso fremd und leidenschaftslos gegenüber wie der epische Dichter seinen Figuren"[15] und sei deshalb nur distanzierter Beobachter dessen, was sich außer ihm abspiele. Deshalb müsse eine Geschichte, die epischen Charakter habe "notwendig unpersönlich wirken"[16], wie Neumann für die Erinnerungen Ernst Moritz Arndts feststellt.

Vergegenwärtigt man sich Vehemenz und Engagement, mit denen der politische Memoirenschreiber häufig sein Thema behandelt, so ist gerade die letzte Feststellung über die distanzierte und leidenschaftslose Haltung des Ich-Erzählers für den politischen Memoirenschreiber nicht haltbar. Der Schwäche dieser These entspricht die Unzulänglichkeit der von Neumann vertretenen Rollentheorie, der - in Anlehnung an Ralf Dahrendorf[17] - ein Freiheitsbegriff zugrundeliegt, der den Menschen nur dann frei wähnt, "insofern er

---

13 Neumann, a.a.O., S. 12.
14 Ebd., S. 96.
15 Ebd., S. 95.
16 Ebd., S. 36.
17 Vgl. Dahrendorf, Ralf, Homo Sociologicus, Ein Versuch zur Geschichte, Bedeutung und Kritik der Kategorie der sozialen Rolle, 15. Aufl., Opladen 1977.

von der Rolle frei ist."[18] In dieser Auffassung wird Rollenträgerschaft reduziert auf das *Nicht-Individuelle*, so daß alles, was das Subjekt betrifft, nur von Interesse im Hinblick auf äußeres Geschehen sein kann:

> "Im Epos wie in den Memoiren geht es ausschließlich um das, was geschieht. Taten werden aneinandergereiht, auch ohne daß ihr *psychologischer Nenner* deutlich würde."[19]

An dieser Stelle wird deutlich, welche Konsequenzen die eingeschränkte Beurteilung des Dokumentierens als eine das Erzählsubjekt auslöschende Erzählform hat. Die Wiedergabe von Geschehnissen und Tatsachen als unpersönliche Vorstellung zu qualifizieren und dies mit dem fehlenden *psychologischen Nenner* zu begründen, führt dazu, den Memoirenschreiber als fremdbestimmten Gefangenen einer ihm entfremdeten, gleichwohl ihn determinierenden Rolle zu sehen und das Fehlen psychologischer Selbstreflexion als Verfallenheit an die das Subjekt umgebende und bestimmende Objektwelt zu beurteilen.

So richtig die Feststellung ist, daß es in den Memoiren nicht mehr um die Persönlichkeitsentwicklung geht, so unzulänglich ist die daraus gezogene Folgerung, daß die Darstellung erreichter Identität und des sozialen Rollenspiels zwangsläufig eine nicht-individuelle Wiedergabe von Rollenstereotypen sei. Da für Neumann Rollenträgerschaft und Individualität aber unvereinbar sind, muß er die Iden-

---

18 Jonoska-Bendl, Judith, Probleme der Freiheit in der Rollenanalyse, in: Kölner Zeitschrift für Soziologie und Sozialpsychologie, 1962, 14. Jg., H. 3, S. 469. Bendl vermutet in der Einschränkung auf diesen liberal anmutenden Freiheitsbegriff den Grund dafür, daß Dahrendorf den Menschen in einen *freien* und *rollenspielenden* teilt: "Nach der radikalen Bedeutung des indeterministischen Freiheitsbegriffs heißt das, daß der Mensch nur insofern frei ist, als er nicht durch Rollen determiniert ist, insofern er *von der Rolle frei ist*. Da er aber als ganzer Mensch frei sein will – nicht nur als eisenbahnspielender Teil –, gerät er mit der Rolle, die zumindest einen Teil von ihm beansprucht, in unheilbaren Widerspruch. Die Ausschließlichkeit von Freiheit und Notwendigkeit gestattet nur einen Ausweg: den Menschen in – mindestens – zwei Bereiche zu spalten, von denen der eine frei, der andere (rollen-)determiniert ist." Ebd.
19 Neumann, a.a.O., S. 96. Hervorhebung M.S.

tifikation mit einer Rolle gleichsam als Entpersönlichung deuten, als die Erstarrung des Subjekts im Stereotyp der Rolle:

> "Folglich sieht er sich auch immer in der gleichen epischen 'Selbigkeit'[20] in der entwicklungsfremden Starrheit des Rollenträgers."[21]

Diese Entpersönlichung gehe so weit, daß der Memoirenschreiber sich von außen, mit den Augen der anderen sehe und ihm selber sogar "die Fähigkeit des individuellen moralischen Urteils"[22] fehle. Folgt man der Argumentation Neumanns, so sind Memoiren letztlich vom Subjekt entfremdete, dem äußerlichen Dokumentationsmaterial unterworfene Abbildungen starrer Rollenschemata.

Zwar gesteht Neumann zu, daß die Memoiren erst in extremer Ausprägung "zum 'Erstarren' bei Überbetonung der Objektivität"[23] tendieren, aber gerade in dieser Formulierung wird deutlich, daß die aufgestellte Gleichung:

Rollenträgerschaft = Ausschaltung der Individualität = Eliminierung der Subjektivität = Verpflichtung auf Objektivität

als idealtypisches Modell nicht differenziert genug gefaßt ist, um die für die politischen Memoiren typische Gestaltung der Rolle zu erfassen.

Natürlich kann die Identifikation mit einer Rolle zur völligen Dominanz dieser Rolle über die Individualität eines Menschen führen und "bis zur totalen, schizophren anmutenden Trennung zwischen dem öffentlichen und dem privaten Menschen führen."[24] Dies entspricht dann aber, wie Neumann

---

20 Neumann zitiert hier Staiger. Staiger, Emil, Grundbegriffe der Poetik, 2., erw. Aufl., Zürich 1951, S. 92.
21 Neumann, a.a.O., S. 95.
22 Ebd., S. 83.
23 Ebd., S. 96.
24 Ebd., S. 12.

selbst feststellt, eher einem neurotischen Charakter und kann als Sonderfall hier übergangen werden.

Bedeutsam ist vielmehr, daß die Rollenidentifikation, wenn übernommene Rolle und Individualität ihres Trägers einander entsprechen, dazu führen kann, daß das Individuum der Rolle ein spezifisches Gepräge gibt, seiner Individualität gleichsam über die Rolle Ausdruck verleiht:

> "So ist *Person* niemals ein losgelöster [sic!] oder irgendwie absolut zu setzendes *Individuum*. Wo aber eine Person im Verhältnis zu anderen da ist, da realisiert sie sich auch immerfort in *Rollen*, so daß die Rolle also in Wahrheit keineswegs den einzelnen sich selbst entfremdet; sondern umgekehrt, erst in der Hingewiesenheit auf andere werde ich zum Selbst und damit frei."[25]

Da es sich in diesem Falle um eine enge Verwobenheit von Individualität und Rollenträgerschaft handelt, darf hier die Rolle nicht als entindividualisiertes Schauspielertum, das sich von der Persönlichkeit seines Trägers emanzipiert hat, disqualifiziert werden. Hier liegt im Gegenteil gerade der Fall vor, daß mit der Übernahme einer Rolle erst die Ausbildung einer je spezifischen Persönlichkeit verbunden ist. Wenn aber die Persönlichkeit eines Menschen bestimmt ist durch die Verwirklichung seiner personalen Identität sowie der Durchsetzung eigenständiger Verhaltensweisen, dann ist das Erlangen der Identität auch mit der Mündigkeit des Menschen, d.h. mit seiner Selbstbestimmtheit verbunden. Das Einnehmen einer sozialen Rolle bedeutet dann nicht die fremdbestimmte Identifikation mit Vorgegebenem, das der Individualität des Einzelnen nicht entspricht, sondern ist die selbstbestimmte Gestaltung der vom Einzelnen übernommenen Rolle. Die Freiheit des Men-

---

25 König, René, Freiheit und Selbstentfremdung in soziologischer Sicht, in: Freiheit als Problem der Wissenschaft, Abendvorträge der Freien Universität Berlin im Winter 1961/62, Berlin 1962, S. 39.

schen besteht demnach nicht in der Freiheit *von* Rollen, sondern:

> "Frei wird er als sozial-kulturelle Person, die sich handelnd in einer Umwelt orientiert. Als sozial-kulturelle Person steht er aber immer auch in einer sozialen Umwelt, aus der die Person durch die Rollen definiert wird."[26]

Daß Rollen mehr als *ablegbare Masken* sind, gesteht auch Dahrendorf zu und warnt selber vor der Fehlinterpretation,

> "in der rollen-'spielenden' Sozialpersönlichkeit gewissermaßen einen uneigentlichen Menschen zu sehen, der seine 'Maske' nur fallenzulassen braucht, um in seiner wahren Natur zu erscheinen."[27]

Die Beschaffenheit der Rolle ist damit also ohne Einbeziehung des Verhaltens des Individuums zu seiner Rolle nicht erklärbar; daß dieses Selbstverhalten des Individuums zur Struktur des Rollenverhaltens gehört, unterstreicht auch Dieter Claessens:

> "Zur Rolle gehört nach der Auffassung der modernen Sozialwissenschaften ein Komplex von Emotionen, Identifikationen und Engagement, der *nicht* erzwingbar und *insofern* spontan ist. Erst diesem Komplex entspringen dann die äußeren Handlungen. Daher tritt die Rolle dem 'Träger' keineswegs als fremde Zumutung 'gegenüber'."[28]

In der einseitigen Sichtweise der Rolle als "fremde Zumutung" und der "Vorstellung, daß der >eigentliche Mensch< sich jenseits von Gesellschaft verwirkliche, erst dort wahrhaftig frei sei"[29], liegt die Begrenztheit des Typologiemodells Neumanns, aus der sich dessen Unzulänglichkeit für die nähere Bestimmung der politischen Memoiren erklärt.

---

26 Ebd., S. 38.
27 Dahrendorf, a.a.O., S. 28.
28 Claessens, Dieter, Rolle und Macht, 3., überarbeitete Aufl., München 1974, S. 32.
29 Haug, Frigga, Kritik der Rollentheorie und ihrer Anwendung in der bürgerlichen deutschen Soziologie, Frankfurt/Main 1972, S. 39.

Zwar betont Neumann selber, daß das Erreichen der Identität eine objektive und subjektive Seite hat, d.h. daß sie zugleich Unterwerfung wie auch Emanzipation des Individuums bedeutet; sein Augenmerk aber richtet sich zu sehr auf die objektive Seite, also auf den Fall,

> "wo diese Rolle das Verhalten des Individuums gänzlich bestimmt, wo sie es in seiner Totalität prägt statt von ihm reflektiert und bewußt gestaltet zu werden, wo die Rolle kaum noch mit den privaten Interessen und Eigenarten des Menschen sich berührt und wo sie ihm ihre Verhaltensforderungen als die eigenen aufzwingt oder unterschiebt, dort 'überwuchert' und zerstört das Rollenspiel die Identität, der es als Bestandteil angehörte, und erzeugt den sich selbst entfremdeten, ausschließlich mit sozialen Funktionen und nicht mehr auch mit privaten Interessen identischen Menschen."[30]

Daß die mit der Übernahme der sozialen Rolle verbundene Unterwerfung unter die "normativen, vorgegebenen Regeln der Gesellschaft"[31] nicht grundsätzlich die Ausschaltung jeglicher Personalität und Freiheit bedeutet, sondern in der selbstbestimmten aktiven Gestaltung der jeweiligen Rolle das Moment der spezifischen Entfaltung der rollentragenden Person liegen kann, scheint Neumann weniger zu interessieren als die mit Industrialisierung und Rationalisierung des 19. Jahrhundert verbundene "Selbstentfremdung des rollenspielenden Menschen [...]."[32]

Diese Perspektive erklärt, daß Neumann in seiner Typologie den Memoirenschreiber als einen eine *entpersönlichte, überindividuelle* Rolle spielenden Menschen beschreibt und den Typus der Memoiren in das Feld der *entindividualisierten, 'unpersönlichen'* literarischen Äußerung verweist. Deshalb überschätzt er auch entscheidend die Möglichkeit, daß die Person des Memoirenschreibers zugunsten der Schilderung äußeren Geschehens zurücktreten könne.[33]

---

30 Neumann, a.a.O., S. 24.
31 Ebd.
32 Ebd., S. 108.
33 Vgl. ebd., S. 96.

Da Neumann also einerseits im Sprechen eines Rollenträgers über öffentlich-geschichtliche Ereignisse das konstitutive Merkmal der Memoiren sieht, andererseits diesen entprivatisierten Raum primär als Ort entfremdeten, überindividuellen Rollenspiels definiert, verkennt er gerade die Möglichkeiten, die Memoiren für die subjektive Selbstdarstellungsabsicht eines politischen Memoirenschreibers bieten.

2.3 Das Rollenbewußtsein in den politischen Memoiren

In den politischen Memoiren ist es nun gerade die Rollenträgerschaft, durch die sich das Individuum als *öffentlicher* Mensch verwirklicht. Politische Memoiren sind Zeugnisse des handelnden, eine Rolle innehabenden Menschen, der aber nicht distanzierter Beobachter äußerer Ereignisse, sondern in diese tief verstrickt ist:

> "Denn: Wirken in der Öffentlichkeit, Tätigsein für eine Gemeinschaft, Streben nach Realisierung kultureller, politischer, militärischer Pläne - all dies kann ja klare Bezüge zum Wesen eines Menschen aufweisen."[34]

In dieser Verbindung des Individuellen mit geschichtlichen und gesellschaftlichen Prozessen ist die "Dialektik von Individuellem und Gesellschaftlichem"[35] begründet. Dieser Verwobenheit kann der politische Memoirenschreiber, selbst wenn er es beabsichtigt, nicht entgehen: denn der öffentliche Ort war für eine bestimmte Zeit das Forum, in dem er sich als Mensch realisiert hat, als Individuum *und* Rollenträger, "dem die Wirklichkeit als Spielfläche seiner Selbstverwirklichung dient[e]."[36]

Der Grund hierfür liegt in der Besonderheit der Rolle, die der Politiker gewählt hat: ihr prägendes Merkmal ist die

---

[34] Aichinger, Probleme der Autobiographie, a.a.O., S. 422.
[35] Herting, Helga: Berichte über sich Selbst, in: Sinn und Form, 1970, Jg. 22, H. 1, S. 229.
[36] Sloterdijk, a.a.O., S. 105.

Artikulation im öffentlichen Raum, die Mitgestaltung der äußeren Ereignisse durch das aktiv eingreifende Individuum. Deshalb ist "die häufige Blickrichtung auf die Umwelt"[37] in den politischen Memoiren eben nicht grundsätzlich mit der so oft konstatierten "fehlende[n] Einordnung der Geschehnisse in eine Sinngebung für das eigene Ich"[38] gleichzusetzen. Denn die Diskrepanz zwischen Geschehnissen und eigenem Ich, die eine Sinngebung (als den Verstehensprozeß, innerhalb dessen die Bedeutung einer Handlung oder eines Zusammenhangs gewonnen wird) erst erforderlich macht, ist gerade im Rollenbewußtsein des politischen Memoirenschreibers aufgehoben.

Hier tritt das "*eigene Ich*" in der identitätsfesten Rolle des agierenden und die Geschehnisse arrangierenden Akteurs auf, dessen Handeln - und dieses Bewußtsein konstituiert sein Rollenverständnis - ja nichts anderes als ständig geleistete Sinngebung war. Deshalb muß der politische Memoirenschreiber diese Sinngebung nicht (wie häufig der Autobiograph) nachträglich leisten, sondern sie ist eingewoben in sein spezifisches Rollenbewußtsein, in dem er sich als agierendes Individuum versteht. Grundsätzlich ist damit in den politischen Memoiren die Identität gegeben, denn die Identifikation zwischen erzähltem und erzählendem Ich ist im Rollenbewußtsein bereits geleistet. Während also der Autobiograph - in seiner Absicht, Selbsterkenntnis zu gewinnen - in der Rückschau auf die Suche nach den konstitutiven Elementen seines Ichs geht, vollzieht der politische Memoirenschreiber diese Rückschau durch die fest installierte Brille seines Rollenbewußtseins als handelndes Subjekt.

Dieser subjektive Grundzug der Memoiren, die Selbstdarstellung des Ichs als ein agierendes, erlangt in den politischen Memoiren konstitutiven Charakter: wie in keiner anderen Form der selbstbiographischen Äußerung bietet sich

---

37 Aichinger, Probleme der Autobiographie, a.a.O., S. 421.
38 Ebd.

hier ein Forum, in dem das *Agieren des Individuums* konkret übersetzt wird in das *Regieren des Individuums*; der politische Icherzähler war zu einer bestimmten Zeit der (Mit-)Regisseur seiner Zeitgenossen. Rollen*träger*schaft in den politischen Memoiren bedeutet also Rollen*täter*schaft und deshalb wird der Politiker, der eine Geschichte äußerer Ereignisse erzählt, seine Rolle als *Regisseur und Akteur* mitliefern und so über den "eher passiven Modus"[39] der Zeitzeugenschaft hinaus den aktiven Modus des Gestalters ausdrücken.

Das Anliegen des politischen Memoirenschreibers kann also nicht die '*objektive*' Wiedergabe äußeren Geschehens sein; dann wäre er ein - permanent um Reduzierung erzählerischer Subjektivität bemühter - Geschichtsschreiber. Er ist jedoch vielmehr ein Geschichts*erzähler*, der in "the yearning for a longer course than mortality permits"[40] äußeres Geschehen als Reflex persönlichen (Mit-)Wirkens erzählerisch gestaltet. Sein Blick ist gerichtet

> "auf Ereignisse der Außenwelt, aber nicht - wie in der Geschichtswissenschaft unter Ausschaltung der Person des Schreibers, sondern in bewußter Ichbezogenheit. Die Person, die im Mittelpunkt steht, ist [...] eine 'soziale' Person, ein aktiver, Macht heischender Typus, für den anderes nur 'Apparat' ist."[41]

Die Rollenidentität und das Rollenbewußtsein des politischen Memoirenschreibers sind so ausgeprägt und eng verwoben mit seinem Werk, daß er - selbst wenn es seine getreue Absicht ist - nicht als Chronist Vergangenheit (als Stück seines Lebenswerkes) authentisch, im Sinne einer Versachlichung und Reduzierung der erzählerischen Subjektivität dokumentieren kann. In der für die politischen Memoiren charakteristischen Verbindung des dokumentarischen Materials mit dem Erzählsubjekt, das gleichzeitig aus der Rück-

---

39 Sloterdijk, a.a.O., S. 65.
40 Gooch, G.P., Political Autobiography, in: G.P.G., Studies in Diplomacy and Statecraft, London 1942, Nachdruck 1969, S. 227.
41 Ulrich, a.a.O., S. 50.

schau als Dokumentator fungiert, wird der Erzähler zur Hauptperson und erscheint weniger als Zeuge denn als Gegenstand des Erzählten.

2.3.1 Rollenbewußtsein und Rekonstruktion

Daran anknüpfend muß festgehalten werden, daß die Qualität politischer Memoiren nicht in der Authentizität ihrer Aussagen über historische Fakten und Sachverhalte gesucht werden darf.[42] Unter dem Gesichtspunkt geschichtlicher Quellentreue müssen die meisten Werke "be read with a critical eye"[43], da ihre Verfasser ähnlich verfahren wie Kardinal de Retz in seinen Memoiren:

> "Like most other political autobiographers de Retz invents freely, omits or twists vital facts, exaggerates his rôle and blackens his enemies."[44]

Bezeichnend ist dann auch, daß politische Memoiren unter dem geschichtswissenschaftlichen Aspekt meist eine ähnliche Beurteilung wie die Memoiren Beusts erhalten:

> "Beusts Erinnerungen sind gerade in dieser Hinsicht ein schweres Hindernis für die Erkenntnis des Wesentlichen. Je-

---

[42] Dies unterstreicht auch Klaiber: "Unter den Umständen, die den geschichtlichen Quellenwert von Darstellungen eigener Erlebnisse beeinträchtigen, steht obenan die Tatsache, daß jeder, der über sich selbst schreibt, doch sehr stark Partei ist. Er sieht die Personen und Begebenheiten von seinem Gesichtswinkel aus und wird, da niemand aus seiner Haut heraus kann, auch bei dem ehrlichsten Streben nach Sachlichkeit und Unparteilichkeit doch eine mehr oder minder einseitige Darstellung geben. Besonders die Männer der Tat, deren Leben sich in heftigen Kämpfen abspielt, die ihr Ziel nur in angespanntem Ringen mit Hindernissen und Gegnern aller Art erreichen, werden bei der Schilderung ihrer Taten und Erlebnisse selbst am Abend ihres Lebens nur schwer jene Ruhe der Betrachtung aufbringen können, die einem heute lebenden Darsteller der Diadochenkämpfe oder der Samniterkriege nicht allzu schwer fallen dürfte. Dazu kommt, daß vielfach das Streben nach Sachlichkeit bei den Darstellern eigener Schicksale und Erlebnisse keineswegs so ausschlaggebend ist, wie sie selbst oft versichern." Klaiber, a.a.O., S. 335.
[43] Gooch, a.a.O., S. 230.
[44] Ebd., S. 232.

ne unmittelbar wirksamen Bedingungen im Detail zu umschreiben, unter denen die politische Gedankenwelt entstanden ist, von der sich Beust in seiner Politik nach 1848 leiten ließ, kann nur gelingen, wenn man das Bild, das sich Beust 1887 von sich selbst gemacht hat, als eine stark retuschierte Zeichnung der Wirklichkeit erkennt. Eher in dem, was Beust nicht sehen wollte oder vielleicht auch wirklich nicht gesehen hat, bieten seine Memoiren Anhaltspunkte für die Erkenntnis jener Umweltfaktoren, von denen her sich ein erklärender Zugang zu den Grundlagen der Beustschen Politik eröffnet."[45]

Auch für Bismarcks ERINNERUNG UND GEDANKE, die Gooch "at the top of the list of political autobiographies"[46] setzt, wird unter dem Aspekt ihrer Quellentreue festgehalten:

"Every statement of fact has to be verified, every judgment of men and events to be checked. In cases of notorious personal antagonism [...], we are on our guard, but the author occasionally misrepresents himself."[47]

Der Wert der politischen Memoiren liegt also weniger in einer *objektiven Rekonstruktion* der historischen Ereigniskette, als vielmehr "in the revelation of the author's personality and ideas."[48] Das Gewicht der Persönlichkeit des Verfassers ist die entscheidende Instanz, die in der Art und Weise der Gestaltung ein je spezifisches Rollenbewußtsein präsentiert.

Die Aussagen der Verfasser selbst über ihren Umgang mit den historischen Fakten und über die Möglichkeit, diese 'objektiv' wiederzugeben, sind durchaus unterschiedlich. So distanziert Bamberger sich vehement von jeglicher, auf Subjektivität der Darstellung zielender Absicht. Zu Beginn

---

45 Rumpler, Helmut, Die deutsche Politik des Freiherrn von Beust 1848 bis 1850, Zur Problematik mittelstaatlicher Reformpolitik im Zeitalter der Paulskirche, Wien, Köln, Graz 1972, S. 49. Eine ähnliche Warnung spricht Westphal hinsichtlich der Memoiren Eckardsteins aus: "Die stark subjektive Darstellungsart E.s macht Vorsicht notwendig in der Wertung seiner Ausführung." Westphal, a.a.O., S. 370.
46 Gooch, a.a.O., S. 261.
47 Ebd., S. 262.
48 Ebd.

des vierten Kapitels trifft er eine grundsätzliche Feststellung:

> "Die Linie, die ich mir zog, als ich die Feder ansetzte, glaube ich bis hierher eingehalten zu haben. Der Gedanke, eine subjektive Schilderung meines Lebens zu geben, lag und liegt mir, auch an diese Stelle gelangt, noch fern."[49]

Daß Bamberger diese prinzipielle Erklärung einem Kapitel voranstellt, in dem er sich über die Beziehung zu seiner Frau äußert, läßt vermuten, daß er den Leser wie auch sich selber durch den Hinweis auf das 'objektive' Prinzip seiner Gangart der Legitimation seines auf Objektivität gerichteten Erzählunternehmens versichern will. Deshalb auch fügt er folgende Erklärung an:

> "Doch kann ich, indem ich mich anschicke, die nun folgende Wendung und alles, was sich im Laufe der Jahre daraus ergab, zu schildern, mich nicht der Erkenntnis entziehen, daß zum Verständnis des Kommenden Aufklärung über einige intimere persönliche Zustände und Verknüpfungen unentbehrlich ist. Dieselben wirkten so ganz allein entscheidend für mein Handeln, daß ich, um es verständlich zu machen, das Widerstreben überwinden muß, welches mich sonst, meiner Empfindung nach, von solchen Aufschlüssen abhalten würde. Denn ein Vorsatz, etwas wie Bekenntnisse, Konfessionen, zu schreiben, liegt mir weit ab."[50]

Hier wird deutlich, daß Bamberger sich sozusagen den 'Luxus' der (vermeintlich erst) zu diesem Zeitpunkt angewendeten Subjektivität des Erzählens nur leistet, indem er dessen Notwendigkeit rational begründet ("*zum Verständnis des Kommenden*"), sich emotional aber ("*meiner Empfindung nach*") davon distanziert.

Auch Beust unterstreicht dezidiert den Anspruch seiner Aufzeichnungen auf *Objektivität*, wobei die Versicherung präziser Quellentreue allerdings in ihrer Vehemenz eher

---

49 Bamberger, Erinnerungen, a.a.O., S. 179.
50 Ebd.

als Rechtfertigungsversuch anmutet denn als selbstbewußte
Inszenierung der Zeitzeugenschaft:

> "Ich bin mir bewusst, überall nur die strengste Wahrheit gesagt, aus vollster Ueberzeugung gesprochen, und auch da, wo Personen unvermeidlicherweise in Frage kommen, rein objektiv geschrieben zu haben [...]."[51]

Die Uneinlösbarkeit eines solchen Anspruchs auf Objektivität ist evident: seine Formulierung wirkt deshalb eher wie eine vorweggenommene Verteidigung des Werkes gegenüber möglichen Zweiflern. Tatsächlich schickt Beust eine Entschuldigung für Irrtümer gleich mit voraus:

> "[...] Sofern man mir thatsächliche Irrthümer nachweisen sollte, würde ich deren Berichtigung mir selbst zur Aufgabe machen. Wenn ich es darauf ankommen liess, geschah es nicht aus leichtem Sinn, sondern weil mir etwas zur Seite stand, was Personen, die mich näher kannten, oft erprobt haben: ein seltenes Gedächtnis, das mir bis in das hohe Alter treu blieb."[52]

Hier scheint eher ein Historiograph zu sprechen, der die Glaubwürdigkeit seines Werkes allein in dessen Bindung an die historische Faktizität sieht. Hieraus erklärt sich der engagiert vertretene Anspruch auf eine vermeintlich objektive Wiedergabe, der - schließt er doch per definitionem das (wiedergebende) Subjekt aus - eher die Verunsicherung des dahinterstehenden Ich-Erzählers, der um seine Glaubwürdigkeit fürchtet, vermuten läßt.

Kennzeichnend für einen großen Teil der politischen Memoirenschreiber ist diese engagierte Betonung des *objektiven* Authentizitätsanspruchs ihres Erzählens, die vermuten läßt, daß sich hierin das typische Legitimationsschema des politischen Memoirenschreibers zeigt. Genügte er diesem Anspruch, wäre er tatsächlich mehr ein Geschichtsschreiber als ein Geschichtserzähler.

---

51 Beust, a.a.O., Bd. 1, S. VII.
52 Ebd.

Es gibt jedoch auch politische Memoirenschreiber, die
- obwohl auch sie ihr erzählerisches Unternehmen durch
diese angestrebte Objektivität legitimieren - selber die
Aporie ihres Unterfangens empfinden, wenn nicht sogar reflektieren. Dieser Erkenntniszweifel des Memoirenschreibers wird deutlich in der Einleitung, die Alexander von
Hohenlohe seinen Erinnerungen vorausschickt:

> "Ich mache keinen Anspruch darauf, eine erschöpfende Antwort
> zu geben, aber ich will den Versuch machen, an der Hand meiner eigenen Beobachtung die Ursachen zu untersuchen und darzustellen, welche zu diesem Mißerfolg [gemeint ist hier die
> Rückgabe des Elsaß an Frankreich nach dem ersten Weltkrieg]
> trotz vieler gewissenhafter Arbeit und manchem aufrichtigen
> guten Willen geführt haben, und ich werde bestrebt sein, so
> unparteiisch und objektiv zu bleiben, wie dies überhaupt für
> einen Menschen von Fleisch und Blut bei der Darstellung von
> Geschehnissen möglich ist, bei denen er persönlich beteiligt
> war. [...]. Vielleicht haben meine Erinnerungen nicht nur für
> diejenigen Interesse, welche den Wunsch haben, sich über die
> Entwicklung der Dinge in Elsaß-Lothringen zur Zeit der *deutschen Verwaltung*, über die so viele Legenden verbreitet sind,
> wahrheitsgetreu zu unterrichten - soweit der Wahrheit in der
> Geschichte überhaupt auf den Grund zu kommen ist."[53]

Auch Hermann Freiherr von Eckardstein äußert sich im Vorwort zu seinen Lebenserinnerungen äußerst skeptisch über
die Wiedergabe geschichtlicher Wahrheit durch Geschichtsforscher und insbesondere durch politische Memoirenschreiber, hebt jedoch gleichzeitig die "gründliche Kenntnis der
Vergangenheit" als Voraussetzung der politischen Selbstbestimmung des deutschen Volkes hervor:

> "Dazu gehört aber eine gründliche Kenntnis der Vergangenheit,
> und vor allem braucht das Volk eine ungeschminkte Darstellung der wahren Tatsachen und Gründe, welche die namenlose
> Katastrophe des Weltkrieges herbeigeführt haben. Denn nur
> die feste Wahrheit verbirgt am Ende unsere Kraft, die Dinge
> zu sehen, wie sie sind, sie auf die Dauer zu ertragen und
> die rechten Folgerungen daraus zu ziehen."[54]

Gerade weil Eckardstein diese Notwendigkeit geschichtlicher Wahrheit betont, die Möglichkeit hierzu aber ständig
in Frage stellt, gerät er schon in seinem Vorwort in einen

---
53 Hohenlohe, a.a.O., S. VIII/IX.
54 Eckardstein, a.a.O., Bd. 1, S. 11.

Zwiespalt, der fast wie eine Legitimationskrise des politischen Memoirenschreibers anmutet. So warnt er einerseits engagiert vor der subjektiven Färbung der politischen Memoiren:

> "Also auch bei politischen Memoiren von Staatsmännern und Diplomaten müssen die Herren Geschichtsforscher auf der Hut sein, nicht ohne weiteres alles als bare Münze zu nehmen; denn persönliche Eitelkeit und die der menschlichen Natur innewohnende Neigung zu tendenziöser Färbung spielen auch hier in den meisten Fällen eine nicht geringe Rolle."[55]

Andererseits beschließt er sein Vorwort mit einer Absichtserklärung, deren mögliche Verwirklichung er jedoch selber längst bestritten hat:

> "In vollem Bewußtsein der vielen menschlichen Schwächen und Versuchungen, welchen jeder ausgesetzt ist, der seine eigenen Lebenserinnerungen und politischen Erfahrungen niederschreibt, gehe ich mit dem festen Vorsatz daran, meine Aufzeichnungen so gerecht und objektiv als nur irgend möglich zu gestalten und jede Tendenz aus ihnen fern zu halten. Leider kann derjenige, welcher seine Memoiren schreibt, seine eigene nichtige Person nicht ganz ausschalten. Wäre es möglich, so würde ich es gern tun."[56]

Wäre es ihm möglich, muß hinzugefügt werden, so handelte es sich nicht um Memoiren, geschweige denn um politische Memoiren, die wesentlich dadurch geprägt sind, daß die Person des Verfassers den Erzählstoff subjektiv handhabt. Auffällig bei Eckardstein ist jedoch, daß er die Polarität zwischen dem Objektivitätsanspruch seiner Aufzeichnungen und ihrer Gestaltung durch das Erzählsubjekt thematisiert und dadurch die für die politischen Memoirenschreiber typische Erzähllegitimation als nicht realisierbaren Wunsch entlarvt. Die Bedeutung, die Eckardstein der *objektiven* Darstellung - aber auch seiner Einsicht in die Subjekt-Objekt-Problematik - beimißt, zeigt sich darin, daß er den

---

55 Ebd., S. 15.
56 Ebd., S. 16.

zweiten Band seiner Memoiren mit einer fast wörtlich genauen Wiederholung seines Eingangsstatements beschließt:

> "Bei meinen Aufzeichnungen [...] bin ich bemüht gewesen so objektiv wie möglich zu urteilen [...]. Ob es mir gelungen ist, weiß ich nicht, denn ich bin mir bewußt, wie schwer es für die menschliche Natur bei all ihren vielen Schwächen ist, ein gerechtes und unparteiisches Urteil zu fällen. Leider kann derjenige, welcher seine Memoiren schreibt, seine eigene nichtige Person nicht ganz ausschalten."[57]

Daß diese kritische Haltung des politischen Memoirenschreibers gegenüber der intendierten *objektiven Rekonstruktion* der historischen Ereignisse durchaus kein Einzelfall ist, zeigen auch die Bemerkungen, die August Bebel seinen Memoiren voranstellt:

> "Wollte ich nach Möglichkeit die Wahrheit schreiben, so konnte ich mich nicht auf mein Gedächtnis verlassen. Nach einer Reihe von Jahren läßt einen das Gedächtnis im Stich, selbst Vorgänge, die sich einem tief einprägten, erlangen im Laufe der Jahre unter allerlei Suggestionen eine ganz andere Gestalt. Ich habe diese Erfahrung häufig nicht nur bei mir, sondern auch bei anderen gemacht. Ich habe nicht selten im besten Glauben Vorgänge früherer Jahre im Kreise von Bekannten und Freunden erzählt, die sich nachher, zum Beispiel durch aufgefundene Briefe, die unmittelbar unter dem Eindruck der Vorgänge geschrieben wurden, ganz anders darstellten. Das hat mich zu der Ansicht geführt: Kein Richter sollte über wenige Jahre eines Vorfalls hinaus einem Zeugen einen Eid abnehmen. Die Gefahr des Falscheides ist groß."[58]

Die vorsichtige Zurückhaltung Bebels gegenüber der Möglichkeit der Wahrheit überhaupt ändert aber auch bei ihm nichts daran, sein Erzählunternehmen auf einen auf Objektivität gerichteten Wahrheitsanspruch zu gründen:

> "Aber auch die Menge falscher Anklagen und schiefer Urteile, mit denen ich sooft überschüttet wurde, lassen es mir gerechtfertigt erscheinen, der Öffentlichkeit zu zeigen, was daran Wahres ist. Dazu sind Offenheit und Wahrheit die ersten Erfordernisse, andernfalls hat es keinen Zweck, über sein Leben Veröffentlichungen zu machen."[59]

---

57 Eckardstein, a.a.O., Bd. 2, S. 434.
58 Bebel, a.a.O., S. 7.
59 Ebd.

Dieser Zwiespalt zwischen Erzähllegitimation, Erzählintention und Unsicherheit hinsichtlich der möglichen Umsetzung führt auch bei Bebel zu Äußerungen, die wie eine prophylaktische Beschwichtigung kritischer Leser wirken:

> "Der Leser meiner Aufzeichnungen, einerlei auf welcher Seite er steht oder zu welcher Partei er sich zählt, wird mir nicht den Vorwurf machen können, ich hätte vertuscht oder schöngefärbt. Ich habe die Wahrheit gesagt auch dort, wo mancher denken wird, ich hätte besser getan, sie zu verschweigen."[60]

Im Wissen um diese Problematik seines erzählerischen Unternehmens bleibt auch Bebel nichts anderes übrig, als sich - trotz der gemachten Vorbehalte - durch die Dokumentarmethode zu legitimieren:

> "Um die Richtigkeit meiner Angaben und auch der Auffassungen, wie ich sie zu einer bestimmten Zeit hatte, festzustellen, habe ich nach Möglichkeit Briefe, Notizen, Artikel usw. benutzt."[61]

Aber auch hier macht Bebel sofort eine Einschränkung hinsichtlich der Zuverlässigkeit dieses Quellenmaterials

> "Aber es gab Abschnitte in meinem Leben, in denen es gefährlich war, Briefe aufzubewahren, wollte ich nicht zum Denunzianten an anderen oder an mir selbst werden."[62]

In diesen von Hohenlohe, Eckardstein und Bebel geltend gemachten Vorbehalten deutet sich der Einblick des Memoirenschreibers in die grundsätzliche Aporie seines Unternehmens an. Diese Einsicht ist Ausdruck einer bemerkenswert kritischen Haltung; bemerkenswert deshalb, weil hier nicht Theoretiker aus Distanz, sondern die in ihr Erzählunternehmen involvierten Icherzähler die Bedingungen ihres Erzählens offenlegen und reflektieren.

So beeindruckend jedoch dieser Zweifel mancher politischer Memoirenschreiber hinsichtlich der möglichen Umsetzung ih-

---
60 Ebd.
61 Ebd., S. 8.
62 Ebd.

rer Selbstverpflichtung auch ist, so zeigt sich doch bei allen hier zitierten Autoren gleichermaßen die Verpflichtung an die Dokumentarmethode als Legitimationsgrundlage ihres Erzählunternehmens.

In diesem Zusammenhang ist es bemerkenswert, daß Bismarck in ERINNERUNG UND GEDANKE nicht nur auf ein Vorwort, sondern auch auf ähnliche Versicherungen historischer Quellentreue völlig verzichtet. Seine Memoiren beginnen mit dem berühmt gewordenen Satz des ersten Kapitels, der keinen einführenden Charakter hat, sondern aufgrund seiner Unvermitteltheit wie ein Fanfarenstoß wirkt:

> "Als normales Produkt unsres staatlichen Unterrichts verließ ich 1832 die Schule als Pantheist, und wenn nicht als Republikaner, doch mit der Ueberzeugung, daß die Republik die vernünftigste Staatsform sei, und mit Nachdenken über die Ursachen, welche Millionen von Menschen bestimmen könnten, Einem dauernd zu gehorchen, während ich von Erwachsenen manche bittre oder geringschätzige Kritik über die Herrscher hören konnte."[63]

Hier findet sich nirgends eine direkte Ansprache an den Leser, in der der Verfasser den Rahmen seines Erzählens oder die Motive für die Abfassung seiner Memoiren explizit formuliert. Dabei hegte auch Bismarck durchaus Mißtrauen gegenüber der Zuverlässigkeit seines Gedächtnisses, das - wie er unterstrich - nicht alle Einzelheiten aus der Vergangenheit behalten habe.[64] Daß Bismarck weder diesen Zweifel noch andere Überlegungen hinsichtlich historischer Genauigkeit innerhalb seiner Memoiren formuliert und damit auf die Darlegung seines Verhältnisses zum historischen Faktum verzichtet, bedeutet nicht die Preisgabe des historischen Authentizitätsanspruchs seines Erzählens.

---

63 Bismarck, Otto von, Erinnerung und Gedanke, hg. v. Buchner, Rudolf, unter Mitarb. v. Engel, Georg, Werke in Auswahl, Bd. 8, Teil A, Darmstadt 1975, S. 1. Die vorliegende Untersuchung stützt sich auf diese kritische Ausgabe von Rudolf Buchner. [Im folgenden zitiert als 'EuG'.]
64 Vgl. Busch, Moritz, Tagebuchblätter, Bd. 3, Leipzig 1899, S. 314.

In diesem Verzicht der Darlegung dieses Legitimationsschemas zeigt sich nicht nur die Selbstverständlichkeit, mit der Bismarck seine Nähe zur Vergangenheit unausgesprochen voraussetzt; hierin spiegelt sich auch das Wissen des Ich-Erzählers um seine Bedeutung, der hohe Grad seines Rollenbewußtseins wider. Der seiner historischen Bedeutung bewußte Bismarck ist nicht von der Furcht beseelt, seine Glaubwürdigkeit durch den ungenauen Umgang mit historischen Fakten aufs Spiel zu setzen. Er kann auf vor- oder nachgeschaltete Begründungen und Rechtfertigungen verzichten, weil für ihn die Erzähllegitimation eng mit seinem Rollenbewußtsein verbunden ist.

2.3.2 Rollenbewußtsein und Legitimation

Da die politischen Memoiren von ihrem Gegenstand her - mehr noch als die Autobiographie - auf ein Lesepublikum bezogen sind, aber "das Interesse am historischen Individuum nicht einfach als solches gegeben ist"[65], müssen unbekanntere Autoren

> "die nicht davon ausgehen können, daß ein Interesse an ihrer Person hinreichende Legitimation für ihre Autobiographie ist [dies gilt noch weit mehr für die politischen Memoiren], die aber ihr Schicksal für repräsentativ und interessant halten, [...] sich auf den Wirklichkeitscharakter ihrer Erzählung [beziehen]. [...]. Der Publikumsbezug ergibt sich also vornehmlich im Hinblick auf den Realitätsgehalt der Aussage."[66]

---

65 Müller, a.a.O., S. 70.
66 Ebd. Es fällt auf, daß Müller unpräzise mit den Begriffen "Wirklichkeitscharakter" (ebd.) einer "Erzählung" (ebd.), "Realitätsgehalt der Aussage" (ebd.), "historische[...] Wirklichkeit" (ebd.), "historische Wahrheit" (S. 71) und "Wirklichkeitsstoff" (S. 73) hantiert, da er sie nicht genügend differenziert, teilweise sogar synonym gebraucht. Der *Wirklichkeitscharakter* einer Erzählung ist aber nicht gleichzusetzen mit der *historischen Wirklichkeit*, da eine Erzählung als solche (indem sie als *Erzählung* eingeordnet wird) als ein vom Subjekt *Gemachtes* literarische Wirklichkeit immer schon besitzt. Dies gilt auch für die "Zweckform" Memoiren, denn die den Memoiren eigene Wirklichkeit kann nicht an der Realität (als 'äußerer' Wirklichkeit) gemessen werden, sondern muß im Hinblick auf die innere Stimmigkeit des Werks gesehen werden. Vgl.

Der (unbekannte) Autobiograph muß sich - im Vergleich mit
dem Memoirenschreiber - diesem Legitimationsschema weniger
beugen, da sein "vornehmstes, wenn nicht gar einziges Anliegen [...] die Ergründung und Darstellung des eigenen
Selbstverständnisses"[67] ist:

> "Er legt das ganze Gewicht seiner Schilderung auf das eigene
> Selbst und erzählt von anderen Menschen, von Zeitläuften und
> Begebenheiten, in denen er sich bewegt hat, nur das, was auf
> ihn selbst Bezug hat, zur Erklärung und Veranschaulichung
> seines Selbstverständnisses dienlich ist."[68]

Der autobiographische Erzähler kann also offen - da die
Autobiographie "Sinnfindung im vorgegebenen Faktischen"[69]
ist - mit den gegebenen Sachverhalten und Tatsachen interpretierend verfahren. Deshalb kann auch die Autobiographie
unbedeutender Autoren von großem Interesse sein, da sie
"auf jeden Fall unterrichtet über die Mannigfaltigkeit
menschlicher Existenz [...]."[70]

Im Unterschied zum Autobiographen ist das oben genannte
Legitimationsschema für den Memoirenschreiber weit mehr
bindend, ist es doch sein zentrales Anliegen, "von Menschen, Begebenheiten und Zuständen zu berichten, von denen
er als Augenzeuge Kenntnis hat oder bei denen er selbst
handelnd mitgewirkt hat."[71]

---

dazu Wilpert, Gero von, Art. *Wirklichkeit*, Sachwörterbuch der Literatur, 6., verb. u. erw. Aufl., Stuttgart 1979, S. 912.
67 Mendelssohn, Peter de, Biographie und Autobiographie, in: P.d.M.,
Von deutscher Repräsentanz, Ansbach 1972, S. 15.
68 Ebd.
69 Müller, a.a.O., S. 63.
70 Pascal, a.a.O., S. 208. In diesem Zusammenhang sei auf ein schö-
nes Beispiel von Mendelssohn verwiesen: "Die Autobiographie eines Einsiedlers, der im tiefsten Walde lebt, seit fünfzig Jahren
keinen Menschen mehr gesehen oder gesprochen hat, kann mithin
durchaus ein sehr fesselndes Werk sein; dann nämlich, wenn der
Einsiedler ein interessanter, denkfähiger und mit Einsichtsver-
mögen begabter Mensch ist. Die Memoiren eines solchen Einsiedlers hingegen, der von den Weltläuften nicht sehr viel mehr erlebt hat, als daß die Füchse sich Gute Nacht sagen, werden nicht
interessant sein." Mendelssohn, a.a.O., S. 15/16.
71 Ebd., S. 16.

Hier ist nun folgende - für den Bereich der politischen Memoiren - bedeutende Feststellung zu treffen: Je stärker der Memoirenschreiber als Handelnder in die äußeren Begebenheiten verstrickt war, je ausgeprägter also seine teilnehmende, in das Geschehen eingreifende Rolle war, desto deutlicher wird sein Ich - in Gestalt seiner Rolle - hervortreten.

Dadurch aber verändert sich die Verbindlichkeit des spezifischen Legitimationsschemas in den Memoiren: neben der Bezugnahme auf äußeres Geschehen bringt sich jetzt nämlich der Erzähler selbst wieder mit ins (Erzähl-)Spiel; die Wiedergabe der Begebenheiten ist vom Rollenbewußtsein des politischen Memoirenschreibers geprägt. Innerhalb der politischen Memoiren ist der Blickwinkel des Erzählers nicht nur der eines die eigene Lebensgeschichte aus zeitlicher Distanz Betrachtenden. Er ist darüber hinaus - und hieraus resultiert der spezifische Legitimationstypus der politischen Memoiren - die Perspektive einer (mehr oder weniger) geschichtsmächtigen Gestalt, deren Lebensgeschichte untrennbar mit der Mitwirkung an bestimmten historischen Ereignissen verbunden ist.

Rückschau ist also immer auch Rekonstruktion historischer Abläufe. De facto ist dieser Akt keine auf *objektive* Präzision gerichtete Geschichtsschreibung; dazu ist der Memoirenschreiber mit seiner eigenen Person viel zu stark in das Erzählmaterial verwoben. Zudem ist auch der Wille zur Selbstrechtfertigung des an der Geschichte mitwirkenden Ichs in der Lebensgeschichte des Politikers ein bedeutender Faktor, von dem aus das Geschehen seine Bedeutungszuweisung erhält.

Wenn also der Spielraum politischer Memoiren weder bestimmt ist durch die introspektive Zergliederung des Ichs noch durch eine von der Person des Ich-Erzählers abgekoppelte Schilderung geschichtlicher Prozesse, sondern durch eine in diese eng verwobene Lebensgeschichte, so muß fol-

gender - für das Legitimationsschema bedeutender - Schluß
gezogen werden: In politischen Memoiren begegnet man der
subjektiven Lebensschau eines in geschichtliche Abläufe
involvierten Menschen, der in Form der Memoiren Teile seines Lebens da memoriert, wo es sich mit geschichtlichen
Abläufen überschneidet.

Der politische Memoirenschreiber präsentiert historisch-
lebensgeschichtliche Schnittstellen, anhand derer er sich
rollengemäß inszenieren kann. Beispielhaft formuliert dieses Prinzip Ludwig Bamberger in seinen Erinnerungen:

> "Nur so viel die eignen Schicksale den Gang der Zeiten von
> einem bestimmten Punkt aus widerspiegeln, will ich von
> ihnen erzählen."[72]

In politischen Memoiren konzentriert sich das dargestellte
Geschehen in der Perspektive eines festumrissenen Rollenbewußtseins, das die Voraussetzung alles Erzählten ist.
Damit hat sich für den politischen Memoirenschreiber ein
für den Autobiographen zentrales Problem erledigt: das
Mißtrauen, das das autobiographische Subjekt gegenüber der
eigenen Identität hegt, den Zweifel "über den in undurch-
dringliches Dunkel gehüllten, Ursprung und Zweck, Anfang
und Ende seines Daseins - über das Woher und Wohin bei
seiner Pilgerschaft durchs Leben [...]."[73]

Der politische Memoirenschreiber steht nicht in gleicher
Weise wie der Autobiograph vor

> "seiner relativen Nichtigkeit und Unbeträchtlichkeit; der
> Blickwinkel der historischen Totalität löscht die Wahrneh-
> mung des Einzelnen, infinitesimal Kleinen aus. Aber als Au-
> tobiograph ist der Erzähler gezwungen, den belanglosen Par-
> tikel gegenüber dem Ganzen, das ihn entwertet, zu rehabili-
> tieren."[74] [...].
> "Der Autobiograph muß sich in seinem Selbstbehauptungsakt ge-
> genüber der Totalität tatsächlich bewähren, er muß durch die

---

72 Bamberger, Erinnerungen, a.a.O., S. 179.
73 Moritz, Karl Philipp, Anton Reiser, Ein psychologischer Roman,
   Mit Textvarianten, Erläuterungen und einem Nachwort hg. v.
   Martens, Wolfgang, Stuttgart 1972, S. 277.
74 Sloterdijk, a.a.O., S. 62.

Qualität seiner Lebensgeschichte (in der Doppelbedeutung von Realprozeß und Erzählung) klarmachen, daß seine individuelle Selbstbehauptung eine konkrete Substanz hat und nicht in der bloßen Anmaßung sich erschöpft."[75]

Im Unterschied zum Autobiographen, der zwar auch "selbst Teil der dargestellten Gegenständlichkeit"[76] ist, diese aber nur in dem Sinne "auf sich beziehen kann, [...] daß seine Subjektivität als solche deutlich wird"[77], kann der politische Memoirenschreiber aufgrund seines Mitwirkens am geschichtlichen Prozeß dem "Anspruch historischer Objektivität"[78], der "ein wesentlich breiteres Informationsspektrum voraussetzt"[79], unverkrampfter und lockerer gegenübertreten.

Dieser Tatbestand kommt deshalb deutlich in politischen Memoiren zur Erscheinung, weil sich in ihnen ein Rollenträger als selbstbewußtes Ich nicht nur voraussetzt, sondern Thema seiner Geschichte die Präsentation eben dieses Rollen-Ichs ist. Je ausgeprägter das Rollenbewußtsein des politischen Ich-Erzählers ist, um so selbstverständlicher liegt es als unausgesprochene Voraussetzung und Bedingung des Erzählens gleichsam als Filter vor der Schilderung.

Dies ist die Ursache dafür, daß das die Memoiren charakterisierende Legitimationsschema in den politischen Memoiren entscheidend modifiziert wird: hier tritt ein profiliertes Ich als selbstverständliches Zentrum der Darstellung auf, das seine subjektive Sicht der Dinge vertritt. Deshalb kann hier der Erzähler "als das überlegene dirigierende Bewußtsein [...] sich hinter die Erscheinungen"[80] stellen und "dieses wie selbständig erscheinende Getriebe immer

---

[75] Ebd., S. 63.
[76] Müller, a.a.O., S. 62.
[77] Ebd.
[78] Ebd.
[79] Ebd.
[80] Misch, Geschichte der Autobiographie, Bd. 4, 2. Hälfte, Von der Renaissance bis zu den autobiographischen Hauptwerken des 18. und 19. Jahrhunderts, bearb. v. Neumann, Bernd, Frankfurt/Main 1969, S. 770.

wieder aus seinem eigenen Gehirn entspringen [...] lassen."[81] Das - im Vergleich zum Autobiographen - andere Verhältnis zu sich selbst ermöglicht dem politischen Selbstbiographen die so sicher erscheinende Erfassung der eigenen Person; unterliegt er doch nicht der mit der autobiographischen Bemühung verbundenen Gefahr, sich in der Erfassung der Individualität und im unmittelbaren reflexiven Prozeß belastenden Selbstzweifeln gegenüber zu sehen.

Dieses typische Merkmal der politischen Memoiren, nicht mehr zu fragen: *Was ist mein Leben?*, sondern vielmehr zu antworten: *Das ist mein Leben!*, ermöglicht die Unterscheidung der Autobiographie als prozessuale reflexive Selbstbefragung von den politischen Memoiren als Darstellung einer identitätsfesten Beantwortung. Der Memoirenschreiber kann hier deshalb so selbstsicher auftreten, weil er sich eben nicht mehr in der Verunsicherung des Fragenden befindet, sondern in der Sicherheit des Antwortenden. Ob diese Sicherheit immer eine tatsächliche oder nur vorgetäuschte ist, steht hier nicht zur Debatte; entscheidend ist der Anspruch, den der Erzähler darauf erhebt und die Art und Weise, wie er ihn erfüllt.

Letztlich wird der politische Selbstbiograph, um diesen Anspruch zu wahren, Brüche in seiner Geschichte, Sprünge seiner eigenen Person zugunsten der ihn beherrschenden Leitidee abfangen. Steht doch im Vordergrund die Präsentation eines seiner Rolle bewußten Ichs, das sich lieber als Grundlage denn als Folge von Handlungen und Verhältnissen begreift. Grundlegend für dieses Ich ist sein Wissen um die Schnittmenge der eigenen mit der politischen Geschichte.

In der Einordnung der Lebengeschichte "in das *Bezugssystem der Geschichte*"[82] zeigt sich die "Verknüpfung von Lebensge-

---

81 Ebd.
82 Sloterdijk, a.a.O., S. 61.

schichte und allgemeiner Geschichte."[83] In dieser

> "Beziehung der eigenen Lebensgeschichte auf den national-, welt-, und kulturgeschichtlichen Horizont der durchlebten Epoche [erschließt sich] eine der mächtigsten Relevanzquellen für das Bedeutendmachen eigener Lebenserfahrung [...]."[84]

Diese Verquickung von politischer Geschichte und persönlicher Lebensgeschichte als fundamentales Prinzip politischer Memoiren muß aber nicht zur Folge haben, daß das Gewicht der Geschichte über dem rollenbewußten Ich-Erzähler derart zusammenschlägt, daß er mit seinem Eintritt "in die komplexe Welt der Politik [...] nurmehr als kleines Rädchen, eingefügt in ein großes Ganzes"[85] erscheint. Dieses rollenbewußte Ich tritt vielmehr da zutage, wo sich der politische Selbstbiograph über seine Zeitzeugenschaft hinaus als *wirkendes, mitwirkendes* Organ politischer Abläufe begreift und solcherweise in diese verwoben ihre Darstellung als Darstellung der eigenen Rolle präsentiert.

Hohenlohe, dessen Absicht in seinen Erinnerungen auf die Darstellung der Verhältnisse in Elsaß-Lothringen gerichtet ist, formuliert den Bezug zwischen Lebensgeschichte und politisch-sozialer Geschichte zwar noch zurückhaltend:

> "Wenn ich geglaubt habe, den Versuch einer solchen [Darstellung] wagen zu dürfen, so hat mich dazu das Bewußtsein bewogen, daß ich vielleicht mehr als ein anderer in Deutschland dazu befähigt bin, einen nützlichen Beitrag zur Erforschung der Wahrheit in dieser Frage zu liefern. Nicht als ob ich mir anmaßen möchte, als Autorität über die Verhältnisse in Elsaß-Lothringen aufzutreten. [...]. Aber ich glaube dennoch, ohne unbescheiden zu sein, mir ein Urteil erlauben zu können, nachdem ich tatsächlich Gelegenheit gehabt habe, während eines Zeitraumes von mehr als zwanzig Jahren Land und Leute von Elsaß-Lothringen, insbesondere des Elsaß, aus nächster Nähe genau kennen, beobachten und schätzen zu lernen, und zwar von unten wie von oben gesehen [...]."[86]

---

83 Ebd.
84 Ebd., S. 276.
85 Pascal, a.a.O., S. 16.
86 Hohenlohe, a.a.O., S. IX.

Bebel äußert sich wesentlich rollenbewußter über die Nähe zur Geschichte:

> "Nachdem Ende Oktober letzten Jahres in Frankfurt (Main) L. Sonnemann gestorben ist, lebt außer mir keiner mehr, der die Geschichte jener Zeit so kennt und miterlebte wie ich und dem auch das Material zur Verfügung stand."[87]

Auch Beust kennzeichnet - im Zusammenhang mit der Wiedergabe einer seiner Reden - diese Verwobenheit der eigenen Person mit der Geschichte:

> "Um so eingehender war meine eigene Rede, die ihres geschichtlichen Werthes wegen hier wiederholt zu werden wohl verdienen dürfte. Wenn ich von geschichtlichem Werth spreche, so bitte ich, diese, wie viele ähnliche meiner Worte, so zu nehmen, wie ich sie denke, nämlich objektiv. Es ist nicht zu vermeiden, dass in meinen Erinnerungen meine Person, in Folge deren Betheiligung an den Ereignissen, immer wieder zur Erscheinung gelangt, allein wenn ich wie hier die Aufmerksamkeit auf eine von mir gehaltene Rede lenke und ihr geschichtliche Bedeutung beimesse, so geschieht es nicht deshalb, weil ich die Rede gehalten habe, sondern weil in der Rede Verhältnisse und Dinge sich abspiegeln, deren Kenntnis für die Geschichte von Werth ist."[88]

Abgesehen von der eitlen Selbstbespiegelung, die seine gesamten Memoiren prägt und auch in diesem Zitat deutlich zum Ausdruck kommt, ist auffällig, daß Beust so weit geht, die Erwähnung seiner Person als eine unvermeidbare Notwendigkeit zu rechtfertigen und die Verbindung zwischen eigener Person und Geschichte zu einem objektiven Sachverhalt zu stilisieren. In dieser Stilisierung wird offensichtlich, daß die Legitimation durch das Objektivitätsideal für den politischen Memoirenschreiber eine verbindliche ist.

So vehement aber viele politische Memoirenschreiber den Anspruch auf die *Objektivität* ihrer Aufzeichnungen auch explizit betonen, so uneinlösbar ist dieser Anspruch nicht nur prinzipiell, sondern gerade hinsichtlich des konstitutiven Charakters der politischen Memoiren: das Rollenver-

---
87 Bebel, a.a.O., S. 8.
88 Beust, a.a.O., Bd. 2, S. 466.

ständnis des politischen Memoirenschreibers, das sich in
den oben angeführten Zitaten ausdrückt, ist geprägt vom
Bewußtsein der Zeitzeugenschaft im Sinne der unmittelbaren
Nähe zu den geschichtlichen Prozessen und ihrer Mitgestaltung durch das Erzähler-Ich.

Die Mitwirkung des Subjekts an der es umgebenden Außenwelt
ist der entscheidende Grund dafür, daß in politischen Memoiren die für die Autobiographie so charakteristische Betonung der Innenwelt abgelöst wird durch die gewichtige
Darstellung der Außenwelt, ohne eine damit verbundene Entpersonalisierung des Dargestellten. Als entscheidendes Untersuchungskriterium für den Typus der politischen Memoiren gilt demnach die Art und Weise der Subjektivierung der
Außenwelt durch den Memoirenschreiber.

Der politische Memoirenschreiber modifiziert auf der Verfahrensebene das Dokumentationsprinzip und kann

> "durch die subjektive Färbung, die in Auswahl und Ausdeutung
> des Erzählten oft tendenziöse Zwecke verfolgt und nicht zuletzt unwillkürlich ein uneingestandenes Wunschbild des Vergangenen, wie es hätte sein sollen"[89],

wiedergeben. Aus dem Bewußtsein der geschichtlichen *Mittäterschaft* leitet der politische Memoirenschreiber seine
Beurteilungskompetenz für die Vergangenheit, für die Gegenwart und besonders für die Zukunft ab; beispielhaft
formuliert Bismarck diesen Anspruch in seiner Widmung zum
zweiten Band seiner Memoiren:

> "Widmung: den Söhnen und Enkeln zum Verständnis der Vergangenheit und zur Lehre für die Zukunft."[90]

Hier erhebt ein politischer Selbstbiograph den Anspruch,
eine Vergangenheitsdarstellung zu liefern, von der aus
sich ein Verstehensschema der Geschichte ableiten läßt,
das seine Gültigkeit gerade in der Anwendbarkeit auf Zu-

---

[89] Wilpert, Art. *Memoiren*, a.a.O., S. 503.
[90] EuG, S. 537.

künftiges beweist. Bismarck formuliert hier die ihn kennzeichnende Überzeugung, "daß er wie einst auch jetzt die Zukunft repräsentiere, die immer zugleich, bei allen notwendigen Veränderungen, Treue zur Vergangenheit sei."[91]

Aus diesem Schema,

> "daß nur eine ganz bestimmte Vergangenheit eine Zukunft habe und daß es daher im Interesse der Zukunft gelte, die Gegenwart an diese Vergangenheit zu binden"[92],

lassen sich Selbstverständnis und Erzählintention des Verfassers Bismarck ablesen sowie das Darstellungsraster, das wie eine Folie über das geschichtliche Substrat gelegt wird:

> "Was Bismarck mit seinen Denkwürdigkeiten will, ist wesentlich Warnung, Belehrung, Beeinflussung der Gegenwart durch Klarstellung seiner auswärtigen Politik (die innere tritt ganz zurück). Er verzichtet also bewußt von vornherein darauf, Geschichte im Sinne von exakt geschriebener Geschichte zu geben, sondern legt ein politisches Resumée, eine Art politische Erziehungsschrift, in der er selbst der Held ist, vor."[93]

2.3.3 Rollenbewußtsein und Erinnerung

Diese entschiedene Wendung "ungebrochener, ganz auf die Gegenwart zielender politischer Leidenschaft"[94] distanziert nicht nur ERINNERUNG UND GEDANKE, sondern viele politische Memoiren von der autobiographischen "Suche nach der Wahrheit des gelebten Lebens"[95], eine Suche, die ein Sich-Versenken in die Vergangenheit voraussetzt, da die Autobiographie "Individualität nur als die im Erinnern"[96] kennt.

---

91 Gall, Bismarck, a.a.O., S. 723.
92 Ebd., S. 724.
93 Ulrich, a.a.O., S. 69.
94 Gall, Bismarck, a.a.O., S. 723.
95 Wuthenow, Das erinnerte Ich, a.a.O., S. 211.
96 Ebd., S. 214.

Gerade das aber liegt den meisten politischen Memoirenschreibern, besonders aber Bismarck völlig fern, denn "das wäre ja gleichbedeutend gewesen mit Abschluß, Distanzierung, abschiednehmendem Rückblick, Verzicht."[97] Erinnerung - das bedeutet in politischen Memoiren das Heranziehen historischer Ereignisse zur Verdeutlichung einer bestehenden Gewißheit über die subjektive Wahrheit des gelebten Lebens und der gelebten Rolle.

Dient die Erinnerung in der Autobiographie dem prozessualen Lebensnachvollzug mit dem Ziel der Annäherung an eine am Anfang des (Erzähl-)Unternehmens noch nicht sicher gewußte Identität, so ist sie gleichzeitig die methodische Voraussetzung der autobiographischen Reflexion; damit verbunden ist der Anspruch auf eine vollständige Lebensbeschreibung, denn:

> "vom sichtbar gemachten Erzählzeitpunkt, der zugleich das (vorläufige) Ende des Lebens bezeichnet, wird erinnernd auf die Anfänge des eigenen Daseins zurückgegriffen und dann fortlaufend zu dem im existentiellen und erzähltechnischen Sinne vorgegebenen Ende hin erzählt, wobei sich im Erzählvorgang, der eine kontinuierliche Reduktion des Zeitabstandes bedeutet, fortlaufend die Identität von erzählendem und erzähltem Ich herstellt, indem sie aus den Inhalten des Lebens gewonnen wird."[98]

Der Autobiograph präsentiert als Beobachter seiner eigenen Vergangenheit, als erinnerndes Ich, die Entwicklungsgeschichte seiner Person, wobei er erst im Akt des Erinnerns die Bedeutung der Vergangenheit "zu suchen beginnt wie auch die Einheit, welche die Identität des Individuums ga-

---

[97] Gall, Bismarck, a.a.O., S. 723. Mit dieser Gegenwartsfixierung Bismarcks hängt vielleicht auch sein Verzicht auf Darlegung seiner Erzählmotivation zusammen; denn solche Reflexion "bedeutet nicht zuletzt die ständige Bewußtmachung des Realitätscharakters des Erzählten, der in seinem Vergangensein liegt, d.h. die Aufhebung aller sich aus der anschaulichen Wiedergabe herleitenden vergegenwärtigenden Tendenzen." (Müller, a.a.O., S. 69). Diese Negierung des Gegenwartsbezuges aber, die Akzeptanz der nur der Vergangenheit zuzuordnenden *Erinnerung* entspricht nicht dem Anspruch Bismarcks auf seine Gegenwarts- und Zukunftkompetenz.
[98] Müller, a.a.O., S. 56.

rantieren sollte, das sich im Erinnern seiner selbst erst ganz bewußt wird."[99] Für den Autobiographen bedeutet der Akt des Erinnerns also weniger die Rekonstruktion der Vergangenheit, sondern vielmehr eine grundlegende Reflexionsleistung des erinnernden Ichs.

Wenn sich der mißtrauische Autobiograph immer wieder gegen die Gefahr wehrt, daß "das Gedächtniß zu den Thatsachen wohl allenfalls hinreicht, aber nicht immer uns die Eindrücke, die wir damals empfingen, wieder hervorrufen kann"[100], so ist er sich fundamentaler Probleme des autobiographischen Schreibens bewußt:

"1. Kein Erlebnis ist so, wie es erlebt wurde, zu wiederholen, die frühere Erlebniswirklichkeit daher niemals adäquat reproduzierbar. 2. Was bewahrt wird, ist nicht das Erlebnis selbst, sondern nur die Vorstellung davon, die keineswegs die Fülle des Damaligen umschließt. 3. Nicht nur diese Vorstellungen, auch die mit ihnen verbundenen Bedeutungsgefühle unterliegen einer ständigen Wandlung. Es finden immer wieder Perspektivenverschiebungen und Akzentverlagerungen statt, weil das Individuum sich ununterbrochen verändert."[101]

Das erkenntnisleitende Interesse des Autobiographen erhebt - im Prozeß der Erinnerung - den Erkenntnisprozeß selbst zum Thema, indem die Erinnerung "als Gedächtniskraft und -akt immer aufs neue thematisiert"[102], "diskutiert und trainiert, betont oder bezweifelt"[103] wird.

---

99 Wuthenow, Autobiographien, a.a.O., S. 149.
100 Goethe, Wolfgang von, in einem Brief vom 8. Mai 1814 an Friedrich Maximilian von Klinger, in: Goethes Werke, hg. im Auftrag der Großherzogin Sophie von Sachsen, Weimarer Ausg., fotomechanischer Nachdr. der Ausg. Weimar, Böhlau, 1887-1919, Bd. 117, Abt. 4 (Goethes Briefe), München 1987, S. 251.
101 Aichinger, Probleme der Autobiographie, a.a.O., S. 423.
102 Schwab, a.a.O., S. 79.
103 Ebd. Augustinus ist der erste Autobiograph, der diese Problematik in seiner *Memorialehre* thematisiert, in der er über das menschliche Gedächtnis und die subtilen Mechanismen der Erinnerung nachdenkt. Im zehnten Buch der "Bekenntnisse" entfaltet er seine eindrucksvolle "Memoria-Lehre", die den Umgang mit den "Schätze[n]" lehrt, die in den "weiten Lagerhallen" unseres Gedächtnisses aufbewahrt sind. Augustinus, Aurelius, Bekenntnisse, übersetzt, mit Anmerkungen versehen und hg. v. Flasch, Kurt, Mojsisch, Burkhard, Stuttgart 1989, S. 259.

Erinnern - in dieser Weise verstanden als Reflexionsbemühen - impliziert somit notwendigerweise die (legitimierte) Unsicherheit des Sich-Vergegenwärtigens der Vergangenheit; als "Suche nach sich selbst"[104] ist es ein fragendes Vortasten des erkennenden Subjekts auf ein noch unbekanntes Ziel: das zu erkennende Objekt. Die Autobiographie ist also ein literarisch vollzogener dialektischer Selbsterfahrungsprozeß, innerhalb dessen Icherfahrung dadurch möglich ist, daß sich das Ich zum Nicht-Ich setzt:

> "Dieses Ich muß sich gleichsam in die Gegenstandsebene projizieren, damit es die Möglichkeit hat, sich selbst zu sehen und zu begreifen. Das erkennende Subjekt wird zugleich Objekt, das erkannt werden soll. Die Richtung der Beobachtung kehrt sich um. Dabei geht die Intention des Autobiographen nicht primär auf die Analyse des gegenwärtigen Ich, er bemüht sich vielmehr um Verständnis seiner Vergangenheit, um Einsicht in das eigene Gewordensein, und zwar mit Hilfe der Erinnerung und Deutung. Das Gedächtnis bildet somit die Hauptquelle des Autors."[105]

Im Gegensatz zum Autobiographen, dessen Ich "erst in der Darstellung Gestaltung erfährt"[106], bewegt sich der politische Memoirenschreiber in der für ihn typischen Erkenntnissicherheit, der Zweifel bezüglich der eigenen Identität und der Erkenntnismöglichkeit fern sind wie bei Bismarck. Bei einigen Autoren werden die hinsichtlich der Möglichkeit *objektiver* Erkenntnis geltend gemachten Zweifel zwar thematisiert, ohne daß diese Reflexion jedoch das Erzählunternehmen gefährdet oder gar zu einem eigenen Thema wird (so bei Eckardstein, Bamberger, Hohenlohe, Bebel und Beust).

Die Ursache hierfür liegt darin, daß die Vermittlung zwischen erzählendem und erzähltem Ich, zwischen Vergangenheit und Gegenwart in den politischen Memoiren nicht mehr geleistet werden muß; im Rollenbewußtsein des Erzählers ist die Kluft zwischen erkennendem Subjekt und zu erkennendem Objekt aufgehoben. Deshalb ist aus der Perspektive

---

104 Wuthenow, Autobiographien, a.a.O., S. 152.
105 Aichinger, Probleme der Autobiographie, a.a.O., S. 422/423.
106 Wuthenow, Das erinnerte Ich, a.a.O., S. 19.

des erzählenden Ichs das erzählte Ich keine fremde Figur in der dargestellten Welt, sondern vielmehr das zurückprojizierte Rollen-Ich des Erzählers. Damit hebt der politische Memoirenschreiber keineswegs die Subjekt-Objekt-Trennung auf; indem er dem erzählten, objektivierten Ich den rollenbewußten Stempel des erzählenden Ichs aufdrückt, wird ihm diese Trennung jedoch nicht mehr zum Thema einer Differenz zwischen erzählendem und erzähltem Ich.

Das bedeutet also, daß auch die politischen Memoiren grundsätzlich dialektisch organisiert sind; indem nämlich das erzählende Subjekt geschichtliche Abläufe vorführt, in die es handelnd verstrickt war, liegt dieser Schilderung eine Objektivierung des Ichs zugrunde. Da dieses so objektivierte Ich jedoch - und dies ist der grundsätzliche Unterschied zur Autobiographie - nicht als ein vergangenes, das in einer Differenz zum gegenwärtigen Ich steht, reflektiert wird, entgeht der politische Memoirenschreiber der reflektierenden Selbstbetrachtung aufgrund der erst durch das Erzählen bewußtgemachten Subjekt-Objekt-Problematik.

Die Verbindung zwischen Vergangenheit und Gegenwart vollzieht sich in politischen Memoiren nicht in der Erinnerung, sondern sie ist bereits vollzogen: im Rollenbewußtsein des politischen Memoirenschreibers. Deshalb ist die Erinnerung nicht das Thema des politischen Ich-Erzählers und auch nicht die "psychologische Grundlage"[107] seines Erzählens. Erinnerung in den politischen Memoiren ist vielmehr angelegt auf die Rekonstruktion *des* historischen Fundus, der für die *antwortende* Erzählhaltung des politischen Selbstbiographen verwertbar ist. Deshalb werden die Erinnerungen in den politischen Memoiren so häufig instrumentalisiert, d.h. sie sind ein Mittel zum Zweck der Reflexionen und staatsmännischen Gedanken des politischen Memoirenschreibers.

---

[107] Aichinger, Probleme der Autobiographie, a.a.O., S. 423.

Das führt zu chronologischen Unterbrechungen und Brüchen, die als typisches Kennzeichen politischer Memoiren anzusehen sind. Vergegenwärtigt man sich, daß die Erzählabsicht des politischen Memoirenschreibers auf die rollenbewußte Präsentation und Verfolgung einer Leitidee gerichtet ist, so wird verständlich, daß die Befolgung einer am geschichtlichen Verlauf orientierten Chronologie der in dieser Weise stattfindenden Sinngebung durch den Erzähler entgegenstehen kann.

Diese These läßt sich durch die politischen Memoirenschreiber selber bestätigen, denn einige von ihnen begründen die von ihnen vollzogenen Chronologiebrüche - Beust beispielsweise so:

> "Bei der Aufzeichnung meiner Erinnerungen ist es nicht möglich, chronologisch Schritt zu halten, weil die einzelnen Gegenstände, wollte ich so zu sagen fortlaufende Tagesberichte geben, in zusammenhängender Darstellung nicht zur Erklärung kommen würden. So bin ich denn genöthigt, nachdem ich anlässlich der äussern Frage bereits bis zum Spätherbst gelangt war, in Betrachtung der innern Angelegenheiten zu den Frühjahrsmonaten des Jahres 1867 zurückzukehren."[108]

Bamberger rechtfertigt nicht nur einen chronologischen Bruch in seiner Darstellung, sondern reflektiert auch seine Verfahrensweise:

> "Ich bin mit dieser Abschweifung der Zeit, von der ich erzähle, um ein halbes Jahrhundert beinah vorausgeeilt. Aber da ich nicht erzähle, um äußere Vorgänge chronologisch aneinander zu reihen, sondern um das Gewordene mit der Gegenwart zusammenzuhalten, schien es mir erlaubt, ja wohl angebracht, Ausgangs- und Endpunkt, bis auf die neueste Zeit, hier, wo es sich um Grundstimmungen handelt, zusammenzufügen, wenigstens insofern sich ein Stück der Vergangenheit und Gegenwart in meiner eignen Denkweise spiegelt."[109]

Der Rückgriff auf Vergangenheit ist für den politischen Memoirenschreiber ein *rollenbewußtes* Unternehmen so wie der Umgang mit der Erinnerung, deren Zuverlässigkeit und auch Unzuverlässigkeit für den Erzähler letztlich kein

---
108 Beust, a.a.O., Bd. 2, S. 139.
109 Bamberger, Erinnerungen, a.a.O., S. 45.

Problem ist; er kennt die *Wahrheit* ja schon zu Beginn seiner Erzählung. Deshalb sehen auch die politischen Memoirenschreiber, die Zweifel an der Zuverlässigkeit ihres Gedächtnisses äußern, ihr Erzählunternehmen trotz dieser Einsicht nicht gefährdet.

Ist die Erinnerung in der Autobiographie ein Erkenntnismedium, so nimmt die Erinnerung in den politischen Memoiren eine andere Stellung ein. Sie stellt den Prozeß dar, während dessen der Ich-Erzähler auf sein Gedächtnis rollenbewußt auf geschichtliche Daten und Fakten zurückgreift. In ihr vollzieht sich eine bewußt getroffene, subjektive Auswahl aus dem historischen Fundus; sie wird zum kreativen Gestaltungsakt des Ich-Erzählers, der seinen Memoiren dadurch eine besondere Kontur verleiht, daß er die Erinnerung als Mittel zum Zweck seiner Gedanken einsetzt.

Allen Aspekten ist gemeinsam, daß sich Erinnerung in den politischen Memoiren immer im Medium eines Rollenbewußtseins vollzieht, das ein gegenwärtiges und kein vergangenes ist. Das bedeutet, daß für den politischen Memoirenschreiber die Vergangenheit immer an die Gegenwart gebunden bleibt, daß die Darstellung der Vergangenheit ein Mittel zum Zweck der Darstellung des gegenwärtigen Ichs ist. Die Herausbildung des Ichs als ein in die Vergangenheit verwobener Prozeß ist nicht das Thema des politischen Memoirenschreibers, sondern das der Gegenwart verbundene *Ergebnis* - das ausgebildete Ich - dieses Prozesses. Deshalb läßt sich der politische Memoirenschreiber bei seiner Auswahl aus der Erinnerung vom Stellenwert des Erinnerten hinsichtlich seiner Selbstdarstellungsabsicht leiten.

Der Memoirenschreiber projiziert dieses Ich, das in der gegenwärtigen Rollenidentität seinen Ausdruck findet, gleichsam von der Gegenwart in die Vergangenheit zurück: Politische Memoiren sind von ihrer Tendenz eher der Gegenwart als der Vergangenheit verbunden. Erinnerung in den politischen Memoiren darf deshalb nicht allein als prozessualer Nachvollzug des gelebten Lebens, "nicht allein als ein Lebensdaten und Fakten sammelndes und reproduzierendes Vermögen"[110] verstanden werden, sondern beinhaltet als eine Instanz, "die Möglichkeiten eines anderen Handelns in Vergangenheit und Zukunft aufzeigt"[111], immer auch Vollzug des gegenwärtigen Lebens.

Dies ist der Grund dafür, daß der politische Memoirenschreiber häufig die Schilderung vergangener Erlebnisse vermischt mit politischen Reflexionen, die zwar am historischen Fundus ansetzen, aber oft eindeutigen Bezug auf Gegenwart und Zukunft haben. In dieser spezifischen Weise des *Erinnerns* kann sich der Ich-Erzähler als geschichtsmächtige Figur inszenieren, denn so ist es möglich, seine Kompetenz nicht als eine vergangene erscheinen zu lassen, sondern als eine gegenwärtige und auch zukünftige:

> "Erinnerung ist von daher nicht nur Garant personaler Identität, sondern auch Garant der Einheit der bzw. einer Geschichte, ja der Erfahrung von Geschichtlichkeit. Sie ist, zumindest gemäß der philosophischen Interpretation Hegels, das verschiedene geschichtliche Manifestationen des Geistes verbindende Element und erste Voraussetzung und Indiz geschichtlicher Erfahrung und historischen Bewußtseins."[112]

2.3.4 Rollenbewußtsein und Wahrheit

Die Einsicht in die für politische Memoiren konstitutive Selbstdarstellung des Ich-Erzählers und in die damit verbundene Subjekt-Objekt-Relation hat eine entscheidende Konsequenz hinsichtlich der Frage nach der Wahrheit in politischen Memoiren. Aufgrund des hier entwickelten Ansatzes darf eine gegenstandsadäquate Fragestellung sich nicht auf die Überprüfung der Korrespondenz zwischen Aus-

---

[110] Lehmann, Jürgen, Bekennen, Erzählen, Berichten, Studien zu Theorie und Geschichte der Autobiographie, (Habil.-Schr., Göttingen, o.J.), Tübingen 1988, S. 43.
[111] Ebd., S. 44.
[112] Ebd.

sage und historischem Sachverhalt richten, auch wenn sich
die politischen Memoirenschreiber selbst durch diesen Anspruch auf *objektive* Rekonstruktion legitimieren - auf
eine Fiktion, die

> "vorkommt zwecks Beglaubigung einer Geschichte als objektiv,
> nämlich daß *die Sache selbst* - der Gegenstand der Erzählung - auf irgendeine Weise zugleich *das eigentliche Erzählsubjekt* sei, das sich im Erzählen des Erzählers ausspreche,
> und der vermeintliche Erzähler [...] nur eigenwilligloses
> Sprachrohr, nicht aber freies Erzählsubjekt [sei]."[113]

Aufgrund der aufgefundenen Subjekt-Objekt-Relation muß die
Frage nach der Wahrheit sich auf die objektivierte erlebte
Gegenständlichkeit richten, die sich in politischen Memoiren in der Rollenpräsentation zeigt. Auch für die Memoiren
gilt dann, daß "diese Beschaffenheit der Wahrheit aus dem
Text selbst hervorgehen müsse"[114] und sich "die Wirkung der
Echtheit"[115] aus der "sinnvollen Gestaltung der Persönlichkeit"[116] ergibt.

Wenn es dem politischen Memoirenschreiber gelingt, seine
Rolle im Medium der Sprache überzeugend zu vermitteln,
d.h. wenn diese Vermittlung eine innere Konsistenz aufweist, dann gilt ebenso wie für die Autobiographie auch
für die politischen Memoiren, daß "die unausweichliche
Subjektivität der [...] Darstellung als die dieser Gattung
eigentümliche Form der Wahrheit"[117] zu gelten hat und wir
aufgrund ihrer Form bereit sind,

> "die Ideen und Einsichten, die in ihr ausgedrückt sind [...],
> nicht in ihrer objektiven Wahrheit anzuerkennen, sondern als
> Wahrheit *für* diesen besonderen Menschen, als *seine* Wahrheit."[118]

---

113 Röttgers, Kurt, Geschichtserzählung als kommunikativer Text, in:
Quandt, Siegfried, Süssmuth, Hans (Hg.), Historisches Erzählen,
Formen und Funktionen, Göttingen 1982, S. 38.
114 Pascal, a.a.O., S. 222.
115 Aichinger, Probleme der Autobiographie, a.a.O., S. 425.
116 Ebd.
117 Niggl, Geschichte der deutschen Autobiographie im 18. Jahrhundert, a.a.O., S. 50. Niggl trifft diese Feststellung hinsichtlich der Autobiographie.
118 Pascal, a.a.O., S. 212.

Das angemessene Wahrheitskriterium kann deshalb nur ein dem Rollenverständnis des Selbstbiographen angemessenes sein. Wählt man ein solches Wahrheitskriterium, dann entsteht jedoch das Problem seines heuristischen Ertrages; denn der oben unternommene Versuch, ein Wahrheitskriterium jenseits der Adäquationstheorie zu finden, machte die Schwierigkeit deutlich, einen allgemeinverbindlichen Maßstab für die Beurteilung der Wahrheit zu finden.[119] Nur ein solcher - intersubjektiv nachvollziehbarer - Maßstab ermöglichte, daß unabhängig vom einzelnen Interpreten dem untersuchten Gegenstand *'Wahrheit'* zugeordnet werden kann, denn sonst könnte der Deutung

> "eine andere Deutung entgegengesetzt werden, ohne daß es eine Instanz gäbe, die über die 'Wahrheit', ja auch nur die Richtigkeit dieser oder jener Deutung mit der Unwidersprechlichkeit des der-Fall-seins entschiede."[120]

Eben diese Verallgemeinerungsmöglichkeit ist aber in solchen Formulierungen wie *"Wirkung der Echtheit"* und *"sinnvoller Gestaltung der Persönlichkeit"* nicht gegeben und es ist aufschlußreich, daß Aichinger einen Wahrheitsbegriff voraussetzt, ohne den Versuch einer Definition überhaupt gemacht zu haben. In der Formulierung Pascals von der

---

119 Die Konsequenzen eines unreflektierten Festhaltens am Adäquationskriterium der Wahrheit zeigen sich in einer neueren Untersuchung in der Feststellung, daß "es einer Person, die ihr Leben aufzeichnen will, unmöglich [ist], sich wahr zu sehen oder wahr darzustellen. Auch der höchste Anspruch an Objektivität sich selbst gegenüber kann nichts weiter sein, als eine graduelle Annäherung an die 'Wahrheit'. Das größtmögliche Maß an 'Wirklichkeit' für einen Autobiographen ist dann erreicht, wenn sein inneres Bild von sich selbst mit dessen Darstellung in Einklang steht." Bernheiden, Inge, Individualität im 17. Jahrhundert, Studien zum autobiographischen Schrifttum, (Diss., Aachen 1986), Frankfurt/Main, Bern, New York, Paris 1988, S. 32. Da Bernheiden einerseits die Bezeichnungen *Objektivität*, *Wahrheit* und *Wirklichkeit* nicht differenziert und sie anscheinend gleichsetzt, andererseits auf die konstitutive Subjektivität der Gattung verweist, bleibt im Dunkel, welches Kriterium zur Beurteilung der Entsprechung von innerem Selbstbild und äußerer Darstellung dienen soll.
120 Hamburger, Wahrheit und ästhetische Wahrheit, 1. Aufl., Stuttgart 1979, S. 138.

"Wahrheit für diesen besonderen Menschen" wird diese
Schwierigkeit ebenfalls deutlich, denn hier wird das Wahrheitskriterium in das erzählende Subjekt selbst verlegt,
obwohl doch der Interpret derjenige ist, der das Prädikat
Wahrheit verleiht.

Die dargestellte Problemlage zeigt, daß

> "der Begriff der Wahrheit [...] dem der Interpretation, der
> Auslegung, der Deutung [widerspricht]. Das Moment der Faktizität, das ihn konstituiert, d.i. die Identität des Wahrseins
> mit dem, was jeweils der Fall ist, die Elemente der Nichtrelativität und Nichtsubjektivität, die darin enthalten sind -
> diese Begriffsstruktur kann Wahrheit nicht zum Gegenstand einer Methode der Interpretation machen."[121]

Wenn in der vorliegenden Untersuchung auf einen Wahrheits-Begriff verzichtet wird, dann geschieht dieser Verzicht
aus der Einsicht heraus, daß der Begriff Wahrheit gar
nicht hinreichend definiert werden kann, denn

> "die Berufung auf die Wahrheit eines Sach- oder Sinnverhalts
> ist zum mindesten von einer bestimmten Wertpositivität gefärbt, für die man in vielen Fällen andere werthaltige Begriffe einsetzen kann."[122]

Da es deshalb die Verbindlichkeit einer begriffsbestimmten
Wahrheit nicht gibt, wird Wahrheit in der vorliegenden Untersuchung nicht als Begriff, sondern als Ausdruck verwendet, innerhalb dessen die Stimmigkeit und Schlüssigkeit
der Rollenpräsentation als Kriterium für die Beurteilung

---

121 Ebd., S. 137.
122 Ebd., S. 15.

"subjektiver Wahrheit"[123] in politischen Memoiren dient. Daß

"die Integration einer solchen Wahrheitsdimension für die Bearbeitung des Erzählens, speziell des lebensgeschichtlichen Erzählens, angemessen und erkenntnisfördernd ist"[124],

hängt mit einem Grundzug politischer Memoiren zusammen, der sich als die Präsentation einer je spezifischen, zur Sprache gebrachten *Wirklichkeit* durch einen Ich-Erzähler kennzeichnen läßt. Indem Erfahrungen, Erlebnisse und Begebenheiten durch das erzählerische Subjekt sprachlich erfaßt und gefaßt werden, bewirkt der Ich-Erzähler jene sprachliche Welt, die er als seine Wirklichkeit begreift: "seine Geschichte ist für ihn wirklich und wirklich seine Geschichte."[125] In dieser je spezifischen Erfassung liegt jene "*subjektive Wahrheit*", jene Echtheit und Glaubwürdigkeit, die durch den Ausdruck "*Authentizität*" genauer umschrieben ist.[126]

Dieser Bestimmung des Wahrheitskriteriums liegt die Einsicht zugrunde, daß die Bedeutung politischer Memoiren

---

123 Stempel, Wolf-Dieter, Fiktion in konversationellen Erzählungen, in: Henrich, Dieter, Iser, Wolfgang (Hg.), Funktionen des Fiktiven, München 1983, S. 342. Wenn Gabriele Michel vom "Begriff 'subjektive Wahrheit'" spricht, so verkennt sie gerade, daß es sich hierbei eben nicht um einen Begriff handelt, da diesem Ausdruck keine Definition zugrundeliegt. Vielleicht ist diese Verkennung der Grund dafür, daß Michel "Kritik oder Skepsis" gegenüber der Verwendung dieses Ausdruckes befürchtet. Michel, Gabriele, Biographisches Erzählen - zwischen individuellem Erlebnis und kollektiver Geschichtentradition, Untersuchung typischer Erzählfiguren, ihrer sprachlichen Form und ihrer interaktiven und identitätskonstituierenden Funktion in Geschichten und Lebensgeschichten, Tübingen 1985, S. 42, Anm. 72.
124 Ebd.
125 Ebd., S. 85.
126 "Echtheit und Glaubwürdigkeit sind nicht gleichzusetzen mit Objektivität; denn läge ein 'objektiver Tatbestand' vor, so wäre die Frage nach der Glaubwürdigkeit hinfällig. Echtheit und Glaubwürdigkeit sind aber ebensowenig mit Subjektivität gleichzusetzen. Denn ginge es nur um subjektive Gültigkeit, so wäre kein äußeres Kriterium gegeben, an dem Echtheit und Glaubwürdigkeit gemessen werden könnten. Authentizität ist zweiseitig begründet. Durch die Bürgschaft des Erzählenden, daß es sich um seine eigene Geschichte handelt, und durch den Vergleich mit ähnlichen, fremden Geschichten." Ebd., S. 86.

nicht von der Übereinstimmung von Aussage und historischem Sachverhalt und damit "von Verifikationsmöglichkeiten des Rezipienten [abhängt] als vielmehr von der Glaubwürdigkeit des Schreibenden [...]."[127]

Wenn also auch die Authentizität politischer Memoiren nicht in der angestrebten *Objektivität* liegt, dann muß die Frage beantwortet werden, worauf die auch von politischen Memoirenschreibern "nachdrücklich behauptete Befolgung der *Aufrichtigkeitsregel*"[128] beruht. Die Antwort auf diese Frage berührt die für diese Gattung typische Kommunikationssituation[129], innerhalb derer die Selbstbiographen gegenüber ihren Lesern den Realitätsbezug ihrer Erzählung hervorheben:

> "Der Autor und der zunächst einmal angesprochene zeitgenössische Leser sind in einer gleichen historischen Wirklichkeit verbunden, die zugleich die Bezugsebene des Textes ist."[130]

Der Anspruch auf das Erzählen wahrer Geschichten bedeutet demnach, daß der Selbstbiograph sich auf eine gemeinsame Erfahrungswelt bezieht, ja beziehen muß, denn diese ist der Bezugspunkt für das Gelingen der von ihm beabsichtigten Kommunikation. Indem der Selbstbiograph auf die *Wahrheit* seiner Geschichte verweist, will er jeden Zweifel hinsichtlich des Bestehens dieser ihn und den Leser vereinenden Gemeinsamkeit ausschließen:

> "Es handelt sich darum, daß in allem historischen Erzählen mindestens tendenziell die Wahrheitsansprüche der erzählten Geschichten durch Begründungen gegen möglichen Zweifel gesichert werden."[131]

---

127 Lehmann, a.a.O., S. 42.
128 Ebd. "Kaum eine Gattung ist derart von Versicherungen ihrer Autoren geprägt, daß sie von der Wahrheit des von ihnen Ausgesagten überzeugt sind, kaum eine Gattung bietet immer wieder so viele Verifikationsmöglichkeiten an." Ebd., S. 43.
129 Lejeune versteht diese Kommunikationssituation als einen Vertrag, als einen "autobiographische[n] Pakt", "der zwischen Autor und Leser geschlossen" wird. Lejeune, a.a.O., S. 231.
130 Müller, a.a.O., S. 70.
131 Rüsen, Jörn, Geschichtsdidaktische Konsequenzen aus einer erzähltheoretischen Historik, in: Quandt, Süssmuth, a.a.O., S. 136.

In den häufig in politischen Memoiren anzutreffenden Vorworten, in denen der Autor den Publikumsbezug in einer Ansprache an die Leser expliziert, zeigt sich dieses Phänomen in dem Versuch, mögliche Einwände und Vorwürfe vorwegzunehmen, indem auf die Richtigkeit der Aufzeichnungen verwiesen wird. Diese durch den Erzähler hergestellte direkte Kommunikation zum Leser, seine ausdrückliche Hinwendung zu ihm ist ein "gezielter Einsatz sprachlicher Mittel zur Beeinflussung des Lesers"[132], der sozusagen eingestimmt und zu prophylaktischer Zustimmung bewegt werden soll. Diese Rücksichtnahme auf das Publikum entlastet den Erzähler "hinsichtlich antizipierter Vorwürfe der Eitelkeit, Selbstsucht und Falschaussage."[133]

Aufschlußreich ist nun, welches Verifikationsschema für die Aufrichtigkeitsbehauptung angeboten wird. Abgesehen von den "vielfältigen Zitierungspraktiken"[134] begründet der politische Memoirenschreiber den von ihm erhobenen *Objektivitätsanspruch* durch den Rekurs auf seine Person; d.h. der für die Erzählung erhobene dokumentarische Anspruch wird durch den Bezug auf den Dokumentator gerechtfertigt. Indem sich der politische Memoirenschreiber auf diese Weise wiederum ins *Erzählspiel* bringt, hebt er den Anspruch hervor, Wirklichkeit als Subjekt (und damit *subjektive Wirklichkeit*) zu präsentieren.

So ist es typisch, daß Beust die von ihm beanspruchte Objektivität seiner Memoiren gerade durch den Rekurs auf die sehr persönliche Eigenschaft seines außerordentlich guten Gedächtnisses rechtfertigt. Auf den von ihm vorweggenommenen möglichen Vorwurf der Eitelkeit erwidert er:

"Es wird aber auch an Stimmen nicht fehlen, welche meinen, wenn die Behandlung anderer Personen als objektiv gelten

---
132 Lehmann, a.a.O., S. 50.
133 Ebd., S. 49.
134 Ebd., S. 43. Da das Zitierungsverfahren in politischen Memoiren in den Kapiteln 3.3.3 und 3.3.4 näher untersucht wird, bleibt es hier unberücksichtigt.

könne, so sei dagegen die Behandlung der eigenen Person eine zu subjektive, mit anderen Worten eine auf Selbstlob berechnete. Darauf entgegne ich: *Ich habe erzählt, was ich gedacht und gethan habe.* Sache des Lesers wird es sein, zu beurtheilen, ob das von mir Gedachte und Gethane lobenswerth war oder nicht. Anklagen gegen mich selbst zu richten, wäre entschiedener Luxus gewesen, dieser Mühe hatten meine Gegner mich gründlich enthoben."[135]

Indem Beust sich hier gegenüber potentiellen kritischen Lesern äußert, schafft er einen fingierten Diskurs, innerhalb dessen er nicht nur die Solidarisierung mit dem *'gewogenen Leser'* in Absetzung von seinen Gegnern sucht, sondern gerade in seiner Subjekthaftigkeit sozusagen als Garant für die erzählte Wirklichkeit einsteht. In dem darin erhobenen Anspruch auf Glaubwürdigkeit seiner Wirklichkeit deutet sich zugleich an, daß es Beust um die ichbezogene Darstellung seiner politischen Tätigkeit geht.

Auch bei den Memoirenschreibern, die der von ihnen erhobenen Objektivitätsverpflichtung selber kritisch gegenüberstehen, zeigt sich dieser Rechenschaftsverweis auf die eigene Person. So begründet Bebel die Rechtfertigungsabsicht seiner Memoiren folgendermaßen:

"Aber auch die Menge falscher Anklagen und schiefer Urteile, mit denen ich sooft überschüttet wurde, lassen es mir gerechtfertigt erscheinen, der Öffentlichkeit zu zeigen, was daran Wahres ist. [...]. Der Leser meiner Aufzeichnungen, einerlei auf welcher Seite er steht oder zu welcher Partei er sich zählt, wird mir nicht den Vorwurf machen können, ich hätte vertuscht oder schöngefärbt. Ich habe die Wahrheit gesagt auch dort, wo mancher denken wird, ich hätte besser getan, sie zu verschweigen."[136]

Indem Bebel hervorhebt, daß er dem Leser die Wahrheit "*zeigen*" will (was immer einen Zeigenden voraussetzt) und sich auch nicht gescheut habe, dadurch gegen Erwartungshaltungen zu verstoßen, leitet auch er den Wahrheitsanspruch seiner Memoiren aus der eigenen Person ab.

---

[135] Beust, a.a.O., Bd. 1, S. VII. Hervorhebung M.S.
[136] Bebel, a.a.O., S. 7.

Typisch ist auch die Art und Weise, in der Freiherr von Eckardstein verfährt, der einerseits zugunsten der von ihm angestrebten Objektivität seiner Aufzeichnungen "*seine eigene nichtige Person*" ja am liebsten ausschaltete, andererseits aber schon in seinem Vorwort eine höchst subjektive, bissige und polemische Verurteilung der politischen Zustände trifft. Authentisch wirken seine Memoiren nun aber gerade aufgrund dieser eigenen und keineswegs nichtigen Person Eckardstein, der ständig bewertet, urteilt und die existentielle Bedeutung, die seine politische Tätigkeit für ihn gehabt hat, auch explizit thematisiert:

> "Wem die Politik einmal im Blut liegt, der kann leider nicht lange auskommen, ohne sich immer wieder mit diesem undankbaren Geschäft abzugeben. Vor allem aber ist es auch der innere Drang, seinem Vaterland trotz aller persönlichen Verstimmung nützen zu wollen, was einen dazu treibt, politische Tätigkeit zu entfalten."[137]

Dieser Hervorhebung seines Engagements entspricht die Rollendarstellung in den Memoiren als unermüdlich kämpfender Diplomat, der im Bewußtsein des als richtig Erachteten für seine Überzeugungen kämpfte, ja kämpfen mußte:

> "Wenn ich nach Berlin kam und das törichte ahnungslose Geschwätz mit anhören mußte, dessen sich die meisten sogenannten Politiker befleißigten, und wenn ich auf dem Auswärtigen Amt vorsprach, um dort die Erfahrung machen zu müssen, wie falsch man über die wahre Lage der Dinge im Ausland orientiert war, dann konnte ich nicht umhin, vor gefährlichen Illusionen zu warnen; immer und immer wieder ließ ich mich dazu hinreißen. Das einzige Resultat, welches meine Warnungen vor verhängnisvollen Trugbildern hatten, war aber schließlich nur eine allgemeine Gereiztheit der Wilhelmstraße und ihrer ausländischen Organe gegen mich selbst."[138]

In Anbetracht des hier deutlich werdenden Engagements und der inneren Beteiligung Eckardsteins an seiner politischen

---

137 Eckardstein, a.a.O., Bd. 2, S. 421.
138 Ebd.

Tätigkeit wirkt die zusammenfassende Beurteilung seiner Bedeutung zwar zunächst überraschend resignativ:

> "Betonen möchte ich nur, daß ich nicht im mindesten daran denke, mir selbst etwa irgendwelche Verdienste anzumaßen. Nur derjenige besitzt in der Politik Verdienste, welcher wirklich etwas Positives erreicht hat. Da ich letzten Endes nichts erreicht habe, bin ich auch nicht berechtigt, mir etwa einzubilden, ich hätte irgendwelche Verdienste zu verzeichnen. Auch kann ich mich mit dem alten lateinischen Sprichwort 'in magnis et voluisse sat est' nicht abfinden, denn ich selbst bin nicht der Ansicht, daß es genügt, etwas Großes gewollt zu haben, wenn ein Endresultat nicht zu verzeichnen ist. Das einzige, was ich sagen kann, ist, daß ich wie so viele andere ernstlich bestrebt gewesen bin, meinem Vaterlande zu dienen, aber, wie die Ereignisse gelehrt haben, leider erfolglos."[139]

Vergegenwärtigt man sich jedoch die Erzählabsicht Eckardsteins, die auf Aufklärung des deutschen Volkes über die verpaßten Gelegenheiten der wilhelminischen Politik gerichtet ist, dann deutet sich allein in dieser Absichtserklärung an, daß Eckardstein sich vor allem als Aufklärer darstellt, der aus seiner durch die politische Tätigkeit erworbenen intimen Kenntnis der Geschichte seinen Wahrheitsanspruch ableitet. Deshalb wird Eckardstein auch nicht müde, die offizielle Geschichtsdarstellung anzuprangern und gleichzeitig die Notwendigkeit einer ungeschminkten Darstellung hervorzuheben.

> "Jahrzehnte hindurch sind dem deutschen Volk von der eigenen Regierung mit Hilfe des offiziellen Nachrichtenapparats nichts als Trugbilder an die Wand gemalt worden. [...]. Kein Wunder daher, wenn große Teile des deutschen Volkes, das stets nur mit Illusionen gefüttert worden ist, auch heute noch in einem fast undurchdringlichen Nebel irre gehen. Klarheit in all diese verworrenen Köpfe kann aber, falls es überhaupt noch möglich sein sollte, niemals eine Polemik unter den verschiedenen Parteien bringen, sondern nur die Geschichte, vorausgesetzt natürlich, daß sie ungeschminkt und unverfälscht dem Volke dargeboten wird."[140]

Eckardstein präsentiert sich hier als kritischer, die politische Situation durchschauender Beobachter und Handeln-

---

139 Ebd., S. 434/435.
140 Ebd., S. 429.

der und schreibt (s)eine Geschichte der Wilhelminischen
Ära unter einem ganz bestimmten Gesichtspunkt, unter dem
er das Erzählte natürlich immer höchst subjektiv darstellt. Diese Subjektivität verleugnet er lediglich in
seinem Vorwort, in seinen Memoiren selbst bekennt er sich
zu seiner Erzählperspektive:

> "Wer seit Bismarcks Entlassung, gewissermaßen auch seit dem
> Rücktritt des Grafen Caprivi, die Geschichte der Torheiten
> der deutschen Politik schreibt, der schreibt leider die Ge-
> schichte der deutschen Politik. All die Verkehrtheiten zu er-
> örtern, welche von der deutschen Diplomatie [...] begangen
> worden sind, würde mindestens noch einen Band füllen. Ich
> nehme daher vorläufig Abstand davon und beschränke mich dar-
> auf, eine Unterredung, die ich im Jahre 1911 mit dem Präsi-
> denten der Vereinigten Staaten Theodore Roosevelt gehabt,
> sowie eine Unterhaltung mit dem deutschen Kronprinzen wie
> auch dem Chef des großen Generalstabes General Graf Moltke
> kurz vor Ausbruch des Weltkrieges wiederzugeben."[141]

Deutlicher kann ein Erzählstandort eigentlich nicht bezogen werden; zugleich formuliert Eckardstein hier selbst
die mit diesem Standort verbundene Reduzierung der geschichtlichen Komplexität, die notwendig subjektiv sein
muß. Es ist die von Eckardstein verfolgte Leitidee, unter
der er die Politik der Wilhelminischen Ära als eine der
"*verpaßten Gelegenheiten*"[142] präsentiert, die auch die Wiedergabe historischer Tatsachen und Sachverhalte zu *seiner*
Geschichte macht, die ihre Wirklichkeit deshalb nicht in
der auf Objektivität gerichteten Selbstverpflichtung hat.

Auch die Erinnerungen Alexander von Hohenlohes überzeugen
nicht durch die von ihm angekündigte Unparteilichkeit und
Objektivität, sondern gerade durch den von ihm eingenommenen Standort und die Selbstpräsentation als ein in geschichtliche Ereignisse handelnd und beobachtend ver-
strickter Politiker. Diese Beobachtung ist gerade bei Ho-

---

141 Eckardstein, a.a.O., Bd. 3, S. 172.
142 Ebd., S. 5.

henlohe besonders überraschend, spricht er doch in seinem Vorwort seinen Aufzeichnungen den Memoirencharakter ab:

> "Dieses Buch soll *kein Memoirenwerk* sein, denn der Autor maßt sich nicht an zu glauben, daß für die Nachwelt eine ausführliche Darstellung seines Lebens von Bedeutung sein könnte. Das Schicksal hat mir weder einen heroischen Lebenslauf vergönnt - das Höchste, was ein Mensch nach Schopenhauer vom Leben erwarten kann - noch habe ich Erlebnisse oder Reisen in selten besuchte Gegenden oder dergleichen zu verzeichnen gehabt. Das Buch soll nur dem zukünftigen *Historiker* für die Geschichte der zweiten Hälfte des neunzehnten und des Anfangs des zwanzigsten Jahrhunderts einiges *Material* liefern, das ein Augenzeuge herbeigetragen hat, der Gelegenheit gehabt hat, einen Blick hinter die Kulissen zu werfen, und das vielleicht einmal für diesen Historiker nicht ganz ohne Wert sein könnte."[143]

Vor dem Hintergrund der erwähnten spezifischen Kommunikationsstruktur muß diese Formulierung in erster Linie als eine Bescheidenheitsgeste gegenüber dem Leser verstanden werden; so ist es dann auch interessant, daß Hohenlohe in seinem Bemühen um positive Kennzeichnung seiner Aufzeichnungen die Perspektive auf die Rezipienten verlagert und sie von daher ungenau als *"Material"* qualifiziert.

Die Aufzeichnungen sind natürlich keineswegs ein vom Leben des Autors abgekoppelter Augenzeugenbericht, sondern überzeugende Rollendarstellung, in der sich Hohenlohe als bescheidener, aber auch hinsichtlich der vertretenen Sache engagierter Politiker präsentiert. Diese Mischung aus empfindsamer Bescheidenheit und vehementem Engagement macht die Authentizität seiner Memoiren aus, in denen Hohenlohe sich auch nicht scheut, seine Enttäuschungen als Politiker zu bekennen.

So gesteht Hohenlohe offen, daß er wehmütig an seine politische Tätigkeit im Elsaß zurückdenke:

> "Es ist [...] der Gedanke an all die Arbeit, die man in der Zuversicht geleistet hatte, daß sie eine dem Lande nützliche und fruchtbringende sein werde, und die heute unter den voll-

---

[143] Hohenlohe, a.a.O., S. XII.

ständig veränderten Verhältnissen als eine nutzlose, als eine Sisyphusarbeit erscheinen muß, als eine Arbeit, deren Ergebnis gleich Null gewesen zu sein *scheint*."[144]

So resignativ diese Äußerungen sind, so wird aber gleichzeitig angedeutet, daß es etwas hinter dem erwähnten *Schein* des Sinnlosen gibt, in dem Hohenlohe die Sinnhaftigkeit seiner politischen Tätigkeit erkennt:

"Aber vielleicht ist diese Meinung doch nicht berechtigt, vielleicht war die Arbeit doch nicht ganz nutzlos, denn das Wohl einer Bevölkerung nach besten Kräften gefördert oder wenigstens zu fördern gewollt zu haben, kann doch nicht ganz spurlos gewesen sein [...]."[145] [...].
"Das Beste gewollt zu haben, ist doch auch eine Befriedigung, und wenn es vielleicht von dem einen oder anderen derer, für die man gearbeitet hat, anerkannt worden und in der Erinnerung geblieben ist, so muß man auch dafür schon dankbar sein; ist es doch in unserem kurzen Leben schon viel, wenn man sich ohne Ueberhebung sagen darf, nicht ganz nutzlos für seine Mitmenschen gewesen zu sein."[146]

Interessant ist nun, daß die Memoiren Hohenlohes Ausdruck eben dieser Sinnhaftigkeit - so zurückhaltend und bescheiden diese hier auch formuliert ist - sind. Dabei präsentiert sich Hohenlohe in den häufig eingeschalteten Gedanken und Reflexionen als ein mutiger Politiker, der

"es wagt, nicht mit dem großen Haufen zu gehen und nicht in das Horn der bezahlten und freiwilligen Hetzer zu stoßen, sondern sich den Luxus einer eigenen Meinung und selbständigen Denkens zu gönnen."[147]

Es ist auffällig, daß Hohenlohe in dieser Selbstpräsentation die Zurückhaltung des Tons aufgibt und vehement, teilweise sogar aggressiv seine Überzeugungen und sein politisches Wirken darstellt. Der Entschiedenheit seines Bekenntnisses zur Humanität in der Politik entspricht sein Anspruch auf die eigene, originale Haltung, die sich durch

---

144 Ebd., S. 35. Hervorhebung M.S.
145 Ebd.
146 Ebd., S. 36.
147 Ebd., S. 385/386.

Selbstbestimmtheit und Vernunft auszeichnet. So äußert er sich über die Kriegseuphorie der Massen:

> "Freilich, auch sie waren Opfer der allgemeinen Psychose und Suggestion. Das Schlimme war nur, daß sie zugleich Opfer *und* Verursacher dieser Suggestion waren, und deshalb hielt ich es für die Pflicht der wenigen, die in dem allgemeinen Tumult ihr klares Urteil bewahrt hatten und denen es gelungen war, sich dem Wahn der Menge und der allgemeinen Hypnose zu entziehen, wenigstens zu ihrem Teile den Versuch zu machen, der Vernunft und kühlen Ueberlegung wieder zu ihrem Rechte zu verhelfen."[148]

Deutet sich hier schon an, daß das Rollenverständnis Hohenlohes aufklärerisch geprägt ist, so legt er selber ein klares Bekenntnis zur Tradition der Aufklärung ab:

> "Herbert *Spencer* sagt mit Recht, daß 'die meisten Menschen ihr Ideal darin zu erblicken scheinen, das Leben zu durchschreiten, indem sie so wenig wie möglich die Tätigkeit ihres Gehirns anstrengen'. Aber zu dieser Tatsache kommt noch etwas anderes: es haben sich viele Mächte verschworen, die angeborene Denkfaulheit der Menschen zu erhalten, ja sogar sie am Denken zu verhindern, nämlich der Staat, die Presse und die Kirche. [...]. Infolgedessen *glauben* die meisten Menschen statt zu *denken*, d.h. sie nehmen das für wahr an, was ihnen von denen gesagt oder gepredigt wird, [...] denen es gelungen ist, Autorität über sie zu erlangen."[149]

Hier zeigt sich das Engagement und die kritische Bissigkeit Hohenlohes, die er hinsichtlich der von ihm vertretenen Sache entwickelt. Dieses Einstehen für eine am Aufklärungsideal orientierten Politik ist das entscheidende Moment des Rollenbewußtseins Hohenlohes und die *subjektive Wahrheit* seiner Memoiren. Daß er es hervorragend versteht, sich in dieser Rolle als originale Existenz zu inszenieren, zeigt die darstellerisch geschickte Art und Weise, mit der er seine Memoiren beschließt:

> "[...] ja viele schwimmen lieber mit dem Strom, nur um ihre Ruhe zu haben, ohne zu ahnen, welchen ungeheuren Schaden sie anrichten und welche Verantwortung sie damit auf sich laden. Wenn ich das nicht getan und es nicht über mich gebracht habe, so mag es sein, daß [...] ich zu der Sorte von Menschen gehöre, die man 'Bekenner' nennt. Jedenfalls bereue ich

---

148 Ebd., S. 405.
149 Ebd., S. 410.

nicht, was ich getan habe, auch wenn es mir von manchen meiner Landsleute zum bitteren Vorwurf gemacht worden ist. Der Wahrheit eine Gasse zu bahnen, wenn der Versuch gemacht wird, ihr den Weg zu versperren, halte ich für die Pflicht jedes Mannes, der sich selber achtet. Es wird immer notwendig sein, daß einige es auf sich nehmen, auf diesem Wege voranzugehen, wenn sie wollen, daß die anderen ihnen nachfolgen."[150]

Diese Beispiele zeigen, daß die Authentizität politischer Memoiren - der Ankündigung ihrer Verfasser zum Trotz - sicherlich nicht in der historiographisch genauen Rekonstruktion von Tatsachen und Sachverhalten liegt.[151] Politische Memoiren sind Selbstdarstellungen im Medium eines Rollenbewußtseins, so daß jedes Werk in der Tat eine eigene *subjektive Wahrheit* besitzt, die sich in der Art und Weise der rollenbewußten Darstellung seines Verfassers zeigt. In dieser Wahrheit geht es

"nicht um die eine, ungeteilte Wirklichkeit, für die ohnehin keine plausible Theorie vorhanden ist, sondern um Wirklichkeiten [...]."[152]

Es ist der politische Memoirenschreiber, der diese je spezifische Wirklichkeit bewirkt und es ist sein Rollenbewußtsein, das sie durchwirkt. Die Frage nach der subjektiven Wahrheit muß sich deshalb auf die Echtheit und Glaubwürdigkeit des zur Sprache gebrachten Rollenbewußtseins richten.

---

150 Ebd., S. 413.
151 Belke verkennt eben dieses Moment, wenn er betont, daß der "Drang zur Apologie und nicht selten der Wunsch, den eigenen Anteil an dem Gang der Ereignisse [...] hoch zu veranschlagen, [...] viele Memoiren ihre Authentizität einbüßen" läßt. Belke, Horst, Literarische Gebrauchsformen, Düsseldorf 1973, S. 141.
152 Harth, Dietrich, Fiktion, Erfahrung, Gewißheit, Second thoughts, in: Koselleck, Reinhart, Lutz, Heinrich, Rüsen, Jörn (Hg.), Formen der Geschichtsschreibung, München 1982, S. 622.

3. Die politischen Memoiren als literarischer Typus

Das besondere Kennzeichen der politischen Memoiren - so wurde es im vorliegenden Typologiemodell dargelegt - ist die rollenbewußte Darstellung des Ich-Erzählers als agierendes Subjekt. In der Art und Weise der Umsetzung dieses Rollenbewußtseins, die immer eine durch das Medium der Sprache vollzogene Vermittlung ist, liegt deshalb das Kriterium, mittels dessen die Literarität politischer Memoiren beurteilt wird. Die Zuordnung der politischen Memoiren zum Gegenstandsbereich der Literaturwissenschaft setzt allerdings nicht nur ihre gattungstheoretische Klassifikation voraus, sondern auch die Darlegung des dieser Arbeit zugrundeliegenden Literaturverständnisses. Erst daraus können die Kriterien gewonnen werden, mittels derer die Literarität von politischen Memoiren untersucht werden kann.

3.1 Gattungstheoretische Einordnung

Die Frage nach der gattungstheoretischen Einordnung der Memoiren kann nicht ohne den Rückgriff auf das in der deutschen Forschung seit langem diskutierte Problem der traditionellen Gattungstrias beantwortet werden. Während sich die englische und französische Literaturwissenschaft mit einem wesentlich weiter gefaßten Gegenstandsbereich beschäftigt, in dem beispielsweise die Geschichtsschreibung selbstverständlich als Literatur gilt[1], beschränkte sich die deutsche Literaturwissenschaft lange auf die sogenannte *Schöne Literatur* und das sie kennzeichnende "besondere Vermögen [...], eine Gegenständlichkeit eigener Art hervorzurufen [...]."[2] Aufgrund dieser Reduzierung des

---

1 Vgl. Belke, Literarische Gebrauchsformen, a.a.O., S. 12.
2 Kayser, Wolfgang, Das sprachliche Kunstwerk, Eine Einführung in die Literaturwissenschaft, 16. Aufl., Bern, München 1973, S. 14.

wissenschaftlichen Gegenstandsbereiches, in dem "die Werke von Wissenschaftlern, Rednern, Journalisten"[3] nichts zu suchen hatten, entstand die Einsicht, daß die traditionelle Gattungstrias von Lyrik, Epik und Dramatik der Erweiterung bedürfe, um den Gegenstandsbereich der Literaturwissenschaft zu vergrößern und so auch Texte erfassen zu können, die in die herkömmliche Trias nicht einzuordnen sind.

Das Bemühen, "die literarische Trinität durch die Einführung einer vierten Gattung zu überwinden"[4], führte allerdings zu unterschiedlichen Vorschlägen hinsichtlich der Eröffnung einer vierten Gattung.[5] Denn so übereinstimmend für die Notwendigkeit einer zusätzlichen Gattung plädiert wurde, so uneinig war man sich in der Wahl der Kriterien, anhand derer diese angestrebte "Liberalisierung der literarischen Formenlehre"[6] vorgenommen werden sollte.

Im Bestreben, einen allgemeinen Begriff zu finden, "der die verschiedenen historischen und gesellschaftlichen Formen der nichtpoetischen Literatur in sich vereinigt"[7], schlug Friedrich Sengle 1967 vor, die Gattungstrias um die "literarischen Zweckformen"[8] zu erweitern. Sengle, dem es um "eine besonnene Reform der literarischen Formenlehre"[9] geht, will die literarischen Zweck- oder Gebrauchsformen ernstgenommen wissen und plädiert dafür, daß

> "Biographie und die Autobiographie, der Dialog, die Rede, die Predigt, das Tagebuch, der Aphorismus, der Brief, der Essay und die andern Formen der Publizistik, die verschiedenen Formen der wissenschaftlichen Literatur und viele andere altbe-

---

[3] Ebd., S. 16.
[4] Sengle, Friedrich, Die literarische Formenlehre, Vorschläge zu ihrer Reform, Stuttgart 1967, S. 10.
[5] Eine Übersicht bietet Belke in seiner Untersuchung, Literarische Gebrauchsformen, a.a.O., S. 11 ff.
[6] Sengle, a.a.O., S. 13.
[7] Ebd., S. 12.
[8] Ebd., S. 15.
[9] Ebd., S. 14.

währte oder neu entstehende literarische Formen ernstgenommen und zu einem Gegenstand der Forschung gemacht werden müssen, der historischen Beschreibung sowohl wie der Theorie."[10]

Die mit seinem Vorschlag verbundene Schwierigkeit liegt jedoch in der unklaren Abgrenzung dessen, was als literarische Zweckform zu gelten hat; denn ungeachtet seines Plädoyers für "Friede zwischen Dichtern und Schriftstellern"[11], will er den "engeren Bereich der Dichtung"[12] - in Abgrenzung von den Zweckformen - besonders geschützt sehen. Unklar bleibt deshalb nicht nur der Stellenwert der Zweckformen, sondern auch Sengles Literaturverständnis, anhand dessen die Literarität der Zweckformen beurteilt werden kann.

Hinzu kommt, daß die Bezeichnung "*Zweckform*" in mehrfacher Hinsicht mißverständlich ist. Joseph Strelka bemerkt dazu, daß z.B. die politischen Lieder Walthers von der Vogelweide oder die Dramen der Jesuiten durchaus Zweckformen seien, trotzdem aber "zu Recht gattungsmäßig als Lyrik und Drama behandelt"[13] würden. Weissenberger kritisiert, daß die Bezeichnung "*Zweckform*" insofern mißverständlich ist, da dadurch die

"didaktische Literatur aus der poetischen Literatur ausgeschlossen, als auch mit sämtlichen Beispielen nicht-poetischer Literatur ohne Differenzierung ihrer teleologischen Intentionalität vermischt werden würde."[14]

Auch wenn die Vorschläge Sengles hinsichtlich der Problematik eines zu eingeschränkten literaturwissenschaftlichen Gegenstandsbereiches Appellcharakter besaßen, so liegt ihre Begrenztheit in der unklaren Begrifflichkeit, die eine klare Zuordnung von Texten zu den Zweckformen und die Qualifikation ihrer Literarität verhindert.

---

10 Ebd., S. 10.
11 Ebd., S. 14.
12 Ebd.
13 Strelka, Joseph, Der literarische Reisebericht, in: Weissenberger, Prosakunst ohne Erzählen, a.a.O., S. 175.
14 Weissenberger, Einleitung, ebd., S. 2.

Das Problem der ungenauen Begrifflichkeit konnte auch Horst Belke nicht überwinden, allerdings findet man in seiner Untersuchung über "Literarische Gebrauchsformen" eine stärkere Differenzierung wie auch die Explizierung von Kriterien zur Beurteilung des literarischen Charakters der Gebrauchsformen. Belke kritisiert die unscharfe Benutzung des Begriffes "'Gebrauchs-' bzw. 'Zweckformen'"[15] als Sammelbegriff für die Texte, die sich in der traditionellen Gattungstrias nicht einordnen lassen. Trotz der auch von ihm eingestandenen "Vagheit des Begriffs 'literarische Gebrauchsformen'"[16] schlägt er folgende Bestimmung für den von ihm synomnym gebrauchten Terminus "Gebrauchstexte" vor:

> "Unter Gebrauchstexten werden im folgenden solche Texte verstanden, die nicht, wie poetische Texte, ihren Gegenstand selbst konstituieren, sondern die primär durch außerhalb ihrer selbst liegende Zwecke bestimmt werden. Gebrauchstexte dienen der Sache, von der sie handeln; sie sind auf einen bestimmten Rezipientenkreis ausgerichtet und wollen informieren, belehren, unterhalten, kritisieren, überzeugen, überreden oder agitieren."[17]

In dieser Beschreibung deutet sich schon die ganze Fragwürdigkeit des Terminus Gebrauchstexte an, bei dessen Bestimmung Belke wiederum auf das Moment der Zweckgerichtetheit zurückgreift; denn natürlich stellt sich die Frage, ob poetische Texte nicht auch auf einen bestimmten Rezipientenkreis ausgerichtet sind, und ob sie nicht die von Belke zitierten "Zwecke" verfolgen. Außerdem erheben sich Zweifel darüber, wie Belke nun die Literarität solcher Gebrauchstexte festlegen will; zu diesem Zweck schlägt er eine Trias vor, innerhalb derer er reine, literarisierte und literarische Gebrauchsformen unterscheidet:

> "1. Als *reine* Gebrauchsformen, als Gebrauchstexte bzw. *expositorische Texte*, sind solche Texte anzusehen, die ohne literarische Ansprüche und Zielsetzungen ausschließlich prak-

---

15 Belke, Literarische Gebrauchsformen, a.a.O., S. 7.
16 Ebd., S. 8.
17 Belke, Gebrauchstexte, in: Arnold, Heinz Ludwig, Sinemus, Volker (Hg.), Grundzüge der Literatur- und Sprachwissenschaft, Bd. 1, Literaturwissenschaft, 8. Aufl., München 1986, S. 320.

tisch-okkasionellen Zwecken dienen, z.B. Geschäftsbrief,
Protokoll, Rundfunknachricht, Wetterbericht, Bulletin, Gebrauchsanweisung, Gesetzestext, Tagebuch als Faktenjournal.
2. Als *literarisierte* Gebrauchsformen gelten solche Texte, die literarische Elemente zur Erreichung praktischer Zwecke gezielt einsetzen und ein gewisses Maß literarischer Formung anstreben. [...].
3. Als *literarische* Gebrauchsformen werden solche Texte bezeichnet, die sich die Möglichkeiten reiner bzw. literarisierter Gebrauchsformen zunutze machen, sie fiktional einsetzen und dadurch ihren Gegenstand erst konstituieren, z.B. Briefroman, Tagebuchroman, fingiertes Tagebuch, fingierter Brief."[18]

In dieser Trias wird deutlich, daß Belke seinen Abgrenzungsversuch mit dem Preis einer ungenauen und deshalb verwirrenden Begrifflichkeit bezahlt; denn ebenso unklar wie das von ihm erwähnte Beispiel des "*Faktenjournal[s]*" ist auch das "*gewisse[...] Maß literarischer Formung*", das die literarisierten Gebrauchsformen auszeichnen soll. Zugleich zeigt sich deutlich, daß die Literarität von Texten an deren Fiktionalität gebunden ist.

Ausgehend von dieser als Kennzeichen der Gebrauchsformen angesehenen praktischen Funktion bestimmt Belke ihre Literarität als eine dieser Form nicht inhärente, sondern als eine im jeweiligen Kommunikations- und Rezeptionszusammenhang - im Verhältnis zwischen ästhetischer und praktischer Funktion des Sprachzeichens - aufzufindende.[19] Er greift zur näheren Bestimmung auf die ästhetische Theorie Jan Mukařovskýs und der in ihr vorgenommenen Weiterführung des Organonmodells von Bühler zurück.[20]

---

18 Belke, Literarische Gebrauchsformen, a.a.O., S. 8.
19 Vgl. ebd., S. 58 ff.
20 Mukařovský, Jan, Die poetische Benennung und die ästhetische Funktion der Sprache, in: J.M., Kapitel aus der Poetik, Frankfurt/Main 1967. Mukařovský sieht in der *praktischen Funktion des Sprachzeichens*, in der die darstellende, expressive und appellative Funktion zusammengefaßt ist, eine "das Sprachzeichen überschreiten[de]" und auf außersprachliche Ziele gerichtete Funktion, so daß sie in ihr "die Anwendung der Sprache praktische Tragweite" gewinnt. Die auf "die Komposition des Sprachzeichens" gerichtete *ästhetische Funktion* dagegen, enthebt die Sprache "dem unmittelbaren Zusammenhang mit der Praxis." Ebd., S. 48. Hervorhebung M.S.

Auch wenn Belke es für schwierig hält, die von Mukařovský
gezogene Grenze zwischen praktischer und ästhetischer
Funktion des Sprachzeichens im Einzelfall festzulegen, da
beide Funktionen sich wechselseitig bedingen, so legt er
doch folgendes Unterscheidungskritierium fest:

> "Überwiegt der Zusammenhang mit dem Kontext, so dominiert die
> ästhetische Funktion, hat das Verhältnis zwischen Benennung
> und Realität den Vorrang, so dominiert die praktische Funktion. In der poetischen Literatur hat die ästhetische Funktion unbestritten Vorrang, bei Gebrauchsliteratur kommt neben ihr bei den Einzelformen die praktische Funktion in jeweils spezifischer Gewichtung zur Geltung."[21]

Diese Bestimmung des Ästhetischen als eine die reine Bezeichnungsfunktion der Sprache übersteigende, erscheint
durchaus sinnvoll; darin zeigt sich jedoch auch, daß es
hinsichtlich der Bestimmung der Literarität von Texten weder der problematischen Einteilung in Gebrauchstexte, noch
der fragwürdigen Unterteilung in reine, literarisierte und
literarische Formen bedarf.

Ausgehend von der These, daß in Gebrauchsformen die ästhetische oft im Dienste der praktischen Funktion steht, unternimmt Belke die "Klassifizierung und Beschreibung etablierter literarischer Gebrauchsformen nach ihrer dominanten praktischen Funktion"[22], wobei es ihm um den Nachweis der Funktionalität ihrer literarischen Elemente geht.
Auf diese Weise stellt Belke ein Raster auf, in dem er
Formen mit informierender, wertender, appellierender und
autobiographischer Funktion unterscheidet. In dieser Unterscheidung zeigt sich noch einmal die ganze Problematik
des von Belke unternommenen Systematisierungsversuches,

---

21 Belke, Literarische Gebrauchsformen, a.a.O., S. 61.
22 Ebd., S. 78.

denn die von ihm vorgenommenen Zuordnungen sind teilweise nicht einzusehen.[23]

Als besonderes Kennzeichen der autobiographischen Funktion, der auch die Memoiren zugeordnet werden, betrachtet Belke den

> "Gebrauchswert in bezug auf den Schreibenden selbst, der sich dieser Formen bedient, um auf ihn bezogene Erlebnisse und Ereignisse, persönliche Impressionen und Reflexionen, Ideen und Erkenntnisse festzuhalten, zu sammeln, zu ordnen; durch die Niederschrift will er sich seiner selbst bewußter werden, sich selbst verstehen, mit sich selbst ins Reine kommen, sich selbst Rechenschaft geben, sich selbst rechtfertigen, sich selbst darstellen. Der Schreibende wird also in mannigfacher Weise sich selbst zum Objekt. Im Dienste dieser autobiographischen Funktion können von Fall zu Fall erzählende, berichtende oder erörternde Darstellungsmittel eingesetzt werden."[24]

So klar diese Eingrenzung der autobiographischen Funktion hinsichtlich ihres subjektiven Charakters ist, so unklar bleibt sie insgesamt aufgrund der methodischen Inkonsequenz Belkes, einerseits unter den Oberbegriff der autobiographischen Funktion das Tagebuch, die Autobiographie *und die Memoiren* zu subsumieren, andererseits aber später

---

[23] Eine Auseinandersetzung mit dieser Problematik kann hier im einzelnen nicht geleistet werden. Als Beispiel sei aber darauf hingewiesen, daß die Erhebung der wertenden Funktion zu einer eigenen Gebrauchsform nicht einzusehen ist. Auch wenn klar ist, daß in einem solchen Modell nur der vorherrschende Tendenz einer Form idealtypisch erfaßt werden kann, so ist nicht zu akzeptieren, daß Essay, Feuilleton, Glosse, Leitartikel und Kritik aufgrund ihrer wertenden Funktion eine selbständige Form bilden, denn auch Formen mit informierender, vor allem aber mit appellierender und autobiographischer Funktion haben diese wertende Funktion. Ebenso problematisch erscheint die Systematik, die Belke in seinem Aufsatz über "Gebrauchstexte" vorschlägt; hier unterscheidet er wissenschaftliche, didaktische, publizistische Gebrauchstexte und Texte privaten Gebrauchs, wobei er die Memoiren dem letzten Typus zuordnet. (Vgl. Belke, Gebrauchstexte, a.a.O., S. 324 ff.). Auch diese Grenzziehung bleibt unklar, unter anderem deshalb, da Belke das diesen Typus festlegende Kriterium des *"Privaten"* nicht deutlich macht. So entsteht der Eindruck, daß gerade dieses Kriterium gegen die Literarität der unter diesem Typus subsumierten Texte spricht: "Ursprünglich nur für privaten Gebrauch verfaßte Texte können im Einzelfall durch ihre nachträgliche Veröffentlichung zu literarischen Würden gelangen (Brief, Tagebuch)." Ebd., S. 320/321.
[24] Belke, Literarische Gebrauchsformen, a.a.O., 130.

die Memoiren hinsichtlich ihrer Intention und Darstellung deutlich abzugrenzen. Denn wenn sich die Memoiren - im Gegensatz zu Tagebuch und Autobiographie - gerade im Gegensatz durch die Ausklammerung des privaten Lebens zugunsten der "faktengesättigte[n] Schilderung"[25] äußerer Ereignisse auszeichnen, dann ist ihre Subsumierung unter autobiographische Formen, deren Kennzeichen - laut Belke - die sinngebende Darstellung des Lebens ist, methodisch inkonsequent und verwirrend.

Unklar bleibt auch, daß Belke die Memoiren insofern seiner eingangs geltend gemachten Einordnung enthebt, als er sie - im Rückgriff auf Neumann - als objektive, faktengetreue authentische Rekonstruktion und weniger sinngebende Lebensdarstellung kennzeichnet. Ebenfalls im Dunkel bleibt das folgende Urteil Belkes über die mangelnde Authentizität und den Informationswert von Memoiren:

> "Erfahrungsgemäß verlieren Memoiren jedoch häufig an *Authentizität*, weil sich der Schreibende von *unseriösen* Intentionen leiten läßt (Selbstgerechtigkeit, Sensationsbedürfnis, Klatschhaftigkeit, Bemühen um Aufbesserung eines verblassenden Images). Weil Memoiren die Zeitumstände stärker mit einbeziehen als die Autobiographie, behalten sie auch in einem solchen Falle für den Leser noch einen gewissen *Informationswert*."[26]

Da Belke weder darlegt, was unter *Authentizität* noch was unter *Unseriosität* und *Informationswert* zu verstehen ist, muß diese Beurteilung der Memoiren unter wissenschaftlichen Gesichtspunkten irrelevant bleiben.

Der Grund für diese eher verwirrenden Beschreibungsversuche liegt wohl auch darin, daß Belke auf die von ihm angekündigte Beschreibung der ästhetischen Funktion des Sprachzeichens in den Memoiren verzichtet und, in seiner Orientierung an der Theorie Neumanns, seinen eigenen Ansatz - in dem es doch auch um das Verhältnis zwischen

---

25 Ebd., S. 139.
26 Belke, Gebrauchstexte, a.a.O., S. 327/328. Hervorhebung M.S.

praktischer und ästhetischer Funktion ging - aus dem Blick verliert.

Der Ansatz Belkes birgt zu viele Inkonsequenzen, als daß er kritiklos übernommen werden dürfte. Vor allem zeigt sich auch hier die Vagheit der Bezeichnung "Gebrauchsform" bzw. "Gebrauchstext". Der Grund für die terminologische Unklarheit dieser Bezeichnung liegt darin, daß nicht einzusehen ist, daß diese vierte Gattung sich durch ihren Zweck- bzw. Gebrauchscharakter von den - dieser Zweckhaftigkeit damit enthobenen - traditionellen Gattungen unterscheidet. Die versuchte Rehabilitierung literarischer Formen durch diese Eröffnung einer vierten Gattung schafft also auch hinsichtlich der traditionellen Gattungstrias erhebliche Verwirrung und bringt für die Erfassung der literarischen Qualität von politischen Memoiren keine neuen Erkenntnisse.

Da der heuristische Wert eines um diese vierte Gattung der *"Zweck- oder Gebrauchsform"* erweiterten literaturwissenschaftlichen Gegenstandsbereiches aufgrund der terminologischen Unklarheit für die literarische Bewertung politischer Memoiren eher gering ist, wird in der vorliegenden Untersuchung auf diese Bezeichnung verzichtet.

Ausgehend von der These, daß politische Memoiren durch eine echte Wirklichkeitsaussage, d.i. nicht-fiktionale Sprache gekennzeichnet sind, ist es sinnvoll, sie in den Gegenstandsbereich der *"nicht-fiktionalen Kunstprosa"*[27] einzuordnen. Mit dieser Bezeichnung soll deutlich gemacht werden, daß auch Texte, die sich auf ein außersprachliches Referenzobjekt beziehen, in der Art und Weise ihrer

---

27 Weissenberger, Einleitung, a.a.O., S. 1.

sprachlichen Gestaltung literarische Qualität besitzen können.[28]

Das heißt, daß sich die Literarität politischer Memoiren nicht durch ihre Fiktionalität bestimmt, sondern allein durch die Art und Weise der Vermittlung ihres Gegenstandes. Da die Vermittlung im Medium der Sprache vollzogen wird, ist das Untersuchungskriterium für die Beurteilung der Literarität der *nicht-fiktionalen Kunstprosa* die ästhetische Qualität der Sprache, genauer der Wirklichkeitssprache, "um an Hand der Transzendierung der teleologischen Funktion den Grad der Literarität"[29] festzustellen.

3.2 Die Ästhetik der Wirklichkeitssprache

Die Formulierung der Überschrift impliziert schon, daß davon ausgegangen wird, daß der Opposition zwischen fiktionaler Sprache versus Wirklichkeitssprache *nicht* der Gegensatz ästhetisch versus nicht-ästhetisch entspricht.[30] Dieser Feststellung bedarf es allein deshalb, weil es den Anschein hat, daß der Begriff des literarischen Kunstwerks häufig durch den Begriff der Fiktion ersetzt wird, so daß Fiktionalität "zugleich auch als Inbegriff des Ästhetischen erscheint."[31]

Im Anschluß an die Überlegungen Johannes Andereggs wird hier diese Gleichsetzung von Fiktionalität und Ästheti-

---

28 "Da innerhalb einer echten Wirklichkeitsaussage das Aussagesubjekt immer ein echtes, real existierendes ist und das Aussageobjekt zu diesem in einer realen Beziehung steht, kann nur der Modus dieser Relation literarischen Charakter annehmen. Dieses Verhältnis in der Subjekt-Objekt-Spannung entscheidet allein über die Zugehörigkeit der Gattungsarten zur nicht-fiktionalen Kunstprosa." Ebd., S. 2/3.
29 Ebd., S. 4.
30 Es wird im folgenden sachlich und terminologisch dem Gedankengang Johannes Andereggs gefolgt. Anderegg, Das Fiktionale und das Ästhetische, in: Henrich, Iser, a.a.O., S. 153-172.
31 Ebd., S. 166.

schem als eine Verengung des Begriffes des Ästhetischen
beurteilt. Eine Konsequenz dieser Verengung besteht darin,
daß die "Wirklichkeitssprache auf instrumentalisierte
Sprache reduziert und ihre Ästhetisierung [...] dann nur
noch als Fiktionalisierung denkbar"[32] ist. Wenn man dieser
Ineinssetzung von Fiktionalität und Ästhetischem entgegentritt und damit den Gegenstandsbereich der Betrachtung
ausweitet, setzt dies zunächst die Besinnung auf das voraus, was als *Wirklichkeitssprache* und als *ästhetisch* bezeichnet wird.

Die Frage, worin die Ästhetisierung von Sprache, also auch
der sogenannten Wirklichkeitssprache aufzufinden ist, läßt
sich beantworten, wenn geklärt wird, was unter Wirklichkeitssprache zu verstehen ist. Denn wenn diese - wie es
häufig geschieht - unter einem rein instrumentellen Gesichtspunkt "als ein Mittel zur Bezeichnung von immer
schon Gegebenem, als ein Mittel zum Transport von Information"[33] begriffen wird, dann wird Wirklichkeitssprache reduziert auf ihre - wie es Mukařovský bezeichnet - praktische Funktion unter Ausklammerung ihrer ästhetischen Funktion.

Grundlage dieser Betrachtung ist eine erkenntnistheoretische Position, in der Welt als eine *objektive* - unabhängig
vom erkennenden Subjekt existierende - betrachtet wird,
der die Sprache als Werkzeug - als "*organon*" wie es in
Platons Kratylos heißt - gegenübergestellt wird. In der
Welterfassung des Subjekts geht es nur noch um die Angemessenheit des gewählten Zeichens hinsichtlich des immer
schon gegebenen Bezeichneten. In dieser Position steht
eine ihrem Wesen nach sprachlose Welt den verschiedenen
Sprachen gegenüber, in denen sie erst zur Sprache kommt.

Wenn Sprache aber, im Sinne Humboldts, als ein Medium begriffen wird, in dem die Einheit von Subjekt und Objekt

---
32 Ebd., S. 171.
33 Ebd., S. 158.

ins Bewußtsein gehoben und dadurch erst vollendet wird, dann ist auch die Wirklichkeitssprache immer als Synthese zu verstehen: " [...] in der Sprache vereinigt sich einmal die Welt, die sie darstellt, und der Mensch, der sie schafft."[34]

Mit dieser Auffassung tritt Humboldt nicht nur der Reduzierung der Sprache auf ihre bloß instrumentelle Bezeichnungsfunktion entgegen, sondern auch der dahinterstehenden Vorstellung ihres Abbildcharakters:

> "Auch hier findet sich, dass die Vorstellungsart, als thue die Sprache nicht mehr, als die an sich wahrgenommenen Gegenstände zu bezeichnen, weit entfernt ist, ihren tiefen und vollen Gehalt zu erschöpfen. Ebensowenig als ein Begriff ohne sie möglich ist, ebensowenig kann es für die Seele ein Gegenstand seyn, da ja jeder äussere Gegenstand nur vermittelst des Begriffes für sie Wesenheit erhält. In die Bildung und den Gebrauch der Sprache geht nothwendig die ganze Art der subjectiven Wahrnehmung der Gegenstände über. Denn das Wort entsteht ja aus dieser Wahrnehmung, und ist nicht ein Abdruck des Gegenstandes an sich, sondern des von diesem in der Seele erzeugten Bildes."[35]

Da die Welt, in der der Mensch erfahrend lebt, eine immer schon sprachlich erschlossene Welt ist, bestimmt die jeweilige Sprache sein Weltbild; jede Sprache enthält also eine Weltansicht, d.i. eine ihr spezifische Vorstellung der Welt und ihrer Struktur:

> "Durch die gegenseitige Abhängigkeit des Gedankens, und des Wortes von einander leuchtet es klar ein, dass die Sprachen nicht eigentlich Mittel sind, die schon erkannte Wahrheit darzustellen, sondern weit mehr, die vorher unerkannte zu

---

34 Humboldt an Schiller, Anfang September 1800, in: Seidel, Siegfried (Hg.), Der Briefwechsel zwischen Friedrich Schiller und Wilhelm von Humboldt, Bd. 2, Berlin 1962, S. 210.
35 Humboldt, Wilhelm von, Über die Verschiedenheiten des menschlichen Sprachbaues, in: Leitzmann, Albert (Hg.), Wilhelm von Humboldts Werke, Bd. 6, 1827-1835, 1. Hälfte, Berlin 1907, S. 179.

entdecken. Ihre Verschiedenheit ist nicht eine von Schällen und Zeichen, sondern eine Verschiedenheit der Weltansichten selbst."[36]

In dieser Einsicht in "die Verwandlung der Welt in Sprache"[37], d.i. in das Wesen der Sprache als ein vermittelndes, liegt der Verzicht auf die Vorstellung der Welt als eine durch Sprache objektiv zu erfassende begründet:

> "Indes ist die Welt, auf die mit Sprache verwiesen werden kann, keineswegs als eine objektive, als eine eindeutig gegliederte immer schon und schlechthin gegeben. Was wir unsere Welt zu nennen pflegen, ist vielmehr stets eine Interpretation, eine Strukturierung des Kontinuums von Wirklichem, welches durchaus verschiedene Interpretationen oder Strukturierungen zuläßt. So weist auch, wer sich der Sprache bedient, keineswegs nur hin auf Gegenstände und Sachverhalte, die als solche schon gegeben sind; vielmehr erscheint Sprache als ein Medium, mit dessen Hilfe jene Interpretation sich vollziehen läßt, durch die eine Welt oder Wirklichkeit erst konstituiert wird. Der Sprechakt erst macht deutlich, was aus dem Kontinuum von Wirklichem als Gegenstand oder Sachverhalt herausgegriffen und wie bzw. als was dieses Herausgegriffene wahrgenommen werden soll."[38]

Wenn also Sprache sich dadurch auszeichnet, daß sie in der Kommunikation zwischen Sender und Empfänger Wirklichkeit erst konstituiert, "indem sie derart ein Beziehungsnetz entwirft, jene Welt oder Wirklichkeit, um die es in der Kommunikation geht"[39], dann trifft dieses Kennzeichen ebenso auf die sogenannte *Wirklichkeitssprache* zu. Denn diese unterscheidet sich von fiktionaler Sprache grundsätzlich nur durch ihren Bezug auf außersprachliche Referenzobjekte. Diese Referenzialisierung kennzeichnet das Beziehungsgefüge, innerhalb dessen Wirklichkeitssprache angesiedelt ist, sagt aber - unter literaturwissenschaftlichen Aspekten - nichts über das Moment der Wirklichkeitskonstitution durch Sprache aus. Den Blick auf die Referenzialisierung

---

36 Humboldt, Über das vergleichende Sprachstudium in Beziehung auf auf die verschiedenen Epochen der Sprachentwicklung, in: Leitzmann, Albert (Hg.), Wilhelm von Humboldts Werke, Bd. 4, 1820-1822, Berlin 1905, S. 27.
37 Humboldt, Über den Dualis, in: Leitzmann, Bd. 6, 1. Hälfte, a.a.O., S. 28.
38 Anderegg, Das Fiktionale und das Ästhetische, a.a.O., S. 158.
39 Ebd., S. 159.

der Wirklichkeitssprache zu lenken, hieße also wiederum, den Blick auf ihre ästhetischen Momente verstellen.[40]

Die Erkenntnis, daß auch Wirklichkeitssprache immer eine Konstitution von Wirklichkeit und nicht Abbild derselben ist, eröffnet eine wesentlich weitere Perspektive für die Beurteilung des ihr inhärenten ästhetischen Momentes. Denn in der spezifischen Wirklichkeitskonstitution im Medium der Sprache vollzieht das Subjekt einen Sinngebungsprozeß, der mehr ist "als ein bloßer Umsetzungsprozeß, weil [...] er selbst erst ausprägt, was als Gegenstand oder Sachverhalt verstanden werden soll."[41] Gerade in diesem Moment der Sprache, Welt oder Wirklichkeit zu konstituieren, liegt ihre für die Beurteilung ihrer ästhetischen Qualität grundlegende *relationierende Funktion*:

> "Eben diese Funktion der Sprache, Beziehungen zu konstituieren, das zu aktualisieren, was im Kommunikationsprozeß als Welt oder Wirklichkeit wahrgenommen werden soll, kann als ihre *relationierende Funktion* bezeichnet werden. Wo immer man sich der Sprache bedient, da wird eine Relationierung vollzogen, jede Form des Sprachgebrauchs ist zugleich auch eine Relationierung, eine Form der Konstitution von Wirklichkeit oder Wirklichkeitssicht."[42]

---

[40] Ohne auf die Schwierigkeiten im Umgang mit dem Kriterium der Referenzialisierung hier näher eingehen zu können, sei eine kritische Anmerkung angefügt. Es stellt sich nämlich die Frage, ob die oben gemachte Unterscheidung zwischen erkenntnistheoretischen und literaturwissenschaftlichen Gesichtspunkten nicht tatsächlich eine wesentliche ist. Wenn die Erkenntnis, daß Texte ein außersprachliches Referenzobjekt haben, in ein Feld jenseits der Sprache verweist, dann fragt sich doch, welchen heuristischen Nutzen es - zumindest für die nicht-marxistische Literaturwissenschaft - hat, Texte unter dem Aspekt ihrer Referenzialisierung zu untersuchen? Abgesehen von diesen grundsätzlichen Bedenken, weist Anderegg auf die Fragwürdigkeit des nicht präzise abgegrenzten Begriffs der Referenzialisierung als exaktes Unterscheidungskriterium zwischen Fiktion und Nicht-Fiktion hin. Problematisch sei nicht nur, daß man Fiktionalität zu ungenau durch ihren Verzicht auf die unmittelbare Referenzialisierung kennzeichne, sondern auch der Versuch, mit dem Begriff "die Vielzahl möglicher Bezugnahmen auf Außersprachliches zu beschreiben." Anderegg, Zum Problem der Alltagsfiktion, in: Henrich, Iser, a.a.O., S. 381.
[41] Anderegg, Das Fiktionale und das Ästhetische, a.a.O., S. 159.
[42] Ebd.

Die Frage nach der Relationierung ist damit die Frage nach der Art und Weise des Sprachgebrauchs, denn dieser wird als Zeichen für die Konstitution einer bestimmten Wirklichkeit begriffen und kennzeichnet eine bestimmte Hinsicht auf Sprache, die nicht unter ihrer instrumentellen, sondern unter ihrer *relationierenden Funktion* betrachtet wird.

So selbstverständlich jedoch die Einbeziehung und Aktualisierung der Relationierung in den Verstehensprozeß gerade bei fiktionalen Texten ist, so besonders erscheint sie immer noch hinsichtlich nicht-fiktionaler Texte und der in ihnen verwendeten Wirklichkeitssprache. Nun ist die Feststellung Andereggs sicherlich richtig, daß die Aktualisierung der Relationierung von dem je spezifischen Kommunikationszusammenhang und der damit verbundenen Erwartungshaltung des Rezipienten abhängt.[43] Denn diese Erwartungshaltung bestimmt den Verstehensprozeß des Rezipienten, der sich nur dann auf die die Relationierung erschließende Sinnkonstitution erstreckt, wenn der Rezipient ein "umfassendes Sinnbildungsbedürfnis"[44] besitzt.

Diese Feststellung ist hinsichtlich der hier angestrebten Qualifikation des ästhetischen Momentes der Wirklichkeitssprache deshalb bedeutend, weil sie noch einmal verdeutlicht, welcher Preis für die eingangs dargelegte Verengung der Perspektive auf die instrumentelle Funktion der Wirklichkeitssprache gezahlt wird. Diese Reduzierung macht den Kommunikationsprozeß zu einem bloßen Akt der Dekodierung, innerhalb dessen der Verstehensprozeß als Entschlüsselung eines konventionell geregelten Kodes abläuft.

---

43 Anderegg führt das Beispiel einer polizeilichen Vorladung an, bei der der Rezipient natürlich nicht "nach der in der Mitteilung vollzogenen Relationierung" frage, sondern "sich auf das Verstehen der Information" (ebd., S. 161) beschränke. Hier werde Sprache in ihrer instrumentalisierten Funktion "nur als ein Mittel zum Transport von Nachrichten verstanden [...]." Ebd., S. 162.
44 Ebd.

Da die gemeinsame Grundlage von Sprecher und Hörer dabei das Wissen um die einmal festgelegte Bedeutung der Sprachzeichen bildet, ist die Voraussetzung einer gelungenen Dekodierung, daß sich die beteiligten Kommununikationspartner sprachlich *konventionell*, d.h. entsprechend einer getroffenen Bedeutungsfestlegung verhalten. Das bedeutet aber, daß die relationierende Funktion der Sprache unbeachtet bleibt, ja unbeachtet bleiben muß, da ihre Aktualisierung ein die Kommunikation eher erschwerendes Moment darstellt.

Ein Kommunikationsprozeß jedoch, innerhalb dessen poetische Sprache verwendet wird, muß selbst "als ein *Prozeß der Zeichenbildung*"[45] verstanden werden. Diese Komplexität der poetischen Sprache, in der der Sprachgebrauch selbst als zeichenhaft begriffen wird, erfordert einen ebensolchen komplexen Verstehensprozeß der Sinnbildung, innerhalb dessen die ästhetischen Momente der Wirklichkeitssprache geortet werden können:

> "Indem der instrumentalisierte Charakter von Sprache zurückgenommen oder transzendiert wird, erscheint der Sprachgebrauch selbst als zeichenhaft. Die Befreiung aus jener bloßen Zweckhaftigkeit, welche die instrumentalisierte Sprache kennzeichnet, ermöglicht umfassende Zeichen- und Sinnbildung. Nicht nur im Bereich der Sprache, aber gewiß auch im Bereich der Sprache, kann eben dieses Transzendieren bloßer Zweckhaftigkeit zu Gunsten der Sinnhaltigkeit als ästhetisch bezeichnet werden."[46]

Die Beurteilung der Wirklichkeitssprache als ästhetischer Gegenstand richtet sich damit weniger auf das, was Hugo Friedrich den "primäre[n] Wortsinn"[47] nennt, sondern auf das Moment der Sprache, in dem - durch Transzendierung ihrer bloßen Benennungsfunktion - Sprache ihren eigenen Kode schafft und das konstituiert, worauf sie sich bezieht.

---

45 Ebd., S. 164.
46 Ebd.
47 Friedrich, Hugo, Dichtung und die Methoden ihrer Deutung, in: Enders, Horst (Hg.), Die Werkinterpretation, Darmstadt 1967, S. 294.

Auch dieser Bestimmung des Ästhetischen liegt eine erkenntnistheoretische Position zugrunde, die die Möglichkeit einer abbildgetreuen Welterfassung durch das Subjekt ausschließt.[48] Deshalb kann das Ästhetische gerade als das Transzendieren von Bedingtheit und als Prozeß der Sinngebung bestimmt werden.

Dieser als ästhetisch zu beschreibende Sinnbildungsprozeß durch Sprache läßt sich in Wirklichkeitssprache - ungeachtet ihres Bezugs auf historische Sachverhalte und Tatsachen - als ästhetische Erfahrung erfassen. Denn die ästhetische Qualität von Sprache liegt "nicht in der Aufhebung ihrer Referenzialisierbarkeit.

> Nicht darin liegt ihre Leistung, daß sie das Wirkliche hinter sich läßt, wohl aber durchbricht sie konventionalisierte Welten und eröffnet [...] eine Perspektive, die neue Bezugsmöglichkeiten schafft. Poetische Sprache kann demnach wohl der instrumentalisierten Sprache gegenübergestellt werden - wobei denn freilich 'instrumentalisierte Sprache' und 'poetische Sprache' nicht streng getrennte Bereiche kennzeichnen, sondern Endpunkte einer breiten Skala von Übergängen -, aus dem Bereich von Wirklichkeitssprache aber läßt sich poetische Sprache bzw. Sprachverwendung nicht ausklammern."[49]

Daraus folgt, daß die Literarität politischer Memoiren als *nicht-fiktionale Kunstprosa* sich nach der je spezifischen sprachlichen Gestaltung der Rollendarstellung bemißt. In dem gestalterischen Akt, durch den der politische Memoirenschreiber sein Rollenbewußtsein zur *sprachlichen Wirklichkeit* kommen läßt, liegt tendenziell die Transzendierung der Zweckhaftigkeit der instrumentellen Sprache zugunsten von Sinnbildungsprozessen verborgen. Denn im erzählerisch organisierten Prozeß der Selbstdarstellung vollzieht sich ein Konstitutions- wie auch Rekonstituti-

---

48 Die Annahme der materialistischen Erkenntnistheorie, daß alle Formen der geistigen Welterfassung ein Abbild der objektiv gegebenen Realität geben, führt natürlich zu einer anderen Bestimmung des Ästhetischen. Das Ästhetische in der Gestalt des Kunstwerks ist hier Abbild objektiver Realität, Kunst wird als "Form sui generis erkannter Wirklichkeit gefaßt". Metscher, Thomas, Kunst und sozialer Prozeß, Studien zu einer Theorie der ästhetischen Erkenntnis, Köln 1977, S. 156.
49 Anderegg, Das Fiktionale und das Ästhetische, a.a.O., S. 165/166.

onsakt der Identität des Ich-Erzählers, der das Bedürfnis hat, "die Ereignisse seines Lebens in einen sinnvollen Zusammenhang miteinander und mit der aktuellen Situation zu bringen [...]."[50]

Damit ist nicht gesagt, daß das Moment des Ästhetischen allein in der Subjektivität der Rollenpräsentation liegt. Entscheidend für den ästhetischen Charakter politischer Memoiren ist die sprachliche Formung des zur Wirklichkeit gebrachten Rollenbewußtseins, "die Verwandlung der Wirklichkeit im Sprachkunstwerk"[51], dessen Qualität in der literaturwissenschaftlichen Betrachtung analysiert werden muß.

Form wird hier nicht als ein bloß Äußerliches, vom *eigentlichen Inhalt* zu Trennendes aufgefaßt, sondern immer als eine Verschränkung von beidem; das heißt, daß nur auf der theoretischen Ebene eine analytische Trennung von Form und Inhalt, von Gehalt und Gestalt vollzogen werden kann. Denn die Form ist immer an den Inhalt, wie auch umgekehrt der Inhalt immer an die Form gebunden ist.

Dieser Erkenntnis sieht sich die vorliegende Untersuchung insofern verpflichtet, als sie davon ausgeht, daß die politische Memoiren kennzeichnende Selbstdarstellungsabsicht eines rollenbewußten Ich-Erzählers ihren Niederschlag im sogenannten Formalen - also in der narrativen Struktur - findet, die Ausdruck dieser Erzählintention ist.

---

50 Michel, a.a.O., S. 79.
51 Kaiser, Gerhard, Um eine Neubegründung des Realismusbegriffs, in: Brinkmann, Richard (Hg.), Begriffsbestimmung des literarischen Realismus, 3., erw. Aufl., Darmstadt 1987, S. 247.

3.3 Die narrative Struktur politischer Memoiren

3.3.1 Der Aufbau

Der Aufbau von politischen Memoiren ist ein Kennzeichen für die Intention des Ich-Erzählers, denn

> "jede Gliederung ist ein Netz, in das eine vielschichtige und vielfältige Realität eingefangen werden soll. Sie macht einen wesentlichen Teil jener Konstruktion aus, als die uns die Geschichte als Vergangenheit in der erzählten Geschichte gegenwärtig ist. Sie ist selber ein Stück Interpretation, insofern die Entscheidung für ein bestimmtes darstellendes Vorgehen eine bestimmte Vorstellung von historischen Zusammenhängen [...] impliziert."[52]

In dieser Hinsicht ist die Gliederung politischer Memoiren ein Indiz für die Selbstdarstellungsabsicht des Ich-Erzählers im Medium der Historiographie, denn einerseits gliedern sich die Kapitel nach historischen Ereignissen, andererseits aber auch nach den persönlichen Lebensstationen des Erzählers. Da die Systematisierungskriterien sowohl chronologische, an historischen Ereignissen orientierte, als auch personengebundene, am Lebenslauf des Erzählers orientierte sind, entsteht ein für politische Memoiren typisches Konglomerat von Themenbezügen. Das Kennzeichen dafür ist der Umfang der Inhaltsverzeichnisse, deren Kapitel selbst wieder durch Überschriften untergliedert werden, so daß sich diese Stoffülle manchmal fast wie eine thesenartige, eigenständige Geschichte lesen läßt.

Ein Beispiel dafür liefert das umfassende Inhaltsverzeichnis, das sich in den Memoiren Eckardsteins findet. Eckardstein verzichtet ganz auf Kapitelüberschriften und verwendet fortlaufende römische Ziffern; darunter sind eine Vielzahl von Einzelthemen, Stichworten und sogar Zitaten

---

[52] Vierhaus, Rudolf, Wie erzählt man eine Geschichte?, Die Perspektive des Historiographen, in: Quandt, Süssmuth, a.a.O., S. 53.

subsumiert. Teilweise formuliert er diese Einzelthemen in ganzen Sätzen und stellt Verbindungen zwischen ihnen her:

> "I. Kapitel: Kinder- und Schuljahre - Friedrich Wilhelm IV., die Königin, der Feldmarschall Wrangel und Urgroßmutter 'Tante Mich' spielen Whist; wenn Sie so weiterdösen, Majestät, denn spiel ick nich mehr mit Sie - Großvater Graf Hermann Kleist von Nollendorf wird als Landrat seines Postens enthoben und vom Berliner Hofe ausgeschlossen, weil er die Demagogen gegen das absolutistische Regime unterstützt [...]."[53]

Die Verbindung zwischen chronologischer und personaler Strukturierung zeigt sich auch in den Inhaltsverzeichnissen Beusts, Bebels und Hohenlohes. Beust überschreibt die Kapitel mit chronologisch aufeinanderfolgenden Jahreszahlen, die auch Zeit*phasen* umfassen ("I. Kapitel. 1809-1830", "II. Kapitel. 1830-1836", "III. Kapitel 1838-1848", "IV. Kapitel. 1848","V. Kapitel. 1849"[54]). Diese Jahreszahlen kennzeichnen einerseits historische Ereignisse, andererseits persönliche Lebensumstände:

> "I. Kapitel. 1809-1830
> Lebens-Anfang und Berufs-Anfang. - Die Schlacht von Leipzig. - Die französische Zeit in Sachsen. - König Friedrich August. - Die Göttinger Universität. - Meine Absicht, Dozent zu werden, und mein Eintritt in den diplomatischen Dienst. - Der undankbare Sohn der Revolution."[55]

Die Jahreszahlen werden teilweise auch als Überschrift für Reflexionen verwendet ("XXX. Kapitel. 1866 Rückblick an der Schwelle einer neuen Zeit"[56]). Dabei verrät die Darstellungsweise manchmal - wie im vorhergehenden Zitat - eine ganz bestimmte Erzählabsicht; durch die Gegenüberstellung von Berufswunsch und ergriffenem Diplomatenberuf wird eine Spannung hervorgerufen, die neugierig auf die Erzählung macht.

---

53 Eckardstein, a.a.O., Bd. 1, S. 5.
54 Beust, a.a.O., Bd. 1, S. XIII.
55 Ebd.
56 Ebd., S. XV.

Hohenlohe verzichtet in seinen Kapitelüberschriften ganz
auf Jahreszahlen, verwendet aber eine ähnliche Unterteilung der einzelnen Kapitel. Hier bieten schon die Überschriften ein buntes Bild eher lebensgeschichtlicher Umstände und persönlicher Stellungnahmen. So dienen ihm
seine "**Jugenderinnerungen**", seine "**Universitätszeit in
Göttingen**", seine "[...] **Stellung zum Krieg und zum Pazifismus**", aber auch "**Die Verwaltung Elsaß-Lothringens**" oder
"**Kaiser Wilhelm**"[57] als Überschrift. Ebenso heterogen ist
das unter den Kapitelüberschriften Subsumierte.

In den Memoiren Bebels existiert überhaupt kein Kapitelverzeichnis; das Inhaltsverzeichnis enthält nur Überschriften, die lediglich im zweiten Teil seiner Memoiren
unterteilt sind. Aber auch hier findet sich die typische
Mischung zwischen historischen Daten und Fakten und personenorientierten Themen; so dient ihm "Der Eisenacher Kongreß"[58] ebenso als Überschrift wie "Persönliches"[59]. Auch
bei Bamberger findet sich - ungeachtet des vergleichsweise
knappen Inhaltsverzeichnisses - diese charakteristische
Mischung aus unpersönlichen ("Die Revolution 1848",
"1849", "Paris"[60]) und persönlichen ("Die Knabenjahre in
Mainz", "Briefwechsel mit der Braut"[61]) Daten und Fakten.

Alle Beispiele zeigen - und dies ist hinsichtlich einer
Typologisierung entscheidend -, daß politische Memoiren
nicht systematisch aufgebaut, sondern ein heterogenes Gemisch sind, in dem historische, lebensgeschichtliche Daten
und Fakten mit Stellungnahmen und Reflexionen des Ich-Erzählers bunt miteinander vermischt sind.

Schon aus dieser Tatsache läßt sich ableiten, daß politische Memoiren keine auf Systematik bedachten Historiographien sind, sondern lebensgeschichtliche Darstellungen,

---

57 Hohenlohe, a.a.O., Inhaltsangabe, ohne Seitennumerierung.
58 Bebel, a.a.O., S. VI.
59 Ebd.
60 Bamberger, a.a.O., S. XI.
61 Ebd.

die sich im Medium der Historie vollziehen. Dabei verfährt der politische Memoirenschreiber im Umgang mit dem historischen Material frei und unbekümmert, und arrangiert es hinsichtlich seiner Erzählabsicht, die in erster Linie auf die Darstellung seiner Rolle bezogen ist.

Der Aufbau kennzeichnet auch die geschichtliche Nähe, die der politische Memoirenschreiber für sich beansprucht. Formulierungen wie "Der Krieg geht zu Ende und ich mit ihm"[62] (eine Formulierung Beusts, die der Komik nicht entbehrt), "Hofluft und Zeitgeist"[63], "Einer der wichtigsten Wendepunkte in der Weltgeschichte"[64], "Die Katastrophe von 1866"[65] sind Ausdruck des Rollenverständnisses des Ich-Erzählers, der sich als ein in die Geschichte handelnd verstricktes Subjekt begreift. Aus dieser Intimität mit der Historie leitet er seinen Anspruch auf kompetente Urteile ab.

Es zeigt sich, daß der Aufbau politischer Memoiren ebenso wie "Absichtserklärungen und methodische Bemerkungen im Vorwort - die darstellerischen Optionen [...] des Autors erkennen"[66] lassen und deshalb ein wichtiger Indikator hinsichtlich der Erzählintention des Ich-Erzählers sind.

3.3.2 Die Erzählhaltung

Die Tatsache, daß politische Memoiren in der Ich-Form geschrieben werden, kennzeichnet ebenfalls mehr als nur das *äußerliche* Bild dieser Gattung, sondern ist ein sprachlicher Indikator für die Haltung des Memoirenschreibers gegenüber seinem Erzählgegenstand.[67] So unwichtig "die Wahl

---

62 Beust, a.a.O., Bd. 1, S. XV.
63 Hohenlohe, a.a.O., Inhaltsangabe, ohne Seitennumerierung.
64 Eckardstein, a.a.O., Bd. 2, S. 10.
65 Bebel, a.a.O., S. V.
66 Vierhaus, a.a.O., S. 53. Vierhaus trifft diese Feststellung im Hinblick auf die Geschichtsschreibung.
67 Vgl. Lehmann, a.a.O., S. 39 ff.

der Erzählform [...] für die Selbstkennzeichnung des [autobiographischen] Autors"[68] auch sein mag, so sehr demonstriert diese Selbstkennzeichnung gerade in politischen Memoiren das "Selbst- und Identitätsbewußtsein"[69] des Erzählers; hier illustriert die Ich-Form eine typische Erzählhaltung, innerhalb derer der Ich-Erzähler gemäß seiner Selbstpräsentation verfahren kann.

Die Form politischer Memoiren ist bestimmt durch das (Rollen-)Bewußtsein des gegenwärtig schreibenden Ichs. In dieser Erzählhaltung spiegelt sich ein grundlegendes Phänomen wider, das weiter oben als die geleistete Synthese im Rollenbewußtsein des politischen Memoirenschreibers beschrieben wurde: die Vermittlung zwischen erzählendem und erzähltem Ich.

Es ist diese (dialektisch verstandene) Aufhebung zwischen erkennendem Subjekt und zu erkennendem Objekt, die es dem politischen Memoirenschreiber ermöglicht, sich in der Ich-Form als identitätsfestes Ich zu präsentieren und zu inszenieren. Demnach kann die Ich-Form in politischen Memoiren als ein Indiz für die Identität von erzähltem und erzählendem Ich gewertet werden.[70] In der Ich-Form findet nicht nur diese Identitätsfestigkeit des Ich-Erzählers ihren Niederschlag, sondern zugleich auch die politische Memoiren kennzeichnende Subjektivität.

Die Ich-Form als die "Erzählhaltung des Subjekts"[71] charakterisiert diesen weiteren Grundzug politischer Memoiren, der in der sprachlich er- und gefaßten Wirklichkeit durch ein Subjekt liegt, das die Glaubwürdigkeit seiner Wirk-

---

68 Ebd., S. 42.
69 Ebd., S. 39.
70 Richtig ist der Hinweis von Lehmann darauf, daß die "Wahl der Ich-Erzählform [...] kein sicheres Indiz [ist] für die von vielen Beiträgen zum Thema >Autobiographie< als gattungsspezifisch behauptete" Identität von erzähltem und erzählendem Ich. Ebd., S. 41. Die oben getroffene Aussage gründet auf den konstitutiven Merkmalen der politischen Memoiren, die die Bewertung der Ich-Form als Ausdruck der Identität einsichtig machen.
71 Neumann, a.a.O., S. 101.

lichkeitspräsentation gerade aufgrund der eigenen Person legitimiert. Daß dieses Prinzip der Subjekthaftigkeit vom politischen Memoirenschreiber meist dann expliziert wird, wenn es um die Rechtfertigung des von ihm erhobenen Anspruchs auf Objektivität geht, verdeutlicht, daß er gerade in seiner Subjekthaftigkeit sozusagen als Garant für die erzählte Wirklichkeit einsteht und diese *Garantieverpflichtung* erzähltechnisch durch die Ich-Form umsetzt.

Zeigt bereits das erzähltechnische Moment der Erzählhaltung die Unangemessenheit des Urteils, die Memoiren verzichteten

> "meist auf jede Stellungnahme zum erzählten Erleben und auf eine Interpretation des Berichteten, so daß der gegenwärtigschreibende Autor als Erzähler kaum zutage tritt"[72],

so wird dies noch deutlicher in dem vom politischen Memoirenschreiber eingenommenen *point of view*, d.h. das Verhältnis, in dem "der Erzählende zum Erzählten steht, wie das berichtete Geschehen, wie die Figuren, wie die Vorgänge auf den Erzähler zurückbezogen werden."[73]

Um das Verhältnis des politischen Ich-Erzählers zu seinem Erzählgegenstand zu kennzeichnen, muß die Besonderheit dieses Erzählgegenstandes bedacht werden. Denn dieser besteht in der besonderen Synthese von historischem Substrat und dem in die Vergangenheit zurückprojizierten Rollen-Ich. Aufgrund dieser dialektischen Durchdringung entsteht die Nähe des Narrators zum Erzählten, der ja zugleich Historiograph wie auch Selbstdarsteller ist.

Der politische Memoirenschreiber hat ein intimes Verhältnis zu der dargestellten Vergangenheit, zu vergangenen Ereignissen und zu vergangenen Figuren, weil in der Erfassung dieser Vergangenheit zugleich die Objektivierung des

---

[72] Schwab, a.a.O., S. 75.
[73] Petersen, Jürgen H., Kategorien des Erzählens, Zur systematischen Deskription epischer Texte, in: Poetica 9, 1977, S. 180.

Rollen-Ichs eingewoben ist. So sehr er auch bemüht ist, sich den Anschein eines souveränen und *objektiven* Beobachters zu geben, so sehr ist er mit seiner Rolle identitätsfest in die Beobachtung verstrickt. Hier liegt auch der entscheidende Unterschied zu der autobiographischen Erzähldistanz, in der "aus der Perpektive des erzählenden Ich [...] das erzählte Ich eine gleichsam fremde Figur in der dargestellten Welt"[74] ist; deshalb kann es sich "nur an seiner eigenen Vergangenheit als dem Anderssein des Selbst objektivieren, weil seine Geschichte zu ungegenständlicher Innerlichkeit geworden ist."[75] Da im Unterschied dazu der politische Memoirenschreiber sein Rollen-Ich in die Vergangenheit projiziert und diese solchermaßen perspektiviert, entgeht er der beschriebenen Fremdheitserfahrung: seine Geschichte wird ihm zum vergegenständlichten Rollenbewußtsein.

Gerade deshalb verfügt er sicher über die vergangene Geschichte, aus deren Fundus er Ereignisse und Figuren auswählt und diese rollenbewußt arrangiert und komponiert. In eingeschalteten Rück-, Vorausblicken und Kommentaren dokumentiert sich das Verfügenkönnen über den Erzählgegenstand. So bemerkt Eckardstein anläßlich seiner ersten Begegnung mit dem Geheimrat Holstein:

> "Bei dieser Gelegenheit bekam ich das erstemal Holstein zu Gesicht, ohne zu ahnen, in welch enge politische Beziehungen ich in späteren Jahren mit diesem merkwürdigen, geheimnisvollen Manne treten sollte."[76]

Ähnlich kommentiert Hohenlohe seine erste Bekanntschaft mit dem Elsaß:

> "So kam ich zum erstenmal ins Elsaß und ich ahnte nicht, daß dieses Land von da ab in meinem Leben eine so große Rolle spielen sollte."[77]

---

74 Müller, a.a.O., S. 66.
75 Ebd.
76 Eckardstein, a.a.O., Bd. 1, S. 23.
77 Hohenlohe, a.a.O., S. 33.

Bamberger thematisiert diese Freiheit im Umgang mit seinem Erzählgegenstand explizit:

> "Das sind so etliche von den Erfahrungen, die ich mir im Laufe der Jahre aus der Beobachtung an mir selbst und an anderen gesammelt habe. Sie greifen hier dem Gang der Dinge vor, aber da ich keine Schlachten und keine Romane zu erzählen habe, so kommt ja nichts darauf an, ob ich früher oder später erzähle, was zur Aussprache einigermaßen geeignet scheint."[78]

Auch Bebel nimmt sich die Freiheit, den Erzählfluß zu unterbrechen, um - entsprechend seinem Rollenbewußtsein als sozialdemokratischer Politiker - grundsätzlich festzustellen:

> "Ich möchte hier einschalten, daß ich von dem Satze: Der Mensch ist seines Glückes Schmied, blutwenig halte. Der Mensch folgt stets nur den Umständen und Verhältnissen, die ihn umgeben und ihn zu seinem Handeln nötigen. Es ist deshalb auch mit der sogenannten Freiheit seines Handelns sehr windig bestellt."[79]

Deutlich wird diese erzählerische Freiheit auch in der Art und Weise, in der Beust seine Kindheitserinnerungen unterbricht:

> "Ich knüpfe an diesen Ausspruch einige geschichtliche Erinnerungen, die ich nicht in meinem damaligen Alter, sondern erst später in mich aufnehmen konnte."[80] [...].
> "Inzwischen ist es Zeit, dass ich zu den Jahren zurückkehre, wo die im Vorstehenden besprochenen Begebenheiten sich ereigneten, ich selbst aber ein Kind war."[81]

Indem Beust sich in dieser Weise als Ich-Erzähler explizit ins Erzählspiel einbringt, kann er sich gemäß seinem Rollenbewußtsein inszenieren. Dies wird noch offenkundiger in folgender Formulierung:

> "An dieser Stelle will ich mir einige Bemerkungen über dasjenige erlauben, was gegenüber der Juli-Revolution von den großen Cabineten und deren damals unbestrittenem Führer, dem Fürsten Metternich geschah, wobei ich nicht nötig habe, hin-

---

78 Bamberger, Erinnerungen, a.a.O., S. 65.
79 Bebel, a.a.O., S. 39.
80 Beust, a.a.O., Bd. 1, S. 7.
81 Ebd., S. 11/12.

zuzufügen, dass ich nicht als junger Mann von einundzwanzig Jahren, sondern in vorgerückterem Alter Anlass und Beruf zu solchen Betrachtungen gefunden habe."[82]

Beust formuliert hier das konstitutive Moment des *point of view* des politischen Memoirenschreibers, der die Nähe zu seinem Erzählgegenstand über sein Rollenbewußtsein herstellt. Dieses Moment kann als erzähl-typologisches Merkmal politischer Memoiren festgehalten werden.

3.3.3 Die Darstellungsweise

Ausgehend von der bereits getroffenen Unterscheidung zwischen Dokumentarmethode und spezifischer Verfahrensweise in den Memoiren, soll nun dargelegt werden, daß diese *mittelbare Präsentation* eine häufig verwendete Darstellungsweise in politischen Memoiren ist. In dieser Bezeichnung wird das Phänomen erfaßt, daß sich der politische Memoirenschreiber des Dokumentarmaterials auf spezifische Weise bedient, es hinsichtlich seiner Rollenpräsentation arrangiert und so aus ihm hervorscheint.

In dieser mittelbaren Präsentation durchbricht der Ich-Erzähler tatsächlich das *Realitätsprinzip* - auch wenn dieses weiterhin (ausgesprochen oder unausgesprochen) als Legitimationsgrundlage herhalten muß; denn der politische Memoirenschreiber erhebt grundsätzlich - das wurde bereits erläutert - historischen Authentizitätsanspruch für sein Werk.

Deutlich wird dies im Bestreben, Dokumentarmaterial zu zitieren; die Wiedergabe von Briefen, Akten und Gesprächen läßt seine Absicht deutlich werden, Nähe und Unmittelbarkeit zur Geschichte zu bekunden, seine Vertrautheit mit der Vergangenheit zu unterstreichen und auch zu beweisen.

---

82 Ebd., S. 16/17.

So deutlich aber die mit der Dokumentarmethode verbundene
Absicht der Abbildung von Realität auch ist, so evident
ist die Uneinlösbarkeit dieses Anspruches; denn immer ist
es ein Subjekt, das aus den Dokumenten eine Auswahl
trifft, sie in bestimmter Weise miteinander kombiniert und
kommentiert.[83] Daß der politische Memoirenschreiber selber
sich dieser Subjektivität seines Verfahrens durchaus bewußt sein kann, zeigen die Äußerungen des Freiherrn von
Eckardstein in seinem Vorwort:

> "Der zweite Band meiner Aufzeichnungen enthält eine große An-
> zahl politischer Dokumente und Belege, wozu unter anderem
> auch ein ausgedehnter brieflicher und telegraphischer Mei-
> nungsaustausch zwischen Holstein und mir gehört. Ohne verbin-
> dende und erläuternde Kommentare würden diese Schriftstücke
> aber auf jeden, auch noch so gut geschulten und unterrichte-
> ten Historiker, eher irreführend als aufklärend wirken und
> ihm ebenso wie die meisten offiziellen Dokumente aus der
> Wilhelminischen Ära zu einem von Grund aus schiefen Bilde
> über den inneren Zusammenhang der politischen Vorgänge ver-
> helfen. Bei fast jedem einzelnen, sei es offiziellen oder
> privaten Schriftstück, welches aus der Feder Holsteins stammt,
> muß behufs richtiger Würdigung vor allem die komplizierte
> Mentalität dieses grillenhaften und überreizt mißtrauischen
> Mannes in Betracht gezogen werden."[84]

In dem Verfahren der mittelbaren Präsentation montiert der
Memoirenschreiber das Dokumentarmaterial so, daß eine bestimmte - subjektive - Aussage gemacht wird. In diesem
Verfahren tritt der Erzähler mittelbar als Arrangeur des
Dokumentarmaterials in Erscheinung. Dabei muß er nicht
einmal als sprechendes Erzählsubjekt auftreten, sondern er
kann das Erzählmaterial *sprechen* lassen und zwar in einer
Weise, die nichts mit einer '*objektiven*' Rekonstruktion
der "*Kette der Ereignisse*" zu tun hat, sondern der Logik
einer subjektiven Selbstdarstellungsabsicht gehorcht, so
daß die Ereigniskette sogar häufig unterbrochen wird.

---

83 Es ist diese Unterscheidung zwischen erzählerischem Legitimati-
onsrahmen und spezifischer Verfahrensweise, die Neumann über-
sieht, wenn er zu der generalisierenden Aussage kommt, daß "sich
der Memoirenschreiber ausschließlich an der 'Kette der Ereignisse' [orientiert], die wiederum er [...] objektiv zu rekonstruieren trachtet: zu diesem Zweck bedient er sich des Zitates."
Neumann, a.a.O., S. 84.
84 Eckardstein, a.a.O., Bd. 1, S. 15.

Auf diese Art und Weise kann der politische Memoirenschreiber sich der Dokumentarmethode bedienen, ohne die mit dieser Methode eigentlich verbundene Absicht - die äußerste Reduzierung erzählerischer Subjektivität - verfolgen zu müssen. So wird es möglich, einen hohen Grad der Selbstbespiegelung rein formal im Kleide dokumentarischer Authentizität zu präsentieren.

In der mittelbaren Präsentation gelingt es dem Ich-Erzähler, sich über die bloße Wiedergabe erinnerungswürdiger Ereignisse zu erheben und sich als Person sichtbar zu machen. Hierin deutet sich schon an, welche Möglichkeiten dem politischen Memoirenschreiber im Bereich der Verfahrensweise zur Verfügung stehen, ohne daß er das Legitimationsschema der Dokumentarmethode explizit verlassen muß. Wie sich diese spezifische Darstellungsweise in den Memoiren zeigt, wird im folgenden anhand von Beispielen veranschaulicht.

Beust läßt der Schilderung seines Rücktrittes ein Kapitel folgen, das fast ausschließlich aus Zeitungs- und Briefzitaten besteht[85], in denen seine Bedeutung als Politiker zum Teil euphorisch hervorgehoben wird. Die Art und Weise, in der Beust die Wiedergabe dieser Äußerungen einleitet, macht deutlich, welcher (äußeren) Legitimationsgrundlage er sich dabei bedient:

> "Wie rasch hat der dem lieben Wien eigene Luftzug des Vergessens die Erinnerung an jene Tage verweht! - Wenn ich sie auffrische, so geschieht es nicht, weil ich über jenes Vergessen klage oder als ob ich glaubte verwelkte Kränze wieder grünen machen zu können. *Mir liegt hier wie überall an der geschichtlichen Richtigstellung.* Die nachstehenden zahlreichen Citate sollen nur dazu dienen, Eines anschaulich zu machen - wie in jenen Tagen das Gefühl des Bedauerns über mein Scheiden und des Erkennens dessen was ich nach den Worten

---

[85] Beust, a.a.O., Bd. 2, S. 517 ff. Beust zitiert in diesem insgesamt sechzehn Seiten umfassenden Kapitel mehr als zwanzig [!] Zeitungs- und Briefauszüge.

des kaiserlichen Schreibens geleistet, ein allgemeines und lebendiges, gleichwie es die Ueberzeugung war, dass die eingetretene Wendung m e i n Werk gewesen sei."[86]

Beruft sich Beust eingangs also auf die Dokumentarmethode, so dient ihm die folgende *Dokumentation*, ausschließlich als Mittel zur Hervorhebung seiner bedeutenden Rolle als Politiker. In dieser Dokumentation tritt Beust als Erzähler fast vollständig zurück - die einzelnen Zitate werden von ihm lediglich durch lapidare Formulierungen eingeleitet:

"In einer späteren Nummer verdient folgende Stelle Erwähnung: 'Die Huldigungen und Sympathie-Bezeugungen deren Graf Beust jetzt theilhaftig wird, sind ein Schicksal, dessen sich in der neueren Geschichte Oesterreichs unseres Erinnerns noch kein abtretender Minister erfreut hat. [...]. Graf Beust hat in allen den fünf Jahren, während deren er österreichischer Minister war, manchen politisch grossen Sieg erlebt, manchen geschichtlich gewordenen Erfolg gefeiert, dessen Verdienst ihm die Ungunst des erlittenen Parteikampfes mitunter vergällt, ja er schien sogar manchmal die Bitternisse der Wandelbarkeit der Volksgunst erfahren zu müssen; aber in keinem Momente der selbst nach dem Zeugnis des Kaisers so ereignisreichen Epoche seiner Wirksamkeit stand sein politisches Ansehen im Lande wie anderwärts höher als gerade jetzt.'"[87]

Beust scheut zwar auch nicht vor der Wiedergabe von Zitaten zurück, in denen seine Bedeutung eine sehr relativierte Würdigung erfährt - immer aber münden diese Urteile letztlich in anerkennendem Lob:

"Die 'Vorstadtzeitung' schrieb: 'Graf Beust ist kein schöpferischer Staatsmann nach der Art der Cavour und Bismarck. Er brachte Oesterreich keine neuen und grossen Ideen. Den Ruhm - und auch dieser ist ein grosser - muss ihm jedoch jeder Unbefangene, auf der Höhe der Zeit Stehende zugestehen, dass er in der Abwehr der uns drohenden inneren und äusseren Gefahren stets das Rechte traf, dass er zum Wohle des Staates immer dasjenige vorkehrt, was unter den gegebenen Umständen möglich war. [...]. Wir besitzen Viele, deren Verstand krank ist und auf deren körperliches Wohlsein wir gerne verzichten hätten, wenn uns Graf Beust gesund geblieben wäre. Das Staatsinteresse steht eben höher als die Humanität.'"[88]

---

86 Ebd., S. 518/519. Hervorhebung (kursiv) M.S.
87 Ebd., S. 521.
88 Ebd., S. 525.

Obwohl es zunächst den Anschein hat, daß Beust - gemäß seiner eingangs postulierten Dokumentationsverpflichtung - tatsächlich in sympathisch anmutender Offenheit auch weniger euphorische Urteile wiedergibt, so zeigt der Gesamtaufbau der Zitate eine klar zu erkennende Spannungskurve, die ihren Höhepunkt in apologetischen Beifallsbekundungen findet. Der Erzähler selbst macht diese ansteigende Spannungskurve kenntlich, indem er sich zwischendurch mit folgendem Kommentar einschaltet:

> "Fast noch schwung- und ehrenvoller, beinahe möchte ich sagen noch überschwänglicher als die Stimmen der öffentlichen Blätter waren die Kundgebungen der Gemeinde-Vertretungen, Handelskammern und anderen Korporationen sowie der Vereine. Neue und zahlreiche Ehrenbürger-Diplome kamen, auch von grösseren Städten wie Linz, Salzburg, Klagenfurt, Laibach, Budweis [...]. Daneben Telegramme und Adressen, letztere in solcher Anzahl, dass dieselben in meinen Papieren ein ganzes Fascikel ausfüllen. Ich citire daraus einige Stellen: [...]."[89]

Daß die hierauf folgenden begeisterten Belobigungen diverser Institutionen und Amtsträger in ihrer Fülle und ihrem Gleichklang eintönig anmuten, liegt in der jetzt offen zu Tage tretenden Eitelkeit Beusts, der zum Zweck der Selbstbespiegelung auf jedes ihm zur Verfügung stehende Dokument zurückgreift. Daß Beust sogar davor nicht zurückschreckt, selbst einen Schützenverein und dessen ehrfürchtiges Urteil anzuführen, wirkt tatsächlich eher erheiternd und läßt ein naives Bedürfnis nach Bestätigung der eigenen Bedeutung - egal von welcher Seite diese Bestätigung kommt - vermuten. Daß sich dahinter ein eitles Rollenbewußtsein verbirgt, wird vollends deutlich in den plump wirkenden kurzen Kommentaren, die Beust zwischen die Zitate einschaltet.

Nun geht es hier nicht darum, die Selbstdarstellungsabsicht Beusts - die ja konstitutiv für den politischen Memoirenschreiber ist - zu verurteilen, sondern das Verfahren der *mittelbaren Präsentation* zu verdeutlichen, durch

---

[89] Ebd., S. 525/526.

das sich der Memoirenschreiber rollenbewußt inszeniert. In
der Art und Weise, wie Beust dieses Verfahren handhabt,
wird aber auch das Moment deutlich, das seine Memoiren
prägt: die eitle Selbstbespiegelung ihres Verfassers.

Anders präsentiert sich Eckardstein in seinen Memoiren, in
denen es ihm - das wurde im Kapitel 2.3.4 bereits erläutert - um die Kritik der Wilhelminischen Politik geht.
Eckardstein beschäftigt sich in seiner Auseinandersetzung
intensiv mit Friedrich von Holstein, der von 1876-1906 als
außenpolitischer Ratgeber Wilhelms II. tätig war. Eckardstein gibt einen Brief an Holstein wieder, in dem er sich
diesem gegenüber in polemischer und aggressiver Weise äußert:

> "Obgleich mir von verschiedenen einwandfreien Seiten zu Ohren gekommen ist, daß Euere Exzellenz sich seit einiger Zeit in einer überaus gereizten - mir gänzlich unverständlichen - Geistesverfassung gegen meine Person befinden, halte ich es trotzdem für meine Pflicht, frei von der Leber weg meine Ansichten über die gegenwärtige Weltlage und die Gefahren, welche dem Deutschen Reiche drohen, reinen Wein einzuschenken."[90]

Diese Äußerungen entsprechen genau der Rollenpräsentation,
die Eckardstein in seinen Memoiren gibt; er stellt sich
als kritischer, mutiger Diplomat dar, der aus seinem Ethos
heraus im Interesse des Vaterlandes vor drohenden Gefahren
warnen muß:

> "Ich weiß genau, ich besitze längst nicht den politischen Verstand und die große Erfahrung, wie sie Euerer Exzellenz zu Gebote stehen, aber ich besitze eine Nase, und diese hat mich, wie Euere Exzellenz selbst werden eingestehen müssen, leider in der Voraussicht der internationalen politischen Ereignisse und Entwicklung der Dinge bisher noch nie getäuscht."[91]

Hier wird deutlich, daß Eckardstein über den zitierten
Brief hinweg mit dem Leser *spricht*: aufgrund der an früherer Stelle wiederholt gemachten Bemerkung über *"die kom-*

---

[90] Eckardstein, a.a.O., Bd. 3, S. 157.
[91] Ebd.

plizierte Mentalität dieses grillenhaften und überreizt mißtrauischen Mannes"[92], erscheint das hier formulierte Lob als blanke und bissige Ironie. Auf dieser mittelbaren Ebene stellt der Ich-Erzähler Solidarität mit dem Leser her, auf den - solchermaßen vorbereitet - die Selbstaussage Eckardsteins umso authentischer wirkt. Ehe dieser nun zu einer ausführlichen Darstellung seiner politischen Einschätzung kommt, leitet er diese folgendermaßen ein:

> "Um etwaigen Mißverständnissen vorzubeugen, möchte ich hierbei betonen, daß ich mir nicht etwa was Besonderes auf meine Nase einbilde. Ich weiß genau, ich bin kein unfehlbarer Heiliger und werde wohl kaum jemals Anspruch auf dieses Prädikat erheben. Nur eins möchte ich mir zugute rechnen: daß ich nie mit vorgefaßten Meinungen an die Beurteilung politischer Fragen herantrete, sondern mich Schritt für Schritt von meiner Nase leiten lasse."[93]

Hier erreicht die Rolleninszenierung ihren Höhepunkt; indem sich Eckardstein in dieser Weise als vorurteilsfreier, instinktsicherer Politiker präsentiert, hat er den Hintergrund geschaffen, vor dem seine nun folgenden Ausführungen umso überzeugender wirken. Zugleich vermittelt er in diesem Bild exakt das Rollenverständnis, das seine gesamten Memoiren prägt.

Auch Ludwig Bamberger verwendet in seinen Memoiren dieses Verfahren der mittelbaren Präsentation. Im vierten Kapitel seiner Erinnerungen, das den Titel *"Briefwechsel mit der Braut"* trägt, kündigt er einige intimere Schilderungen über die eigene Person und über die Beziehung zu seiner Frau an. Nachdem Bamberger erzählt hat, auf welche Weise er seine Frau kennengelernt hat, bedient er sich der *"vergilbten Briefe aus jener Anfangszeit"*[94] zu folgendem Zweck:

> "Ich wollte mir die Empfindungen jener Tage in ihrem Wechsel vergegenwärtigen, und wenn auch die Erinnerung weder abgeblaßt noch von der Wahrheit abgekommen war, mußte ich doch erstaunen über die breite dunkle Schicht schwermütiger Stimmung, die über jenen Jugendtagen lagerte, und die im Laufe

---

92 Eckardstein, a.a.O., Bd. 1, S. 15.
93 Ebd., Bd. 3, S. 157/158.
94 Bamberger, Erinnerungen, a.a.O., S. 181.

der Zeit immermehr dem Gleichgewicht der Seele Platz machen
sollte. [...]. Zwar fehlen auch in den jungen Jahren die An-
wandlungen des Humors nicht; aber im Wechsel der Tage und
Stunden überwog die Trübsal. Daran trug ganz allein die
Schuld das Bewußtsein der Verantwortlichkeit für die Existenz eines geliebten Wesens, die sich an die meinige gebunden hatte, während jeder Ausblick in eine erlösende Zukunft
fehlte."[95]

Auf diese Weise durch den Erzähler eingestimmt, erwartet
der Leser die angekündigten vertraulicheren Aufschlüsse
über die offensichtlich für Bamberger so prägende Beziehung zu seiner Frau; diese Erwartung wird während des Lesevorgangs zusätzlich durch einen, an späterer Stelle folgenden, Hinweis gesteigert:

"Es sollte mir noch manchmal später begegnen, daß meine in-
nersten Herzensschicksale sich mit politischen Bewegungen
in eins verschmolzen, im Guten, wie im Schlimmen, wie sie
sich in den Besitz meines ganzen Fühlens teilten."[96]

Tatsächlich jedoch verwendet Bamberger die Wiedergabe seiner Briefe an die Braut zu einer Darstellung der eigenen
Person und seiner grundsätzlichen Überzeugungen, wobei
seine Braut eine untergeordnete Rolle spielt. Bamberger
unterstreicht diese Selbstinszenierung durch folgende vor-
bereitende Kommentierung der Briefe:

"Wenn ich die bodenlangen Briefe jetzt wiedersehe, welche
diese inneren Kämpfe erzählen, muß ich lächeln über die
Pedanterie der Zergliederung, mit der ich das eigne Ich
und die Welt zu konstruieren nicht müde wurde, aber ich
finde doch schließlich immer den Grundgedanken wieder, daß
alle Anwandlung von Schwäche zurückgewiesen und der Kampf
mit dem Schicksal und allen seinen Widerwärtigkeiten durch-
gekämpft werden müsse. Dieser Grundzug gab mir später auch
die genügende Kraft [...]."[97]

In den Briefen selbst berichtet Bamberger in erster Linie
über den Beginn seiner journalistischen Arbeit als Redakteur der "Mainzer Zeitung" und über seine ersten Auftritte
als politischer Redner. In der vom Erzähler unterstriche-

---
95 Ebd.
96 Ebd., S. 183.
97 Ebd., S. 182.

nen "*innerlichste[n] Subjektivität*"[98] der Briefe zeigt sich
Bamberger als bescheidener, aber selbstsicherer Kommentator seiner ersten Erfahrungen als Redakteur und politischer Redner sowie als empfindsamer und zugleich reflektierender Rationalist:

> "Wie wahr, wie sehr aus der innersten Natur entsprossen immer
> eine Thätigkeit sei, wie die meinige, das Bewegen im ö f -
> f e n t l i c h e n Leben hat immer und seiner notwendigen
> Form nach etwas Gemachtes, Pathetisches, und weckt in jedem
> vor sich selber aufrichtigen Menschen das Bedürfnis, in sich
> selbst zurückzukehren. Aber dieses echte Selbst kann nicht
> der bestimmungslose Indifferenzpunkt des nackten Ich sein.
> Ein solches von der Welt, von allen Bestimmungen des Daseins
> abstrahiertes Ich giebt es nicht; selbst der abgeschmackteste
> christliche Einsiedler oder der büßende Inder findet es nur
> in der Bestimmtheit durch die Natur oder die Religion; der
> wahre Mensch findet es in der höchsten menschlichen Beziehung, in der Beziehung, welche Dich mir verbindet."[99]

In dieser klugen und sensiblen Analyse inszeniert sich
Bamberger als kritischer und distanzierter Denker; zugleich verbindet er diese abstrakte Überlegung mit seiner
Rollenauffassung als Politiker, indem er die Wiedergabe
dieses Briefes folgendermaßen einleitet:

> "Manches macht mich lächeln, und doch erkenne ich im ganzen
> den alten Adam wieder, in dem der Privatmensch mit dem öffentlichen sich schlägt und sich verträgt, wie gleicherweise
> die unmittelbare Empfindung mit der nimmer rastenden pedantisch doktrinären Selbstanalysierung."[100]

Auf eben dieser Einsicht in die dialektische Verschränkung
zwischen Öffentlichkeit und Privatheit beruht das Rollenbewußtsein Bambergers; deshalb leitet er auch seine Rollenauffassung als Politiker aus seiner Auffassung von der
Liebe als "*die reinste, über alles gehende Wahrheit des
Lebens*"[101] ab:

> "Allerdings enthält die politische Thätigkeit als echten Kern
> die volle Wahrheit der Menschenliebe, aber es ist die Eigentümlichkeit aller a l l g e m e i n e n Verhältnisse, daß

---
98 Ebd., S. 190.
99 Ebd., S. 191/192.
100 Ebd., S. 190.
101 Ebd., S. 192.

sie die Wahrheit nur stark vermischt mit hundert Verleugnungen und Vernachlässigungen des Prinzips enthalten [...]."[102]

Trotz des hier ausgesprochenen Skeptizismus hinsichtlich der Möglichkeit, in der Politik diese Wahrheit zu realisieren, bekennt sich Bamberger doch zu folgender Überzeugung:

> "Wie überhaupt alles Schöne und Große, ist diese höchste menschliche Beziehung, die Liebe, nie höher gestimmt, als wenn die anderen Thätigkeiten gesteigert und entfaltet sind, und die Wahrheit und Notwendigkeit dieser Verbindung und dieses Gegensatzes, glaube ich, ist es, welche den Tragiker immer zwingt, in seinen Schöpfungen große Thaten vor der Welt und stille Beziehungen des Herzens in eins zu verflechten."[103]

In diesem Bekenntnis zur dialektischen Verwobenenheit von privater und öffentlicher Existenz mündet das Rollenbewußtsein Bambergers. Durch die eingeschalteten Kommentierungen fein vorbereitet, erkennt der Leser den grundsätzlichen Status, den diese Briefzitate für den Politiker Bamberger und seine Rollendarstellung in den Memoiren haben. Auch dieses Beispiel verdeutlicht die Verfahrensweise der mittelbaren Präsentation, in der der Erzähler das Dokument zum Zweck seiner Rollendarstellung einsetzt.

Anhand der angeführten Beispiele sollte die *mittelbare Präsentation* veranschaulicht werden. Dieses Verfahren kennzeichnet - so unterschiedlich es gehandhabt wird - eine grundlegende Darstellungsweise in politischen Memoiren und stellt ein weiteres erzähl-typologisches Merkmal dar. In der Untersuchung von Bismarcks ERINNERUNG UND GEDANKE wird sich die Vielfältigkeit zeigen, in der der politische Memoirenschreiber diese Darstellungsweise für seine Rollenpräsentation einsetzen kann.

---

102 Ebd.
103 Ebd.

3.3.4 Die Darstellungsmittel

Die mittelbare Präsentation ist also eine politische Memoiren kennzeichnende Darstellungsweise, in der der politische Memoirenschreiber mit den Darstellungsmitteln auf besondere Art und Weise verfährt. Zu diesen typischen Darstellungsmitteln in politischen Memoiren gehören alle Arten von Dokumenten wie Briefe, Akten, Reden, Gespräche und Verhandlungen, die als Zitat in die Erzählung eingeschaltet werden.

Wird das Zitat immer wieder als typisches Stilmittel der Memoiren und als Kennzeichen ihres *objektiven* Charakters beurteilt, so läßt sich dieses Urteil zumindest für die politischen Memoiren nicht aufrechterhalten. Denn das Zitat wird hier entsprechend der Erzählintention des Ich-Erzählers eingesetzt und dient so als Mittel zum Zweck seiner Rollenpräsentation.

Unter erzähltheoretischem Gesichtspunkt ist entscheidend, daß das Dokumentenzitat in politischen Memoiren zu einer Veränderung der Kommunikationsstruktur führt, durch die der ursprüngliche Charakter des Dokumentes verändert wird. Zur Begründung dieser These bedarf es einer erzähltheoretischen Überlegung, die am Beispiel des Briefzitats entwickelt wird; dabei wird zunächst von einer zitierten Briefkorrespondenz ausgegangen, in der Memoirenschreiber und Briefschreiber identisch sind.

Sind Brief und Memoiren grundsätzlich (wenn auch nicht gleichermaßen) durch ihre besondere Ansprache an den Leser gekennzeichnet, so führt das Briefzitat in den Memoiren zu einer spezifischen Doppelung der Kommunikationsebenen und damit zu einer Modifizierung der Kommuniktionsstruktur. Das Briefzitat dient nun als Mittel der Kommunikation zwischen Memoirenschreiber (*MS*) und Memoirenleser (*ML*) auf der Kommunikationsebene der Memoiren (*KM1*); gleichzeitig existiert aber die zusätzlich eingeführte zweite vergangene Kommunikationsebene *(KM2)* zwischen Briefschreiber *(BS)* und Briefleser *(BL)*. Durch diese Doppelung erhält die Kommunikationsstruktur eine neue Gestalt: Der *MS* macht durch das Einschalten der Briefe den *ML* sozusagen zum *BL2*, indem er sich ja mittels der Briefkorrespondenz auf der *KM1* an den *ML* wendet.

Zwar weiß der *ML* um die Identität von *BS* und *MS*, er muß nun aber entscheiden, inwieweit sich der *MS* mit dem ursprünglichen *BS* identifiziert oder sich von ihm distanziert. Durch die Nicht-Identität zwischen *ML* und ursprünglichem *BL* besteht zunächst eine vom *ML* wahrgenommene Distanz, die aber allmählich im Lesevorgang weichen kann, so daß sich der *ML* nun auf der neuen *Kommunikationsebene 3* als *BL 3* erfährt; der Memoirenleser wird sozusagen zum Briefempfänger auf einer höheren (Kommunikations-)Ebene.

Diese Änderung der Kommunikationsstruktur gilt in modifizierter Form auch für den Fall, daß Memoirenschreiber und Briefleser identisch sind; indem der *MS*, der gleichzeitig *BL* ist, den *ML* ebenfalls zum *BL* macht, ist die Möglichkeit einer im Leseprozeß vollzogenen Identifikation des *ML* mit dem *MS* gegeben.

Nicht nur das hier als Beispiel dienende Briefzitat, sondern jedes in den politischen Memoiren eingeschaltete Zitat von Dokumenten führt zu dieser Veränderung der Kommunikationsstruktur. Diese solchermaßen entstandene besondere Kommunikationssituation *vermittelter Unmittelbarkeit* fordert den Leser zu einer, den Leseverlauf unterbrechenden Neubestimmung seiner Rezeptionshaltung auf; da sich der Leser dieser impliziten Aufforderung nicht entziehen kann (irgendeine Lesehaltung muß er einnehmen), ist das Zitat von Dokumenten darstellerisches Mittel zum Zweck der Evokation von Sinnbildungsprozessen.

Die unternommene erzähltheoretische Analyse sollte deutlich machen, auf welche Weise die vom politischen Memoirenschreiber eingesetzten Darstellungsmittel in die Memoiren integriert werden. So unterschiedlich diese spezifisch angewendete Verfahrensweise gehandhabt wird, so übereinstimmmend ist diese Handhabung hinsichtlich des subjektiven Umgangs mit den Darstellungsmitteln.

Der ursprüngliche Charakter der Dokumente wird aufgrund ihrer Übernahme in die Memoiren entscheidend verändert: die Dokumente erhalten dadurch Symbolcharakter. Sie werden zu einem Zeichen, das für etwas anderes steht. In ihrem Sinnbildcharakter tragen sie zu der Komplexität der Sinnbildungsprozesse bei, die durch die notwendige Übertragung im Leser ausgelöst werden.

Hierin liegt der Grund, warum von einer "Neutralität des Zitats"[104], durch die der "Autor als Erzähler liquidiert"[105] werde, in den politischen Memoiren nicht gesprochen werden kann; denn auch das Zitat wird immer "als Zeichen für irgendein Gemeintes gebraucht"[106]; diese Einsicht in den Symbolcharakter des Zitates ist die Voraussetzung einer kritischen Lesehaltung, die sich nicht dem naiven Glauben an vermeintliche *Objektivität der Dokumentation* hingibt.

Das Dokumentenzitat ist deshalb in politischen Memoiren ein erzähltechnisch typisches Mittel, das zum Zweck der Rollendarstellung eingesetzt wird. Erst wenn man die Veränderung der Kommunikationssituation berücksichtigt, erschließt sich die damit verbundene grundlegende Änderung des Lesevorgangs.

Innerhalb dieses Leseaktes werden Sinnbildungsprozesse evoziert, die der Rollenpräsentation des politischen Ich-Erzählers entsprechen, der mit seinen Memoiren keine objektive Geschichtsdokumentation, sondern subjektive

---
104 Schwab, a.a.O., S. 39.
105 Ebd.
106 Baumgart, Reinhart, Aussichten des Romans oder Hat Literatur Zukunft?, Frankfurter Vorlesungen, Neuwied, Berlin 1968, S. 63.

Selbstdarstellung liefert. Politische Memoiren sind Zeugnisse lebensgeschichtlichen Erzählens, die ihrer Form nach - dies zeigten auch die typologisch gefaßten erzähltechnischen Momente - subjektiv organisierte Rollendarstellung eines Ich-Erzählers sind. Es ist diese Perspektive, unter der im folgenden die Memoiren Otto von Bismarcks untersucht werden.

III. Beispiel: Otto von Bismarcks ERINNERUNG UND GEDANKE

1. Die Forschungssituation

Da die vorhandenen Quellen und Untersuchungen zur Entstehungsgeschichte Eingang finden im gleichnamigen Kapitel der vorliegenden Untersuchung, werden sie im folgenden nur kurz genannt.[1]

Die wichtigste Quelle zur Entstehungsgeschichte sind die Tagebuchblätter Moritz Buschs, in denen sich seine Korrespondenz mit Lothar Bucher mit dessen Berichten über die Entstehung der Memoiren finden.[2] Auch die Äußerungen von Bismarcks Arzt, Ernst Schweninger, geben einigen Aufschluß vor allem über die Vorgeschichte der Memoiren und die Stimmungslage Bismarcks während deren Abfassung.[3] Speziell bezogen auf die Entstehung des zweiten Bandes ist die Untersuchung Johannes Bauermanns, der auf die Aufzeichnungen Herbert von Bismarcks als Ausgangspunkt dieses Bandes und der Umarbeitung durch Bismarck hinweist.[4]

Beide obengenannten Quellen sowie Bauermanns Aufsatz finden Eingang in die ausführliche Darstellung der Entstehung und Herausgabe der Memoiren von Gerhard Ritter.[5] Gestützt auf diese Untersuchung und sie im wesentlichen zusammenfassend äußern sich Rudolf Buchner im Vorwort seiner auf

---

1 Vgl. Kap. III. 2.
2 Busch, Tagebuchblätter, Bd. 2 u. 3, Leipzig 1899. [Im folgenden zitiert als 'TBB 2' und 'TBB 3'.]
3 Schweninger, Ernst, Dem Andenken Bismarcks, Zum 1. April 1899, Leipzig 1899.
4 Bauermann, Johannes, Ein quellenkritischer Beitrag zum dritten Band von Bismarcks "Gedanken und Erinnerungen", in: Historische Zeitschrift, 1922, Bd. 127, S. 273-277.
5 Ritter, Gerhard, Einleitung zu Erinnerung und Gedanke, in: G.R., Stadelmann, Rudolf (Hg.), Erinnerung und Gedanke, Kritische Neuausgabe auf Grund des gesamten schriftlichen Nachlasses, Bd. 15 d. gesammelten Werke, 1. Aufl., Berlin 1932, S. IV-XXVIII.

Ritter/Stadelmann basierenden kritischen Neuausgabe[6] von ERINNERUNG UND GEDANKE und Manfred Hank in seiner den letzten Lebensjahren Bismarcks gewidmeten Dissertation.[7]

Das hervorstechende Kennzeichen der Forschungsliteratur zu ERINNERUNG UND GEDANKE ist, daß sich fast ausschließlich Historiker mit den Memoiren beschäftigten, während sich die Germanistik auffällig zurückhielt. Es scheint so, als befänden sich die Erinnerungen Bismarcks bis heute in einem *doppelten Theorieloch*, insofern sie sich im theoretischen Niemandsland zwischen Geschichts- und Literaturwissenschaft einerseits und der literaturwissenschaftlichen Zurückhaltung gegenüber Memoiren andererseits bewegen.

Dieses Ergebnis stimmt um so nachdenklicher, als die Historiker recht schnell erkannten, daß die Memoiren mit ihrem Handwerkszeug theoretisch nicht angemessen zu erfassen seien. Durch ihr vielfach freimütiges Eingeständnis, daß das Scheitern ihrer Erklärungsversuche nicht als Aussage über den Gegenstand, sondern als Ungenügen ihrer Methode in Bezug auf den Gegenstand zu betrachten sei, hätten die Literaturwissenschaftler eigentlich ermutigt sein müssen, sich mit den Memoiren Bismarcks gründlich zu beschäftigen.

Die Tatsache, daß dies bis heute nicht geschehen ist, ist nicht nur der Anlaß der vorliegenden Untersuchung, sondern auch der Grund dafür, daß in der folgenden Darstellung der Forschungsliteratur überwiegend Historiker zu Wort kommen, die sich teilweise in beeindruckender Sensibilität mit den Memoiren beschäftigen, diese jedoch aufgrund der geschilderten Diskrepanz zwischen Methode und Gegenstand theoretisch schwer in den Griff bekommen.

---

6 Buchner, Rudolf, Einleitung zu Erinnerung und Gedanke, in: R.B., Werke in Auswahl, Bd. 8, Teil A, a.a.O., S. IX-XXX. [Im folgenden zitiert als 'Einleitung'.]
7 Hank, Manfred, "Erinnerung und Gedanke", in: M.H., Kanzler ohne Amt, Fürst Bismarck nach seiner Entlassung 1890-1898, (Diss., München 1975), München 1977, S. 231-257.

Dem Ansatz der vorliegenden Untersuchung gemäß muß darauf verzichtet werden, die Arbeiten unter dem geschichtswissenschaftlichen Aspekt daraufhin zu überprüfen, ob ihre Kritik an der historischen Genauigkeit der Memoiren aus der Sicht des heutigen Historikers zutreffend ist oder nicht.[8]

Es geht hier vielmehr darum, die Forschungsliteratur unter dem Aspekt des dahinterstehenden spezifischen Erkenntnisinteresses und der damit verbundenen Bewertung der Memoiren zu systematisieren. Dabei ist zu berücksichtigen, daß alle Arbeiten, die vor 1921 entstanden sind, den erst 1921 erschienenen zweiten Band der Memoiren (in der Ausgabe des Cotta-Verlages Band 3) natürlich nicht berücksichtigen konnten.

1.1 Das geschichtswissenschaftliche Erkenntnisinteresse

Ein großer Teil der - meist kurz nach Erscheinen der Memoiren entstandenen - durchweg kürzeren Abhandlungen läßt sich unter dem Aspekt des geschichtswissenschaftlichen Erkenntnisinteresses ihrer Verfasser zusammenfassen. In dem Bewußtsein, daß ERINNERUNG UND GEDANKE die intimen Geschichtskenntnisse eines kompetenten Zeitzeugen enthalte, erwartete man ein authentisches, quellengetreues Geschichtswerk, in dem endlich *das* geschichtswissenschaftliche Erkenntnisideal realisiert würde, das Ranke in seinen berühmten Worten als "*zeigen, wie es eigentlich gewesen*"[9] so treffend erfaßt hat. Demgemäß richtete sich das Inter-

---

8 Buchner verweist darauf, daß "eine neuere brauchbare Untersuchung über Richtiges und Falsches in 'Erinnerung und Gedanke'" fehlt. Buchner, Einleitung, a.a.O., S. XIV.

9 "Man hat der Historie das Amt, die Vergangenheit zu richten, die Mitwelt zum Nutzen zukünftiger Jahre zu belehren, beigemessen: so hoher Aemter unterwindet sich gegenwärtiger Versuch nicht: er will blos zeigen, wie es eigentlich gewesen." Leopold von Ranke in seiner Vorrede der ersten Ausgabe (October 1824) von: L.v.R., Geschichten der romanischen und germanischen Völker von 1494 bis 1514, 2. Aufl., Leipzig 1874, S. VII.

esse auf Prüfung der historischen Genauigkeit der Memoiren, wobei es sofort zu Kontroversen unter den Historikern selbst, zur "Kritik der Bismarck-Kritik"[10], hinsichtlich der erlangten Forschungsergebnisse kam. Mit auslösend für die zum Teil akribischen Nachforschungen war die provokante These, die Horst Kohl in seinem "Wegweiser durch Bismarcks Gedanken und Erinnerungen"[11] vertrat; Kohl betont, daß die Absicht Bismarcks allein auf Wiedergabe der Wahrheit und objektive Beurteilung gerichtet gewesen sei und Bismarck "*dieser höchsten Forderung der Geschichtswissenschaft*[12] genügen konnte, da er über die "wunderbare[...] Kraft seines Gedächtnisses"[13] verfügt habe. So überrascht es nicht, daß sich einige Historiker aufgefordert sahen, die Zuverlässigkeit der Memoiren hinsichtlich ihrer historischen Authentizität zu überprüfen.

Ganz dieser historischen Quellenforschung verpflichtet sind die Arbeiten Otto Kaemmels, Heinrich Ulmanns, Max Lenz', Theodor Schiemanns[14], Martin Spahns, Gerhard Grundmanns und Robert Pahnckes.

Die Arbeit Otto Kaemmels[15] steht im Zeichen ihres apologetischen Charakters und dem daraus erwachsenden Skrupel des Historikers, die Memoiren "als großartigstes Selbstzeugnis

---

10 So nennt es Theodor Schiemann im Untertitel seiner Studie "Bismarck's Audienz beim Prinzen von Preußen", in: Historische Zeitschrift, 1899, Bd. 83, S. 447. Vgl. dazu auch Buchner, der darauf hinweist, daß "oft mit unzulänglichen Mitteln oder gar irrtümlich versucht worden [ist], ihm Fehler nachzuweisen." Buchner, Einleitung, a.a.O., S. XVIII.
11 Kohl, Horst, Wegweiser durch Bismarcks Gedanken und Erinnerungen, Leipzig 1899.
12 Ebd., S. 9. Hervorhebung im Original in Sperrschrift.
13 Ebd., S. 12. Bis auf diese einleitenden Bemerkungen widmet sich Kohl der interpretierenden Paraphrasierung des ersten Bandes der Memoiren, so daß auf seine Arbeit hier nicht eingegangen wird.
14 Der Aufsatz Theodor Schiemanns "Bismarcks Audienz beim Prinzen vom Preußen" (a.a.O., S. 447-458) wird hier übergangen, da sich Schiemann lediglich mit Max Lenz und dessen quellenkritischen Äußerungen zu den Memoiren auseinandersetzt.
15 Kaemmel, Otto, Kritische Studien zu Fürst Bismarcks Gedanken und Erinnerungen, in: Die Grenzboten, 1899, 58. Jg., Nr. 24, S. 561-570, S. 625-636.

dieses großartigen Lebens"[16] der Quellenkritik zu unterziehen. Deshalb hält Kaemmel es einerseits für notwendig, sich prophylaktisch "gegen den Vorwurf der Pietätlosigkeit zu verwahren"[17], andererseits den erbrachten Nachweis der "Entstellungen oder Färbungen der Thatsachen"[18] durch psychologisierende Motivforschung zu entkräften. Auf diese Weise entfernt Kaemmel sich jedoch zusehends von den Memoiren selbst, so daß er über diese am Ende seiner Ausführungen nicht mehr spricht. Insofern ist seine Arbeit für die vorliegende Untersuchung nicht relevant.

Gering ist auch der heuristische Ertrag der Aufsätze von Ulmann[19] und Spahn[20]. Auf der Suche nach einem "Wertmesser für die Sicherheit des Gedächtnisses"[21] untersucht Ulmann auszugsweise die Darstellung Bismarcks und kommt zum Ergebnis, das gleichzeitig schon seine Ausgangsthese war, daß "sich im Erzähler das Bewusstsein seiner früheren Auffassung der Verhältnisse verwischt"[22] habe. Interessant ist seine, allerdings nicht belegte Feststellung, der Erzählstil zeige, daß Bismarck nicht unter parteipolitischem, sondern einheitlich-staatsmännischem Gesichtspunkt schreibe.

Entsprechend seiner Fragestellung, "was denn Bismark innerpolitisch gewollt hat und wie sich das Ergebnis seiner inneren Politik zu dem der äußeren verhält"[23], beschäftigt sich Spahn unter politologischen Aspekten mit der Innenpolitik Bismarcks und der Vorgeschichte seiner Entlassung; die Memoiren selbst geraten auch ihm zunehmend aus dem Blickfeld, so daß seine eingangs getroffene Bewertung, daß

---

16 Ebd., S. 561.
17 Ebd.
18 Ebd.
19 Ulmann, Heinrich, Kritische Streifzüge in Bismarcks Memoiren, in: Historische Vierteljahresschrift, 1902, V. Jg., S. 48-78.
20 Spahn, Martin, Der dritte Band der "Gedanken und Erinnerungen" u. die Problematik der inneren Politik Bismarcks, in: Hochland, 1921/1922, 19. Jg., Bd. 1, S. 687-699.
21 Ulmann, a.a.O., S. 48.
22 Ebd.
23 Spahn, a.a.O., S. 687.

der dritte Band "von einem erschütternd sachlichen und ernsten Gehalte"[24] und durch das Wesen des Verfassers geprägt sei, keine Begründung erfährt.

Max Lenz betrachtet in seiner Abhandlung[25] die Memoiren ebenfalls ganz unter dem quellenkritischen Aspekt, um auf diese Weise den "Schlüssel für das Verständnis"[26] von Bismarcks Politik zu finden. Diesem Ziel gemäß und im Bewußtsein, "eine Fülle echtester Quellen"[27] zu besitzen, geht es Lenz darum, "an mehr als eine Stelle des unsicheren Bodens, den wir in seinen 'Gedanken und Erinnerungen' betreten, das solide Fundament unparteiischer Forschung zu setzen."[28] Lenz kommt in seiner Prüfung einiger Stellen aus den Memoiren zum Ergebnis, daß "die Wirklichkeit zuweilen geradezu auf den Kopf"[29] gestellt werde. Den Grund hierfür sieht er nicht nur im getrübten Gedächtnis des Erzählers, sondern auch darin, daß die Schilderungen Bismarcks aus seinen "späteren Anschauungen hervorgingen"[30], so daß "die Empfindungen und Anschauungen der späteren Zeit auf die Erinnerungen des Fürsten eingewirkt"[31] hätten.

Es läßt eine gewisse Hilflosigkeit spüren, wenn Lenz abschließend in apologetischer Überhöhung betont, daß der Wert der Memoiren eben nicht in ihrer Quellentreue läge, sondern darin, daß Bismarck in ihnen "ein Selbstporträt

---

24 Ebd.
25 Lenz, Max, Zur Kritik der "Gedanken und Erinnerungen" des Fürsten Bismarck, in: Deutsche Rundschau, 1899, Jg. 25, Bd. 99, H. 9 (Teil 1), S. 405-427; Jg. 25, Bd. 100, H. 10 (Teil 2), S. 109-140.
26 Lenz, Teil 2, a.a.O., S. 117.
27 Ebd., S. 138.
28 Ebd.
29 Lenz, Teil 1, a.a.O., S. 426.
30 Ebd.
31 Lenz, Teil 2, a.a.O., S. 139.

entworfen"[32] habe, das dem Wesen seines Verfassers entspräche:

> "[...] das Löwenartige mit einem Wort tritt nirgends so concentrirt hervor als in dem Werk, das der Greis in der Waldeinsamkeit, in der Verbannung schuf."[33]

Ohne diesen Gedanken weiter auszuführen, unterliegt Lenz also insofern der Beschränkung durch seine Methode, als diese der näheren Begründung des festgestellten Wertes nicht dienen kann, sondern sich gerade in dem Felde bewegt, in dem auch Lenz die Bedeutung der Memoiren nicht finden konnte.

Richard Fester zieht in seiner Untersuchung[34] eine erste Konsequenz aus der konstatierten Verlegenheit der Historiker, die sich gezwungen sahen, "einen Maßstab nach dem anderen als untauglich beiseite zu legen."[35] Der Fehler bestünde darin, daß man bisher das Gewicht auf die Sezierung der *Erinnerungen* gelegt und die tatsächlich vorherrschenden *Gedanken* in den Memoiren übersehen habe.[36] Fester stellt fest, daß es gerade der Vorrang der *Gedanken* sei, der den Memoiren ihren prägenden Zug verliehen habe, denn das maßgebende Interesse Bismarcks sei "nicht das historische, sondern das politische Interesse"[37] gewesen.

---

32 Ebd.
33 Ebd., S. 140.
34 Fester, Richard, Über den historiographischen Charakter der Gedanken und Erinnerungen des Fürsten Otto v. Bismarck, a.a.O., S. 45-64.
35 Ebd., S. 47.
36 Vehementer Verfechter dieser These ist auch Schweninger, der schon 1899 betont, daß Bismarck keine "Memoiren, sondern - wie er selbst es nannte - Erinnerungen und Gedanken" (a.a.O., S. 2) hinterlassen habe. Schweninger hält diese Unterscheidung für grundlegend hinsichtlich einer angemessenen Würdigung des Werkes, denn Bismarck sei es eben nicht um die schriftstellerische Beschäftigung mit der Vergangenheit gegangen (vgl. ebd., S. 8), sondern darum, anhand "der 'Erinnerungen' aus seinem einzig reichen Leben das Werden einer Geschichtsepoche zu zeigen und uns dann mit seinen 'Gedanken' zu belehren." Ebd., S. 14.
37 Fester, a.a.O., S. 55.

Aus dieser Überlegung heraus trifft er die wichtige Feststellung, daß die *Erinnerungen* mehr ein verfahrenstechnisches Hilfsmittel seien, das dazu diene, die Aufmerksamkeit auf die viel bedeutenderen *Gedanken* zu lenken. Er geht so weit, dem Werk den Memoirencharakter insofern abzusprechen, als Bismarck an der Vergangenheit nur dann interessiert sei, "wenn sie in erkennbaren und lehrreichen Beziehungen zum Jetzt"[38] stehe. Die Bedeutung des Werkes läge gerade in der Sichtbarmachung der Auffassungen des Verfassers, der als "Mann der That"[39] erzähle, so daß die Leser lernen könnten, wie Bismarck "die Dinge ansah und wie er sie angesehen wissen wollte."[40]

Es ist auffällig, daß Festers Hinweis auf eine notwendige Änderung des Blickpunkts gegenüber den Memoiren und der sie prägenden und die Erinnerungen dominierenden *Gedanken* zwar aufgenommen wurde, die heuristischen Konsequenzen jedoch nicht gezogen wurden. Die Folgen dieser methodischen Inkonsequenz werden besonders deutlich in den längeren Arbeiten Pahnckes[41] und Grundmanns[42]; obwohl beide Verfasser die These Festers für unbestritten halten, unterziehen sie wiederum - unter unterschiedlichen Gesichtspunkten - die *Erinnerungen* der historischen Kritik. Beide Autoren können deshalb am Ende ihrer Untersuchungen nichts anderes tun, als auf die große Bedeutung der Memoiren hinzuweisen, ohne daß die Begründung dieses Urteils ihr Untersuchungsgegenstand gewesen ist.

So vergleicht Pahncke die Memoiren Bismarcks mit dessen entsprechenden Parallelerzählungen, d.h. mit den Äußerungen, die Bismarck zum jeweiligen Thema an anderer Stelle gemacht hat. Er kommt dabei zum Ergebnis, daß Bismarcks

---

[38] Ebd., S. 61.
[39] Ebd., S. 53.
[40] Ebd., S. 63.
[41] Pahncke, Robert, Die Parallel-Erzählungen Bismarcks zu seinen Gedanken und Erinnerungen, Halle 1914.
[42] Grundmann, Gerhard, Der gegenwärtige Stand der historischen Kritik an Bismarcks "Gedanken und Erinnerungen" Band I, (Diss., Breslau 1924), Berlin 1925.

Gedächtnis in der Abfassung seiner Memoiren nicht nachgelassen habe, denn diese seien - im Vergleich mit den Parallelerzählungen - "zum größten Teil stichhaltig"[43] hinsichtlich ihrer Tatsachentreue. Pahncke stellt fest, daß Bismarck den Anspruch, ein aktenmäßig genauer Zeuge sein zu wollen"[44], nicht gehabt habe, sondern als Politiker die Geschichte so "kommandiert"[45] habe, "wie sein Zweck es erheischt."[46]

Leider geht Pahncke auf seine Folgerung, in den Memoiren habe sich der *Gedanke* aus der Geschichte entwickelt, die Bismarck selbst gemacht habe und als Erzähler nochmals gestaltet[47], nicht weiter ein, sondern beschließt seine Untersuchung mit einer apologetisch anmutenden Verteidigung der von Bismarck "für notwendig gehaltenen Verschleierung der historischen Wahrheit [...]."[48]

Auch Grundmann stellt in seiner zwanzig Jahre später erschienenen Dissertation fest, daß es die *Gedanken* seien, aus denen der Staatsmann spreche "zur Belehrung und Warnung der Gegenwart"[49] und es eben diese staatsmännische Perspektive sei, die "dem Buche Bismarcks seine charakteristische Note"[50] gebe. Umso erstaunlicher ist nun, daß Grundmann die Memoiren nicht unter diesem Gesichtspunkt untersucht, sondern eine kritische Zusammenfassung der historischen Kritik gibt und dabei zu dem wenig überraschenden Ergebnis kommt, daß vieles der Erinnerungen "mit den Ergebnissen der historischen Forschung nicht zu vereinbaren"[51] sei.

---

43 Pahncke, a.a.O., S. 307.
44 Ebd.
45 Ebd., S. 308.
46 Ebd.
47 Vgl., ebd.
48 Ebd., S. 311.
49 Grundmann, a.a.O., S. 83.
50 Ebd., S. 88.
51 Ebd., S. 84.

Grundmann selber entlarvt nicht nur die Unangemessenheit seiner Methode, sondern auch die mit ihr verbundene Gefahr, wenn er im Blick auf ein Kapitel feststellt, daß

> "die Erzählungen [...] durch die historische Kritik erst in mühevoller Arbeit von den Schlacken des spezifisch Memoirenhaften gelöst werden mußten, ehe sie übernommen werden konnten"[52],

denn was kann oder darf dann überhaupt noch übernommen werden? Die Fragwürdigkeit dieses Vorgehens, mittels dessen der Historiker bemüht ist,

> "den nüchternen historischen Kern aus den 'Erinnerungen' heraus[zu]lösen und auf die Weise bei methodischem Vorgehen die 'Erinnerungen' von den 'Gedanken' [zu] trennen "[53],

zeigt sich dann auch in Grundmanns Urteil, daß der Hauptwert des Buches in der Widerspiegelung des Wesens seines Verfassers läge; denn Grundmann siedelt damit die Bedeutung der Memoiren in einem Feld an, das gar nicht sein Untersuchungsgegenstand gewesen ist. Deshalb auch trifft Grundmann am Schluß seiner Untersuchung die Feststellung - und sagt damit weniger etwas über die Memoiren als vielmehr über seine Methode -, daß der Wissenschaftler die Memoiren "'in keine seiner geläufigen Kategorien' hineinzwängen kann [...]."[54]

1.2 Das auf die Person gerichtete Erkenntnisinteresse

Zeichnen sich die unter dem geschichtswissenschaftlichen Aspekt entstandenen Untersuchungen durch den dargelegten Widerspruch zwischen Untersuchungsgegenstand und angewandter Methode aus, so gibt es auch Arbeiten, in denen um eine andere, den Memoiren angemessene Betrachtungsweise

---

52 Ebd., S. 56.
53 Ebd., S. 91.
54 Ebd., S. 92.

gerungen wird, ohne daß allerdings eine methodische Systematik gefunden wird.

In diese Reihe gehören die Aufsätze Ludwig Bambergers, Friedrich Meineckes, Alfred Doves, Otto Kaemmels, Gustav Schmollers, die herausragende, feinsinnige Untersuchung Erich Marcks', die Äußerungen G.P. Goochs und einiger Bismarck-Biographen. All diesen Autoren ist gemeinsam, daß sie nicht nur von vornherein Abschied nehmen von der Vorstellung, es handle sich bei den Memoiren um "objektive Geschichtsdarstellung"[55], sondern sich um eine Sichtweise bemühen, die sich ganz auf den Verfasser der Memoiren richtet.

Diese Konzentration auf die Person Bismarcks kommt deutlich im Urteil, das Ludwig Bamberger[56] über die Memoiren trifft, zum Ausdruck. Bamberger, der ein leises Bedauern über die mangelnde "objektive Wahrheit"[57] der Memoiren nicht ganz unterdrücken kann, sieht als ihr "Gesammtbild [...] das des Mannes, wie er sich selbst auffaßt und wie er von der Welt erfaßt und gesehen sein will."[58] Besonders beeindrucke die Darstellungs- und Erzählkunst Bismarcks, die sich "durch den unvergleichlich urwüchsigen und treffenden Stil, durch die Laune, die eingeflochtenen Anekdoten"[59] und die drastische Ausschmückung der Vorgänge auszeichne. Herausragend seien hierbei die - mit dem Principe Machiavellis vergleichbaren - Ausführungen über die internationale Politik, gefolgt von der Schilderung der Hofpolitik und Diplomatie sowie der Darstellung der Innenpolitik und der das breite Publikum ansprechenden Beschreibung

---

55 Kaemmel, Fürst Bismarcks Gedanken und Erinnerungen, in: Die Grenzboten, 1899, 58. Jg., Nr. 14, S. 14.
56 Bamberger, Ludwig, Bismarck Posthumus, Berlin 1899.
57 Ebd., S. 4.
58 Ebd.
59 Ebd., S. 10.

seiner Gegner. Die Memoiren seien insgesamt, wie Bamberger abschließend feststellt, Ausdruck

> "der geistigen Potenz dieses Mannes, der, wie je ein Sterblicher, die Fehler seiner Vorzüge, aber in höchstem Maße auch die Vorzüge seiner Fehler hatte, [...] und sich in seinen Thaten einen ersten Platz in der Geschichte auf seine ihm ganz eigene Weise erobert hat."[60]

Friedrich Meinecke[61] trifft zwar einige Feststellungen über den Aufbau der Memoiren, die Erzählhaltung und Erzählabsicht Bismarcks, verändert dann jedoch seine Fragestellung, so daß auch ihm die Memoiren selbst, die er als "Meisterwerk historischer Darstellung"[62] beurteilt, zunehmend aus dem Blickfeld geraten.

Den unsystematischen Aufbau des Werkes als Folge seiner Entstehungsgeschichte unterstreichend, stellt er fest, daß diese "kein wohlkomponirter Park, sondern ein natürlich gewachsener Wald"[63] seien, in dem Wiederholungen und sprunghafte Themenwechsel ebenso zu finden seien wie die nur losen Verbindungen der Kapitel. Wesentlich sei jedoch die Erzählkunst Bismarcks und ihre "ganz ursprüngliche und elementare Wirkung"[64], die sich in der - erzähltechnisch schwierigen - "Darstellung diplomatischer Verhandlungen"[65] wie auch in den präzisen Personenporträts zeige.

Meinecke hebt hervor, daß die Memoiren durch "ungebrochene und leidenschaftliche Kampfesstimmung"[66] geprägt seien, "die nur den Schmerz, nicht das Glück der früheren Kämpfe festgehalten"[67] habe, so daß der Haupteindruck die "Einsamkeit und Einzigartigkeit dieses Mannes"[68] sei. Bismarck

---

60 Ebd., S. 11.
61 Meinecke, Friedrich, Die Gedanken und Erinnerungen Bismarck's, in: Historische Zeitschrift, 1899, Bd. 82, S. 282-295.
62 Ebd., S. 282.
63 Ebd., S. 283.
64 Ebd., S. 284.
65 Ebd.
66 Ebd., S. 286.
67 Ebd.
68 Ebd., S. 289.

habe in seinen Erinnerungen den wesentlichen Inhalt seines Lebens festgehalten; dieser Inhalt habe immer unter der Herrschaft des Zweckes - der Tätigkeit als Staatsmann - gestanden. Deshalb äußere sich Bismarck nur selten über die "persönlich-menschliche Rückseite"[69] und stelle die gesamte Darstellung der Ereignisse und auch der Menschen in seinen Memoiren unter die Herrschaft dieses Zweckes.[70] Ohne diesen Gedanken weiter auszuführen, befragt Meinecke die Memoiren nun hinsichtlich dessen, was sie über die Gesamtheit der staatsmännischen und menschlichen Persönlichkeit Bismarcks aussagen, denn allein aus dieser Totalität, "nicht aus den einzelnen Momenten seiner Thaten [...] muß er verstanden werden."[71] Unter diesem Gesichtspunkt betrachtet Meinecke einige Stellen in den Erinnerungen und urteilt - in deutlicher Abgehobenheit von den Memoiren -, daß das Besondere an Bismarck "die großartige Einfachheit und Ungebrochenheit seiner Instinkte"[72], seine Unabhängigkeit von Prinzipien und Doktrinen sei.

Anders als Meinecke hält sich Alfred Dove[73] enger an die Memoiren und sieht im tragischen Moment den herausragenden Eindruck des Werkes, dessen Memoirencharakter er aufgrund des dominierenden *Gedankens* bezweifelt und das er deshalb als politisches Testament einordnet. Im Bemühen, den "eigentlichen Wesenskern der Gedanken und Erinnerungen"[74] zu erkunden, sucht er nach dem Grund für die sich offenbarende Tragik des Staatsmannes - nach dem "Schlüssel zum Verständnis"[75] der Memoiren. Er findet ihn in dem, was er

---

[69] Ebd., S. 287.
[70] Vgl. ebd.
[71] Ebd., S. 289.
[72] Ebd., S. 293.
[73] Dove, Alfred, Bismarcks Gedanken und Erinnerungen, in: Meinecke, Friedrich (Hg.), Alfred Dove, Ausgewählte Aufsätze, München 1925, S. 284-297.
[74] Ebd., S. 290.
[75] Ebd., S. 292.

mit den Worten Erich Marcks' als die "gebundene Herrschernatur"[76] Bismarcks bezeichnet:

> "[...] die Gedanken gehören überwiegend dem geborenen Herrscher schlechthin, die Erinnerungen spiegeln zumeist den im Ministerstuhle gefesselten Monarchen."[77]

Aus der Sicht des geborenen Herrschers, der ein "Staatsmann im absoluten Sinn"[78] sei und in dem die Sache mit der Person zusammenfalle, habe Bismarck - "kein anderes Interesse als das politische"[79] kennend - seine Lebenserinnerungen geschrieben und dabei den *Gedanken* bevorzugt. Aus der Perspektive des Rückblicks sei ihm jedoch "die Beschränkung der freien Betätigung seiner Kraft"[80] so bewußt geworden, daß er das kämpferische Motiv seiner Tätigkeit, die permanente Konfrontation mit seiner Umgebung in den Mittelpunkt gestellt habe. In diesem

> "hervorbrechende[n] Laut der Anklage gegen den Widerstand der stumpfen Welt, die die seine hätte sein sollen, wider die illegitime Gegnerschaft der Menschen und Dinge, die dazu bestimmt waren, für ihn zu sein, und die wider ihn gewesen sind" [trete] "die Tragik einer gebundenen Herrschernatur [...] ergreifend ans Licht."[81]

Auch wenn Doves getrennte Zuordnung des *Gedankens* und der *Erinnerung* in ihrer Striktheit nicht aufrechtzuerhalten ist, so ist der Hinweis auf die zwiespältige Haltung Bismarcks hinsichtlich einer Differenzierung seines Rollenbewußtseins aufschlußreich.

Auch Otto Kaemmel[82] und Gustav Schmoller[83] sehen den dominierenden Zug der Memoiren, deren "stark subjektive Fär-

---

76 Ebd.
77 Ebd.
78 Ebd.
79 Ebd.
80 Ebd., S. 295.
81 Ebd., S. 296.
82 Kaemmel, Fürst Bismarcks Gedanken und Erinnerungen, a.a.O.
83 Schmoller, Gustav, Über die "Gedanken und Erinnerungen" von Otto Fürst von Bismarck, in: G.S., Lenz, Max, Marcks, Erich, Zu Bismarcks Gedächtnis, 1. u. 2. Aufl., Leipzig 1899, S. 63-78.

bung"[84] beide hervorheben, in der sich zeigenden Tragik ihres Verfassers, dessen kämpferische Erzählhaltung durch die Identifikation mit der zu vertretenden Sache und durch den Willen zur Rechtfertigung des eigenen Tuns gekennzeichnet sei.

Gerade aber diese Subjektivität führe zum herausragenden Eindruck, den das Buch hinterlasse, nämlich der sich offenbarenden Tragik des Daseins eines Staatsmannes, der hier

> "die innere Tragik des weltgeschichtlichen Helden erzählt, der alles Große für sein Vaterland nur erreicht durch innere Erregungen und äußere Kämpfe so bitterer und so heftiger Art, daß all seine Macht, sein äußerer Glanz ihn nicht über seine Einsamkeit und die Nichtanerkennung trösten können."[85]

Der Ertrag der Memoiren liegt - darin sind sich Kaemmel und Schmoller einig - darin, daß Tatsachen durch "die geschlossene, sichere Darstellung dieses unterrichtetsten Zeugen"[86] in "schärfere oder in neue Beleuchtung"[87] treten. Diese Darstellung zeige vor allem, "wie unendlich schwierig das Regieren"[88] sei, "d.h. alle die widerstreitenden Elemente schließlich zu einheitlichem Wollen und Wirken zusammenzufassen."[89] Es sei diese Erkenntnis, so Kaemmel und Schmoller übereinstimmend, die die Memoiren als politisches Testament kennzeichne und es zur "politischen Erziehung der Deutschen"[90] prädestiniere.

Die ausführlichste und hinsichtlich der Sensibilität ihres Verfassers überzeugendste Untersuchung ist die von Erich

---

84 Kaemmel, Fürst Bismarcks Gedanken und Erinnerungen, a.a.O., S. 12.
85 Schmoller, a.a.O., S. 65. Schmoller relativiert sein Urteil insofern, als er auf den versöhnlichen Ausklang des Werkes (die Kapitel über Wilhelm I. und Kaiser Friedrich) hinweist. Vgl. ebd., S. 77.
86 Ebd., S. 64.
87 Kaemmel, Fürst Bismarcks Gedanken und Erinnerungen, a.a.O., S. 8.
88 Schmoller, a.a.O., S. 76.
89 Kaemmel, Fürst Bismarcks Gedanken und Erinnerungen, a.a.O. S. 14.
90 Ebd.

Marcks[91], deren Lektüre noch Gooch jedem an den Memoiren Bismarcks Interessierten vorab empfiehlt.[92] Tatsächlich vermittelt Marcks, indem er "den Hauptabschnitten des Buches fragend und beobachtend"[93] folgt, eine Fülle tiefer und das Verständnis der Memoiren erleichternder Einblicke. In seiner Analyse verbindet Marcks das geschichtswissenschaftliche und psychologische Erkenntnisinteresse, ohne jedoch quellenkritischer Akribie oder psychologisierender Interpretation zu verfallen. Die Bedeutung seiner Untersuchung liegt darin, daß er sich mit kritischem Blick auf die Memoiren selbst einläßt und nachspürend deren Wesensmerkmale herausarbeitet.

Marcks weist nicht nur auf den Memoirencharakter des Werkes hin, das weder Selbstbiographie noch Geschichtswerk sei, sondern hebt wiederholt die damit verbundene subjektive Vermittlung der Tatsachen aus der Perspektive des aus der Rückschau berichtenden Staatsmannes hervor. Auf diese Weise wirke die Gegenwart des schreibenden Bismarck auf die Schilderung der Vergangenheit zurück, die so an den gegenwärtigen Bewußtseinshorizont des Erzählers gebunden sei. Der Erzähler Bismarck gehe stets von der eigenen Person aus und schätze seine eigene Rolle hoch ein, ohne allerdings eitler Selbstbespiegelung zu verfallen. Er rede zwar immer über sich, aber unter dem Aspekt seines politischen Wirkens und hierbei besonders über seine Sorgen und Kämpfe. Diesen "politischen Klang des ganzen Werkes"[94] beurteilt Marcks als *das* Wesensmoment der Memoiren, die ganz auf "das Praktische, nicht auf das Begrifflich-Principielle"[95] zielten.

---

[91] Marcks, Erich, Fürst Bismarcks Gedanken und Erinnerungen, Versuch einer kritischen Würdigung, Berlin 1899.
[92] "Readers who desire to study this fascinating work and to assess its value as historical evidence should begin with *Fürst Bismarcks Gedanken und Erinnerungen* by Erich Marcks, the best of his biographers." Gooch, a.a.O., S. 263.
[93] Marcks, a.a.O., S. 137.
[94] Ebd., S. 55.
[95] Ebd., S. 71.

In dieser Gerichtetheit auf die Tatsachen gehe es Bismarck immer um praktische Beweggründe, um praktische Belehrung der Gegenwart. Deshalb stünden die *Erinnerungen*, die historisch teilweise unzuverlässig und durch die Auffassungen des Greises geprägt seien, im Schatten der umso interessanteren *Gedanken*, deren Wert insofern "absolut"[96] sei, als sie die Auffassungen Bismarcks zum Zeitpunkt der Niederschrift enthielten. Die *Gedanken* zeigten nicht nur "sein persönliches System i n n e r e r P o l i t i k"[97], sondern enthielten "eine Klugheitslehre und eine Pflichtenlehre für den handelnden Staatsmann [...]."[98] Marcks betont den Wert, den dieses Vermächtnis für die Nachkommen habe, beweifelt aber - aufgrund der mangelnden Geschlossenheit - dessen Charakter als politisches Testament.

Der mit der Entstehungsgeschichte zusammenhängende fragmentarische Charakter und unsystematische Aufbau des Werkes zeige auch, daß die Memoiren kein Kunstwerk im Sinne einer künstlerischen Einheit seien. Obwohl hinter dem Werk also kein literarischer Anspruch stehe, läge sein literarischer Wert doch in der Art und Weise der Darstellung, den verwendeten Stilmitteln und vor allem der Sprachkunst Bismarcks. In diesem Zusammenhang verweist Marcks auf die an die Aktensprache angelehnte Sprache Bismarcks, die sich durch "Einfachheit und Plastik"[99], epigrammatische Kürze, Pointenreichtum und Metaphorik auszeichne. Die Darstellung wechsle zwischen dramatischer und im Plauderton vollzogener Schilderung, wobei sich vor allem in den Personenbeschreibungen die Kunst Bismarcks zeige, mit sparsamen Strichen das Wesen eines Menschen zu verdeutlichen.[100] Auch wenn Marcks den literarischen Wert der Memoiren anerkennend anmerkt, so sieht er ihre Bedeutung vor allem in der

---

96 Ebd., S. 139.
97 Ebd.
98 Ebd., S. 140.
99 Ebd., S. 33.
100 Vgl. ebd., S. 33 ff.

Darstellung der Persönlichkeit Bismarcks, die ganz "auf Staat und Volk, Entschluß und That"[101] gerichtet sei.

Im Vergleich mit der Fülle der von Marcks gewonnenen Erkenntnisse ist keine der später folgenden Arbeiten über ihn hinausgegangen. Auch G.P. Gooch[102] leistet im Rahmen seiner Untersuchung über die politische Autobiographie im wesentlichen nur eine Zusammenfassung dessen, was Marcks ein halbes Jahrhundert früher festgestellt hat. Stärker jedoch als Marcks betont Gooch den Wert der Memoiren, die er "at the top of the list of political autobiographies"[103] setzt, "as a manual of statecraft"[104]. Das Werk offenbare den fast übermäßigen Machtsinn seines Verfassers; deshalb läge sein Wert weniger im Bericht über die Ereignisse als in der Offenbarung der Persönlichkeit Bismarcks und seiner Ideen.[105]

Folgt Gooch hier der unterschiedlichen Einordnung der *Erinnerung* und des *Gedankens*, so hebt er stärker als Marcks den apologetischen Charakter der Memoiren hervor, in denen Bismarck im Rückblick seine Leistungen "as the faultless and unhesitating execution of a grandiose architectural design"[106] präsentiert habe; deshalb müsse jede Aussage hinsichtlich ihrer historischen Genauigkeit überprüft werden.[107] Besonderen Wert legt Gooch auf die qualitative Überlegenheit des ersten gegenüber dem zweiten Band, den er als zänkischen Nachtrag beurteilt, der dem Verfasser mehr Schaden zufüge als dem von ihm so scharf kritisierten Wilhelm II.[108]

Rudolf Buchner, der sich Gooch im wesentlichen anschließt, sieht die besondere Stellung der Denkwürdigkeiten und ih-

---

101 Ebd., S. 146.
102 Gooch, a.a.O., S. 261-263.
103 Ebd., S. 261.
104 Ebd.
105 Vgl. ebd., S. 262.
106 Ebd.
107 Vgl. ebd.
108 Vgl. ebd., S. 261/262.

ren Wert weder in den historisch fehlerhaften *Erinnerungen* noch in der - von ihm ebenfalls anerkannten - stilistischen Meisterschaft des Verfassers, sondern in den mit den *Gedanken* verbundenen Reflexionen Bismarcks über die Politik. Hier zeige sich, daß Bismarck als allein verbindlichen Maßstab in der Politik das nüchterne Interessenkalkül betrachtet habe, in dem es vor allem um "das Machtinteresse des Staates, seine Behauptung unter den anderen Mächten, die Verwirklichung seiner berechtigten Ziele"[109] ginge. Die Klarheit, in der Bismarck dieses machtpolitische Moment darlege, verleihe seinen Überlegungen auch heute noch "ihren Wert und ihre grundsätzliche Gültigkeit [...]."[110]

Unter den Bismarck-Biographen, die sich zu seinen Memoiren geäußert haben[111], nimmt die Beurteilung Lothar Galls aufgrund ihrer nüchternen Sachlichkeit eine besondere Stellung ein.[112] Gall hebt ebenfalls die Bezogenheit der Memoiren auf Gegenwart und Zukunft hervor. Die Absicht "einer historisch möglichst getreuen politischen Lebensbilanz"[113] oder einer historischen Standortbestimmung der eigenen Person habe Bismarck - aufgrund der damit verbundenen Distanzierung - vollkommen ferngelegen. Sein Leitgedanke sei im Gegenteil die Dokumentation seiner die Zukunft repräsentierenden Person gewesen - einer Zukunft, die an die Vergangenheit gebunden sei.[114] Der Reiz und der

---

109 Buchner, Einleitung, a.a.O., S. XXIII.
110 Ebd., S. XXIV.
111 So z.B. A.O. Meyer, Erich Eyck, A.J.P. Taylor und Alan Palmer, die sich in der Beurteilung der Memoiren hinsichtlich ihrer sprachlichen und stilistischen Qualität ebenso einig sind wie darin, daß es sich um die Selbstdarstellung eines großen Staatsmannes handle. Da die Biographen keine wesentlichen neuen Erkenntnisse formulieren, wird hier nicht weiter auf sie eingegangen. Vgl. Meyer, Arnold Oskar, Bismarck, Der Mensch und der Staatsmann, Leipzig 1944, S. 686 ff. Eyck, Erich, Bismarck, Leben und Werk, Bd. 3, Erlenbach-Zürich 1944, S. 628 ff. Taylor, A.J.P., Bismarck, Mensch und Staatsmann, München 1962, S. 244 ff. Palmer, Alan, Bismarck, Düsseldorf 1976, S. 343 ff.
112 Gall, Bismarck, a.a.O.
113 Ebd., S. 723.
114 Vgl. ebd.

hohe Rang des Werkes innerhalb der politischen Memoirenliteratur liege nun aber gerade in der Inkonsequenz Bismarcks, sich an diesen Leitgedanken seines Erzählens zu halten:

> "Ein Meister in der scheinbar absichtslosen Pointierung, in wohldosierten Doppeldeutigkeiten und in der Bosheit der Nebensätze, gewann er dem Entlegenen und vorgeblich Abgetanen ebenso neues Leben, neue Perspektiven und Aspekte ab wie dem Altbekannten und hundertfach Geschilderten - von den Einsichten und Erfahrungen eines langen Lebens ganz zu schweigen, die nicht selten eher nebenbei, oft nur in der Art des Zugriffs auf bestimmte Fragen und Probleme, einflossen."[115]

Für Bismarck selber sei dies allerdings nur das werbende Mittel für den eigentlichen, auf "die politische Deutung"[116] bezogenen Zweck gewesen. Aus der distanzierten Sicht des Historikers stellt Gall abschließend fest, daß die Memoiren Bismarcks vielfach mißverstanden worden seien und deshalb unter politischen wie historischen Gesichtspunkten verwirrend gewirkt hätten.[117]

1.3 Das literaturwissenschaftliche Erkenntnisinteresse

Obwohl also die Historiker in der Untersuchung der Memoiren zum einen die herausragende Rolle ihres Verfassers und die damit verbundene hochgradige Subjektivität der Memoiren hervorheben, zum anderen stets auf die besondere Darstellungs-, Stil- und Sprachqualität des Werkes verweisen, ist in der Folge keine systematische literaturwissenschaftliche Bearbeitung unternommen worden.

Der Aufsatz Hermann Ulrichs[118] verspricht von seinem Ansatz her zunächst zwar eine literaturwissenschaftlich orientierte Beurteilung und enthält durchaus einige wertvolle

---
115 Ebd., S. 724.
116 Ebd.
117 Vgl. ebd.
118 Ulrich, Die Entwicklung der deutschen Selbstbiographie, a.a.O., S. 62-72.

Anregungen, enttäuscht dann aber aufgrund seiner methodischen Unsystematik und seiner inneren Widersprüche. Auch Ulrich sieht in den Memoiren ein "politisches Resumée"[119] und hebt die auf Selbstinszenierung gerichtete Erzählintention und die damit verbundene Konzentration auf den *Gedanken* hervor. Bismarck habe nicht nur bewußt darauf verzichtet, eine exakte Geschichtsschreibung zu geben, sondern er habe "eine Art politische Erziehungsschrift, in der er selbst der Held ist"[120], verfaßt. Nicht um Versenkung in die Vergangenheit, sondern um Einstellung auf die Gegenwart sei es Bismarck gegangen.

Diese These unterstreichend, bezweifelt Ulrich nicht nur die Angemessenheit der Formulierung *Erinnerungen*, sondern sieht auch in den historischen Irrtümern und Umdeutungen Bismarcks weniger Erinnerungstäuschungen. Diese seien "wesentlich bedingt durch den ihm eigentümlichen starren Blick auf eine derzeitige politische Situation und den Willen, sie zu gestalten"[121], so daß die *Erinnerungen* selbst immer im Dienst der *Gedanken* stünden.

Anders als die übrigen Vertreter dieser den *Gedanken* als erzählerisches Organisationszentrum einstufenden These, spricht Ulrich dem Werk den Memoirencharakter nicht ab, trifft jedoch eine eher verwirrende Beurteilung:

> "Es ist also (aber nur in gewissem Sinne) echte Memoire, was er gibt, aber eine solche, die ihr Gepräge durch das einzig auf die Gegenwart Zugespitztsein erhält - das ist [...] das echt bismarckische an ihnen."[122]

An dieser Stelle wird deutlich - dies erklärt zugleich die unklare Aussage -, daß es Ulrich am methodischen Besteck mangelt, um den grundsätzlich richtig angedeuteten spezifischen Charakter der Memoiren systematisch in den Griff zu bekommen. Dies wird offenbar in der abschließenden, dem

---
119 Ebd., S. 69.
120 Ebd.
121 Ebd., S. 70.
122 Ebd., S. 71.

vorher Gesagten widersprechenden Feststellung über den "Grundakkord"[123] des Werkes; Ulrich sieht diesen zwar richtig in der Politik, entfernt sich jedoch von den Memoiren, wenn er folgert, daß diese Übermacht der Politik dazu geführt habe, "daß die Tat viel größer und bedeutender wird als der, der den entscheidenden Anstoß zu ihr gab."[124] Deshalb habe in den Memoiren das über seinen Schöpfer hinausgewachsene Werk ganz "das 'Menschliche'"[125], das Bismarck aus dem Blick geraten sei, verdrängt. Abgesehen von der unklaren Begrifflichkeit Ulrichs und seines hinsichtlich der Memoiren unhaltbaren Urteils, zeigt sich die methodische Inkonsequenz des Autors, dessen Erkenntnisinteresse nicht eindeutig auszumachen ist, in seinem abschließenden Hinweis auf die Notwendigkeit der historischen Quellenkritik des Werkes, derer es bedürfe, um die Memoiren "zu ergänzen und zu berichtigen."[126]

Theodor Klaiber geht es um die typologische Einordnung der Memoiren und um deren konstitutive Merkmale. Er ordnet die Memoiren Bismarcks als "Erinnerungs- und Memoirenwerk mit stark lehrhaftem Einschlag"[127] ein, das sich jedoch aufgrund der vorherrschenden *Gedanken* und Betrachtungen "immer wieder dem Stil der politischen Testamente und Vermächtnisse"[128] nähere. Klaiber sieht die literarische Bedeutung des Werkes vor allem in der Offenbarung der "gewaltigen Gesamtpersönlichkeit"[129] des Verfassers, wobei diese Offenbarung wesentlich durch das tragische Moment des "leidenschaftlichen Geistes, dem das politische Ringen Glück und Qual zugleich ist"[130], bestimmt sei.

Bismarck gehe es um Schilderung seines Wirkens auf die Welt, wobei seine persönlichen Erinnerungen und seine di-

---
123 Ebd.
124 Ebd.
125 Ebd.
126 Ebd., S. 72.
127 Klaiber, a.a.O., S. 283.
128 Ebd., S. 291.
129 Ebd., S. 297.
130 Ebd., S. 298.

daktische Absicht Form und Inhalt weitgehend bestimmen, so daß Tatsachenverfälschungen nicht verwunderlich seien. Schon die Darstellung in der ersten Person Singular verweise auf die intendierte Subjektivität des Erzählers, der "vom Standpunkt des Schreibenden aus [...] die Stimmungen und Anschauungen bei der Abfassung seines Werks in die rückliegenden Zeitabschnitte"[131] zurückgetragen und so "Gestalten und Begebenheiten in das Licht persönlicher Auffassungen und Vorurteile"[132] gerückt habe.

In seiner Beschäftigung mit der Erzählperspektive, der damit verbundenen Darstellungsweise und der Sprache in den Memoiren verweist Klaiber - in Anlehnung an Fester - auf das grundlegende Motiv des Erzählers, dem es um die "praktischen, politischen"[133], die Vergangenheit immer in Beziehung zur Gegenwart setzenden Gesichtspunkte gegangen sei. Die Darstellung sei deshalb dadurch gekennzeichnet, daß Bismarck das einzelne als Mittel zur Darlegung seiner Auffassungen einsetze. Dies gelte auch für die den Stil der Memoiren kennzeichnende Sprache, deren lebendige Unmittelbarkeit im Vergleich zu früher gedämpfter sei und an den Stil des diplomatischen Berichts erinnere. Auch die Verwendung sprichwörtlicher Redensarten, geflügelter Worte, von Aphorismen und Epigrammen, die der Darstellung wesentlichen Reiz verliehen, sowie die vielfältigen Bilder und Vergleiche, seien kein Selbstzweck, sondern Mittel zu dem von Bismarck verfolgten grundsätzlichen Zweck seiner Memoiren.[134]

Wesentliche Elemente des Erzählstils seien die Art und Weise, wie Bismarck zu Beginn eines Kapitels unmittelbar in das Geschehen einführe und dadurch die Schilderung "von vornherein in die beabsichtigte Beleuchtung"[135] stelle und wie kennzeichnende Züge der jeweiligen Situation oder Per-

---
131 Ebd., S. 286.
132 Ebd.
133 Ebd.
134 Vgl. ebd., S. 291 ff.
135 Ebd., S. 293.

son herausgearbeitet würden. Gerade in der Menschenschilderung vermöge es Bismarck, "oft nur mit einigen Strichen oder durch Anführung von wenigen anschaulichen Einzelzügen"[136] das Wesentliche des Geschilderten zu verdeutlichen. Überall zeige sich, daß Bismarck ein scharfer Beobachter und "Zergliederer menschlicher Eigenart"[137] sei, der die Menschen immer unter dem Aspekt beschreibe, ob sie seinen Zwecken dienten oder nicht.[138] Die dramatische Wirkung vieler Szenen komme vor allem durch die Verwendung der direkten Rede zustande und durch den sie arrangierenden entweder steigernden oder abdämpfenden Erzählton.
In einem abschließenden Vergleich des Werkes mit den Memoiren des Grafen Beust, Metternichs, Richelieus und des Kardinals von Retz kommt Klaiber zu dem Ergebnis, daß es "der menschliche Gehalt"[139] von ERINNERUNG UND GEDANKE sei, der ihnen "unter den Selbstdarstellungen aller Zeiten und Völker einen der ersten Plätze"[140] verleihe.

Friedrich Gundolf[141] verfolgt in seiner Studie das Ziel, die Einzigartigkeit des Werkes, das sich "durch die leidenschaftliche Kontemplation eines entrückten und entmachteten Gewaltmannes"[142] vor allen anderen politischen Memoiren auszeichne, unter literaturwissenschaftlichem Aspekt darzulegen. Er geht dabei von der These aus, daß die Stimmung der Memoiren in erster Linie durch "den Byronischen Weltekel"[143] Bismarcks als Folge des "Ungenügen[s] am eigenen Dasein"[144] geprägt sei. Die Absicht Bismarcks in seinen Memoiren sei deshalb gerichtet auf den "Rechenschaftsbe-

---

136 Ebd., S. 294.
137 Ebd., S. 296.
138 Vgl. ebd., S. 294.
139 Ebd., S. 301.
140 Ebd., S. 300.
141 Gundolf, Friedrich, Bismarcks Gedanken und Erinnerungen als Sprachdenkmal, in: Europäische Revue, 1931, VII. Jg., H. 4, S. 259-271.
142 Ebd., S. 260.
143 Ebd., S. 261.
144 Ebd.

richt eines verantwortlichen Staatsmannes über unzuständige Köpfe hinweg"[145] an das eigene Gewissen.

Gundolf, dem es in der Betrachtung der Memoiren nicht auf die "Auslegung von Bismarcks politischen Sätzen"[146] ankommt, sondern "mehr auf den Menschen als auf die Dinge [...], auf die Gangarten als auf die Wegrichtungen"[147], betrachtet die Memoiren insofern als Sprachdenkmal, als in ihnen

> "der geistige Ausdruck einer Menschenkraft, die begreifliche Erscheinung eines Lebensgeheimnisses, die Bildwerdung einer Tatgewalt im eignen sinngebenden Wort"[148]

umgesetzt sei. Von hier aus versucht er den literarischen Charakter des Werkes zu kennzeichnen und arbeitet dabei drei Merkmale heraus, anhand derer sich die Nähe der Memoiren zur Dichtung, "ihr *poetisches* Fluidum"[149] zeige.

Eines dieser Merkmale ist die spezifische Disziplinierung der Emotionen in den Memoiren; "die sichere Lenkung gewaltiger Gefühlsströme durch übersichtliche Urteilsfelder"[150] kanalisierten das Leidenschaftliche in einer Art und Weise, in der es weder ausgelöscht noch übermächtig in der "Eintracht dichterischen Gesichts mit amtlichem Bericht"[151] zum Ausdruck komme. In dieser Vortragsweise der "behördlichen Rechenschaft"[152] zeige sich dem Leser Bismarcks "das kalte Hellwerden seiner verhaltenen Glut"[153] und seine Versenkung in "Geist, Sinn und Gewicht der dargestellten Sache"[154]; zugleich erhielten die Memoiren dadurch ihre ei-

---

145 Ebd.
146 Ebd., S. 262.
147 Ebd.
148 Ebd.
149 Ebd., S. 261. Hervorhebung im Original in Sperrschrift.
150 Ebd., S. 265.
151 Ebd.
152 Ebd., S. 271.
153 Ebd., S. 265.
154 Ebd., S. 271.

gentümliche, d.h. vom "Sinn der Sachlichkeit"[155] erfüllte
Objektivität.

Ein zweites Merkmal sei "die Vielzügigkeit seiner Wahrnehmungen"[156], mittels derer Bismarck die einzelne Begebenheit oder Person in einen größeren Zusammenhang stelle, "als fruchtbare Augenblicke eines ganzes [sic!] Zeit-, Raum- und Luftganzen [...]."[157] In dieser charakteristischen "Raumsicht"[158] werde "Vorgang, Sinn und Erlebnis"[159] zu einer Gesamtschau zusammengefaßt. Die Schilderung, die auf diese Weise nicht abgelöst werde "von den einmaligen Erfahrungen seines gesamten Sinnendaseins"[160], erhalte dadurch eine die Memoiren kennzeichende "Stimmungsdichte"[161], die wiederum durch die spezifische Sprache Bismarcks vermittelt werde. Sprachliche Mittel seien das Epigramm und der Witz ebenso wie Metaphorik, Vergleich und Gleichnis.

Daß Gundolf als weiteres Kennzeichen der Memoiren ihre "M u ß e"[162] nennt, überrascht hinsichtlich des damit verbundenen Standortwechsels des Betrachters, der sich jetzt mit der Situation des Schreibers und weniger mit der Qualität des Werkes selbst beschäftigt. Entsprechend verwirrend ist Gundolfs Feststellung, Bismarck habe den breiten Fundus seiner Erinnerungen "in einheitlichen breiten Zügen [...] von einem festen Beginn zu einem festen Ende"[163] geordnet, sei jedoch über die "Improvisation"[164] nicht hinausgekommen. Sich den Memoiren wieder zuwendend kennzeich-

---

155 Ebd.
156 Ebd., S. 266.
157 Ebd.
158 Ebd., S. 268.
159 Ebd.
160 Ebd., S. 266.
161 Ebd.
162 Ebd., S. 265.
163 Ebd.
164 Ebd., S. 266.

net Gundolf diese jedoch in beeindruckend poetischer Weise als

> "Improvisation eines stets wachen Verstandes, dem die ihn bedingende und von ihm bedingte Weltgeschichte so genau gegenwärtig war wie einem Lyriker seine Liebesstunden und -landschaften: Improvisation eines alten Mannes mit viel trauriger Zeit."[165]

Ritter[166], der sich auch über die literarische Qualität der Memoiren äußert, hebt besonders den mündlichen Charakter der Erzählungen und den damit verbundenen spezifischen literarischen Reiz der Memoiren wie auch deren heterogene Struktur hervor. Der Stil der Memoiren, in denen sich reflektierende und erzählende Partien fänden, sei durch die "Verbindung des ins Geniale gesteigerten preußischen Aktenstils der politischen Denkschriften mit dem ungezwungenen Plauderton des großen Causeurs"[167] gekennzeichnet. Die Sprache Bismarcks beeindrucke durch ihre Metaphorik ebenso wie durch ihre souveräne Ironie, logische Präzision und durch die Lebendigkeit, in der das Geschilderte vermittelt werde.[168]

Die Untersuchung Gerhard Masurs[169] besticht durch den konsequenten Gang der geleisteten Sprachanalyse und der differenzierten Bestimmung der Sprache Bismarcks. Über den fruchtbaren Ansatz Gundolfs und dessen beeindruckender poetischer Vermittlung hinausgehend, gelingt es Masur - aufgrund der präziseren typologischen Einordnung -, sprachlich prägnante und damit klare Erkenntnisse zu formulieren. Auch wenn Masur sich nicht speziell mit den Memoiren beschäftigt, so sind seine Erkenntnisse über die "konstant charakteristische[n] Wesensmerkmale"[170] der Sprache Bismarcks von großem heuristischem Wert.

---
165 Ebd.
166 Ritter, a.a.O.
167 Ebd., S. IX.
168 Vgl. ebd., S. XI.
169 Masur, Gerhard, Bismarcks Sprache, in: Historische Zeitschrift, 1933, Bd. 147, S. 70-88.
170 Ebd. S. 73.

Masur geht davon aus, daß die Sprache Bismarcks nicht die stilisierte Sprache des Schriftstellers, sondern die "Sprache des Staatsmannes"[171] sei, der die sprachlichen Mittel wie den Vergleich, die Anekdote und den Witz nie als bloße Verzierung zum Zweck stilistischen Selbstgenusses verwende, sondern als Mittel zum Zweck der sinnlichen Verdeutlichung.[172] Durch diese Hinwendung auf das sinnlich Wahrnehmbare, durch "die fachmännische Sprache und die nüchternen Bilder"[173] erhalte die Sprache Bismarcks "eine fast protokollarische Härte und eine mikroskopische Wahrheit."[174] Auf diese Weise würden die sprachlichen Mittel ihrer Eigenbedeutung entzogen und "vollkommen eingeschmolzen und hineingeschliffen in den Duktus der politischen Überlegung nach Sinn wie nach Syntax."[175] Ausdruck der die Sprache Bismarcks kennzeichnenden "Mächtigkeit im Wort"[176] sei die - von Gegenstand und Ziel der Rede abhängige - differenzierte Instrumentalisierung der Sprache, die wiederum zu einer Vielfältigkeit des Stils führe.

Die wesentliche dieser Mannigfaltigkeit der Sprache Bismarcks zugrundeliegende Konstante sei - das ist die grundsätzliche These Masurs - die besondere "Art distanzierten Sagens"[177], die zwischen dem Sprecher und Zuhörer eine stete Distanz herstelle und deren Ursprung der Bericht sei. Mittels dieses "'*Pathos der Distanz*'"[178] vollziehe sich permanent ein sprachlicher Vermittlungsakt zwischen Subjekt und Objekt, innerhalb dessen das selbstsichere Subjekt sich in Relation zu den Dingen setzen könne, ohne in "Ichbezogenheit und Selbstbetontheit"[179] zu erstarren. Deshalb auch könne dieser "gewaltige[...] Geist in jedem

---

171 Ebd.
172 Vgl. ebd., S. 79.
173 Ebd., S. 78.
174 Ebd.
175 Ebd., S. 79.
176 Ebd., S. 72.
177 Ebd., S. 75.
178 Ebd., S. 74. Hervorhebung M.S.
179 Ebd., S. 75.

Satze, den er spricht, sich und die Welt zugleich"[180] setzen, ohne daß seine Sprache mit Hybris behaftet sei.

Das Erkenntnisinteresse Masurs in der anschließenden Sprachanalyse ist darauf gerichtet, die sprachlichen Mittel und Besonderheiten darzulegen, auf denen das *Pathos der Distanz* beruhe. Er kommt zu dem Ergebnis, daß es zum einen die Kühle und Schlichtheit der Sprache und die häufig verwendete Ironie sei, durch die Bismarck Distanz und Reserviertheit herstellt. Diese Schlichtheit entstünde durch Vermeidung von Superlativen und starken Akzenten und durch die nüchterne, sprachlich prägnante Vermittlung dessen, was Bismarck "mit dem erbarmungslosen Röntgenblick seiner Augen durchschaut"[181] habe. In diesem auf die Tatsachen und die "Nacktheit der Realität"[182] gerichteten Blick des Empirikers, der die Fakten in ihrer Einseitigkeit für sich sprechen ließe und die Blöße der beschriebenen Personen mit überlegener Kälte präsentiere, liege das "Taciteische"[183] des Stiles Bismarcks.

Als Realist, der den Dingen auf den Grund gehen und "sie im Anschauen zu verwesentlichen"[184] sucht, erweise sich Bismarck als "Stilist von höchstem Rang"[185], der gerade in seinen Personenbeschreibungen die Tatsachen auswähle im Hinblick auf die Entlarvung des Gegenübers. Masur unterstreicht, daß das Stilprinzip wesentlich darauf beruhe, daß der "Lakonismus der Tatsachen"[186] nicht mit einem "Lakonismus der Worte"[187] verbunden sei. Das von Bismarck nuanciert und virtuos verwendete Schema des Aktenstils, die Einkleidung der nackten Tatsachen "in den langen Atem der Sätze"[188] und verschachtelte Satzkonstruktionen seien das

---
180 Ebd.
181 Ebd., S. 77.
182 Ebd., S. 81.
183 Ebd.
184 Ebd.
185 Ebd.
186 Ebd., S. 82.
187 Ebd.
188 Ebd.

eine Element, das zum Reiz dieser auf "Vereinigung des Gegensätzlichen"[189] beruhenden Sprache führe. Das andere Element sei die Metaphorik, die sich wiederum durch die unvergleichliche "Exaktheit des Details, von einer Präzision der nicht imaginierten sondern angeschauten Einzelheit"[190] auszeichne. Aufgrund dieser Elemente nehme - wie Masur zusammenfassend feststellt - die Sprache Bismarcks "im politischen Schrifttum der Deutschen eine einzigartige Stellung ein."[191]

Die Untersuchungen zu ERINNERUNG UND GEDANKE - das sollte in diesem Bericht deutlich werden - entbehren der inhaltlichen Systematik, so daß der heuristische Ertrag zumeist nur in Einzelerkenntnissen liegt. Auffällig ist dabei, daß alle Autoren der Persönlichkeit des Erzählers Bismarck überragendes Gewicht als Gestaltungsprinzip der Memoiren beimessen, dieses Prinzip aber methodisch nicht in den Griff bekommen. Das führt zu der häufig apologetisch überhöhten Beschwörung des Verfassers von ERINNERUNG UND GEDANKE, die sich nicht mehr auf die Memoiren selbst bezieht.

Der Grund liegt darin, daß es bisher nicht gelungen ist, ein Verfahren zu finden, durch das das Gewicht der Erzählerpersönlichkeit methodisch ermittelt und seine literarische Vermittlung erfaßt werden kann.

---

[189] Ebd., S. 85.
[190] Ebd., S. 78.
[191] Ebd., S. 85.

2. Die Entstehungsgeschichte von ERINNERUNG UND GEDANKE

Die Vor- und Entstehungsgeschichte der Memoiren zeigt die zwiespältige, ja sogar widerwillige Haltung Bismarcks gegenüber der Realisierung seines schon früher in Erwägung gezogenen Planes, Memoiren zu schreiben. Ob es nun tatsächlich nur der Zwang aufgrund des mit dem Verlag Cotta geschlossenen Vertrages war, der Bismarck zur Arbeit motivierte, oder nicht, - die Memoiren selbst sind in ihrem unsystematischen Aufbau ein Zeugnis der durch die Undiszipliniertheit und die Zweifel Bismarcks verursachten langwierigen Entstehungsgeschichte. Hier kann nur das durchgängig getroffene Urteil aller Rezensenten wiederholt werden, daß die Memoiren hinsichtlich ihres Aufbaus die Spuren ihrer Entstehung nicht verleugnen können.

2.1 Zur Vorgeschichte

Mit dem Gedanken, seine Erinnerungen schriftlich niederzulegen, trug sich Bismarck lange vor seiner Entlassung im März 1890 und hatte diesen Plan, im Zusammenhang mit Rücktrittsüberlegungen, häufiger erwogen. So erwähnte er erstmals 1877 Bucher gegenüber seine Absicht, sich aufs Land zurückzuziehen und dort seine Memoiren zu verfassen[1] und

---

[1] Bucher berichtet gegenüber Busch am 21. Oktober 1877, daß Bismarck ihn - Bucher - aufgefordert habe, mit "ihm nach Varzin [zu] ziehen; er hätte mir da einiges Wichtige aus der Vergangenheit zu diktieren, was er sich aufgeschrieben habe." Busch, TBB 2, S. 487.
Am 2. Oktober 1882 äußert sich Bucher folgendermaßen: "Dann will der Chef [...] seinen Abschied nehmen und nach Varzin ziehen, von wo er schon jetzt nicht wieder fort möchte, und dann soll dort so eine Art von Kolonie entstehen, wobei man wohl auch an mich denkt. Es sollen dann Memoiren geschrieben werden." Bucher gegenüber Busch. Busch, TBB 3, S. 94.

bat Bucher, als sein Sekretär mitzukommen.[2] Seit 1883 erörterte er seinen Plan mit Schweninger, der ihn auf dem Höhepunkt der Entlassungskrise dazu ermunterte, den Plan in die Tat umzusetzen.[3] Er hoffte, daß Bismarck in dieser neuen Aufgabe einen Ersatz für den verlorenen Lebensinhalt fände, und appellierte an dessen Pflichtgefühl und Vorstellung, daß diese Arbeit dem Volk nützen würde.[4]

Bismarck selber, der zwar gerne über die Vergangenheit sprach, stand der schriftstellerischen Umsetzung der Memoiren äußerst skeptisch und wohl auch lustlos gegenüber; noch 1889 lehnte er das erste Verlegerangebot Adolf Kröners mit dem Hinweis auf fehlende Aufzeichnungen ab. So hat Schweninger wohl recht, wenn er feststellt:

> "Der Mann, der Geschichte gemacht hatte, den die Engländer MAKER OF HISTORY genannt hatten, fühlte sich nicht berufen, unter die Geschichtsschreiber zu gehen. Gegen 'Memoiren' hatte er obendrein noch persönliche Bedenken. War er ganz offen, so würde man ihm unter Umständen diese Offenheit zum Vorwurfe machen; schwächte er zu stark ab, so konnte man ihn der Schönfärberei zeihen. [...]. Was den Fürsten endlich bewog, war der Appell an sein Pflichtgefühl und der Gedanke, wem die Arbeit nützen würde."[5]

Kurz nach der - den Bruch mit Wilhelm II. besiegelnden - Unterredung am 15. März 1890 bestellte Bismarck Busch zu

---

2 Vgl. Kaemmel, Fürst Bismarcks Gedanken und Erinnerungen, a.a.O., S. 2. Im folgenden wird wesentlich den von Ritter/Stadelmann gewonnenen Erkenntnissen gefolgt, die Ritter in seiner Einleitung zur kritischen Neuausgabe von ERINNERUNG UND GEDANKE aufgrund eines umfangreichen Textapparates formuliert. Dieser 15. Band der gesammelten Werke enthält neben Anlagen zu Bd. 2 und den Inhaltsverzeichnissen zu Bd. 1 u. 2, Materialien zu einzelnen Kapiteln, Auszüge aus den Aufzeichnungen von Herbert von Bismarck, eine Liste einiger Bücher von Lothar Bucher, den Entwurf Buchers zur Kapiteleinteilung des ersten Bandes, Auszüge aus den stenographischen Urschriften der Bismarckdiktate und synoptische Tabellen, die Aufschluß geben über die ursprünglichen Bestandteile des endgültigen Textes und die originale Reihenfolge der Diktate Bismarcks. Ritter, Stadelmann, a.a.O., S. 569-679.
3 Im Oktober 1888 wurde Moritz Busch mit einer ersten Sichtung und Ordnung des vorliegenden schriftlichen Materials betraut. Vgl. Busch, TBB 3, S. 208, S. 253 ff., S. 256, S. 259 ff., S. 263/264.
4 Vgl. Schweninger, a.a.O., S. 7 ff.
5 Ebd., S. 8.

sich, um mit dessen Hilfe Dokumente zu kopieren, einzupacken und zu versenden. Auf diese Weise sollten die Papiere vor der befürchteten Beschlagnahmung durch den Kaiser geschützt werden. Zu diesem Zeitpunkt hatte sich Bismarck entschlossen, seine Memoiren zu verfassen[6], wobei er "nicht einfach Geschichte, nicht eigentlich Memoiren, sondern Lebenserinnerungen zu schreiben bez. zu dictiren"[7] gedachte, unter Hinzufügung seines politischen Vermächtnisses.

Nachdem das Memoirenprojekt bekannt geworden war, gab es eine Flut von Verlagsangeboten und Bewerbungen um die Übersetzungsrechte aus Europa und Amerika[8]; sie alle wurden abgelehnt, da Bismarck am 6. Juli 1890 bereits einen Vertrag mit dem Chef des Verlages Cotta, Adolf Kröner, in Friedrichsruh unterzeichnet hatte. Vorgesehen waren sechs Bände, für die Bismarck einmalig je 100 000 Mark erhalten sollte. Cotta erhielt dafür das ausschließliche, alle Sprachen und Auflagen umfassende Verlagsrecht, verpflichtete sich allerdings, auf Wunsch einzelne Bände erst nach dem Tode Bismarcks herauzubringen und bis zu diesem Zeitpunkt das Manuskript sicher zu verwahren.

Bucher sah in dem Vertrag eine offensichtliche Übervorteilung Bismarcks, da dieser weder an den fortlaufenden Einnahmen noch am Verkauf der Übersetzungsrechte beteiligt wurde.[9] Überraschend ist tatsächlich, daß - der in Geld-

---

6 Busch berichtet, daß Bismarck ihn am 16.März 1890 um die erneute Durchsicht der bereits geordneten Schriftstücke mit folgender Begründung bat: *"Denn ich will jetzt meine Memoiren schreiben, und dabei sollen Sie mir helfen. Ich gehe nämlich. Sie sehen, ich bin schon beim Packen. Meine Papiere sollen gleich fort; denn wenn sie noch lange hierbleiben, legt man mir am Ende Beschlag darauf."* Busch, TBB 3, S. 276. Hervorhebung im Original in Sperrschrift.
7 Schweninger, a.a.O., S. 8.
8 Einzusehen im Fürstlich von Bismarck'schen Archiv in der Kapsel A 49. [Im folgenden zitiert als 'FBA und Kp.'.] Vgl. hierzu und zum folgenden Hank, a.a.O., S. 233 ff.
9 Vgl. Hank, a.a.O., S. 234. Hank hält den Preis, den Cotta zahlte, allein in Anbetracht der viel lukrativeren Angebote gerade aus Amerika, für zu gering. Vgl. ebd.

dingen sonst geschickte - Bismarck den keineswegs lukrativen Vertrag nicht nur akzeptierte, sondern in ihm sogar eine "große Überschätzung"[10] sah. Hinzu kommt, daß der Vertrag zusätzlich eine Klausel enthielt, die ihn von jeglichen Schadensersatzpflichten befreite, falls er die Memoiren nicht fertigstellte. Beides läßt darauf schließen, daß Bismarck das Zustandekommen seiner Memoiren für fraglich hielt, und ist Ausdruck seiner zwiespältigen Haltung gegenüber dem gesamten Projekt.[11]

Tatsächlich äußerte Bismarck vor Beginn und während des Verlaufs der Arbeit an den Memoiren immer wieder Zweifel hinsichtlich ihrer praktischen Umsetzung und ihres praktischen Nutzens. Es ging ihm dabei vor allem um die Frage, welche praktisch-politischen Wirkungen er mit seinen Memoiren erzielen konnte, denn darauf - nicht auf Versenkung in die geschichtliche Vergangenheit - kam es ihm an. Wie wesentlich diese Überlegung für Bismarck gewesen sein muß, wird daran deutlich, daß er sich schon kurz nach seiner Entlassung mit den 'Hamburger Nachrichten' "ein förmliches Propagandanetz"[12] aufbaute, das ihm dazu diente, die Öffentlichkeit mit regelmäßigen "politischen Stellungnahmen, historischen Rückblicken und vor allem mit einer Art Hofberichterstattung"[13] zu bombardieren.

---

10 So zitiert ihn Keyserling in seinem Brief vom 27. Juni 1890 an Herbert von Bismarck. FBA, Kp. B 61.
11 Schon Dove vertrat vehement die These, daß "ein Buch zu planen und zu schreiben, völlig außerhalb seiner Gewohnheit, ja weitab von der natürlichen Richtung seiner Schaffenskräfte" gelegen habe. Es wäre deshalb verständlich, daß der Entschluß Bismarcks auf das Verlagsangebot von Cotta zurückzuführen sei und die Memoiren auf diese Weise "in der Tat bestellte Arbeit" seien. Dove, a.a.O., S. 286. Rolf Hochhuth geht noch weiter, wenn er feststellt, daß Bismarck nicht nur "mit bitterem Widerwillen und langen Pausen" seine Memoiren verfaßte, sondern nur fortgefahren sei, "weil er mit dem Verlag Cotta gegen eine Riesensumme Vorschuß einen Vertrag geschlossen hatte." Hochhuth, Rolf, Die Selbstbiographie, in: Frankfurter Allgemeine Magazin, 26. September 1986, S. 59. Auch Ritter stellt fest, daß das Verlagsangebot Kröners "einen nicht zu unterschätzenden Anteil" daran hatte, daß Bismarck endlich mit den Diktaten begann; Ritter, a.a.O., S. VIII.
12 Gall, Bismarck, a.a.O., S. 711.
13 Ebd.

Immer ging es ihm dabei um die Inszenierung seiner Person und seines Werkes, wobei er als Waffe "die Vergangenheit und das Riesenmaß desjenigen, der sie im Entscheidenden geformt und bestimmt habe [...] gegen seine Gegenwart einsetzte [...]."[14] So virtuos Bismarck auch mit der Presse als Beeinflussungsinstrument der Öffentlichkeit umzugehen verstand, so sehr hatte er wohl zunächst Bedenken, ob seine Memoiren in ähnlicher Weise zu instrumentalisieren seien. Dies hing auch wesentlich mit den Skrupeln zusammen, die er in bezug auf das richtige Maß an Offenheit in seinen Memoiren hatte, und seiner Sorge, die Erinnerungen könnten ihm als Racheakt ausgelegt werden:

> "[...] es wird wahrscheinlich zuletzt nichts daraus [aus den Memoiren] werden. Ich habe keine Akten, und wenn ich mich auch an die Hauptsachen erinnere - sehr deutlich -, so kann man doch die Einzelheiten seiner Erlebnisse und Erfahrungen im Laufe von dreißig Jahren nicht im Gedächtnisse behalten. Dann die Veröffentlichung bei Lebzeiten - ich habe von 1847 an immer das monarchische Prinzip vertreten und hochgehalten wie eine Fahne, und ich habe nun drei Könige nackt gesehen, und da nehmen sich die hohen Herren oft nicht gerade sehr gut aus, und das der Welt zu sagen, das geht doch nicht, das wäre ja inkonsequent - gegen das Prinzip. Aber es verschweigen, wenn ich einmal darauf käme, oder gar das Gegenteil - das dürfte ich ebenso wenig. - Und geschieht es (die Veröffentlichung) nach meinem Tode, da heißt es: Da habt ihrs, noch aus dem Grabe heraus - welch ein abscheulicher alter Kerl!"[15]

Verraten diese Äußerungen das hohe Maß der Mutlosigkeit und die Verunsicherung des in seinem Ethos befangenen Memoirenschreibers Bismarck, dessen Bedenken um so stärker wurden, "je mehr auf die Dauer das aufwühlende Erlebnis des Sturzes als erregendes Moment in ihm zurücktrat"[16], so wird verständlich, daß es zur Realisierung der Memoiren notwendig einer Person bedurfte, die es vermochte, mit dem in seinen Stimmungen labilen Fürsten geduldig umzugehen und dessen Erzähllust stets wieder anzuregen. Bismarck fand diesen in Lothar Bucher, seinem langjährigen Mitarbeiter im Auswärtigen Amt.

---

14 Ebd., S. 710.
15 Bismarck gegenüber Busch. Busch, TBB 3, S. 314/315.
16 Ritter, a.a.O., S. VII/VIII.

Zunächst bestand in der Umgebung Bismarcks die Vermutung, daß Rudolf Chrysander, der seit der Übersiedlung nach Friedrichsruh Bismarcks Privatsekretär war, ihm bei der Abfassung seiner Erinnerungen helfen würde. Bismarck selber sah zunächst Moritz Busch als Adlatus vor und auch Heinrich von Poschinger bot seine Hilfe als Sekretär an[17] - dann aber berief Bismarck Lothar Bucher.

Bucher zählte zum Freundeskreis der Familie Bismarck, besaß das Vertrauen des Fürsten und das für das Projekt notwendige historische Wissen. Außerdem verfügte er über einen weiteren wesentlichen Vorzug: er konnte stenographieren - eine unverzichtbare Voraussetzung für den *tintenscheu* gewordenen Bismarck, der nicht nur körperliche Beschwerden beim Schreiben hatte, sondern durch seine lange Amtszeit hindurch an das Diktieren gewöhnt war. Hier zeigte sich "die tief eingewurzelte Tintenscheu eines Mannes, der zu handeln gewohnt war, wenn er schrieb, und dem das bloße 'Büchermachen' von Natur ebenso fremd wie unsympathisch erschien."[18]

Bucher, der am 3. Mai 1890 nach Friedrichsruh kam, übernahm sofort die Sichtung und Ordnung der einige Tausend umfassenden Schriftstücke; eine Arbeit, die ihn mehrere Wochen beschäftigte und Anlaß bot für die ersten Klagen über Bismarck, der nicht dazu zu bringen war,

"die Bettelbriefe, ärztlichen Ratschläge, Weltverbesserungspläne, donnernde Lebehochs und feurige Salamander in den Kamin zu stecken [...]."[19]

---

17 Bismarck reagierte auf Poschingers Angebot mit einem höflich ausweichenden Bescheid, äußerte sich aber im vertraulichen Gespräch ablehnend. So schreibt Bucher an Busch im Juli 1890: "An eine Heranziehung Poschingers ist kein Gedanke; er weiß, daß der Mann unfähig ist, etwas zu gestalten." Busch, TBB 3, S. 302. Busch, der sich dem Fürsten wiederholt zur Verfügung gestellt hatte, von Bismarck dann aber - nach dessen anfänglicher Zustimmung - nur noch eine ausweichende Antwort erhielt, wurde am 20. Mai 1890 von einem Gehirnschlag getroffen, so daß Bucher - der zunächst meinte, er werde mit Busch zusammenarbeiten - allein blieb.
18 Ritter, a.a.O., S. VII.
19 Bucher gegenüber Busch, Juli 1890. Busch, TBB 3, S. 301.

Bucher, dem

> "vorzüglichen, hervorragend begabten, gewissenhaften, mit soviel sachlicher, historischer und politischer Bildung ausgestatteten, wenn auch schüchternen, oft unwirschen, leise mißmuthigen, unglücklichen, in Folge seiner Leiden oft vergrämten und verzweifelten Mitarbeiter"[20],

ist die praktische Umsetzung des Memoirenprojektes zu verdanken; ohne zunächst über ein Honorar mit sich reden zu lassen[21], fungierte Bucher in den vierzehn Monaten der Diktatarbeit nicht allein als steter Mahner des oft arbeitsunwilligen Bismarck, sondern er ordnete auch die Vielzahl der ungeordneten Diktate zu einem brauchbaren Ganzen.

Zunächst registrierte Bucher die bereits von Busch durchgesehenen Papiere und ordnete dann chronologisch fünf- bis sechstausend Briefe; der Beginn der Diktate war aber, so Bucher an Busch,

> "noch nicht abzusehen. Mit der komischen, sich selbst ironisierenden Verzweiflung, die Sie an ihm kennen, beklagt er sich, daß er jetzt gar keine Zeit habe, zu nichts kommen könne. Vorläufig scheint er sich selbst damit zu rechtfertigen, daß doch erst der ganze Stoff chronologisch geordnet sein müsse, worüber wohl noch vierzehn Tage vergehen werden, obgleich ich mich daran halte. Und dann wird er allerdings seine Lebensweise und seine Tageseinteilung etwas ändern müssen. Aus den geplanten Reisen wird schwerlich etwas werden, aber wenn er auch hier bleibt, wird er nicht eher an die Arbeit gehen, als bis Sie [...] wieder hergestellt sein werden."[22]

---

20 Schweninger, a.a.O., S.12.
21 Kröner an Bismarck, 28. Januar 1893: "Herr Geheimrat Bucher hat, als ich mit ihm darüber sprechen wollte, abgelehnt, näher auf die Sache einzugehen und sich geäußert, daß er auf ein Honorar nicht rechne, daß es jedenfalls erst dann an der Zeit sein würde, davon zu sprechen, wenn das Manuskript in der Tat fertig vorliege." FBA, Kp. D 53.
22 Bucher gegenüber Busch. Busch, TBB 3, S. 301/302.

Wahrscheinlich aber begann Bismarck zu dieser Zeit schon[23] mit der Arbeit an einer, von seinem Sohn Herbert bereits im April 1890 verfassten, achtzig Folioseiten umfassenden Darstellung, in der Herbert von Bismarck die Vorgeschichte der Entlassung festgehalten hatte.[24] Im Juli 1890 geht Herbert in einer zweiten, ergänzenden Niederschrift den Ursachen des Konfliktes zwischen seinem Vater und Wilhelm II. bis in den November 1887 nach.[25] Grundlage für die Darstellung war das von Herbert seit März 1883 fast zehn Jahre lang geführte Tagebuch.[26]

In den - ursprünglich nur als Gedächtnisstütze und nicht zum Druck bestimmten - Aufzeichnungen redet Herbert in der Ich-Form und läßt seinen Vater in der dritten Person auftreten, so daß Bismarck in seiner Umarbeitung den Ich-Bericht in die dritte Person umsetzte. Dies führte dazu - wie Bauermann kritisiert -, daß im zweiten Band der Memoiren dem Leser "das mit monotoner Einförmigkeit wiederkehrende 'mein Sohn' ins Ohr"[27] falle.

---

23 Ritter hebt hervor, daß über den genauen Zeitpunkt dieser Arbeit keine Notizen vorliegen; allerdings verwertete Bucher die Korrekturen Bismarcks bereits für Bleistiftnotizen (eine Notiz ist *nach* dem 24. Juli 1891 und *vor* Ende 1891 entstanden), mit denen er den Text Herbert von Bismarcks für eine Umschrift bearbeitete. Vgl. Ritter, a.a.O., S. VI, Anm. 7.
24 Siehe den Brief Herbert von Bismarcks an Graf Rantzau vom 30. April 1890: "Ich habe dieser Tage begonnen, in aphoristischer Form die Geschichte der letzten Krise zusammenzuschreiben, vom 17 [sic!] Januar bis 17ten März bin ich fertig, 50 Seiten, 20 kommen wohl noch nach. Stumm riet mir dazu u. er hat Recht." FBA, Kp. D 27. Vgl. dazu auch die Briefe Herbert von Bismarcks vom 26. Juni 1890 an Stumm (FBA, Kp. B 114), vom 8. September 1890 an Plessen (FBA, Kp. D 35), die Tagebucheintragung von Herbert von Bismarck am 25. April 1890 (FBA, Kp. D 48) und Busch, TBB 3, S. 332.
25 Bis November 1896 fertigte Herbert von Bismarck fünf solcher Niederschriften an, von denen Bismarck die ersten beiden im zweiten Band von ERINNERUNG UND GEDANKE verwendete; vgl. Ritter, a.a.O., S. VI, Anm. 8. Auch hier zeugen die von Bismarck vorgenommenen Zusätze, Umstellungen und Streichungen von seinem gravierenden Eingriff in die Vorlage. Vgl. die Originale, FBA, Kp. D 47.
26 Vgl. Bauermann, a.a.O., S. 274.
27 Ebd.

Die Aufzeichnungen Herberts, die der erste und älteste Bestandteil der Memoiren sind, wurden von Bismarck intensiv durchkorrigiert und inhaltlich und stilistisch stark verändert.[28] Auch wenn einige Partien wörtlich in den Text der Memoiren übernommen wurden, so formte Bismarck die Aufzeichnungen aufgrund gravierender Veränderungen und Eingriffe ganz "zu seinem geistigen Eigentum [...]."[29]

2.2 Die Diktate

Bismarck hat seine Erinnerungen nicht schriftlich niedergelegt, sondern sie mündlich formuliert. Abgesehen von den körperlichen Beschwerden, die er seit einem Attentat mit seiner rechten Hand hatte, war er gewöhnt, in freier Rede seine Gedanken und Reflexionen zu entwickeln und darzulegen. Diese Freiheit des mündlichen Erzählens, das sich keinem äußeren Zwang unterwirft, nahm sich Bismarck auch bei der Abfassung seiner Memoiren. Hier zeigte sich die wichtige Rolle seines Sekretärs, der nicht nur über die notwendige - und heftig strapazierte - Geduld im Umgang mit dem Fürsten verfügte, sondern auch

> "durch sachverständige Fragen, Gedächtnishilfen und nicht zuletzt durch seinen wortlos mahnenden, unermüdlichen Bereitschaftsdienst aufs Stärkste wirkte [...]."[30]

Der Geduld bedurfte Bucher vor allem deshalb, weil er ständigen Grund zur Klage fand, - sei es in der mangelhaften Konzentration Bismarcks, seinen häufigen Gedächtnisfehlern oder der Sprunghaftigkeit seiner Erzählungen:

> "Zwar hat er mich schon einen ganzen Haufen stenographieren lassen, und es ist natürlich manches Neue und Wertvolle darunter, aber oft ist ein Bericht nicht zuverlässig, und vor-

---

28 Bucher meinte allerdings gegenüber Busch dazu, Bismarck habe lediglich "allerlei Ungenaues und Falsches hineinkorrigiert [...]". Busch, TBB 3, S. 332.
29 Ritter, a.a.O., S. VI.
30 Ebd., S. VIII.

züglich glaubt er manchmal was gesagt oder gethan zu haben,
was er hätte sagen oder thun sollen, was er aber unterlassen
hat oder wenigstens so, wie er behauptet, nicht gesagt oder
gethan haben kann."[31]

Die bitteren Klagen Buchers sind vor allem auf die unterschiedlichen Vorstellungen zurückzuführen, die er und Bismarck über Ziel und Zweck der Memoiren hatten. Buchers Absicht war auf ein quellengenaues, exaktes Geschichtswerk gerichtet, das vom profunden Wissen seines Verfassers profitierte.[32] Bismarck hingegen ging es in erster Linie um Selbstdarstellung - und die Vergangenheit interessierte ihn offensichtlich nur insoweit, als daraus Lehren und Ratschläge für Gegenwart und Zukunft abzuleiten waren. Das "was Bucher gelegentlich tadelte, das eben vor Allem wollte er: seine Gegenwart praktisch belehren [...]."[33] Daß Bucher sich dieser Situation bewußt war, zeigt die folgende, gegenüber Busch geführte Klage:

"Er [Bismarck] hat aber, wie es scheint, mehr noch was andres im Auge: er denkt noch an die Gegenwart und will auf sie einwirken, er will warnen und belehren [...]."[34]

Es war diese Diskrepanz, aus der heraus Bucher sich bitterlich beschwerte über die willkürliche Auswahl des Erzählten, die permanente Einschaltung tagespolitischer Reflexionen[35], vor allem aber über die absichtlichen Verdre-

---

31 Bucher gegenüber Busch, Dezember 1890. Busch, TBB 3, S. 306.
32 Von Hank (vgl. a.a.O., S. 236, Anm. 5) stammt der Hinweis auf eine den Wahrheitswillen Buchers kennzeichnende Äußerung, mit der dieser das Angebot des Cotta Verlages im Frühjahr 1892, eine Bismarck-Biographie zu verfassen, ablehnte. Jakobi zitiert Buchers Ablehnung in einem Brief an Herbert von Bismarck vom 8. Januar 1899 in folgenden Worten: "Bucher lehnte mit Entschiedenheit ab und erwiderte auf meine Einwendungen, ein Buch, das unter seinem Namen erscheine, müsse die volle Wahrheit enthalten und die könne er nicht schreiben, folglich ziehe er es vor, zu schweigen." FBA, Kp. A 70.
33 Marcks, a.a.O., S. 30.
34 Bucher gegenüber Busch, Dezember 1890. Busch, TBB 3, S. 306.
35 Vgl. Ritter, a.a.O., S IX.

hungen der Wahrheit, die Bismarck durchaus nicht scheute,
wenn es um seine positive Selbstdarstellung ging:

"Da arbeitet man in jeder Beziehung ohne Erfolg und Freude.
Es ist ein ganz hoffnungsloses Abmühen und giebt nichts für
die Geschichte. Nicht nur, daß sein Gedächtnis mangelhaft
und sein Interesse für das, was wir fertig haben, gering ist
[...], sondern er fängt an, auch absichtlich zu entstellen,
und zwar selbst bei klaren, ausgemachten Thatsachen und Vorgängen. Bei nichts, was mißlungen ist, will er beteiligt gewesen sein, und niemand läßt er neben sich gelten [...]."[36]

Diese von Bucher kritisierten 'Mängel' hängen auch zusammen mit dem mündlichen Charakter der Memoirenentstehung, auf dem aber gerade zu einem nicht geringen Teil der spezifische literarische Reiz des Werkes beruht. Bismarck verfügte über eine so ausgeprägte sprachliche Sensibilität und Sicherheit, daß der größte Teil seiner Erzählungen - das zeigen die unkorrigierten Diktate - in seiner ursprünglichen mündlichen Fassung in das Werk übernommen werden konnte.[37]

Grundlage der gesamten Entstehung des Memoirenwerkes war weder ein systematischer Plan noch ein chronologisches Schema; die Erzählungen entstanden häufig durch im Gespräch geweckte Assoziationen, ausgelöst durch ein Stichwort, einen Namen oder eine besonders lebhafte Erinnerung.[38] Orientierung für seine Erzählungen bot sich Bismarck einerseits durch die tagespolitischen Ereignisse, die Anlaß gaben zu politisch-pädagogisch geprägten Refle-

---

36 Bucher gegenüber Busch, Januar 1892. Busch, TBB 3, S. 330.
37 Vgl. Ritter, a.a.O., S. XI. Unter Hinweis auf die von Pahncke untersuchten Parallelerzählungen Bismarcks (vgl. a.a.O.) vermutet Hank zurecht, daß ein Grund für die geschliffene Diktion der Diktate darin zu sehen ist, daß Bismarck sich zu den darin behandelten Themen bereits zuvor wiederholt geäußert hatte. Vgl. Hank, a.a.O., S. 235/236.
38 Aufgrund des vorliegenden Materials widerspricht Ritter der Behauptung Schweningers, es sei "zunächst [...] ein Rahmen festgestellt und dieser Rahmen dann allmählich gefüllt" (Schweninger, a.a.O., S. 12) worden. Vgl. Ritter, a.a.O., S. IX, Anm. 23.

xionen, andererseits durch bestimmte Lieblingsthemen, zu denen er immer wieder zurückkommt:

> "Gewisse Lieblingsgegenstände, wie die Frage unseres Verhältnisses zu Österreich und Rußland, die Intrigen Gortschakows, die Feindschaft Kaiserin Augustas, die Vorgeschichte der Entlassung und der Gegensatz zwischen den Charakteren Wilhelms II. und seines Großvaters kehren zwischendurch immer wieder."[39]

Anfang Oktober 1890 begannen die Diktate, die allerdings eher lockere Erzählungen im Plauderton waren, ungeordnet aufeinanderfolgend, aus Assoziationen und tagespolitischen Reflexionen sich ergebend. So berichtet Bucher:

> "Indessen hat er seit einigen Tagen angefangen zu diktieren, aber ohne rechten Zusammenhang, abwechselnd aus verschiednen Jahren. Es ist also vorläufig nur Rohmaterial."[40]

Dieses "Rohmaterial" wurde zunächst völlig unsystematisch in den stenographischen Diktaten Buchers gesammelt, die dieser dann, nachmittags oder abends, entweder selber in Kurrenthandschrift übertrug oder sie nach eigenem Diktat durch Chrysander umschreiben ließ.

Die gemeinsame Arbeit verlief in den ersten Monaten nur stockend; Bucher sah den Grund hierfür anscheinend im Mangel des für ein solches Projekt notwendigen Engagements seitens des Fürsten, wenn er sich in seinen Briefen an Busch beklagt

> "über die unregelmäßige Lebensweise Bismarcks, der nach schlaflosen Nächten den Tag spät begann und spät endete; die Vorliebe des Landedelmanns für häufige Gastereien, lang ausgesponnene Gespräche, viel Bewegung im Freien; die Leidenschaft des alten Politikers für weit ausgedehnte Zeitungslektüre."[41]

---

39 Ebd., S. XI.
40 Bucher gegenüber Busch, 14. Oktober 1890. Busch, TBB 3, S. 304.
41 Ritter, a.a.O., S. VII.

So bot sich in der ersten Zeit während des 'Diktats', wie Schweninger anschaulich beschreibt, folgendes Bild:

> "Bucher, stumm, verstimmt, 'm u c k s c h', mit leerem Blatt, gespitzten Ohren und gespitztem Bleistift am Tische, der Fürst nach ärztlicher Anordnung auf der Chaiselongue liegend und in die Zeitung vertieft. Tiefe Stille; man hätte ein Mäuschen laufen hören können. Der Fürst sprach kein Wort, Bucher noch weniger, - und die Blätter blieben leer."[42]

Die Themen der ersten, ältesten Diktate[43] sind die Jugendgeschichte Bismarcks, über die er sich skizzenhaft äußert, seine Berufung von Petersburg nach Berlin 1862 und seine damit verbundenen Empfindungen hinsichtlich der übernommenen Verantwortung, das Gespräch mit König Wilhelm 1862 auf der nächtlichen Fahrt von Jüterbog nach Berlin, seine Erinnerungen an 1848 und an das Ende seiner Kanzlerschaft. Es folgen Überlegungen über den Aufstieg der Monarchie seit 1862 und über ihren drohenden Prestigeverlust unter dem popularitätssüchtigen Wilhelm II., dem Bismarck in deutlicher Abgrenzung den edlen, tapferen und militärisch-schlichten Charakter Wilhelms I. gegenüberstellt. Bismarck beschäftigt sich dann mit seinem Verhältnis zu Friedrich Wilhelm IV. und dem Beginn der Regierung Wilhelms I.

Weitere Themen dieser frühen Diktate sind die aufreibenden Kämpfe um den Kaisertitel in Versailles 1871 und um den österreichischen Frieden in Nikolsburg 1866. Von Ende Oktober oder Anfang November diktiert Bismarck, wie Ritter betont, annähernd alles, das in der endgültigen Fassung unter den Kapiteln *"Nikolsburg"* und *"Norddeutscher Bund"* erscheint.[44]

Am Ende dieser ersten Diktatphase entstehen Betrachtungen über Wilhelm I. und den Kronprinzen Friedrich, deren

---

42 Schweninger, a.a.O., S. 11.
43 Unter diesen frühen Stenogrammen befinden sich einige undatierte Stücke, die aber wahrscheinlich als die ältesten Stücke angesehen werden dürfen. Vgl., besonders auch zum folgenden, Ritter, a.a.O., S. XII ff.
44 Vgl. ebd., S. XII.

menschliche Treue und königlicher Adel von Bismarck in
klarer Abgrenzung gegenüber Wilhelm II. gelobt werden,
sowie die Schilderung der Danziger Episode im Jahre 1863.

Die zweite, kontinuierlich verlaufende Diktatphase setzt
kurz vor dem 11. November ein; seit Mitte November diktierte Bismarck - auch auf Betreiben Schweningers, der
eine regelmäßige Beschäftigung dringend empfahl - täglich
bis zum 14. Dezember 1890.

Im November entstehen nicht nur die später im Kapitel "*Dynastien und Stämme*" zusammengefaßten Betrachtungen über
das deutsche Nationalbewußtsein, den dynastischen Partikularismus und über das borussische Empfinden König Wilhelms I., sondern Bismarck unterstreicht auch seine als
Bundestagsgesandter in Frankfurt gewonnene Einsicht in die
unvermeidlichen Interessendivergenzen zwischen Österreich
und Deutschland.

Daran anknüpfend verurteilt er die seiner Ansicht nach
verfehlte Politik der "moralischen Eroberungen", äußert
sich über die Partei Bethmann-Hollweg und die Kamarilla
der Gerlachs, um dann die Situation Prinz Wilhelms im
Krimkrieg und den Zwiespalt zwischen dessen militärischem
Ethos und den liberalen Tendenzen seiner Umgebung in der
"Neuen Ära" von 1857-1862 zu schildern.

In diesen Zusammenhängen kommt Bismarck wiederholt auf das
gegenwärtige und zukünftige Verhältnis Preußens zu Österreich und Rußland zurück, auf seine Erfahrungen als Diplomat in Paris und Petersburg, seine Bemühungen um friedlichen Ausgleich mit Österreich in der Zeit des Frankfurter
Fürstentages sowie auf seine Ministerkandidaturen unter
Friedrich Wilhelm IV.

Im Dezember 1890 äußert sich Bismarck kurz über innenpolitische Themen, er beschäftigt sich allerdings in diesem
Zusammenhang nur mit der Kritik an seinen Ministerkollegen

und der Untreue und dem Intrigantentum seiner konservativen Parteigenossen im Kulturkampf.
Nach wenigen Tagen schon widmet sich Bismarck wieder außenpolitischen Themen; er unternimmt einen "*Rückblick auf die preußische Politik*" und die "versäumten Gelegenheiten" von 1848 und des folgenden Jahrzehnts. Wiederum erörtert er ausführlich die Politik Deutschlands gegenüber Rußland und Österreich, in scharfer Polemik gegen Gortschakow und dessen Verhalten vor und nach dem Berliner Kongress. Dieses Thema beschäftigt Bismarck über die Winterpause hinweg bis Ende Januar 1891.[45] In diesem Zusammenhang entsteht auch das spätere Schlußkapitel des Zweiten Bandes über den "*Handelsvertrag mit Österreich.*"[46]

Es folgen die grübelnden Gedanken über den Anfang der Entfremdung von Wilhelm II. und - von der Darstellung Waldersees als Intriganten überleitend - die Schilderung der Spannungen zwischen Kanzler und Generalstab in den Kriegen 1870/71 und 1866 sowie der in diesem Zusammenhang von Caprivi gemachten feindseligen Äußerungen gegenüber Bismarck.
Die Einmischungen der Damen des Hofes in die Frage, ob Paris während des Krieges beschossen werden sollte und die Charakterisierung Caprivis und Augustas sind weitere Themen, die Bismarck erörtert; er berichtet in diesem Zusammenhang über die bitteren Erfahrungen mit Augusta und deren höfischem Anhang. Dazwischen äußert Bismarck - veranlaßt durch eine Rede Caprivis im Reichstag am 5. Februar 1891 - seine Kritik am Helgolandvertrag von 1890.

Bismarck kommt nun - in ausführlicher Form - auf die Ereignisse von 1848 zurück und widmet sich mehrere Tage

---

[45] Während des Winters begann Bucher wahrscheinlich damit, sich den Stoff in Abschnitte einzuteilen. Vgl. die Äußerungen Buschs, TBB 3, S. 312/313.

[46] Ritter weist darauf hin, daß Bismarck, durch die österreichfreundliche Politik Caprivis beunruhigt, eine Lockerung der Beziehungen zu Rußland befürchtete und deshalb nicht müde wurde, vor einem zu einseitigen Anschluß an Österreich zu warnen. Vgl. Ritter, a.a.O., S. XIII.

hintereinander der Politik des Großherzogs Friedrich von Baden. Dieses Thema lenkt seine Aufmerksamkeit wieder auf die Vorgeschichte seiner Entlassung, wobei er jetzt die Aufzeichnungen seines Sohnes fragmentarisch ergänzt und den Charakter Wilhelms II. im Vergleich mit dessen Ahnen beschreibt.

Noch im Februar beschäftigt sich Bismarck mit der Einrichtung des Staatsrates und der angeblichen Verschwörung seiner liberalen und konservativen Gegner, die bereits seit 1877/78 auf seinen Sturz und seine Ersetzung durch ein "Ministerium Gladstone" hingearbeitet hätten. Im März widmet er sich zunächst wieder außenpolitischen Themen, so dem russischen Bündnisangebot durch Gortschakow 1876, dem Ursprung des Zweibundes von 1879 und der Möglichkeit einer erneuten "Kaunitzschen Koalition" gegen Preußen; er warnt vor dem unzuverlässigen Bundesgenossen England und stellt Überlegungen über die *Zukünftige Politik Rußlands*" (das spätere neunzehnte Kapitel des ersten Bandes) an.[47]

Wiederholt kommt er auf die politische Unerfahrenheit Caprivis und dessen unterwürfige Dienstauffassung als lediglich ausführendes Organ des kaiserlichen Willens zurück. In diesem Kontext erinnert sich Bismarck daran, daß er selber - wegen politischen Ungehorsams bei Friedrich Wilhelm IV. in Ungnade gefallen - dessen Distanzierung standhaft ertragen habe. Er betont, daß Wilhelm II. gegenüber ministerieller Kritik äußerst empfindlich reagiert habe und daß er, Bismarck, in seiner Kritik der Politik des Kaisers allein stand und nicht von seinen Kollegen unterstützt worden sei; deren charakterloser Opportunismus und Eifersucht habe ihm sein Amt äußerst erschwert. Hieran knüpft Bismarck seine Betrachtung über die "*Ressorts*", die später zum gleichnamigen sechzehnten Kapitel des zweiten Buches werden. Seine Reflexionen über die verfassungsmäßige Stellung des Reichskanzlers gegenüber dem Reichstag

---

47 Dieses Kapitel ist annähernd zusammenhängend vom 21.-25. März 1891 entstanden. Vgl. ebd., S. XIV, Anm. 32.

und dem Bundesrat münden in staatsrechtliche Überlegungen, von denen nur ein Teil in die Memoiren aufgenommen wird. Hiermit enden die Diktate im März.

Am 28. März verläßt Bucher Friedrichsruh für einen längeren Urlaub und kehrt - wenn auch mit geringer Neigung[48] - zurück, um dort im Juni die Diktate fortzuführen. Bismarck knüpft an die harsche Kritik an seinen Gegnern und höfischen Intriganten an; er entwirft eine bittere Betrachtung Boettichers, Wilhelms II. und deren Verhaltens Anfang 1890 und wiederholt die Klagen über Gontaut-Biron, Kaiserin Augusta, Gortschakow und Harry von Arnim. Ende Juni berichtet Bismarck in regelmäßiger Abfolge über seine Jugendgeschichte vor 1847 und füllt damit eine bisher bestehende Lücke aus. Vom 30. Juni bis zum 19. November 1891 erfolgt wiederum eine Unterbrechung der Diktate.

Nach einem gemeinsam mit Bismarck verbrachten Aufenthalt in Kissingen, während dessen sich an dem gewohnten "Schlaraffenleben, tägliche[r] Gasterei und Kneiperei"[49] allerdings nichts änderte und Bucher Bismarck nur dazu bringen konnte, annähernd zwei der vierzehn seit September 1890 vorgelegten Kapitel durchzusehen, blieb Bucher nichts anderes übrig, als

> "das Chaos von Diktaten zu zerschneiden und die Stücke zu Mosaikbildern zu vereinigen, außerdem seine Chronologie richtig zu stellen, die ganz unzuverlässig ist und natürlich die Kausalverbindungen fälscht."[50]

---

48 "Was ich da soll, weiß ich nicht. Das Vorhandne soll ja nicht veröffentlicht werden, wie ich durch Sie weiß, und ein Mehreres ist, wie ich glaube, nicht zu geben. Bucher an Busch, 15. April 1891. Busch, TBB 3, S. 321.
49 Bucher gegenüber Busch, 1. September 1891. Ebd., S. 324.
50 Ebd. Zu diesem Zeitpunkt war Bucher so verzweifelt, daß er glaubte, aus "den Memoiren wird nie etwas werden, und wenn Er und ich noch zehn Jahre leben. Das Haupthindernis ist seine 'Faulheit', wie Er selbst sich ausdrückt. [...]. Was Er zu thun hat, ist, die von mir hergestellten Kapitel und die [...] Briefe, die ich dazu gelegt habe, zu lesen, und dazu ist er nicht zu bringen. Von den vierzehn Kapitel, die ich seit dem September v.J. vorgelegt habe, hat er bei meiner Abreise von Kissingen eins ganz und eins nur zum Teil gelesen! [...]. Ich bin der Verzweiflung nahe und wäre

Trotz aller Schwierigkeiten und wohl aufgrund des ständigen Druckes seitens Schweningers, Herberts und der ganzen Familie beginnt Bismarck, am 19. November 1891 wieder zu diktieren und Bucher legt noch am selben Tag eine Kapiteleinteilung vor, die der endgültigen sehr ähnlich ist.[51]

Auch wenn Buchers Klagen über Bismarcks Desinteresse und Schwächen nicht abrissen, ging die Arbeit nun zügig voran. Nachdem Bismarck seine Jugendgeschichte beendet hat, folgen einzelne in sich geschlossene Beiträge: über seine Unterredung mit Franz Joseph am 22. August 1864, die Einleitung des Kapitels über König Ludwig II. von Bayern und dessen Beteiligung an der Vorgeschichte der Versailler Kaiserproklamation, eine abschließende Kennzeichnung der Ministerkollegen von 1862/66, Ergänzungen zum Kulturkampf und Äußerungen über Falk und Harry von Arnim.

Bis zum 18. Dezember 1891 folgen noch einige Diktate, so das Kapitel "*Emser Depesche*", das in Buchers Programm nicht eingeplant war und von Bismarck in vier Tagen geschlossen diktiert wird.[52]

2.3 Lothar Bucher und seine redaktionelle Tätigkeit

Die Diktate nahmen ihren Anfang im Oktober 1890 und endeten am 18. Dezember 1891; das Memoirenwerk ist in seiner ursprünglichen Form also in etwas mehr als 14 Monaten entstanden. Dabei ist allerdings die zeitraubende Redaktionstätigkeit Buchers nicht mitgerechnet, die dieser zumeist in der Nacht leistete.

---

sehr zufrieden, wenn meine Arbeit eingestellt und der ganze Wust an Sie ausgeliefert würde." Ebd.
51 Vgl. Ritter, a.a.O., S. XVI.
52 Vgl. ebd., S. XVII.

Bucher hatte - wie seine zahlreichen Äußerungen Busch gegenüber beweisen - bald erkannt, daß das Gelingen des Memoirenwerkes maßgeblich von seiner gründlichen, umfassenden und zeitintensiven Redaktionstätigkeit abhängig war. Wie schwer ihm diese physisch und psychisch belastende Arbeit fiel, zeigt die Beschreibung, die Ritter gibt:

> "freudlos und ohne viel Hoffnung das Ganze zu einem guten Ende zu bringen, nicht selten verärgert durch die Eigenwilligkeit, nervöse Laune, Unbeständigkeit seines 'Chefs', voll heimlicher Opposition gegen dessen genialisch unbekümmertes Umspringen mit Einzelheiten, öfters auch ungerecht in seinen Ansprüchen an die historische Objektivität eines Mannes, der die Dinge doch gar nicht anders sehen k o n n t e als mit den Augen des Kämpfers, der er nun einmal war - aber zuletzt doch unverdrossen inmitten aller Verdrießlichkeit."[53]

Um so erstaunlicher ist es, daß Bucher durch "die ungeheuer emsige, gewissenhafte, aber auch radikale Neuordnung der verschiedenen Bruchstücke"[54] eine Struktur herstellte, die die notwendige Voraussetzung dafür war, "ein lesbares Ganzes"[55] zu erhalten. Bis auf das zuletzt diktierte Kapitel über die Emser Depesche, das unverändert aufgenommen wurde, zeugen die durch Bucher zerteilten Druckbögen von seiner Systematisierungsarbeit. Sein Ziel war nicht nur die Herstellung einer Chronologie, sondern auch die Vermeidung von äußerlichen Widersprüchen und Wiederholungen; zu diesem Zweck verglich Bucher verschiedene Parallelerzählungen, auch wenn sich diese zum Teil nur unerheblich voneinander unterschieden. Diese durchgreifende, von Bismarck gewünschte und gebilligte Ordnungsarbeit Buchers ließ natürlich etliche Erzählungen unter den Tisch fallen, andererseits ist es aber bewundernswert,

> "mit welcher Behutsamkeit und Geschicklichkeit der treue Gehilfe verfuhr: wie es ihm gelang, sogar vereinzelte Sätze, Wendungen, Ausdrücke von charakteristischer Prägung, die in irgendeinem Zusammenhang störten, an geeigneter Stelle doch noch irgendwie unterzubringen."[56]

---

53 Ebd., S. IX.
54 Ebd., S. XVII.
55 Ebd. Ritter gibt hier eine Formulierung Buchers wieder.
56 Ebd.

Buchers redaktionelle Tätigkeit bestand nicht nur in der
Ordnung des Stoffes, sondern auch in der Präzisierung der
historischen Daten und der Einfügung der Dokumente.[57] Auf
diese Weise entstand bis Ende Mai 1892 eine aus zerschnittenen und zusammengeklebten Blättern und Bögen bestehende
Handschrift A[58], die in der Reihenfolge der Texte und in
ihrem Wortlaut häufig von den ursprünglichen Stenogrammdiktaten abweicht. Auch wenn sich nicht mehr erkennen
läßt, "wieweit diese Änderungen auf Bucher, wieweit sie
auf Bismarck zurückgehen"[59], so muß berücksichtigt werden,
unter welchem Gesichtspunkt Bucher seine Änderungen vorgenommen hat. Da es ihm um ein exaktes Geschichtswerk ging,
bezog sich sein Eingriff vor allem auf die Richtigstellung
von Daten und Fakten.[60]

Deshalb darf wohl angenommen werden, daß er auch in der
Korrektur der Stenogramme diesen Schwerpunkt gelegt hat;
demnach ist schon unter diesem Gesichtspunkt - die Korrekturen Bismarcks an Buchers Vorlagen einmal ganz ausgenommen - der Eingriff Buchers in die Memoiren nicht als ein
kreativer zu werten, sondern als ein korrigierender, mehr
an der äußerlichen Gestalt als am Gehalt des Werkes ansetzend.

---

[57] Bismarck selber verzichtete weitgehend auf genaue Daten; zumindest finden sich in den Originaldiktaten kaum datierte Zeitangaben - fast alle Datierungen sind von Bucher eingefügt. Vgl. ebd.

[58] Da die vorliegende Untersuchung sich auf die kritische Ausgabe von Rudolf Buchner bezieht, wird hier auch seiner Bezeichnung der Handschriften als *Handschrift A* (bei Ritter "Concecepthandschrift C") und als *Handschrift B* (bei Ritter "Reinschrift R") gefolgt.

[59] Buchner, Einleitung, a.a.O., S. XI. Buchner weist darauf hin, daß die Textentwicklung bis zur Anfertigung der *Handschrift A* bis heute nicht klar zu übersehen ist. Vgl. ebd., S. XII.

[60] So hebt Buchner hervor: "Schließlich hat er sich mit Hilfe einer beachtlichen Handbibliothek [...] und sonstiger Nachforschungen auch durch genaue Datenangaben, die in Bismarcks Erzählungen oft fehlten oder falsch waren, [...] durch faktische Berichtigungen und die Einfügung wichtiger Aktenstücke und Briefe sehr verdient gemacht. Ebd., S. XI.

Bucher ordnete zunächst die Kapitel der Entlassungsgeschichte, die dann von Bismarck überarbeitet wurde und bereits Ende 1891 als zweiter Band - mit der ausdrücklich diesem Band zugedachten Widmung - abgeschlossen war.[61] Das nur für diesen Band im Nachlaß befindliche Titelblatt mit dem Titel ERINNERUNG UND GEDANKE ist hauptsächlich von Buchers Hand geschrieben. Bucher, dem bewußt geworden war, daß die Memoiren weniger exakte Geschichtsdarstellung als vielmehr politische Reflexionen enthielten, hatte "auf Nicolls RECOLLECTIONS AND REFLECTIONS als auf eine Art Vorbild hingewiesen."[62]

Von der - wiederum von Bucher und Bismarck überarbeiteten - *Handschrift A* wurde eine mit allen Korrekturen versehene Reinschrift *Handschrift B* angefertigt, wobei Bucher

---

61 Vgl. Ritter, a.a.O., S. XVIII. Dieser zweite Band wurde in der späteren Volksausgabe zum dritten Band.
62 So Busch, TBB 3, S. 308. Das Buch des englischen Parlamentsmitgliedes John Nicolls wurde 1820 in London veröffentlicht. Hank weist zwar darauf hin, daß Bismarck die Bezeichnung *Gedanken und Erinnerungen*, die Kröner in einem Brief vom 28.1.1893 (FBA, Kp. D 53) gebrauchte, unwidersprochen ließ, so daß die Feststellung von Ritter, diese Formulierung ginge allein auf den Herausgeber Horst Kohl zurück, zu korrigieren sei. Vgl. Hank, a.a.O., S. 238, Anm. 1. Hanks Einwand ändert jedoch nichts daran, daß der allein authentische Titel ERINNERUNG UND GEDANKE ist, denn dieser läßt sich durch die Äußerung Buschs belegen und hat stärkere Beweiskraft als die von Hank als Beweis angeführte Verlautbarung des Cotta-Verlages im Börsenblatt für den deutschen Buchhandel (12. Oktober 1898, 65. Jg., Nr. 237, S. 7544-7545). Buchner widerspricht Ritter insofern, als er den Satz von Busch nicht als entsprechenden Beweis dafür wertet, daß Bucher auch den Titel vorgeschlagen habe; er unterstreicht, daß die im Singular stehende Formulierung ERINNERUNG UND GEDANKE von dem im Plural stehenden englischen Titel abweiche. Trotzdem hält auch Buchner den Titel ERINNERUNG UND GEDANKE für allein authentisch - zum einen aufgrund der Tatsache, daß der zweite Band der Memoiren diesen Titel in Buchers Handschrift trägt und der erste Band weder in den Handschriften noch im Fahnendruck einen Titel enthält, zum anderen weist er auf die in der Formulierung ERINNERUNG UND GEDANKE enthaltene Anspielung auf Odins Raben Hugin (=Gedanke) und Munin (=Erinnerung) und darauf hin, daß Bismarck mit der germanischen Mythologie vertraut sei. Vgl. Buchner, Einleitung, S. XIII. Übrigens hießen auch die zwei Raben von Bismarck *Hugin* und *Munin*. Vgl. Augstein, Rudolf, Otto von Bismarck, in: Sternburg, Wilhelm von (Hg.) Die deutschen Kanzler, Von Bismarck bis Schmidt, Frankfurt 1987, S. 32.

hier nur den zweiten Band, nicht den ersten Band durchkorrigierte.[63]

Während zu Beginn des Jahres 1892 ein Beamter des Hauses Bismarck den zweiten Band in Reinschrift brachte, schloß Bucher die Redaktion des Ersten Bandes bis zum 4. Mai 1892 ab (am 13. Mai beendete er endgültig die Redaktion des zweiten Bandes).[64] Bismarck erhielt die gesamte Arbeit mit einem von Bucher erstellten Inhaltsverzeichnis des ersten Bandes zur Durchsicht. Noch im gleichen Monat verließ Bucher Friedrichsruh zu einem Sommerurlaub, in dem er am 12. Oktober 1892 starb.

2.4 Die Überarbeitung der Memoiren durch Bismarck

Der Tod Buchers erwies sich für die Arbeit an den Memoiren als unersetzlicher Verlust. Obwohl Bismarck wahrscheinlich seine ursprüngliche Absicht, das Werk auf sechs Bände auszudehnen, aufgegeben hatte, war doch die redaktionelle Bearbeitung des vorhandenen Werkes erforderlich. Chrysander, der an die Stelle Buchers trat, war allerdings nicht in der Lage, die notwendige Überprüfung, Berichtigung und Ergänzung vorzunehmen.[65]

Nachdem Bismarck auch die - aufgrund der korrigierten *Handschrift A* erstellte - *Handschrift B* korrigiert hatte, wurde ein Fahnendruck des ersten Bandes (*F*) bei Cotta erstellt, der wiederum von Bismarck durchgearbeitet wurde. Auch die - aus Geheimhaltungsgründen - angefertigte handschriftliche Abschrift vom zweiten Band unterzog Bismarck gründlichen Korrekturen.[66]

---

63 Vgl. Buchner, Einleitung, a.a.O., S. XII.
64 Dieser erste Band wurde in der späteren Volksausgabe zu Band eins und zwei.
65 Vgl. Ritter, a.a.O., S.XX.
66 Vgl. Buchner, Einleitung, a.a.O., S. XII.

Durch die "im Lauf der dreifachen Durchsicht von ABF [...]
am eigenen Texte vorgenommen[en]"[67] Stil- und Sachkorrekturen, die "eine Kleinarbeit von erstaunlicher Eindringlichkeit"[68] bezeugen, überführte Bismarck das Werk vollständig
in sein geistiges Eigentum:

> "Das stilistische Feingefühl, mit dem er den Ausdruck, die
> Satzbildung, die Anschaulichkeit der Bilder, die Schlagkraft
> der politischen Sentenz zu höchster Vollkommenheit zu steigern wußte, kann man nur mit Bewunderung verfolgen."[69]

Die Änderungen lassen auch "die Tendenzen und Triebkräfte
erkennen, die noch den 75jährigen bei seiner Rückschau
leiteten."[70] Im Vordergrund stehen dabei die schon zu Beginn der Memoirenarbeit von Bismarck geäußerten Skrupel
hinsichtlich der erforderlichen Offenheit einerseits und
der notwendigen Verschwiegenheit andererseits. Die zuletzt
von Bismarck gemachten Korrekturen zeigen, daß seine höfische wie auch diplomatische Rücksichtnahme siegt, so daß
er vielfach den Ton wie auch Urteile in ihrer Schärfe abmildert.[71]

Bedrängt wurde er in dieser Zeit von Kröner, der auf Herausgabe des Manuskriptes schon seit März 1892 gedrungen
und sogar Mithilfe angeboten hatte; im Januar 1893 hatte
er um die Veröffentlichung des ersten Bandes gebeten.[72]
Bismarck, der inzwischen offensichtlich auch den ersten
Band seiner Memoiren erst posthum veröffentlichen wollte[73],
lehnte alle Anfragen Kröners ab und teilte ihm Anfang des

---

67 Ebd., S. XXV.
68 Ritter, a.a.O., S. XX.
69 Ebd., S. XX.
70 Buchner, Einleitung, a.a.O., S. XXV.
71 Vgl. ebd., S. XXV ff.
72 Siehe dazu den Brief Kröners an Bismarck vom 28.1.1893, in dem
  er die dringende Bitte vorträgt, "die Veröffentlichung wenigstens des <u>ersten</u> Bandes nunmehr genehmigen und durch die Tatsache des Erscheinens sowohl die dringenden Wünsche der Verehrer
  Eurer Durchlaucht zu erfüllen, als auch dem müßigen Gerede in
  der Presse ein Ende zu bereiten." FBA, Kp. D 53.
73 Diese Absicht hatte er im März 1892 geäußert; vgl. Hank, a.a.O.,
  S. 240, Anm. 6. Die posthume Veröffentlichung des *zweiten* Bandes stand ohnehin von Anfang an fest. Vgl. Ritter, a.a.O.,
  S. XXIII.

Jahres 1893 mit, daß er ihm eine Reinschrift erst dann übergebe, wenn er das Manuskript für druckfertig halte.[74]

Nachdem Bismarck Ende August 1893 in Kissingen schwer erkrankte, gelang es Kröner, das von Bismarck verbesserte Reinkonzept des ersten Bandes zu erhalten, das daraufhin gesetzt und im Fahnendruck abgezogen wurde. Zwei Exemplare dieses Fahnendrucks erhielt Bismarck bereits am 2.Oktober 1893[75] und unterzog diese bis 1897 einer erneuten, allerdings nicht mehr tiefgreifenden Korrektur.[76] Im Gegensatz zum ersten Band setzte Bismarck eingreifende Verbesserungen des zweiten Bandes, den Kröner übrigens nie gesehen hat, fort. Von diesem durchkorrigierten Reinkonzept ließ er von einem Kopisten eine zweite Reinschrift anfertigen, die allerdings zu seinen Lebzeiten nicht über das erste Kapitel hinausgelangte.[77]

Trotz dieser stets von neuem aufgenommenen Überarbeitung der Memoiren dachte Bismarck nicht mehr an die Veröffent-

---

[74] Bismarck an Kröner am 5. Februar 1893: "Bei der Durchsicht des zum ersten Bande vorliegenden Manuskripts, finde ich, daß Aenderungen und Ergänzungen nothwendig sind. Diese füge ich durch Correctur ein und werde eine Reinschrift zu Ihrem Gebrauche anfertigen lassen, sobald ich das Manuskript des ersten Bandes für druckfertig halte." FBA, Kp. D 53.
[75] Vgl. den Brief Chrysanders an Kröner vom 11. September 1893, und den Brief Kröners an Bismarck vom 2. Oktober 1893. FBA Kp. D 53. Hank unterstreicht, daß diese kurze Frist deutlich die Ungeduld Kröners widerspiegelt, der schließlich zu anderen Mitteln griff, um den Druck der Memoiren zu beschleunigen: "Ende Oktober 1893 und im Januar 1894 erschienen in verschiedenen Zeitungen geheimnisvolle Andeutungen über den Entwicklungsstand der Memoiren, ihren Umfang, Inhalt und Erscheinungstermin, ja sogar von der Höhe des Honorars war in den Blättern die Rede." Kröner bestritt zwar die Urheberschaft, hatte aber "keine Bedenken, mit Hinweis auf die Pressegerüchte an Bismarck die dringende Mahnung" zur Beschleunigung der Herausgabe zu richten. Hank, a.a.O., S. 240.
[76] Es ist allerdings richtig, daß die Blätter, auf denen er längere Ergänzungen anfügte, graphisch "zu den eindrucksvollsten Stücken seines schriftlichen Nachlasses [gehören]: mit erstaunlicher Kraft und Sicherheit, fast ohne jede Einzelkorrektur und ohne Schwanken der Richtung bedeckt die Hand des greisen Autors das Blatt mit durchlaufenden, geraden Zeilen von fast einem halben Meter Länge." Ritter, a.a.O., S. XXII. Vgl. dazu FBA, Kp. M 15.
[77] Vgl. ebd.

lichung zu seinen Lebzeiten und verwies auf seine eingeschränkte Arbeitsfähigkeit und die noch bestehenden Lücken in den Memoiren als Grund. Gewichtiger scheinen jedoch seine nicht versiegenden - seit der 1894 äußerlich vollzogenen Versöhnung mit Wilhelm II. noch gestiegenen - Bedenken gewesen zu sein, das Werk könne als Racheakt ausgelegt werden.[78] Ohne daß Bismarck jemals den Zeitpunkt der Veröffentlichung eindeutig bestimmt hat, scheint er die Entscheidung, ob das Werk überhaupt und zu welchem Zeitpunkt es erscheinen solle, seinem Sohn Herbert überlassen zu haben.

2.5 Die Herausgabe der Memoiren nach Bismarcks Tod

Herbert von Bismarck war es dann auch, der nach dem Tode seines Vaters am 30. Juli 1898 den Bismarckforscher Horst Kohl, dem Bismarck selber großes Vertrauen entgegengebracht hatte, als Verleger einschaltete. Nachdem der ungeduldige Kröner bereits im August 1898 die Umbruchbogen in der unkorrigierten Fassung von 1893 an Herbert geschickt hatte, bestellte Herbert von Bismarck Kohl nach Friedrichsruh, um mit diesem gemeinsam die Druckfahnen durchzuarbeiten. Anfang Oktober wurde Kohl von Herbert von Bismarck offiziell mit der Herausgabe, der Erstellung eines Vorwortes sowie der Einfügung von Fußnoten betraut.[79] Die Textbearbeitung Kohls richtete sich nicht nur auf orthographische Äußerlichkeiten, sondern enthielt auch weitgehende, teilweise eigenmächtige Änderungen des Original-

---

[78] Darauf weist die von Bismarck im Juli 1894 angeordnete Prüfung des Manuskriptes durch seinen Anwalt hin, der die Folgen einer Veröffentlichung zu Lebzeiten beurteilen sollte. Der Anwalt äußerte die Ansicht, die Veröffentlichung würde als feindseliger Akt ausgelegt werden. Vgl. Hank, a.a.O., S. 240.
[79] Vgl. auch zum folgenden Ritter, a.a.O., S. XXIII ff., und Hank, a.a.O., S. 242 ff.

textes[80]; außerdem entnahm er dem Titelblatt des zweiten Bandes - den er ansonsten nicht zu Gesicht bekam - die Widmung, die er trotz des Einspruchs der Fürstin Herbert der 1905 erschienenen "Volksausgabe" voranstellte.

Kohl - der übrigens zu keinem Zeitpunkt Einblick in die Originalhandschriften des ersten und zweiten Bandes erhielt, sondern nur mit dem von Bismarck korrigierten Fahnendruck und den von Cotta gelieferten Umbruchfahnen arbeitete - fügte mit Zustimmung Herberts etliche Briefeinlagen hinzu, so daß der Umfang des ersten Bandes erheblich das - ohnehin schon überzogene - im Verlagsvertrag von 1890 vorgesehene Maß überschritt; Herbert bestand deshalb auf der - von Kröner nur zögernd akzeptierten - Teilung in zwei Bände. Nachdem der verbindliche Text am 28. September 1898 dem Verlag Cotta mit dem von Kohl eingesetzten Titel *"Gedanken und Erinnerungen"* übergeben worden war, wurden die Memoiren in zwei Bänden am 29. November 1898 veröffentlicht.[81]

Um den *zweiten* (nunmehr dritten) Band entspann sich ein langwieriges, äußerst unangenehmes Tauziehen zwischen der Familie Bismarck und Kröner, das sich bis zum Erscheinen des Bandes 1921 erstreckte und von Zivilprozessen begleitet war.[82] Chrysander hatte inzwischen die früher begonnene Reinschrift beendet und zusammen mit Herbert von Bismarck drei vollständig gleichlautende Exemplare durch den Vergleich der vorliegenden unterschiedlichen drei Fassungen hergestellt.[83]

---

80 Vgl. zu Kohls höchst problematischer Herausgebertätigkeit Ritter, der die eigenmächtigen, teilweise überflüssigen, zweifelhaften und auch irreführenden Änderungen Kohls scharf kritisiert. Vgl. Ritter, a.a.O., S.XXIV ff.
81 Hank weist darauf hin, daß die beiden Bände schon drei Wochen nach Übergabe an den Verlag gedruckt waren, jedoch eineinhalb Monate zurückgehalten wurden, "um ein gleichzeitiges Erscheinen in ganz Europa und den USA zu ermöglichen [...]." Hank, a.a.O., S. 243.
82 Vgl. zu den Einzelheiten dieses Streites die Untersuchung Hanks, ebd., S. 246 ff.
83 Vgl. Ritter, a.a.O., S. XXVI/XXVII.

Herbert von Bismarck allerdings war nicht gewillt, dem heftigen Drängen Kröners auf Veröffentlichung nachzugeben, war jedoch aufgrund des Vertrages von 1890 gezwungen, sich mit dem Verlag gütlich zu einigen. So wurde am 22. August 1900 die Vereinbarung getroffen, daß das Manuskript nach Herberts Tod an Cotta übergeben und binnen Jahresfrist, aber nicht vor 1910, ohne jede Streichung veröffentlicht werden sollte.[84]

Nachdem Herbert 1904 schwer erkrankte, überzeugte er Kröner von der politischen Untragbarkeit einer Herausgabe und der Zurückhaltung des Werkes bis zu einem Thronwechsel; zusätzlich verpflichtete er Kröner zum Abdruck eines von ihm entworfenen Vorwortes.[85] Nachdem Kröner 1904 - kurz nach Herberts Tod - das Manuskript erhalten hatte, gelang es 1905 der Witwe, der Fürstin Marguerite von Bismarck, in einer neuen Vereinbarung festzulegen, daß eine Veröffentlichung erst nach dem Tode Wilhelms II. und jedenfalls nicht vor 1910 stattfinden solle.[86]

Nach der Revolution 1918 jedoch berief sich Robert Kröner, der Sohn des 1911 verstorbenen Adolf Kröner, auf den von ihm als allein verbindlich angesehenen Vertrag von 1890 und kündigte die Veröffentlichung für 1919 an. Zwar erreichte Kröner durch einen Vergleich mit der Fürstin und ihrem Sohn am 25. Juli 1919, daß seitens der Familie Bismarck kein Einspruch gegen die Veröffentlichung erhoben werden würde; aber inzwischen hatte Wilhelm II. eine einstweilige Verfügung gegen die Herausgabe erwirkt, die in zwei Instanzen im Januar und April 1920 bestätigt wurde.[87] Erst Ende August 1921 verzichtete Wilhelm II. freiwillig auf seinen Widerspruch; einerseits aufgrund eines von Cotta erreichten gerichtlich erstrittenen Teilerfolges, andererseits aufgrund der Tatsache, daß die Öffent-

---

84 Vgl. ebd., S. XXVII.
85 Den Entwurf des Vorwortes gibt Ritter wieder; ebd., S. XXVII.
86 Vgl. ebd.
87 Vgl. Hank, a.a.O., S. 252.

lichkeit bereits über den Inhalt des Buches so gut informiert war, daß eine weitere Geheimhaltung verstärkt Gerüchten Nahrung gegeben hätte. So erschien das mit Spannung erwartete Werk endlich am 26. September 1921.[88]

Das Erscheinen des *ersten Bandes* löste sofort massive Kritik und große Empörung bei den in den Memoiren behandelten Personen aus und führte zu einer Flut von Gegendarstellungen und Erwiderungen. Aufgescheucht reagierten nicht nur alte Feinde Bismarcks[89], sondern viele der angegriffenen Personen und auch Institutionen.[90] Der Großherzog von Baden engagierte sogar den Jenaer Historiker Ottokar Lorenz, um mit dessen Hilfe der *Geschichtsfälschung* Bismarcks entgegenzutreten.[91] Den Großherzog erregten vor allem die Angriffe auf seine Schwiegermutter Kaiserin Augusta sowie die seiner Meinung nach nicht genügend gewürdigten Verdienste Wilhelms I. um die Reichsgründung.[92]

Besonders der Kaiser reagierte auf die Memoiren "in hohem Grade gereizt und verstimmt"[93] und lehnte es ab, Herbert von Bismarck zukünftig noch anstellen zu wollen.[94] Die Mutter des Kaisers war empört über die Anhäufung von Lügen in

---

[88] Vgl., auch zum folgenden, ebd., S. 253 ff.
[89] So Otto von Diest-Daber (Mitglied des preußischen Abgeordnetenhauses und preußischer Landrat) in seinem Buch (mit dem bezeichnenden Motto: "Die Wahrheit wird an das Licht kommen und wird siegen") Berichtigung von Unwahrheiten etc. in den Erinnerungen des Fürsten Bismarck und Deutsches Rechtsbewußtsein, Zürich 1899.
[90] So forderte die Deutsche Ärzteschaft ihre Mitglieder auf, aufgrund der in den Memoiren enthaltenen Vorwürfe gegen den Ärztestand, den Herausgeber Horst Kohl anzuzeigen. Vgl. Hank, a.a.O., S. 243.
[91] Vgl. Lorenz, Ottokar, Kaiser Wilhelm und die Begründung des Reichs 1866-1871, Nach Schriften und Mitteilungen beteiligter Fürsten und Staatsmänner, Jena 1902.
[92] Vgl. Hank, a.a.O., S. 244.
[93] Vgl. Bülow, Bernhard Fürst von, hg. v. Stockhammern, Franz von, Denkwürdigkeiten, Vom Staatssekretariat bis zur Marokko-Krise, Bd. 1, Berlin 1930, S. 352.
[94] Vgl. ebd., S. 353.

den Memoiren, über "the vile book of Prince Bismarck"[95], das sie als "truly disgusting"[96] verurteilte:

> "He has already so succeeded in poisoning the minds of half his countrymen that they will no doubt accept all his lies these books contain - and which emanate from him as sacred truths! One is truly ashamed of such vulgarity and low taste."[97]

In der breiten Öffentlichkeit stießen die Memoiren auf großes Interesse:

> "[...] in den Buchhandlungen prügelt man sich um Bismarcks Erinnerungen. [...] längst ist die Auflage von 100 000 Exemplaren vergriffen, und Cotta kann auch nicht annähernd nachliefern, was gefordert wird."[98]

Auf rege Nachfrage stießen die Memoiren Bismarcks nicht nur bei gebildeten Käufern, sondern das Buch kauften auch "zu Dutzenden ehrbare Handwerksmeister, Bäcker, Schlächter, die offen sagen, sie wollen Bismarcks Buch bloß im Hause haben, besitzen, lesen und verstehen könnten sie es kaum!"[99]

Besonders "merkwürdig und noch nie dagewesen"[100] war dies auch angesichts des hohen Kaufpreises, über den auch der Buchhandel verwundert war. Die beiden Leinenbände kosteten zwanzig Mark, eine Liebhaberausgabe in zwei Halbfranzbänden dreißig Mark. Trotzdem wurden in den ersten Dezembertagen allein von der deutschen Ausgabe mehr als 300 000 Exemplare verkauft.[101]

Der Grund für das große Interesse auch der breiten Öffentlichkeit an den Memoiren lag offenbar an der lebendig er-

---

95 An Marie von Bülow, zitiert bei Bülow, a.a.O., ebd.
96 Ebd.
97 Ebd.
98 Das Tagebuch der Baronin Spitzemberg, geb. Freiin v. Varnbüler, Aufzeichnungen aus der Hofgesellschaft des Hohenzollernreiches, ausgew. u. hg. v. Vierhaus, Rudolf, Göttingen 1960, S. 381.
99 Ebd.
100 Ebd.
101 Das meldeten die *Hamburger Nachrichten* am 5. Dezember 1898. Vgl. Hank, a.a.O., S. 245, Anm. 3.

haltenen Faszination eines Mannes, der bis zu seinem Tode
nicht versäumt hatte, an seiner eigenen Legende zu basteln, "sein Wirken in das helle Licht der Geschichte"[102]
zu rücken und der in das Bewußtsein der Menschen als
charismatische, geschichtsmächtige Gestalt eingegangen
war. So stellte Otto Kaemmel 1899 fest:

> "Zu dem, was er durch andre [...] über die von ihm größtenteils gemachte Geschichte der letzten Jahrzehnte sammeln und darstellen ließ, was er wenigstens vor der Veröffentlichung kontrollierte, oder was er endlich in Reden und Gesprächen an historischem Stoffe vorbrachte und unbekümmert von seinen Zuhörern weitererzählen ließ, sind jetzt seine eignen Denkwürdigkeiten getreten, mit einer Spannung erwartet und mit einem leidenschaftlichen Interesse ergriffen, wie kaum ein ähnliches Buch."[103]

Dieses Bewußtsein, daß in den Memoiren ein aufgrund seines
politischen Amtes und seiner Persönlichkeit einzigartig
berufener, kompetenter und authentischer Geschichtsschreiber auftrete und die Neugierde auf intime Enthüllungen
über die *Geschichte hinter dem Vorhang* ist aber der Grund
dafür, daß die Memoiren immer wieder falsch verstanden und
fehlgedeutet worden sind.

---

[102] Kaemmel, Fürst Bismarcks Gedanken und Erinnerungen, a.a.O., S. 1.
[103] Ebd.

3. Der Aufbau von ERINNERUNG UND GEDANKE

Die Memoiren bestehen aus zwei Bänden, wobei der erste Band in zwei Bücher gegliedert ist:
Das erste Buch des ersten Bandes, das in elf Kapitel unterteilt ist, beginnt mit der Schul- und Ausbildungszeit Bismarcks und endet mit seiner Ernennung zum preußischen Ministerpräsidenten.
Das zweite Buch des ersten Bandes, das zweiundzwanzig Kapitel umfaßt, ist der Tätigkeit Bismarcks als preußischer Ministerpräsident und deutscher Reichskanzler gewidmet.
In den zwölf Kapiteln des zweiten Bandes befaßt sich Bismarck mit seiner Entlassung und ihrer Vorgeschichte.

Das erste Buch des ersten Bandes

Das erste Buch setzt ein mit einigen knappen Bemerkungen zur Jugend-, Schul-, und Ausbildungszeit Bismarcks, seiner Haltung gegenüber Monarchie, Absolutismus und Beamtentum und seinem ersten politischen Auftritt vor dem Vereinigten Landtag ("Bis zum ersten Vereinigten Landtage").[1] Auf die anschauliche Schilderung der Märztage 1848 folgt die Kritik Bismarcks an Friedrich Wilhelm IV. und an der preußischen Politik ("Das Jahr 1848", "Erfurt, Olmütz, Dresden"). Nur knapp äußert sich Bismarck über seine Tätigkeit als preußischer Gesandter am Frankfurter Bundestag ("Diplomat"), um dann ausführlich die Situation Preußens und die Polarisierung der politischen Meinungen zur Zeit des Krimkrieges kritisch zu beleuchten ("Krimkrieg, Wochenblattspartei"). Nach kurzen Bemerkungen über Prinzessin Augusta und ihren Einfluß auf die Politik Wilhelms I.

---

[1] Die Schreibweise der im folgenden zitierten Kapitelüberschriften des ersten Bandes richtet sich nach dem von Bucher in der *Handschrift* A vorliegenden Inhaltsverzeichnis. Vgl. dazu Ritter/Stadelmann, a.a.O., S. 576 ff. Von Bucher liegt nur das Inhaltsverzeichnis zu diesem Band vor; zum zweiten Band fertigte der Privatsekretär Weishaar - wahrscheinlich erst nach Bismarcks Tod - ein ausführliches Inhaltsverzeichnis an. Vgl. ebd., S. 582, Anm. 1.

("Sanssouci und Coblenz"), beschreibt Bismarck die konfliktreiche und wechselhafte Dreierbeziehung zwischen ihm, Friedrich Wilhelm IV. und dem Außenminister Manteuffel ("Unterwegs zwischen Frankfurt und Coblenz").

In einem längeren Kapitel widmet sich Bismarck der Darlegung seiner politischen Grundhaltung und seiner Ablehnung jeglicher Prinzipienpolitik ("Besuch in Paris"). Vor allem der Kritik am Ministerium der *Neuen Ära* unter der Regentschaft Wilhelms I. ist das nächste Kapitel verpflichtet, das mit der von Bismarck als Abschiebung empfundenen Ernennung zum Gesandten in Petersburg endet ("Reisen. Regentschaft"). Im Plauderton schildert Bismarck dann seine Eindrücke von der Petersburger Gesellschaft ("Petersburg"), um dann zu der langwierigen Vorgeschichte seiner Ernennung zum preußischen Ministerpräsidenten zu kommen ("Zwischenzustand")[2].

Das zweite Buch des ersten Bandes

Der politischen Betrachtung über die preußische Politik und der Bedeutung der Dynastien für das deutsche Nationalbewußtsein sind die reflektierenden Betrachtungen Bismarcks in den ersten beiden Kapiteln gewidmet ("Rückblick auf die preußische Politik", "Dynastien und Stämme").

Nach einer vernichtenden Verurteilung der Minister des "Konfliktsministerium[s]" verteidigt Bismarck "Die Alvenslebensche Konvention" und spricht dann über die Beziehung zwischen Wilhelm I. und dessen Sohn Friedrich ("Danziger Episode"). Nach der Beleuchtung des Verhältnisses zwischen Preußen und Österreich ("Der Frankfurter Fürstenkongreß") und knappen Bemerkungen über "König Ludwig II. von Bayern", gibt Bismarck seine Einschätzung des Konfliktes zwi-

---

2 Die Kapitelschrift "Zwischenzustand" (I, 11) fehlt in der Inhaltsangabe von Bucher; sie lautete ursprünglich "Kleines Conseil". Vgl. Buchner, Erinnerung und Gedanke, a.a.O., S. 709, Anm. 4.

schen Preußen und Österreich über die schleswig-holsteinische Frage ("Schleswig-Holstein"). Der aufregenden Vorgeschichte des österreichisch-preußischen Friedens 1866 und grundsätzlichen Maximen seines politischen Handelns ist die folgende dramatische Schilderung gewidmet ("Nikolsburg"). Um den Norddeutschen Bund als ersten Schritt zur nationalen Einheit geht es im nächsten Kapitel, das außerdem weitere staatstheoretische Reflexionen Bismarcks enthält ("Der Norddeutsche Bund"). In spannendem und anschaulichem Ton wird dann über die Vorgeschichte des deutschfranzösischen Krieges ("Die Emser Depesche"), über dessen Verlauf und die Reichsgründung in Versailles ("Versailles") berichtet.

Sich der Innenpolitik zuwendend, verteidigt Bismarck seine Haltung während des Kulturkampfes ("Kulturkampf"), beschäftigt sich mit innenpolitischen Gegnern und Konflikten und theoretischen Betrachtungen des Parteienwesens ("Bruch mit den Konservativen", "Intriguen") sowie mit den politischen Ressorts ("Die Ressorts").

In den folgenden Kapiteln geht es wieder um die Darstellung und staatstheoretische Erörterung der Außenpolitik, so um die Beziehungen Deutschlands zu Rußland ("Berliner Kongreß") und zu Österreich ("Der Dreibund"), um die im reflektierenden Ton entworfene Prognose über die russische Politik und um grundsätzliche Empfehlungen Bismarcks an die deutsche Politik ("Zukünftige Politik Rußlands"). Das folgende, kurze Kapitel ("Der Staatsrath) dient Bismarck zur Kritik an den Ressortministern und der Art und Weise, in der Gesetzesentwürfe vorbereitet und verabschiedet werden. In den zwei abschließenden Kapiteln beschreibt Bismarck in eindrucksvoller, ausführlicher Schilderung "Kaiser Wilhelm I.", und in geraffter Darstellung "Kaiser Friedrich.".

Der zweite Band

In sechs der insgesamt zwölf Kapitel setzt sich Bismarck in bissiger, polemischer und teilweise diffamierender Art mit seinen politischen Gegnern auseinander.
Seine besondere Aufmerksamkeit gilt Wilhelm II., den er in zwei Kapiteln heftig und schneidend kritisiert ("Prinz Wilhelm", "Kaiser Wilhelm"). Vernichtend fällt auch seine Verurteilung von "Boetticher", "Herrfurth" und "Graf Caprivi" aus; zurückhaltender und differenzierter äußert er sich über den "Großherzog von Baden".

Den seiner Entlassung vorausgehenden Auseinandersetzungen mit dem Kaiser sind die Kapitel "Der Kronrath vom 24. Januar", "Die Kaiserlichen Erlasse vom 4. Februar 1890", "Wandlungen" gewidmet, in denen Bismarck zugleich vehement das Festhalten an seinem Posten verteidigt. Die Entlassung selbst und die überstürzte Räumung seiner Dienstwohnung schildert Bismarck im gleichnamigen Kapitel ("Meine Entlassung"). In den beiden abschließenden Kapiteln äußert sich Bismarck kritisch zum "Vertrag über Helgoland und Sansibar" und zum "Handelsvertrag mit Österreich".

3.1 Das konstituierende Chronologieprinzip Buchers

Für die literarische Bewertung der Memoiren ist die Tatsache, daß die Entstehungsgeschichte entscheidend zu dem unsystematischen Aufbau des endgültigen Werkes beigetragen hat, insofern bedeutsam, als damit die Untersuchungsperspektive eingeengt werden kann und muß; der von Lothar Bucher unter chronologischen Gesichtspunkten hergestellte Aufbau der Memoiren ist zwar von Bismarck eindeutig gebilligt worden - ist aber kein konstitutives Merkmal der Memoiren im Sinne einer dezidierten Darstellungsintention Bismarcks. In dieser Hinsicht ist das Memoirenwerk tatsächlich, wie es Marcks treffend formuliert, "nicht literarisch gemeint"[3], auch wenn "es an Ursprünglichkeit gewinnt, was es an künstlerischer Einheit vermissen läßt."[4]

Diese mangelnde künstlerische Einheit von ERINNERUNG UND GEDANKE ist das Ergebnis eines fehlenden Chronologieprinzips der Darstellung, das wiederum Voraussetzung für die Entwicklung entsprechender Kriterien ist, mittels derer über die Auswahl und Anordnung des Erzählstoffes entschieden wird. Ein solches Prinzip muß aber - soll es zu der gewünschten künstlerischen Einheit führen - vom Erzähler bewußt gehandhabt werden, um als erzählerisches Organisationszentrum selektierend wie auch synthetisierend aus der Vielheit eine künstlerische Gesamteinheit herzustellen.

Bismarcks Memoiren lassen diese *Gesamt*einheit deshalb vermissen, weil dem Erzähler der strukturierende Kompositionswille im Blick auf die Totalität des Werkes fehlte; das diese Totalität konstituierende Strukturprinzip war der chronologische Bauwille Buchers, das aber - und dies ist entscheidend - ein *nachträglich* angewendetes Verfahren ist, mittels dessen der bereits vorhandene Erzählstoff unter ein dürftiges *Strukturdach* geordnet wurde. Auf diese Weise konnte natürlich keine künstlerische Gesamteinheit entstehen, denn die den Aufbau konstituierende, nachträgliche chronologische Reihung von Bucher entsprach eben nicht dem konstitutiven Erzählprinzip Bismarcks.

Der Grund für diese Diskrepanz liegt in den unterschiedlichen Zielen, die Bucher und Bismarck mit den Memoiren verbanden. Bucher wollte die historisch präzise *Erinnerung* der Tatsachen, Bismarck ging es um den reflektierenden *Gedanken* des sich in seiner Kompetenz präsentierenden Tatmenschen.

So unterschiedlich diese Ziele waren, so unterschiedlich mußten natürlich die entsprechenden Mittel und Wege sein,

---

[3] Marcks, a.a.O., S. 33.
[4] Ebd.

die zu ihrer Realisierung gewählt wurden. Dabei entstand für den Sekretär die tragische Situation, daß das von ihm verfolgte Ziel kurzerhand von Bismarck zum Mittel umfunktioniert wurde - die *Erinnerung* diente als Vehikel für den umso gewichtigeren *Gedanken* des Erzählers, der sich in keiner Weise einer Chronologie verpflichtete.

Die Aussagen Buchers offenbaren nicht nur, wie sehr ihn dieser Zwiespalt gestört hat, sondern auch, daß er ihn zu keinem Zeitpunkt akzeptiert hat. Einerseits hat Bucher damit den wesentlichen Zug der Memoiren Bismarcks verkannt, andererseits war dies wahrscheinlich der Grund dafür, daß er ohne Skrupel die radikale Neuordnung der Diktate unter chronologischen Gesichtspunkten getroffen hat.

So notwendig diese Ordnungsarbeit Buchers war, um überhaupt ein zusammenhängendes Ganzes herzustellen, so problematisch mußte sie allein aufgrund ihrer Nachträglichkeit sein, aus der heraus keine Form-Inhalt-Dialektik herzustellen war. Dies zeigt schon ein Blick auf das von Bucher stammende Inhaltsverzeichnis des ersten Bandes; meistens verraten schon die Überschriften den Versuch, möglichst weite *Oberbegriffe* zu finden, um die heterogenen Inhalte subsumieren zu können.

Auffällig ist dabei, daß Bucher trotz der Orientierung an einem chronologischen Gerüst nur einmal eine genaue Zeitangabe (I,2) als Überschrift wählt. Zwar verbinden sich mit der Angabe von Orten, politischen Ereignissen, Personen und bestimmten Tätigkeiten Bismarcks natürlich auch zuordenbare Zeiträume, die jedoch in den Überschriften nicht präzisiert sind:

1. Zeitangaben[5]

- I,1   "Bis zum ersten Vereinigten Landtage"
- I,2   "Das Jahr 1848"

2. Ortsangaben

- I, 3   "Erfurt, Olmütz, Dresden"
- I, 6   "Sanssouci und Coblenz"
- I, 7   "Unterwegs zwischen Frankfurt und Coblenz"
- I, 8   "Besuch in Paris"
- I,10   "Petersburg"
- II, 5   "Danziger Episode"
- II, 8   "Schleswig-Holstein"
- II, 9   "Nikolsburg"
- II,12   "Versailles"

3. Angabe politischer Ereignisse/Institutionen

- I, 5   "Krimkrieg, Wochenblattspartei"
- II, 3   "Konfliktsministerium"
- II, 4   "Die Alvenslebensche Konvention"
- II, 6   "Der Frankfurter Fürstenkongreß"
- II,10   "Der Norddeutsche Bund"
- II,11   "Die Emser Depesche"
- II,13   "Kulturkampf"
- II,16   "Die Ressorts"
- II,17   "Berliner Kongreß"
- II,18   "Der Dreibund"
- II,20   "Der Staatsrath"

Bd.2, 5   *"Der Kronrath vom 24. Januar"*
Bd.2, 6   *"Die Kaiserlichen Erlasse vom 4.Februar 1890"*
Bd.2,11   *"Vertrag über Helgoland und Sansibar"*
Bd.2,12   *"Handelsvertrag mit Österreich"*

---

[5] Zur Vereinfachung wird im folgenden das erste Buch des ersten Bandes mit "I", das zweite Buch mit "II" bezeichnet; die arabischen Ziffern beziehen sich auf das jeweilige Kapitel. Die Angaben in Kursiv-Schrift gelten dem zweiten Band, dessen Kapitelüberschriften hier der Vollständigkeit halber mitzitiert werden.

4. Personenangaben

- II,7	"König Ludwig II. von Bayern"
- II,21	"Kaiser Wilhelm I."
- II,22	"Kaiser Friedrich."
Bd.2, 1	*"Prinz Wilhelm"*
Bd.2, 2	*"Großherzog von Baden"*
Bd.2, 3	*"Boetticher"*
Bd.2, 4	*"Herrfurth"*
Bd.2, 9	*"Graf Caprivi"*
Bd.2,10	*"Kaiser Wilhelm II."*

5. Angabe der Tätigkeiten und Erfahrungen Bismarcks

- I,4	"Diplomat"
- I,9	"Reisen. Regentschaft"
- II,14	"Bruch mit den Konservativen"
- II,15	"Intriguen"
Bd.2, 7	*"Wandlungen"*
Bd.2, 8	*"Meine Entlassung"*

Besonders deutlich wird das Bemühen um möglichst weite Bezeichnungen in den Angaben von Orten und der Tätigkeiten und Erfahrungen Bismarcks. Hier zeigt sich, daß die *Oberbegriffe* meist nichts anderes als Stichwörter sind, deren Bedeutungsumfang entsprechend weit und ungenau ist.

Dies wird bereits in der Formulierung der Überschrift deutlich, ohne daß man diese in Bezug zum entsprechenden Kapitel setzen muß. Titel wie "Erfurt, Olmütz, Dresden", "Sanssouci und Coblenz", "Unterwegs zwischen Frankfurt und Coblenz", "Reisen, Regentschaft", "Intriguen" wirken wie eine Sammelbezeichnung für mehrere mögliche Themen. Aber auch Angaben wie "Bis zum ersten Vereinigten Landtage", "Krimkrieg, Wochenblattspartei" lassen den weitgespannten Erzählrahmen vermuten, den die Kapitel tatsächlich auch zeigen. Eine Ausnahme bilden die Überschriften "Rückblick auf die Preußische Politik", "Dynastien und Stämme" und "Zuküftige Politik Rußlands", in denen der reflexive Charakter des Inhalts treffend erfaßt wird.

So sehr Bucher sich also um eine chronologische Ordnung bemüht hat, so sehr wird deutlich, daß er eine exakte Chronologie nicht gefunden hat und auch - hinsichtlich des ihm vorliegenden Inhalts - gar nicht finden konnte. Er mußte sich im Gegenteil einer möglichst weitgefaßten und damit ungenauen Begrifflichkeit bedienen, um überhaupt eine annähernde Entsprechung zwischen (chronologischer) Gestalt und Gehalt herzustellen. Auf diese Weise faßt ein großer Teil der Kapitel "je unter einem Gesammttitel verschiedenartige Stücke zusammen, die nicht immer dem Titel entsprechen."[6]

So problematisch dieses von Bucher entworfene grobe *Strukturdach* ist, das selbst schon die Dominanz des sich chronologischen Kriterien nicht fügenden *Gedankens* über die *Erinnerungen* widerspiegelt, so hat es aber paradoxerweise die Memoiren als Gesamtwerk erst ermöglicht. Daß Bismarck selber diese nachträgliche Chronologisierung akzeptiert hat, ohne sie jemals zu seinem eigenen Erzählprinzip zu machen, bedeutet unter literaturwissenschaftlichem Gesichtspunkt, daß der äußere Aufbau zwar als konstituierendes, nicht aber als konstitutives Merkmal der Memoiren zu bewerten ist.

3.2 Das konstitutive Erzählprinzip Bismarcks

Die Einsicht in die fehlende systematische Strukturierung der Memoiren führt zu der Frage nach dem konstitutiven Erzählprinzip in ERINNERUNG UND GEDANKE. Die Beantwortung dieser Frage verweist auf den Erzähler Bismarck und die Art und Weise seines Erzählens.

Unter diesem Aspekt ist für die gesamten Memoiren grundlegend, daß der Erzähler seine eigene Person nicht zurücknimmt und sich in der Darstellung der eigenen Vergangen-

---

6 Marcks, a.a.O., S. 32.

heit nicht als Objekt der Handlungen anderer, sondern als
handelndes Subjekt präsentiert. Es ist diese rollenbewußte
Erzählperspektive, auf der auch das spezifische Erzählprinzip Bismarcks in seinen Memoiren gründet.

Der Beweisführung dieser These dient im folgenden die Interpretation des ersten Kapitels der Memoiren. Ihr liegt
die Überlegung zugrunde, daß das Rollenbewußtsein nur dann
ein wirklich *universales* ist, wenn es sich überall in den
Memoiren auffinden läßt. Das gilt auch oder gerade für einen Teil, der von seinem Thema her der spezifischen Rollenpräsentation Bismarcks wenig entspricht: seine Kind-
heits- und Jugendjahre.

Gerade unter dem Gesichtspunkt, daß die in dieser Zeit
sich vollziehende Identitätsentwicklung sicherlich nicht
das Thema des politischen Memoirenschreibers sein wird,
daß aber andererseits der Erzählstoff nicht geeignet erscheint, sich dem Rollenbewußtsein gemäß zu inszenieren,
ist die Betrachtung des ersten Kapitels "*Bis zum ersten
Vereinigten Landtage*" aufschlußreich.[7] Denn hier wird
deutlich, daß es Bismarck nicht um Auseinandersetzung mit
den "eigentlich prägenden, in vieler Hinsicht identitätsstiftenden Elemente[n]"[8] seiner Kinder- und Jugendzeit
geht, sondern um Darstellung des erzählten Ichs im rollen-
gemäßen Bewußtseinshorizont des Ich-Erzählers.

An den Anfang seiner Memoiren stellt Bismarck kein einlei-
tendes Vorwort, sondern das entschiedene Bekenntnis einer
weltanschaulichen Haltung, deren Entstehungsgründe er kurz
erläutert, um sie dann zu begründen und näher zu veranschaulichen:

"Als normales Produkt unsres staatlichen Unterrichts verließ
ich 1832 die Schule als Pantheist, und wenn nicht als Repu-

---

7 In diesem Zusammenhang sei daran erinnert, daß dieses Kapitel
  zwar schon 1890 skizziert wurde, aber erst im Juni 1891 - als
  eines der letzten Diktate - vervollständigt wurde. Vgl. Ritter,
  a.a.O., S. XV.
8 Gall, Bismarck, a.a.O., S.27.

blikaner, doch mit der Ueberzeugung, daß die Republik die vernünftigste Staatsform sei, und mit Nachdenken über die Ursachen, welche Millionen von Menschen bestimmen könnten, Einem dauernd zu gehorchen, während ich von Erwachsenen manche bittre oder geringschätzige Kritik über die Herrscher hören konnte."[9]

Unter Auslassung der ersten siebzehn Jahre seines Lebens (der Leser erfährt hier nichts über Kindheit und Jugendzeit) setzt Bismarcks Erzählung mit der Beendigung seiner Schulzeit und der zu dieser Zeit erreichten politischen und weltanschaulichen Haltung ein. Darlegung und Begründung dieser Haltung liefern die Perspektive, unter der schlaglichtartig Studienjahre und Referendarzeit beleuchtet und beurteilt werden, so daß der Erzähler von Beginn an das Gewicht der Darstellung auf persönliche Anschauungen und Reflexionen legt.

So faßt Bismarck seine, tatsächlich häufig leidvolle, Schulerfahrung im ersten Kapitel in wenigen Sätzen zusammen, die ein so dezidiertes Urteil verraten, daß es schwerfällt, in dieser Haltung den versuchten Nachvollzug des Bewußtseins eines Siebzehnjährigen zu erkennen; dem Erzähler geht es hier vielmehr um rückblickende Kritik und Distanzierung.

Bismarck verließ die Schule zwar tatsächlich "mit oberflächlichen Einsichten und Überzeugungen [...] und ohne feste Lebenspläne oder gar Studienziele"[10], und in der spöttisch anmutenden Formulierung "*normales Produkt*" zeigt sich auch ein resignativer Zug; wie anders jedoch wirken private Äußerungen Bismarcks, in denen er Zwang, Methode

---

9 EuG, S. 1. In der Zitierung von EuG wird auf die textkritischen Anmerkungen hinsichtlich der früheren Stadien des Textes innerhalb der Zitate aus Gründen der Übersichtlichkeit verzichtet. Vgl. dazu den textkritischen Appparat bei Buchner, Erinnerung und Gedanke, a.a.O.
10 Gall, Bismarck, a.a.O., S. 31.

und widernatürliche Dressur der Plamannschen Anstalt kritisiert und grundsätzlich resümiert:

> "Meine Kindheit hat man mir in der Plamannschen Anstalt verdorben, die mir wie ein Zuchthaus vorkam. [...]. Wenn ich aus dem Fenster ein Gespann Ochsen die Ackerfurche ziehen sah, mußte ich immer weinen vor Sehnsucht nach Kniephof. In der ganzen Anstalt herrschte rücksichtslose Strenge [...]. Mit der Turnerei und Jahnschen Reminiszenzen trieb man ein gespreiztes Wesen, das mich anwiderte. Kurz, meine Erinnerungen an diese Zeit sind sehr unerfreulich."[11]

Daß Bismarck in seinen Memoiren diese Kindheitserfahrungen "politisch zugespitzt, aber menschlich zurückhaltend resümiert"[12], zeigt die prosaische Feststellung, er habe von der Plamannschen Lehranstalt

> "deutsch-nationale Eindrücke mitgebracht. Dieselben blieben im Stadium theoretischer Betrachtungen und waren nicht stark genug, um angeborene preußisch-monarchische Gefühle auszutilgen."[13]

Nicht um Darlegung seiner damaligen emotionalen Situation und der identitätsstiftenden Elemente geht es dem Erzähler, nicht einmal um ein chronologisches Resümee der Jugend- und Schulzeit; das inhaltliche Gewicht liegt auf der Verfolgung grundsätzlicher Gedanken, die der Erzähler aus nachträglicher Sicht sich scheinbar folgerichtig entwickeln läßt.

Dadurch unterliegt die Schilderung der Jugend- und Ausbildungszeit eher einer inneren, dem Bewußtseinshorizont des gegenwärtigen Erzählers zuzuordnenden Logik als der Orientierung am dokumentarischen Substrat. Das Dokumentarische ist vielmehr der schlaglichtartig beleuchtete Ausgangspunkt für die Verfolgung einer bestimmten Selbstpräsentation.

---

11 Bismarck in einem Gespräch mit Keudell, in: Keudell, Robert von, Fürst und Fürstin Bismarck, Erinnerungen aus den Jahren 1846 bis 1872, Berlin, Stuttgart 1901, S. 160/161.
12 Engelberg, Ernst, Bismarck, Urpreuße und Reichsgründer, Berlin 1985, S. 97.
13 EuG, S. 1.

Die Erzählperspektive ist also von Beginn an durch das Bewußtsein des gegenwärtigen Erzählers geprägt und zwar in der Weise, daß dieser Vergangenes meist in seinem Bezug zur Erzählgegenwart referiert. Erfahrungen, die durchaus unmittelbar und mit authentisch wirkender Spontaneität geschildert werden, sind eingebettet in vor- und nachgeschaltete Erläuterungen, so daß die Unmittelbarkeit der Schilderung relativiert wird durch den übergeordneten Sinnzusammenhang des Kontextes. Diese Vorgehensweise zeigt sich noch deutlicher im zweiten Teil des ersten Kapitels, der stärker als der erste Teil von einer chronologischen Einordnung abgehoben und durch eine reflektierende Betrachtungsweise geprägt ist.

Endete der erste Teil mit dem Hinweis auf die unbefriedigende Referendarzeit in Potsdam und Aachen und der Rückkehr zu den elterlichen Gütern, deren Bewirtschaftung Bismarck übernahm, so geht es zu Beginn des zweiten Teils um seine Schulzeit; der zweite Teil geht also vor die Einleitung des ersten Teils zurück, der ja mit der Beendigung der Schulzeit einsetzte.

Diese Sprengung der zeitlichen Verbindung zwischen beiden Teilen des Kapitels zeigt einen erneuten Ebenenwechsel der Erzählung an und läßt vermuten, daß der Erzähler wiederum auf Lebensgeschichtliches auswählend zurückgreift, um es einem Leitgedanken seiner Schilderung zu unterwerfen. Schon der erste Satz zeigt dann auch, daß es ihm um einen bestimmten Gesichtspunkt geht, dessen Erläuterung die darauf folgende Erwähnung der Schulzeit und der Eltern dienen wird: "Die in meiner Kindheit empfangenen Eindrücke waren wenig dazu angethan, mich zu verjunkern."[14]

Im folgenden Abschnitt geht es Bismarck deshalb darum, am Beispiel seiner Erfahrungen aus der Schulzeit und einer kurzen Beschreibung der weltanschaulichen Haltung seiner Eltern das vermeintliche Vorurteil zu widerlegen, "daß die

---

14 EuG, S. 11.

Erinnerung an Bevorrechtigung des Adels der Ausgangspunkt meiner innern Politik gewesen wäre"[15]:

> "In der nach Pestalozzi'schen und Jahn'schen Grundsätzen eingerichteten Plamann'schen Erziehungsanstalt war das 'von' vor meinem Namen ein Nachtheil für mein kindliches Behagen im Verkehre mit Mitschülern und Lehrern. Auch auf dem Gymnasium zum Grauen Kloster habe ich einzelnen Lehrern gegenüber unter dem Adelshasse zu leiden gehabt, der sich in einem großen Theile des gebildeten Bürgerthums als Reminiscenz aus den Zeiten vor 1806 erhalten hatte."[16]

Auch die Beschreibung der Eltern, die Betonung, der Vater sei "vom aristokratischen Vorurtheile frei"[17] gewesen und auch die Auffassungen der Mutter seien "eher liberal als reactionär"[18] gewesen, sowie die Bemerkung, daß die Geburt ihm "niemals als Ersatz für Mangel an Tüchtigkeit gegolten"[19] habe, dienen einem – in politischen Memoiren häufig anzutreffendem – Zweck: der Rechtfertigung.

Bismarck geht es hier also keineswegs um Wiedergabe historischer Begebenheiten oder einer Auseinandersetzung mit seinen Kindheits- und Jugenderfahrungen, die durch eine frühe innere Entfremdung von seinem Elternhaus geprägt waren[20]; die Vergangenheit bietet vielmehr einen losen, unverbindlichen Rahmen, innerhalb dessen sich der Erzähler frei bewegt und wie aus einem reichen Fundus *die* Bestandteile heranzieht, die seiner Darstellungsabsicht dienlich sind. Der Wechsel der Erzählebene bedingt den großzügigen

---

15 EuG, S. 12.
16 EuG, S. 11/12.
17 EuG, S. 12.
18 Ebd.
19 EuG, S. 13.
20 Vgl. Gall, Bismarck, a.a.O., S. 27. Gall verweist in diesem Zusammenhang auf den Werbebrief Bismarcks im Dezember 1846 an Heinrich von Puttkamer, in dem Bismarck die Entfremdungserfahrung so formuliert: "Ich bin meinem elterlichen Hause in frühester Kindheit fremd und nie wieder völlig darin heimisch geworden, und meine Erziehung wurde von Hause her aus dem Gesichtspunkt geleitet, daß alles der Ausbildung des Verstandes und dem frühzeitigen Erwerb positiver Kenntnisse untergeordnet blieb." Bismarck, Otto von, in: Rein, Gustav Adolf von (Hg.), unter Mitwirkung v. Busse, Ulrich, Werke in Auswahl, Bd. 1, Das Werden des Staatsmannes, 1815-1862, Teil 1, 1815-1854, Darmstadt 1962, S. 64.

Umgang mit der Chronologie; oft entsteht der Eindruck des mündlichen Vortrages, in dem assoziativ aneinandergereihte Erzählelemente aufeinanderfolgen.

Diese Freiheit im Umgang mit dem geschichtlichen Material im Hinblick auf Anordnung und Auswahl läßt nichts von einer Unterwerfung unter den, den Memoiren so oft verordneten, Dokumentationszwang spüren, sondern vermittelt eher den Eindruck, daß der Erzähler seiner Fabulierlust freien Lauf läßt. Indem die Bindung des erzählenden Ichs an äußere Begebenheiten ersetzt wird durch die Bindung der äußeren Begebenheiten an das erzählende Ich, entsteht ein Kaleidoskop locker aneinandergereihter Erzählungen, die durch einen anderen als den chronologischen Ordnungsgedanken zusammengehalten werden.

Dieser Ordnungsgedanke - der rote Faden dieses Kapitels - kreist um zwei bestimmte Themen, in die die Erzählung Bismarcks immer wieder einmündet: zum einen geht es ihm um die Darlegung der ihn prägenden Lebensformen, der traditional-aristokratisch-ländlichen Lebensform und des daraus entstehenden Konflikts mit der bürgerlich-bürokratisch-städtischen Lebensform. Zum zweiten nimmt Bismarck Stellung zum Absolutismus und zur Bürokratie und unterstreicht dabei seine kritische Einschätzung, zum Teil in vehementer ironisch-distanzierter Art und Weise.

Das Gewicht der Erzählung liegt also weniger auf der *Erinnerung* (als einer Erzählebene) als vielmehr auf den *Gedanken* (als der anderen Erzählebene), die das erzählerische, an das Rollenbewußtsein gebundene Organisationszentrum sind.

Auch die Erwähnung der Universitätszeit, zu deren Beginn Bismarck "zunächst zur Burschenschaft in Beziehung gerieth, welche die Pflege des nationalen Gefühls als ihren Zweck bezeichnete"[21], ist nur äußerer Erzählanlaß; tatsäch-

---

[21] EuG, S. 2.

lich erfährt der Leser nichts über das, wie es Engelberg formuliert, "draufgängerische[...] und schuldenmachende[...] Studententreiben"[22] von Bismarck. Die Extravaganzen seines Habitus, die Lustlosigkeit seinem Studium gegenüber beläßt Bismarck im Dunkel.[23] Dagegen geben die Briefe Bismarcks aus dieser Zeit ein anschauliches Bild des freizügigen Studentenlebens und des beginnenden Zweifels an dieser Form der Existenz:

> "*En attendant* lebe ich hier wie ein *gentleman*, gewöhne mir ein geziertes Wesen an, spreche viel französisch, bringe den größten Theil meiner Zeit mit Anziehen, den übrigen mit Visitenmachen und bei meiner alten Freundin der Flasche zu; des Abends betrage ich ich mich im ersten Range der Oper so flegelhaft als möglich."[24]
> "Mein Leben ist wirklich etwas kärglich, bei Lichte besehen [...]. Ich glaube schwerlich, daß mich die vollkommenste Erreichung des erstrebten Zieles, der längste Titel und der breiteste Orden in Deutschland, die staunenswertheste Vornehmheit, entschädigen wird, für die körperlich und geistig eingeschrumpfte Brust, welche das Resultat dieses Lebens sein wird."[25]

In seinen Memoiren schweigt Bismarck sich über diese Hintergründe aus und formuliert die Gründe für seine Distanzierung von der Burschenschaft "staatsmännisch gemessener und politisch vorsichtiger"[26]:

> "Aber bei persönlicher Bekanntschaft mit den Mitgliedern derselben mißfiel mir ihre Weigerung, Satisfaction zu geben, und ihr Mangel an äußerlicher Erziehung und an Formen der guten Gesellschaft, bei näherer Bekanntschaft auch die Ex-

---

22 Engelberg, a.a.O., S. 124.
23 Besonders schmeichelhaft sind die Äußerungen seiner Biographen über diese Zeit in der Tat nicht: "Der Student Bismarck trank, er hatte Mädchengeschichten, anstelle der juristischen Texte las er lieber Byron und Walter Scott - und er machte große Schulden. Die Universitätsverwaltung mißbilligte sein Verhalten: Er mußte drei Tage im Karzer verbringen, zeigte aber keinerlei Anzeichen von Reue. Zu jener Zeit unterschied er sich, abgesehen von seiner aggressiven Vulgarität, kaum von den goldbetreßten Müßiggängern an anderen Universitäten." Palmer, a.a.O., S. 18.
24 Bismarck in einem Brief an seinen Göttinger Studienfreund Scharlach am 14. November 1833, in: Rein, Werke in Auswahl, Bd. 1, Teil 1, a.a.O., S. 5. Kursiv kennzeichnet die lateinische Schrift im Original.
25 Bismarck an Scharlach am 18. Juni 1835, ebd., S. 11.
26 Engelberg, a.a.O., S. 116.

travaganz ihrer politischen Auffassungen, die auf Mangel an
Bildung und an Kenntniß der vorhandnen, historisch gewordnen
Lebensverhältnisse beruhte, von denen ich bei meinen siebzehn Jahren mehr zu beobachten Gelegenheit gehabt hatte als
die meisten jener durchschnittlich älteren Studenten. Ich
hatte den Eindruck einer Verbindung von Utopie und Mangel an
Erziehung."[27]

Erinnert man sich an die Briefe Bismarcks, in denen er
sich offen zu seinem ungezügelten, durch *äußerliche Erziehung und Formen der guten Gesellschaft* weitgehend un-
beeinflußten Studentenleben bekennt, so überrascht es, daß
gerade das Fehlen dieser Erziehung hier die von ihm vehement verfochtene Ursache seiner Distanzierung von der
(Göttinger) Burschenschaft ist.[28] Abgesehen davon, daß es

"bemerkenswert und psychologisch interessant [ist], daß Bismarck, um seine Ablehnung der Burschenschaft zu begründen,
selbst noch in seinem von vielerlei Nebenabsichten gelenkten
Erinnerungswerk an erster Stelle die Verweigerung des Duells
nennt"[29],

zeigt sich in der Kritik am Mangel von Bildung und Kennt-
nissen der Burschenschaftler über die "*historisch gewordnen Lebensverhältnisse*" der Verweis auf eine Grundlage des
Selbstverständnisses Bismarcks: die "Traditionen der land-
adligen Gutsherrschaft und der preußischen Monarchie [...]."[30] Daß diese Traditionen prägendes Gewicht für
Bismarck erlangten, wird auch in einer Bemerkung in den
wenigen Sätzen des Rückblicks auf die Schulzeit deutlich,

---

27 EuG, S. 2.
28 Tatsächlich gab es, wie Engelberg betont, eine andere, entscheidende Ursache dafür, daß sich Bismarck von der Burschenschaft
abwandte und in das Korps "Hannovera", eine schlagende Verbindung, eintrat: Bismarcks Plan, in den Staatsdienst einzutreten,
wäre durch die Mitgliedschaft in der Burschenschaft äußerst gefährdet gewesen, da diese nicht als staatsloyal eingestuft wurde und seit 1831 einen radikaleren Kurs verfolgte. Der deutsche
Bundestag verbot dann auch zwei Jahre später den Eintritt ehe-
maliger Burschenschaftler in den Staatsdienst. Vgl. Engelberg,
a.a.O., S. 116.
29 Ebd., S. 117.
30 Ebd.

in denen er betont, daß seine "geschichtlichen Sympathien
[...] auf Seiten der Autorität"[31] blieben.

Was Bismarck hier darlegt, sind die Wurzeln seiner weltanschaulichen und politischen Haltung; das dokumentarische Material dient ihm dabei als Mittel zum Zweck der Selbstpräsentation. Diese typische Verfahrensweise zeigt sich auch in der Erwähnung des Frankfurter Putsches und des Hambacher Festes; auch diese Ereignisse dienen Bismarck dazu, seine Einstellungen wiederzugeben:

> "Diese Erscheinungen stießen mich ab, meiner preußischen
> Schulung widerstrebten tumultuarische Eingriffe in die
> staatliche Ordnung [...]."[32]

Nicht als dokumentarischer Zeitzeuge präsentiert sich der Erzähler hier, sondern er verfügt im Hinblick auf seine subjektive Darstellungsintention auswählend über einzelne geschichtliche Episoden, die er präsentiert, um sich als Subjekt zu inszenieren. In diesem Verfahren wird das Rollenbewußtsein Bismarcks deutlich, das den Memoiren seinen Stempel von Beginn an aufdrückt.

So steht auch die Schilderung der Referendarzeit (im ersten Teil des ersten Kapitels) ganz im Zeichen einer kritischen Beurteilung durch Bismarck, der seine Erzählung mit den Worten einleitet:

> "Die Personen und Einrichtungen unsrer Justiz, in der ich zunächst beschäftigt war, gaben meiner jugendlichen Auffassung
> mehr Stoff zur Kritik als zur Anerkennung."[33]

Darauf folgt die lebendige Beschreibung der einzelnen, vom jungen Bismarck absolvierten Ausbildungsstationen, die immer zugleich auch wieder als Folie einer kritischen Bewertung der Institutionen und ihrer Repräsentanten dienen. So

---

31 EuG, S. 1."Autorität aber hieß: die hergebrachte Ordnung, das
   alte Preußen, der Vorrang von Krone und Adel, des Landes und
   der bäuerlichen Verhältnisse, kurzum die väterliche Welt." Gall,
   Bismarck, a.a.O., S. 31.
32 EuG, S. 2.
33 EuG, S. 5.

vermerkt er die korrupte Verbindung zwischen Justiz und
einflußreichen Mitgliedern der Gesellschaft, namentlich
des Fürsten Wittgenstein, in dessen Verantwortung

> "Akten von dem Justizministerium eingefordert und, wenigstens
> während meiner Thätigkeit an dem Criminalgerichte, nicht zu-
> rückgegeben wurden."[34]

Auch hier trifft Bismarck in seiner einleitenden Bemerkung
gleich wieder ein aus zeitlicher Distanz getroffenes Gesamturteil, das sich von der Unmittelbarkeit der Schilderung abhebt:

> "Die Klubeinrichtungen der Betheiligten, die Stammbücher, die
> gleichmachende Wirkung des gemeinschaftlichen Betreibens des
> Verbotenen durch alle Stände hindurch – alles das bewies
> schon 1835 eine Demoralisation [...]."[35]

Bismarck stellt auf diese Weise - bei aller Direktheit und
Spontaneität des Erzählens - immer wieder die Präsenz seines in der Erzähl*gegenwart* herrschenden Bewußtseins in den
Vordergrund, dessen Darstellung seine wesentliche Erzählabsicht ist. Deshalb liefert Bismarck auch keinen zusam-
menhängenden, die Entwicklungsstufen seiner Jugendjahre
nachvollziehenden Lebensbericht; er präsentiert vielmehr
die gewichtige Kompetenz des die Vergangenheit souverän
überblickenden Staatsmannes.

Er versäumt es dabei nicht, lebhafte Momentaufnahmen in
anekdotenhafter Zuspitzung zu geben. So veranschaulicht er
seine Kritik am Ausbildungsleiter Prätorius, den er als
"unfähigsten Rathe"[36] bezeichnet, mit einer beißenden und
komischen Episode über diesen, der

> "in den Sitzungen, wenn behufs der Abstimmung aus einem
> leichten Schlummer geweckt, zu sagen pflegte: 'Ich stimme
> wie der College Tempelhof', und gelegentlich darauf aufmerk-
> sam gemacht werden mußte, daß Herr Tempelhof nicht anwesend
> sei."[37]

---

34 EuG, S. 6.
35 Ebd.
36 Ebd.
37 Ebd.

Auch in der weiteren Beschreibung bedient sich der Erzähler höchst uncharmanter Attribute, die er Herrn Prätorius zuordnet. Auf Anfragen reagierte dieser

> "in der verdrießlichen Stimmung eines zur Unzeit geweckten ältern Herrn, der außerdem die Abneigung mancher alten Bureaukraten gegen einen jungen Edelmann hegte."[38]

Dazu redete er "mit geringschätzigem Lächeln"[39] und "lispelnden Zungenanschlage"[40]. Alle diese Erfahrungen während seiner Ausbildungszeit, auch

> "das folgende Studium der Bagatellprozesse, wo der ungeschulte junge Jurist wenigstens eine Uebung im Aufnehmen von Klagen und Vernehmen von Zeugen gewann, wo man ihn im Ganzen aber doch mehr als Hülfsarbeiter ausnutzte, wie mit Belehrung förderte"[41],

sowie die anschließende Verwaltungstätigkeit in Aachen führen dazu, daß Bismarck seine Ausbildung mit einer "geringen Meinung von unsrer Bureaukratie im Einzelnen und in der Gesammtheit"[42] abschließt.

Der Erzähler hat damit eine erzählerische Sinnkonfiguration hergestellt, die er in einleitenden Worten vorbereitet, durch Beispiele veranschaulicht und begründet, um dann um so überzeugender das Eingangsstatement als fundiertes Gesamturteil wiederholen zu können. Dies ist ein fundamentales erzähltechnisches Element in ERINNERUNG UND GEDANKE, das die Strukturierung des zu Referierenden unter einer spezifischen Erzählintention ermöglicht.

Die Erzählabsicht ist nicht gerichtet auf ein vorsichtiges und suchendes Sich-leiten-Lassen an der eigenen Lebensgeschichte zum Zweck der Selbsterforschung; dieser autobiographische Impetus der introspektiven, immer wieder aufs Neue im Erzählakt reflektierenden Schau liegt Bismarck

---
38 Ebd.
39 Ebd.
40 EuG, S. 7.
41 Ebd.
42 EuG, S. 8.

fern. Nicht der Nachvollzug seiner sozialen und gesellschaftlichen Integrationsprozesse liefert ihm den Stoff für seine Memoiren, sondern die Selbstdarstellung als agierendes, auf Wirklichkeitserfahrungen aktiv und selbstbewußt reagierendes Subjekt, das den Integrationsprozeß schon lange vollzogen hat.

Diese Sicherheit ist es auch, die es dem Erzähler Bismarck erlaubt, auf seine jugendliche Naivität und Unerfahrenheit, auf seinen aus späterer Sicht unangebrachten Idealismus und seine zu heftige Kritik zu verweisen:

> "Als ich dann aus dem Staatsdienste in das Landleben überging, brachte ich in die Berührungen, welche ich als Gutsbesitzer mit den Behörden hatte, eine nach meinem heutigen Urtheil zu geringe Meinung von dem Werthe unsrer Bureaukratie, eine vielleicht zu große Neigung zur Kritik mit."[43]

Gerade auch diese Stellen steigern nicht nur die Glaubwürdigkeit der Schilderung, sondern unterstreichen den Anspruch des Erzählers, als abgeklärter Beobachter aus souveräner Distanz Stationen seiner Laufbahn zu resümieren, indem er das unmittelbar Geschilderte aus der reflektierten Perspektive des 75-jährigen betrachtet.

Das Ziel solcher 'Selbstkritik' ist nicht eine grundsätzliche Infragestellung früherer Positionen und die kritische Auseinandersetzung mit ihnen. Die Formulierung erinnert eher an die großzügige Zubilligung eines als nicht gravierend eingestuften jugendlichen Irrtums, der augenzwinkernd betrachtet wird; man hat den Eindruck, daß Bismarck sich durchaus genüßlich der Art und Weise erinnert, in der er seiner Kritik Ausdruck verlieh:

> "Ich erinnere mich, daß ich als stellvertretender Landrath über den Plan, die Wahl der Landräthe abzuschaffen, gutachtlich zu berichten hatte und mich so aussprach, die Bureau-

---

43 EuG, S. 9.

kratie sinke in der Achtung, habe dieselbe nur in der Person
des Landraths bewahrt, der einen Januskopf trage, ein Gesicht in der Bureaukratie, eins im Lande habe."[44]

In dieser Passage, die unmittelbar an die vorher zitierte
anschließt, kann nicht die Rede sein von Zerknirschung angesichts der Rückschau auf früheres Fehlverhalten; viel
eher wirkt sie wie die lustvolle Vergegenwärtigung einer
in origineller Formulierung geübten Kritik. Worauf es dem
Erzähler aber vor allem ankommt, zeigt die darauf folgende
Kommentierung und Beurteilung der damaligen Bürokratie,
wobei das zuvor Geschilderte nun in reflektierender Sicht
weitergeführt und die erwähnte Kritik auf die beschriebenen Verhältnisse argumentierend ausgedehnt wird.

Bismarck vermutet eine größere "Neigung zu befremdendem
Eingreifen in die verschiedensten Lebensverhältnisse [...]
unter dem damaligen väterlichen Regimente"[45], beurteilt
aber "Bildung und Erziehung [der Beamten] höher als ein
Theil der heutigen"[46], wenn auch ihre Tätigkeit "sich ohne
locale Sachkunde auf Details zersplitterte, in Betreff deren die Ansichten des gelehrten Stadtbewohners am grünen
Tische nicht immer der Kritik des bäuerlichen gesunden
Menschenverstandes überlegen waren."[47] Vor allem

"der Mangel an höheren Aufgaben brachte es mit sich, daß sie
kein ausreichendes Quantum wichtiger Geschäfte fanden und
in ihrem Pflichteifer sich über das Bedürfniß der Regierten
hinaus zu thun machten, in die Neigung zur Reglementirerei,
zu dem, was der Schweizer 'Befehlerle' nennt, geriethen."[48]

Der Erzähler erhebt sich hier ausdrücklich aus der Sphäre
der Vergangenheit, indem er einen Vergleich zur Gegenwart
zieht und seine Betrachtungen theoretischen Charakter annehmen. Überzeugend wirkt die Abwägung unterschiedlicher
Gesichtspunkte des betrachtenden Gegenstandes, wobei gerade im Hinblick auf Bismarcks dezidierte Abneigung gegen

---
44 Ebd.
45 Ebd.
46 Ebd.
47 Ebd.
48 Ebd.

bürokratische Eingriffe sein wohlwollendes Verständnis selbst gegenüber bürokratischem Übereifer überrascht.

Die Erzählabsicht richtet sich auf die Kritik an einem von den konkreten Verhältnissen abgehobenen und sich immer mehr verselbständigenden bürokratischen Verwaltungssystem, dessen Vertreter theoretisch geschult, den praktischen Erfordernissen jedoch entfremdet und deshalb nicht gewachsen sind. Zwischen den Zeilen zeigt sich Bismarcks vehementes Eintreten für ein an der konkreten Wirklichkeit orientiertes handelndes Subjekt, das in nüchterner Abwägung vorliegender Verhältnisse zielgerichtet agiert.

Mit der folgenden Passage vollzieht der Erzähler den oben erwähnten Zeitenwechsel explizit, indem er durch "einen vergleichenden Blick auf die Gegenwart"[49] nun in staatsmännisch reflektierender Manier die Aufblähung des bürokratischen Apparats, dessen Verselbständigung und die Nachteile der kommunalen Selbstverwaltung kritisiert. Durch den Rekurs auf die Gegenwart präzisiert Bismarck den Anspruch, Strukturen zu verdeutlichen, die hinter der Erscheinung liegen, indem er unterschiedliche Zeitschienen parallelisiert und so das überzeitlich Typische der von ihm verfolgten Idee herausfiltert.

Das Erkennen und Darlegen von Gesetzmäßigkeiten trägt dazu bei, daß die Schilderung subjektiver Erfahrungen einen intersubjektiven Anspruch erhält, und verdeutlicht den Anspruch des Ich-Erzählers, kompetente Deutungsinstanz individuellen Erlebens zu sein. Das Engagement dieser Ausführungen, die vergleichende Betrachtung der Vergangenheit und Gegenwart und die Sicherheit getroffener Urteile offenbaren schon zu Beginn seines Erinnerungswerkes, daß es Bismarck im wesentlichen um Darstellung seines kompetenten Urteils geht, das immer wieder die Beziehung der Vergangenheit zu der ihn um so vieles mehr interessierenden Gegenwart herstellt.

---

49 Ebd.

Dies zeigt sich auch deutlich in der Art und Weise, in der
Bismarck nach der - oben zitierten - Schilderung seiner
Eltern fortfährt. Auf den folgenden vier letzten Seiten
des ersten Kapitels legt er in einer ausführlichen Stellungnahme seine Haltung zum Absolutismus und der Bürokratie dar, distanziert sich dabei von einem "uncontrollirte[n] Absolutismus, wie er durch Louis XIV. zuerst in
Scene gesetzt wurde"[50], unterstreicht seine "Abneigung gegen die Herrschaft der Bureaukratie"[51], um dann zu seiner
erstmaligen Teilnahme am Ersten Vereinigten Landtag und
den damit verbundenen Umständen zu kommen.

Die Erwähnung des Beginns seiner politischen Tätigkeit integriert Bismarck übergangslos und wie selbstverständlich
wirkend in den bisherigen Erzählfluß. Er stellt keine
Überlegungen über die Gründe an, die ihn zum Eintritt in
das politische Leben bewogen, sondern nennt nur die Ursache: daß er als Stellvertreter des erkrankten Abgeordneten
von Brauchitsch einberufen wurde. Schon an diesem erzählerisch bruchlos organisierten Übergang wird deutlich, daß
Bismarck jetzt bei dem eigentlichen Thema seiner Memoiren,
seinem Wirken als Politiker, ist. Diese Perspektive ist
es, aus der die bisherige Schilderung vollzogen und auf
die sie hingeordnet wurde. Bismarck spricht - das wird am
Ende des ersten Kapitels offensichtlich - von Anfang an
als Politiker, der diesem Rollenbewußtsein entsprechend
sein jeweiliges Sujet behandelt.

Die Selbstverständlichkeit, mit der Bismarck diese Rolle
einnimmt, zeigt sich im Verzicht auf die Darlegung eines
lebensgeschichtlichen Zusammenhangs, innerhalb dessen die
Entwicklungslinien skizziert werden, die zu einem bestimmten Zeitpunkt in die politische Tätigkeit führten. So unterläßt Bismarck es vollkommen, auf mögliche Motive, die
ihn zum Eintritt in die politische Tätigkeit bewogen haben
könnten, hinzuweisen. An keiner Stelle läßt sich auch nur

---
50 EuG, S. 13.
51 EuG, S. 14

im entferntesten spüren, daß er "seit langem von nichts sehnlicher träumte als von einer großen öffentlichen Wirksamkeit, daß er von brennendem politischen Ehrgeiz erfüllt war"[52] und es sein "eifriger Wunsch [war], Mitglied des Landtags zu sein."[53]

Bismarck verzichtet nicht nur auf jede nähere Erläuterung seiner beginnenden politischen Tätigkeit, er unterläßt auch jegliche pathetische Inszenierung seines Eintritts in die Politik. Die ersten Eindrücke, die er als Politiker sammelte, leitet er ein mit dem Bekenntnis zu seiner - durch die ihm "unsympathische Art der Opposition des Ersten Vereinigten Landtags"[54] entstandenen - anti-liberalen Haltung.

Die Bemerkungen über seine ersten Erfahrungen im Vereinigten Landtag wirken ausgesprochen nüchtern und verraten eine für seinen Erzählstil typische Bissigkeit in der selbstsicheren Beurteilung einer Situation:

"Die Reden der Ostpreußen Saucken-Tarputschen, Alfred Auerswald, die Sentimentalität von Beckerath, der rheinisch-französische Liberalismus von Heydt und Mevissen und die polternde Heftigkeit der Vincke'schen Reden waren mir widerlich, und auch wenn ich die Verhandlungen heut lese, so machen sie mir den Eindruck von importirter Phrasen-Schablone. Ich hatte das Gefühl, daß der König auf dem richtigen Wege sei und den Anspruch darauf habe, daß man ihm Zeit lasse und ihn in seiner eignen Entwicklung schone."[55]

Schon aus diesen ersten Zeilen geht hervor, daß es Bismarck hinsichtlich seiner Rollenpräsentation nicht um dokumentarische Wiedergabe geht[56], sondern um die Selbstinszenierung als kritischer, die Worthülsen der Oppositionspolitiker und deren Kurzsichtigkeit durchschauender, weitsichtiger und königstreuer Politiker, der - wenn es seine

---

52 Gall, Bismarck, a.a.O., S. 21.
53 Bismarck in einem Brief an seine Braut am 18. Mai 1847, in: Rein, Werke in Auswahl, Bd. 1, Teil 1, a.a.O., S. 140.
54 EuG, S. 14.
55 EuG, S. 14/15.
56 Er nennt in dieser, das erste Kapitel beschließenden Passage nur das Datum seiner ersten Rede im Vereinigten Landtag.

Überzeugung fordert - auch vehement und provokant auftritt.

So schildert Bismarck in der anschließenden Passage in nüchternem, fast gewollt kühl wirkenden Erzählton sein provozierendes und spektakuläres Auftreten im Landtag, einen Auftritt, der immerhin einen Sturm der Empörung in der Landtagssitzung auslöste und Bismarck auf einen Schlag als Politiker und Vertreter der äußersten Rechten bekannt werden ließ:

> "Ich gerieth mit der Opposition in Conflict, als ich das erste Mal das Wort nahm, am 17. Mai 1847, indem ich die Legende bekämpfte, daß die Preußen 1813 in den Krieg gegangen wären, um eine Verfassung zu erlangen, und meiner naturwüchsigen Entrüstung darüber Ausdruck gab, daß die Fremdherrschaft an sich kein genügender Grund zum Kampfe gewesen sein solle. Mir schien es unwürdig, daß die Nation dafür, daß sie s i c h   s e l b s t befreit habe, dem Könige eine in Verfassungsparagraphen zahlbare Rechnung überreichen wolle. Meine Ausführung rief einen Sturm hervor. Ich blieb auf der Tribüne, blätterte in einer dort liegenden Zeitung und brachte, nachdem der Lärm sich ausgetobt hatte, meine Rede zu Ende."[57]

In dieser äußeren Gelassenheit des Tons verbirgt sich allerdings eher offen als verdeckt der, wie es Gall formuliert, "spürbare[...] Genuß"[58], mit dem Bismarck den durch seine Äußerungen entfachten Sturm schildert: gerade indem er sich jeder weiteren Kommentierung der spektakulären Situation enthält, sondern in äußerster erzählerischer Reduzierung das durch ihn ausgelöste Spektakel wiedergibt, entsteht in großer Plastizität das Bild des kühlen, in einer Zeitung blätternden Politikers.

---

57 EuG, S. 15. Anlaß für Bismarcks provokative Rede war die Rede des Abgeordneten Ernst von Saucken-Tarputschens, der die liberale Auffassung vertrat, daß erst durch die inneren Reformen und die durch sie geschürten Freiheitsbestrebungen das Volk die französische Fremdherrrschaft als äußere Unfreiheit hatte einordnen können und mit dem Kampf gegen die Fremdherrschaft eine Verfassungserwartung verbunden habe. In seiner Rede bezeichnete Bismarck diesen behaupteten Zusammenhang als "ungeschichtliche Konstruktion" (Gall, Bismarck, a.a.O., S. 19) und negierte damit alle Ansprüche auf eine Konstitution. Vgl. ebd. S. 18/19.
58 Ebd., S. 19.

Dieser Kontrast zwischen Erzählton und Erzählinhalt und die Selbstpräsentation als souveräner, die Ruhe bewahrender und seine (anti-liberale, königstreue) Position ohne Rücksicht auf Mehrheitsmeinungen vertretender Politiker sind die Ursachen für die erzählerische Wirkung dieser Passage, in der es Bismarck weniger darum geht, über seine politischen Anfänge zu berichten, als vielmehr sein politisches Bekenntnis zu formulieren.

Es ist charakteristisch für den Erzählstil Bismarcks, daß häufig - so wie es hier der Fall ist - die Wirkung des Erzählten auch auf dem nicht wörtlich Formulierten beruht; man kann nur ahnen, was sein Biograph Engelberg hinsichtlich dieser ersten politischen Erfahrung formuliert:

> "Bismarck steht jetzt mitten im politischen Getriebe, er agiert mit allen Kräften, weitet den Kreis seiner Einflußmöglichkeiten vor und hinter den Kulissen des Vereinigten Landtages aus und entdeckt sich mit Freuden selbst auf der politischen Kampfebene, die sein Leben lang die ihm gemäße bleiben wird. Er weiß und findet es mit Befriedigung bestätigt, daß er aufgefallen ist; bei seinen politischen Gegnern im Landtag wegen seiner polemischen Dreistigkeit, bei den Radikalen seines Standes ob seines Beispiels, wie man mit der Opposition verfahren und umspringen sollte. Von den verschiedenen Methoden, mit einer politischen Krisensituation fertigzuwerden, hat sich Bismarck für die des harten Zugriffs entschieden, den er dieses Mal allerdings - daher sein grimmiger Ärger! - aus der Defensive heraus praktizieren muß."[59]

Der Verzicht Bismarcks auf solche reflektierenden Darlegungen seines Selbstverständnisses geschieht aus seinem Rollenbewußtsein heraus, das ihm die kunstvolle Selbstinszenierung in der dargelegten erzählerischen Sparsamkeit erlaubt. In der Auswahl dessen, was erzählt wird, dem Arrangement des ausgewählten Erzählmaterials und der Art und Weise des Erzählens zeigt sich das Rollenbewußtsein des Erzählers in der Schilderung mittelbar, ohne daß es selbst explizit thematisiert wird.

---

59 Engelberg, Bismarck, a.a.O., S. 248.

Erzähltechnisches Mittel dieser effektvollen Selbstdarstellung ist also auch hier die mittelbare Präsentation: die Schilderung seines ersten, in anekdotenhafter Kürze geschilderten Auftritts ist Ausdruck der dahinter stehenden Selbstdarstellungsabsicht Bismarcks.

Der Verweisungscharakter des unmittelbar Geschilderten auf die hinter ihm liegende Erzählabsicht, der kennzeichnend für die mittelbare Präsentation ist, erfüllt an dieser Stelle zwei Aufgaben: zum einen kennzeichnet die Schilderung den Beginn der politischen Laufbahn Bismarcks, zum anderen zeigt sie das (monarchietreue, konservative) Selbstverständnis des Politikers Bismarck. Auf diese Art und Weise erfüllt die mittelbare Präsentation eine doppelte Funktion, die es dem Erzähler hier ermöglicht, sein komplexes Thema (Eintritt in die Politik, politisches Selbstverständnis) in der beschriebenen Kürze und zugleich bildhaften Eindringlichkeit zu behandeln.

Auch in der folgenden, das Kapitel beschließenden Passage, vermittelt Bismarck seine Erzählabsicht, die Bestätigung seiner politischen Haltung durch den König, anhand der situativen Anschaulichkeit einer Begebenheit. Während der zum Zeitpunkt des Vereinigten Landtages stattfindenden Hoffestlichkeiten verhielt sich der König gegenüber Bismarck in einer so distanzierten Weise, daß dieser glaubte, "annehmen zu müssen, daß meine Haltung als royalistischer Heißsporn die Grenzen überschritt, die er [der König] sich gesteckt hatte."[60] Tatsächlich aber erfuhr Bismarck einige Monate später, während eines zufälligen Treffens mit dem König in Venedig[61] und einiger späterer Diners im Schloß dessen volle Billigung seines eigenen Standpunktes:

"Bei dieser Gelegenheit und bei kleinern Diners im Schlosse überzeugte ich mich, daß ich bei beiden allerhöchsten Herrschaften in voller Gnade stand und daß der König, wenn er zur Zeit der Landtagssitzungen vermieden hatte, öffentlich

---

60 EuG, a.a.O., S. 15.
61 Bismarck befand sich in Venedig anläßlich seiner Hochzeitsreise, was er nur nebenbei erwähnt.

mit mir zu reden, damit nicht eine Kritik meines politischen
Verhaltens geben, sondern nur seine Billigung desselben den
Anderen zur Zeit nicht zeigen wollte."[62]

Hatte sich Bismarck in der vorhergehenden Passage als königstreuer und radikal diese Position verfechtender Politiker eingeführt, so rundet er dieses Bild mit der Anerkennung seiner Position durch den König ab.

Die Formulierung Bismarcks entbehrt aber einer durchgängigen Logik; denn tatsächlich gibt er keine folgerichtige Erklärung für die Distanz des Königs. Die Frage, warum denn der König die Billigung der Position Bismarcks nicht öffentlich werden lassen wollte, wird nicht explizit beantwortet. Gerade aber in der impliziten Antwort liegt die Erzählabsicht Bismarcks: er präsentiert sich sozusagen als solidarischer Partner des Monarchen, als dessen geheimes Sprachrohr, das eine königstreue Position vertritt. Genau dieses Bild des mutigen, sich gegen die Majorität wendenden Politikers, der letztlich die Wertschätzung seines Königs und damit Selbstbestätigung erfährt, entspricht der beabsichtigten Selbstpräsentation Bismarcks.

Zugleich deutet sich darin, daß Bismarck die Billigung seiner Position durch den König so vehement betont, ein taktischer Verhaltenszug an, der sich im Laufe seiner politischen Tätigkeit zunehmend ausprägte und darin bestand, "die formelle Verantwortung sozusagen einem Höheren, dem König oder auch einer überirdischen Macht"[63] zuzuschieben und so "seinen eigenen Handlungsspielraum, die Möglichkeiten, Risiken einzugehen und Experimente zu unternehmen"[64] zu vergrößern. Das Selbstbild, das Bismarck am Ende des ersten Kapitels installiert, konstituiert sich aus einem übergeordneten Rahmen, Bismarcks monarchietreuer Haltung, sowie seinem Anspruch, innerhalb dieses Rahmens rollenbe-

---

62 EuG, S. 16.
63 Gall, Bismarck, a.a.O., S. 122.
64 Ebd.

wußt und freizügig hinsichtlich des übergeordneten Interesses zu handeln.

Hat diese Betrachtung des ersten Kapitels gezeigt, in welcher Weise das Rollenbewußtsein Bismarcks als konstitutives Erzählprinzip in ERINNERUNG UND GEDANKE wirkt, so geht es im folgenden Kapitel nun um die Differenzierung und literartypologische Untersuchung der einzelnen Elemente dieses Rollenbewußtseins.

4. Literartypologische Untersuchung von ERINNERUNG UND GEDANKE

Der spezifische Reiz der Memoiren Bismarcks besteht darin - das hat Ludwig Bamberger treffend erfaßt -, Bismarck so betrachten zu können,

> "wie er sich im Spiegel seines eigenen Ich und seiner Thaten der Nachwelt überliefern wollte, und wie er gleichzeitig oder nachträglich auch das Alles selbst nach dem Bild in seinem Auge anschaute [...]."[1]

Bismarck hat mit seinen Memoiren kein quellengetreues Geschichtswerk verfaßt, sondern ein Zeugnis seiner vielschichtigen Persönlichkeit abgelegt, so daß die Authentizität von ERINNERUNG UND GEDANKE in der Darstellung der Persönlichkeit Bismarcks nach Maßgabe seines Rollenbewußtseins liegt.

Die Art und Weise, in der Bismarck sich in seiner Rolle als Politiker präsentiert, zeugt davon, daß er sich seiner geschichtlichen und politischen Bedeutung gewiß ist. Bismarck berichtet nicht als Augenzeuge, sondern als Gestalter einer geschichtlichen Epoche, die er wesentlich mitbestimmte. Er schildert deshalb aus der Perspektive seines geschichtsmächtigen Bewußtseins und arrangiert das Geschehen im Hinblick auf die Präsentation seines spezifischen Rollenbewußtseins:

> "Seine eigene Rolle schätzt Bismarck, ohne einen Anflug von Selbstgefälligkeit, überaus hoch ein; ohne ihn wären alle die großen Thaten unserer Ruhmeszeit ungethan geblieben [...]. [...]. Nur unter dem Gesichtspunkte des politischen Handelns, meistens seines Handelns, interessiren ihn die allgemeinen Gewalten. [...]. Ihm aber kommt all' das doch schließlich nur in Betracht als Stoff für den gestaltenden Staatsmann; nur unter diesem Gesichtspunkte beschäftigt es ihn intensiv."[2]

---

1 Bamberger, Bismarck Posthumus, a.a.O., S. 4.
2 Marcks, a.a.O., S. 74.

Die apologetische Feststellung hinsichtlich der fehlenden Selbstgefälligkeit Bismarcks ausgenommen, erfaßt Marcks das Wesentliche des Rollenbewußtseins, in dem die Verbindung zwischen erzählendem und erzähltem Ich, zwischen Vergangenheit und Gegenwart bereits geleistet ist, so daß Bismarck in seinen Memoiren die permanente Aktualisierung seiner Rollenidentität vollzieht. Hier liegt der Grund dafür, daß der *Gedanke*, der den Memoiren ihren prägenden Zug verleiht, Vorrang hat vor der *Erinnerung*, die eher verfahrenstechnisches Hilfsmittel ist. In der Präsentation dieser Rollenidentität - nicht in der Aktualisierung der Vergangenheit - liegt der besondere Quellenwert, die eigentliche Authentizität von Bismarcks Memoiren, in denen sein Rollenbewußtsein, also die Gegenwart des Erzähler-Ichs, "ihr eigenes Licht auf die Vergangenheit"[3] zurückwirft.

Die Darstellung dieser Rollenidentität ist das eigentliche Thema in ERINNNERUNG UND GEDANKE und die beherrschende Leitidee des Erzählers Bismarck, der in erster Linie seine geschichtliche Mittäterschaft inszeniert und die Schilderung der Außenwelt immer auf seine persönliche Sphäre bezieht.

In der folgenden Untersuchung von ERINNERUNG UND GEDANKE wird unter literartypologischen Gesichtspunkten die Umsetzung dargestellt, in der dieses Rollenbewußtsein zur sprachlichen Wirklichkeit kommt. Es geht in diesem Schritt um die typologische Differenzierung der Komplexität des Rollenbewußtseins. Denn auf der typologischen Ebene ist es möglich, diese Komplexität hinsichtlich der unterschiedlichen Elemente zu analysieren, die die Rollenidentität Bismarcks konstituieren.

In dieser Differenzierung ist die Herauslösung des Machtelements aus dem Rollenbewußtsein die am schwierigsten zu vollziehende; letztlich ist das Rollenbewußtsein Bismarcks

---

3 Ebd., S. 87.

immer auch Machtbewußtsein. Deshalb durchdringt dieses Wissen um die Macht alle anderen hier extrahierten Elemente. Insofern stellt die Untersuchung des Machtelements den Versuch dar, das typologisch Kennzeichnende des Machtbewußtseins herauszufiltern und von hier aus die darin verwobenen weiteren Elemente des Rollenbewußtseins zu untersuchen.

Die Elemente des Rollenbewußtseins werden in ERINNERUNG UND GEDANKE in einer sprachlichen Form vermittelt, die das leidenschaftliche und kämpferische Element, aber auch das nachdenkliche und bedrückende Element ausdrückt. Kennzeichnend für den sprachlichen Stil Bismarcks ist die Verbindung von präziser, nüchtern wirkender Formulierung und bildhafter, anschaulicher Konkretion eines Gedankens, der oft in aphoristischer Form und epigrammatischer Kürze vorgetragen wird. Komplexe, hypotaktische Satzkonstruktionen gebrauchte er ebenso wie knappe, sentenzartige Sätze; durch die Verbindung von beidem entsteht die für den *'Bismarckton'* typische Dynamik der Sprache.

In dieser Sprache findet sich das, was im ersten Teil dieser Untersuchung als die, poetische Sprache kennzeichnende, relationierende Funktion bezeichnet wird: das Herstellen von Sinnbildungsprozessen, innerhalb derer der instrumentelle Charakter der Sprache transzendiert wird. Das ästhetische Moment der Sprache Bismarcks - dies sei vorweggeschickt - liegt darin, *wie* er in und mit Sprache s e i n e Wirklichkeit als eine sinnhaltige erschafft.

Die Sprachkunst und Sprachgewalt Bismarcks sind Ausdruck seines sensiblen Umgangs mit der Sprache, die er nicht nur zweckorientiert, sondern auch kunstvoll handhabt; *in der Art und Weise* also, in der Bismarck sich der Sprache bedient, liegt ihre Ästhetisierung, die das Ergebnis eines steten Suchens nach dem treffenden Ausdruck und der präzisen Formulierung ist. Bismarck selbst hat in seinen Memoiren dieses Ringen um die Sprache in eine sprachphiloso-

phische Reflexion gefaßt, die von ihrer Aktualität nichts
verloren hat:

> "Bei Beantwortung Ihrer beiden letzten Briefe [...] leide ich
> unter dem Gefühl der Unvollkommenheit des menschlichen Aus-
> drucks, besonders des schriftlichen; jeder Versuch, sich
> klar zu machen, ist der Vater neuer Mißverständnisse; es ist
> uns nicht gegeben, den ganzen innern Menschen zu Papier oder
> über die Zunge zu bringen, und die Bruchstücke, die wir zu
> Tage fördern, sind wir nicht im Stande den Andern so wahr-
> nehmbar zu machen, wie wir sie selbst empfangen, theils we-
> gen der Inferiorität der Sprache gegen den Gedanken, theils
> weil die äußern Thatsachen, die wir in Bezug nehmen, sich
> selten zweien Personen unter demselben Lichte darstellen,
> sobald der Eine nicht die Anschauung des Andern auf Glauben
> annimmt, sondern selbst urtheilt."[4]

Dieses quälende Wissen um die durch Sprache gesetzten
Schranken menschlicher Kommunikation, aufgrund derer es
nicht möglich ist, sich dem anderen ganz mitzuteilen,
scheint ein Movens dafür zu sein, daß Bismarck die der
Sprache innewohnenden Möglichkeiten stets auslotet. So ab-
fällig er sich immer wieder über alles *Rhetorische* geäußert hat, so kunstvoll beherrscht er selber die Möglichkeiten des sprachlichen Ausdrucks, der das Instrument seines Handelns war. Denn es ist offensichtlich, daß Bismarck
in der Sprache keinen Selbstzweck sieht, sondern ein Mittel seines Wirkens:

> "Sein Medium war das Wort, war der formulierte Gedanke, wie
> er ihn aussprach und zu Papier brachte. Sein Handeln bestand
> - der Form nach - darin, dass er redete, dass er schrieb."[5]

Es ist dieses Moment des *sprachlichen Handelns*, das jede
politische Kultur kennzeichnet; denn eine politische Kultur ist immer auch eine sprachliche Kultur. In der Sprache
Bismarcks findet sich tatsächlich noch diese *Pflege der*

---

4 Bismarck in einem Brief an Leopold von Gerlach Mai 1857, EuG,
S. 138/139. Die Originalbriefe sind abgedruckt in: Rein, Gustav
Adolf (Hg.), unter Mitwirkung v. Busse, Ulrich, Werke in Auswahl, Bd. 2, Das Werden des Staatsmannes, 1815-1862, Teil 2,
1854-1862, Darmstadt 1963, S. 142 ff.
5 Helbling, Hanno, Nachwort, in: Otto von Bismarck, Aus seinen
Schriften, Briefen, Reden und Gesprächen, Auswahl und Nachwort
v. H.H., Zürich 1976. S. 558.

Sprache, mit der er vielleicht auch auf seine geltend gemachte Skepsis diesem Medium gegenüber, das nicht hintergehbar ist, reagiert.

In seinen Memoiren bedient sich Bismarck am Ende seines Lebens noch einmal dieses Handlungsinstrumentes seiner politischen Existenz; hatte er dieses Instrument bisher gebraucht, um politische Wirklichkeit praktisch zu beeinflussen, so gebrauchte er es nun, um das "was den Inhalt seiner politischen Existenz ausgemacht hatte"[6], zur sprachlichen Wirklichkeit zu bringen. Der apologetische Ton seiner Memoiren ist unverkennbar, denn sie sind rollenbewußte Darstellung eines Politikers, der sein Bild so zeichnet, wie er es verstanden wissen will. Über diese Zeichnung hinaus gelangt Bismarck aber zu einer Fülle tiefer Einsichten über das Wesen der Politik, das Quälende der politischen Existenz und über die Begrenztheit menschlichen Handelns. Daß mit dieser Darstellung immer eine Absicht verbunden ist, mindert nicht die Authentizität von ERINNERUNG UND GEDANKE, denn

> "das Absichtsvolle kann wahr sein, und das Bild, das er ohne falsche Bescheidenheit von seinem Tun gibt, ist in den Umrissen glaubwürdig. Denn es schliesst die 'Wagnisse' des Entscheidens ein, die Bismarck in ihrer psychischen wie in ihrer ethischen Dimension auf die kürzeste Formel gebracht hat mit dem Wort: 'Wo das Müssen anfängt, hört das Fürchten auf.'"[7]

---

6 Ebd., S. 567.
7 Ebd.

4.1 Macht - oder das Schachspiel der Politik

> "Der Strom der Zeit läuft seinen Weg doch,
> wie er soll, und wenn ich meine Hand hineinstecke, so thue ich das, weil ich es für
> meine Pflicht halte, aber nicht, weil ich
> seine Richtung damit zu ändern meine."
>
> Bismarck 1852[8]

Wenn immer wieder betont wird, daß ERINNERUNG UND GEDANKE einen "fast überwältigenden Sinn für Macht"[9] aufweise, so stellt sich die Frage, ob Bismarck sich in seinen Memoiren als bloßer Machtpolitiker in der Weise verstanden und inszeniert hat, in der Max Weber diesen Typus beschreibt:

> "Denn obwohl, oder vielmehr: gerade weil Macht das unvermeidliche Mittel, und Machtstreben daher eine der treibenden Kräfte der Politik ist, gibt es keine verderblichere Verzerrung der politischen Kraft, als das parvenumäßige Bramarbasieren mit Macht und die eitle Selbstbespiegelung in dem Gefühl der Macht, überhaupt jede Anbetung der Macht rein als solcher. Der bloße 'Machtpolitiker', wie ihn ein auch bei uns eifrig betriebener Kult zu verklären sucht, mag stark wirken, aber er wirkt in der Tat ins Leere und Sinnlose."[10]

Um diese Frage beantworten zu können, bedarf es der Klärung dessen, was unter *Macht* überhaupt verstanden wird. In der vorliegenden Untersuchung wird - ungeachtet des in der Politikwissenschaft äußerst umstrittenen Begriffs - auf die von vielen Politologen und Soziologen übernommene und variierte Definition Max Webers zurückgegriffen, der Macht beschreibt, als

> "jede Chance, innerhalb einer sozialen Beziehung den eigenen Willen auch gegen Widerstreben durchzusetzen, gleichviel worauf diese Chance beruht."[11]

---

8 Bismarck in einem Brief an seine Schwiegermutter am 5. Februar 1852, in: Rein, Werke in Auswahl, Bd. 1, Teil 1, a.a.O., S. 456.
9 Gooch, a.a.O., S. 261.
10 Weber, Politik als Beruf, a.a.O., S. 52/53.
11 Weber, Soziologische Grundbegriffe, in: Methodologische Schriften, a.a.O., S. 336.

Angewendet auf den vorliegenden Untersuchungsgegenstand heißt dies, daß *das Macht-Bewußtsein* des politischen Memoirenschreiber das Wissen um das Durchgesetzthaben des eigenen Willens (auch mittels Zwang) ebenso beinhaltet wie das Wissen darum, daß Macht eine zur Disposition stehende, nicht fixierbare Größe ist. Wenn der Politiker immer schon ein nach Macht Strebender ist, dann ist bereits hier das kämpferische Element, d.h. das stete Ringen um Machterhalt wie auch die Furcht vor dem Machtverlust im Wissen um die Bedingtheit der Macht mitangelegt.

In dieser Bestimmung des *Macht-Bewußtseins* zeigen sich bereits die wesentlichen Momente der in den Memoiren zu findenden Machtpräsentation. Vorherrschend in dieser Inszenierung des mächtigen, immer von der Aura des einsamen Kämpfers umgebenen Politikers ist die Hervorhebung der besonderen Einzelexistenz, die kraft ihres Willens ihre Ziele mutig und leidenschaftlich gegen alle Widerstände durchsetzt. In dieser Inszenierung erscheint Bismarck im Sinne Max Webers als *berufener* Politiker, den

> "das Bewußtsein von Einfluß auf Menschen, von Teilnahme an der Macht über sie, vor allem aber: das Gefühl, einen Nervenstrang historisch wichtigen Geschehens mit in Händen zu halten, über den Alltag hinauszuheben [vermag]."[12]

Dieses Bewußtsein einer originalen Existenz, das ERINNERUNG UND GEDANKE durchwirkt, beinhaltet zugleich immer den Glauben an eine Sache, also *das* Element, das die Machtpräsentation nicht zu einer "gänzlich leeren Geste"[13] verkommen läßt:

> "Aber deshalb darf dieser Sinn: der Dienst an einer S a c h e, doch nicht etwa fehlen, wenn anders das Handeln inneren Halt haben soll. Wie die Sache auszusehen hat, in deren Dienst der Politiker Macht erstrebt und Macht verwendet, ist Glaubenssache. [...] - immer muß irgendein Glaube da sein. Sonst

---

12 Weber, Politik als Beruf, a.a.O., S. 50/51.
13 Ebd., S. 53.

lastet in der Tat - das ist völlig richtig - der Fluch kreatürlicher Nichtigkeit auch auf den äußerlich stärksten politischen Erfolgen."[14]

Dieser Glaube an eine Sache, in deren Dienst Bismarck sein Machtstreben stellt, verleiht der Machtpräsentation in den Memoiren ihre *subjektive Wahrheit*. Denn die Ziele, die eingeschlagenen Wege und die angewendeten Mittel, von denen Bismarck in seinen Memoiren Zeugnis ablegt, stehen im Dienst der Staatsräson, für die Bismarck leidenschaftlich kämpft. Es ist dieser Dienst an einer Sache, der wie eine Folie über der Machtpräsentation Bismarcks in ERINNERUNG UND GEDANKE ausgebreitet ist:

> "[...] für mich hat immer nur ein einziger Kompaß, ein einziger Polarstern, nach dem ich steuere, bestanden: *Salus publica!* Ich habe [...] mich immer der Frage untergeordnet: Was ist für mein Vaterland, was ist - solange ich allein in Preußen war - für meine Dynastie, und heutzutage, was ist für die deutsche Nation das Nützliche, das Zweckmäßige, das Richtige?"[15]

Aufgrund der Identifikation seiner Person mit dem Staat gerät Bismarck die Darstellung seines Kampfes für die Sache in seinen Memoiren zur Präsentation seines Machtbewußtseins, aus dem heraus er Geschichte, d.i. *seine* Geschichte schreibt.

Daß dieses Rollenverständnis ein grundlegendes und die Memoiren durchwirkendes erzählerisches Organisationszentrum ist, wird zunächst am Beispiel einer Lebensphase verdeutlicht, in der Bismarck noch keine bedeutende politische Rolle spielte. Denn hier zeigt sich, daß Bismarck aus seinem Rollenbewußtsein heraus in der Darstellung seiner politischen Anfänge seine politische Bedeutung überschätzt.

---

14 Ebd.
15 Bismarck in einer Rede im Deutschen Reichstag am 24. Februar 1881, in: Milatz, Alfred (Hg.), Werke in Auswahl, Bd. 6, Reichsgestaltung und europäische Friedenswahrung, Teil 2, 1877-1882, Darmstadt 1976, S. 509.

In der Schilderung der Ereignisse des Jahres 1848 verleiht er seiner eigenen Rolle eine übertrieben hohe Bedeutung[16], denn tatsächlich "erfuhr da der royalistische Heißsporn einige Ernüchterungen"[17]:

> "Der in der Politik noch unerfahrene Bismarck gehörte zu dieser Zeit entgegen mancher apologetischer Überhöhung, die sein Wirken von späterer Sicht her erfahren hat, keineswegs zu den Hauptagierenden, sondern wurde lediglich als nützlicher Kundschafter benutzt. Nur von dieser Tätigkeit aus rückte er bisweilen vom Rande des Geschehens in dessen Zentrum."[18]

Zwar gesteht Bismarck zu Beginn des Kapitels "*Das Jahr 1848*" ein, "für die politische Tragweite der Vorgänge [...] im ersten Augenblick nicht so empfänglich wie für die Erbitterung über Ermordung unsrer Soldaten in den Straßen"[19] gewesen zu sein, dies aber aus der Überzeugung heraus, daß "der König bald Herr der Sache werden [würde], wenn er nur frei wäre [...]."[20] Deshalb sah Bismarck, so formuliert er fast schon überheblich, "die nächste Aufgabe in der Befreiung des Königs, der in der Gewalt der Aufständischen sein sollte."[21]

Auch wenn Bismarck, wie er es im folgenden schildert, tatsächlich sofort mit Handlungsbereitschaft auf die Revolutionsereignisse reagierte, so hat er insgesamt "in seiner Schilderung der Vorgänge vom März 1848 einiges allzu überhöht dargestellt oder absichtsvoll vereinfacht."[22] So

---

16 Zum Verständnis dieses Kapitels ist es hilfreich, sich die durch die revolutionären Umstände ausgelöste Verunsicherung Bismarcks zu vergegenwärtigen: hatte die Bestätigung durch den König Bismarck in der Hoffnung bestärkt, Politiker im Dienst der Krone zu werden, so versperrte die Revolution "ihm zunächst einmal eine politische Laufbahn im herkömmlichen Sinne, als von der Krone berufener Ratgeber. Und für die Mehrheit der konservativen Kräfte schied er, der politische Scharfmacher vergangener Tage, in dieser Situation als politischer Exponent aus." Gall, Bismarck, a.a.O., S. 69.
17 Engelberg, a.a.O., S. 272.
18 Ebd.
19 EuG. S. 17.
20 Ebd.
21 Ebd.
22 Engelberg, a.a.O., S. 271.

ist zum Beispiel fraglich, ob die durch Bismarck organisierten Bauern, "eifrig bereit, dem Könige nach Berlin zu Hülfe zu ziehen"[23], diese Bereitschaft im Ernstfall auch in die Tat umgesetzt hätten.

Zweifel regen sich auch hinsichtlich der von Bismarck hervorgehobenen generellen Solidarität der Landbevölkerung mit dem König, von der sich allein sein Gutsnachbar distanziert habe[24], der auf der Seite der Revolutionsbewegung stand:

> "Nur mein nächster Nachbar sympathisirte mit der Berliner Bewegung, warf mir vor, eine Brandfackel in das Land zu schleudern, und erklärte, wenn die Bauern sich wirklich zum Abmarsch anschicken sollten, so werde er auftreten und abwiegeln. Ich erwiderte: 'Sie kennen mich als einen ruhigen Mann, aber wenn Sie das thun, so schieße ich Sie nieder.' - 'Das werden Sie nicht,' meinte er. - 'Ich gebe mein Ehrenwort darauf,' versetzte ich, 'und Sie wissen, daß ich das halte, also lassen Sie das.'"[25]

Schon der Erzählton weist darauf hin, daß Bismarck hier seine wilde Entschlossenheit und Kampfbereitschaft vermitteln will. Dieser Darstellungsabsicht entspricht die anschauliche, teils dramatisch anmutende Schilderung der Revolutionszeit, in der Bismarck vor allem sein tatkräftiges Agieren hervorhebt; diese Inszenierung als *Tatmensch* sagt wesentliches über das Rollenverständnis des Politikers Bismarck aus, der das Nicht-Agieren des Politikers - durchaus im machiavellistischen Sinne - als Preisgabe seines Machtbereiches beurteilte.

Daß Bismarck in seinen Memoiren die eigene (1848 tatsächlich politisch wenig bedeutende) Rolle ganz unter dieser

---

23 EuG, S. 17
24 Eine Behauptung, die allein schon aufgrund ihrer ausschließlichen Formulierung angezweifelt werden muß; so fragt sich auch Engelberg, ob der Gutsnachbar tatsächlich der einzige gewesen sei, der Bismarck des Spiels mit dem Feuer verdächtigt habe und daß unklar bleibt, wie sich die anderen Bewohner Schönhausens und der Nachbardörfer verhalten hätten. Vgl. Engelberg, a.a.O., S. 271.
25 EuG, S. 18.

Perspektive des Tätigseins schildert, zeigt, daß ihm
- auch aus der zeitlichen Entfernung - eine Distanz von
seinem in langen Jahren zunehmend entwickelten Rollenbewußtsein nicht möglich ist, bzw. daß er eine solche Distanz nicht einnehmen will. Zugleich verraten schon diese
einleitenden Bemerkungen, die vor allem Stimmungsbilder
wiedergeben, ihre tendenziöse Färbung. Hinter dieser Tendenz steht die ablehnende Haltung Bismarcks gegenüber der
Revolution von 1848, die er nicht als eine von breiten
Kreisen getragene erkannte.[26]

So zeigt sein Plan, mit Hilfe der angeblich königstreuen
Bauern den König zu befreien, daß er zunächst an eine Er-
pressung des Königs dachte, "an massiven physischen
Druck"[27], dem nur durch Gegendruck zu begegnen war. Die Vehemenz, in der Bismarck über die Befreiung des Königs
spricht, deutet zugleich darauf hin, daß der Glaube an die
Krone und an ihren Träger für Bismarck grundsätzlich eine
Einheit darstellt. Bismarck begreift sich - das unterstreicht er aus der großen zeitlichen Distanz - ungeachtet
seiner politisch unbedeutenden Stellung zu jener Zeit als
ein vom König und der Krone berufener Ratgeber und Kämp-
fer; dieses konstitutive Merkmal seines Rollenverständnisses zieht sich als roter Faden durch das gesamte Memoirenwerk.

Daß Bismarck die Tragweite der Revolution nicht nur zum
Zeitpunkt ihres Ausbruchs verkannte, sondern wahrscheinlich auch rückschauend ein halbes Jahrhundert später ver-
kennen wollte, wird in seinen Memoiren schon an den für
die Revolution gewählten Umschreibungen deutlich. Die Ereignisse von 1848 als Revolution anzuerkennen, im Sinne
einer grundlegenden Umgestaltung der bestehenden Umstände,
war (und ist zum Zeitpunkt der Niederschrift der Memoiren)
in der preußisch-konservativen, auf eine starke Monarchie

---

[26] Vgl. Mommsen, Wilhelm, Otto von Bismarck, Mit Selbstzeugnissen und Bilddokumenten, Reinbek bei Hamburg 1985, S. 21.
[27] Gall, Bismarck, a.a.O., S. 70.

und einen starken Monarchen gerichteten Vorstellungswelt Bismarcks eben nicht denkbar.

Bismarck vermittelt diese Haltung wiederum durch die Art der Schilderung und die besondere Sprachverwendung. Er verwendet nur an einer Stelle den Begriff "Revolution", und spricht sonst "*von den Ereignissen am 18. und 19. März 1848*"[28], von "*der Gewalt der Aufständischen*"[29], von "*der Berliner Bewegung*"[30], vom "*revolutionären Schwindel*"[31], von "*der Geschichte der Märztage*"[32], über die "*Aufstände*"[33] und die "*Empörung in Berlin*"[34].

An der Stelle, an welcher Bismarck - in einem Gespräch mit König Friedrich Wilhelm IV. in Sanssouci - über die "*Revolution*" spricht, wird offenbar, welche Konnotation er diesem Begriff zuordnet:

> "Nach der Tafel führte der König mich auf die Terrasse und fragte freundlich: 'Wie geht es bei Ihnen?' In der Gereiztheit, die ich seit den Märztagen in mir trug, antwortete ich: 'Schlecht.' Darauf der König: 'Ich denke, die Stimmung ist gut bei Ihnen.' Darauf ich [...]: 'Die Stimmung war sehr gut, aber seit die Revolution uns von den königlichen Behörden unter königlichem Stempel eingeimpft worden, ist sie schlecht geworden. Das Vertrauen zu dem Beistande des Königs fehlt.'"[35]

Die Revolution als eine tatsächliche anzuerkennen, hätte für Bismarck die Bankrotterklärung der Monarchie bedeutet. Deshalb spricht er hier über die Revolution unter Vorbehalt und kleidet sie in das Bild des durch den König oktroyierten Stempels; indem er vom *Einimpfen* spricht, wird der Eindruck des Aufgezwungenen noch verstärkt. Nicht die Monarchie ist es, so lassen sich diese Äußerungen interpretieren, die in Frage gestellt war, sondern der Monarch,

---

28 EuG, S. 17.
29 Ebd.
30 EuG. S. 18 .
31 EuG, S. 21.
32 EuG, S. 24.
33 EuG, S. 35
34 Ebd.
35 EuG, S. 37.

dem Bismarck dann auch "Weichlichkeit"[36] bescheinigt, da dieser

"unter dem Drucke unberufener, vielleicht verrätherischer Rathgeber, gedrängt durch weibliche Thränen, das blutige Ergebniß in Berlin, nachdem es siegreich durchgeführt war, dadurch abschließen wollte, daß er seinen Truppen befahl, auf den gewonnenen Sieg zu verzichten [...]."[37]

Den Vorwurf der Weichlichkeit des unter Druck stehenden, beeinflußbaren Königs, veranschaulicht Bismarck in der Formulierung "*weibliche Thränen*", durch die ein komplexes Vorstellungsraster evoziert wird. Auf diese Weise erhält seine Aussage über die Labilität des Königs, der letztlich zum Verräter an dem schon errungenen Sieg wird, ihre Schlagkraft.

Es muß auf Bismarck, der überzeugt davon war, daß sich der politische Konflikt allein durch mutiges Handeln, d.h. durch den massiven Eingriff der Armee lösen lasse und daß es deshalb nur darauf ankomme, den unfreien König zu befreien bzw. auf anderem Wege zur Handlungsbefugnis zu kommen, ein nahezu traumatisches Erlebnis gewesen sein, den König in seiner Verbeugung vor den Bürgern Berlins zu sehen.[38]

Bismarck faßt seine und die Konsternation der Offiziere in folgende, hinsichtlich ihrer historischen Authentizität "wohl als Legende zu bewerten[de]"[39], aber die Gemüts-

---
36 EuG, S. 35.
37 Ebd.
38 Am 25. März 1848 hielt der König in Potsdam eine Rede vor dem gesamten Offizierkorps der Gardetruppen, die die Versammelten tatsächlich erschütterte. Unter anderem betonte er: "Ich bin niemals freier und sicherer gewesen als unter dem Schutze meiner Bürger.- Was ich gegeben und getan habe, das habe ich aus vollster und freier Überzeugung getan und längst vorbereitet: nur die großen Ereignisse haben den Abschluß beschleunigt und keine Macht kann und wird mich bewegen, das Gegebene zurückzunehmen, auch habe ich die Überzeugung gewonnen, daß es zu Deutschlands Heil notwendig, mich an die Spitze der Bewegung zu stellen." Zitiert nach Engelberg, a.a.O., S. 275.
39 Engelberg, a.a.O., S. 275.

verfassung der Anwesenden verdeutlichende, dramatische
Szene:

"Bei den Worten: 'Ich bin niemals freier und sichrer gewesen
als unter dem Schutze meiner Bürger' erhob sich ein Murren
und Aufstoßen von Säbelscheiden, wie ein König von Preußen
es in Mitten seiner Offiziere nie gehört haben wird und hoffentlich nie wieder hören wird."[40]

Veranschaulicht schon diese Szene die Bestürzung, die das Verhalten des Königs in Bismarck auslöste, so verleiht er dieser Empfindung im folgenden Satz Ausdruck:

"Mit verwundetem Gefühl kehrte ich nach Schönhausen zurück."[41]

Die Wirkung dieses Satzes beruht in der Verbindung zwischen Adjektiv und Substantiv, in der das Gefühl - im Sinne einer schmerzenden Wunde - anschaulich wird, und zugleich in der knappen Formulierung, mit der die oben zitierte Szene abgeschlossen wird. Durch seine Bildhaftigkeit und Knappheit hervorgehoben, ist dieser Satz wirkungsvoller Ausdruck der Erschütterung Bismarcks angesichts des politischen Verhaltens des Königs.

Das innenpolitische Einlenken des Königs und dessen Bemühungen, sich an die Spitze der nationalen Bewegung zu stellen, als Ausdruck politischen Kalküls zu bewerten, liegt Bismarck auch in seinen Memoiren völlig fern.[42] Daß er solche Überlegungen selbst aus der großen zeitlichen Distanz nicht anstellt, läßt auf die Ausgeprägtheit seines Rollenverständnisses und das Festhalten an seinem Weltbild schließen. Denn das auf Ausgleich gerichtete Verhalten des Königs zerstörte zwar die Einheit seines Glaubens an Mon-

---
40 EuG, S. 22.
41 Ebd.
42 Daß Bismarck nicht an einen Ausgleich der Fronten dachte, hebt auch Gall hervor: "Daß dies ein Akt der politischen Klugheit gewesen sei, daß der König auf diese Weise einen blutigen Bürgerkrieg und den Zusammenbruch aller Ordnung vermieden sowie die Krone gerettet habe - solche Behauptungen hat Bismarck mit großer Leidenschaft als bloße Schönfärberei abgetan." Gall, Bismarck, a.a.O., S. 70.

archie und Monarchen, erschütterte aber nicht sein Vertrauen zur Monarchie als Lebens- und Staatsform:

> "Das Gesetz des Handelns sah er eindeutig bei Krone und Adel, das Problem mehr in deren Schwäche und Unentschlossenheit gegenüber einem angeblich unaufhaltsam vordringenden Zeitgeist als in tatsächlichen äußeren Bedrohungen."[43]

Daß sich diese "Einschätzung der Machtfrage"[44] gegen Ende seines Lebens nicht geändert hat, zeigt sich in der vehementen Verurteilung des Königs, dessen Verhalten für Bismarck vor allem Ausdruck der Schwäche ist.

Schwäche aber ist eine der Verhaltensweisen, die in Bismarcks Machtauffassung, in der es immer um das praktische Handeln geht, keinen Platz hat. Als Schwäche gilt ihm dabei vor allem das Nicht-Agieren, was er in bezug auf Friedrich Wilhelm IV. an anderer Stelle in einer Sentenz deutlich macht: "Es ist oft weniger schädlich, etwas Unrichtiges als nichts zu thun."[45] Die Ursache dieser Untätigkeit sieht er - bezogen auf die Revolutionszeit - folgendermaßen:

> "Eine schnelle Ausnutzung der Lage im nationalen Sinne war vielleicht möglich, setzte aber klare und praktische Ziele und entschloßnes Handeln voraus. Beides fehlte."[46]

Interessant ist der abrupte Spannungsabfall in diesen beiden Sätzen; dem bestimmt vorgetragenen Plädoyer im ersten Satz wird die knappe Feststellung im zweiten Satz entgegengesetzt, so daß die Dynamik plötzlich und unvermittelt abbricht. Auf diese Weise wird der inhaltliche Gegensatz zwischen den theoretischen Erwägungen Bismarcks und seiner Beurteilung des tatsächlichen Zustandes besonders hervorgehoben.

---

43 Ebd., S. 22.
44 Ebd.
45 EuG, S. 217.
46 EuG, S. 51.

Den Grund für diesen Zustand sieht Bismarck in der Unentschlossenheit des Königs, der "ein Gefühl"[47] hatte,

> "welches ich dem Unbehagen vergleichen möchte, von dem ich, obwohl ein großer Liebhaber des Schwimmens, ergriffen werde, wenn ich an einem kalten stürmischen Tage den ersten Schritt in das Wasser thun will."[48]

In diesem Bild zeigt sich, daß Bismarck keinen Zweifel an der richtigen Beurteilung der Situation und der Agierenden hat, präsentiert er sich hier doch als auktorialer Erzähler, der die Empfindungen seiner beschriebenen Figur sicher kennt. Man spürt geradezu die Freude, mit der er immer neue Bilder findet, um die Lethargie des Königs zu veranschaulichen:

> "Wie er mich betrachtete, hätte ich ihm gegenüber keine Autorität gehabt, und seine reiche Phantasie war flügellahm, sobald sie sich auf dem Gebiete praktischer Entschlüsse geltend machen sollte."[49]

Hier zeigt sich, daß die Bosheit der Aussage in der durch das Bild hervorgerufenen Assoziation beruht. Mit der *"reiche[n] Phantasie"* spielt Bismarck zunächst auf den mittelalterlich-romantisierenden Zug des Königs an, der diesem wiederholt vorgeworfen wurde. Im Bilde des seiner entscheidenden Fortbewegungsfertigkeit beraubten Vogels veranschaulicht er Hilflosigkeit und Tölpelhaftigkeit des Königs, Eigenschaften die - bedenkt man das Bild des flugunfähigen Vogels, der zugrunde gehen muß - letztlich ins Verderben führen. Diese anschaulich gemachte Beurteilung des Königs zeugt von Bismarcks Unverständnis für dessen Haltung; zugleich liegt hier auch der Grund für seine kämpferische Entschlossenheit, in der er die traditionale

---
[47] EuG, S. 53
[48] Ebd.
[49] EuG, S. 217. Seine Skepsis gegenüber Friedrich Wilhelm IV. veranschaulicht Bismarck auch in einer Pointe, die zeigt, in welch phantasievoller Weise er ein gebräuchliches Bild weiter ausmalt: "Er [Friedrich Wilhelm IV.] sah in mir ein Ei, was er selbst gelegt hatte und ausbrütete, und würde bei Meinungsverschiedenheiten immer die Vorstellung gehabt haben, daß das Ei klüger sein wolle als die Henne." EuG, S. 72/73.

monarchische "Ordnung selbst gegen den gegenwärtigen Träger der Krone"[50] verteidigen wollte.

Diese auf kämpferisches Handeln zielende Haltung im Dienste einer höheren Sache ist ein wesentliches Merkmal der Machtauffassung Bismarcks, so daß er auch aus der Rückschau die Aufmerksamkeit nicht nur auf die Verurteilung des Königs, sondern auch auf sein - diesem Rollenverständnis gemäßes - Agieren richtet. Entsprechend fällt die Schilderung seiner politischen *Jungfernjahre* und der Rolle aus, die er schon als politisch relativ unbedeutende Figur zu spielen meinte. Hierin liegt die Erklärung, daß er in der Rückschau die Bedeutung seiner damaligen Rolle überschätzt, denn tatsächlich zeigte sich sein kämpferischer Elan mehr in eifrigem Aktionismus als in überlegten, planvollen Handlungen.[51]

Wie schwer Bismarck sich damit tat, politisch nicht wirkungsvoll handeln zu können, zeigt sich im Kapitel "*Zwischenzustand*", in dem er die langwierige Vorgeschichte seiner Ernennung zum preußischen Ministerpräsidenten schildert. Daß er in seinen Memoiren diese zermürbende Wartezeit, "die ihn seelisch auf das stärkste angegriffen hat"[52], nicht verschweigt, ist Ausdruck seines Wissens um die Bedingtheit der Macht, die es erst zu erwerben gilt. Es ist dieser Aspekt des Macht*erwerbs*, unter dem die Äußerungen Bismarcks über seine bedrückende, ungeklärte Lage auch als Darstellung seines Machtbewußtseins gelesen werden dürfen.

---

50 Gall, Bismarck, a.a.O., S. 70.
51 Engelberg betont, daß alle von Bismarck übernommenen Missionen hinsichtlich der Erlangung des fehlenden Angriffsbefehls für die Armee scheiterten. Vgl. Engelberg, a.a.O., S. 272.
52 Gall, Bismarck, a.a.O., S. 197. Gall weist an dieser Stelle darauf hin, daß sich auch in Bismarcks Privatkorrespondenz dieser Zeit "ein ganz neuer Ton" findet, "ein Nebeneinander von Resignation und Distanz, in dem Formeln christlicher Ergebenheit abwechselten mit Betrachtungen über die Sinnlosigkeit, im raschen Wechsel aller menschlichen Verhältnisse an die Dauerhaftigkeit von irgend etwas zu glauben." Ebd.

Bismarck stellt diese Zeit, in der er als Gesandter in Paris tätig war, fast ausschließlich anhand eines Briefwechsels mit Roon dar. In diesen Briefen spricht er teils in ironischem, teils in verzweifeltem Ton über seine ungeklärte berufliche Situation. Insgesamt zeugen seine Briefe wiederum von der Fähigkeit, Situationen und Gefühlszustände durch treffend gebrauchte Bilder zu veranschaulichen und durch überraschenden Wechsel des Tons Stimmungsvielfalt hervorzurufen.

Bismarck begründet seinen Wunsch nach einem Ministerium mit "Portefeuille"[53] unter anderem folgendermaßen:

> "[...] außerdem habe ich die Gewohnheiten eines achtbaren Familienvaters, zu dem gehört, daß man irgendwo einen festen Wohnsitz hat, und der fehlt mir eigentlich seit Juli v.J., wo mir Schleinitz zuerst sagte, daß ich versetzt würde. Sie thun mir Unrecht, wenn Sie glauben, daß ich mich sträube; ich habe im Gegentheil lebhafte Anwandlungen von dem Unternehmungsgeist jenes Thieres, welches auf dem Eise tanzen geht, wenn es ihm zu wohl wird."[54]

Auch wenn das Verlangen Bismarcks nach Seßhaftigkeit nicht unterschätzt werden darf, so liegt in der oben gebrauchten Formulierung des *"achtbaren Familienvaters"* doch eine spürbare Ironie, da offensichtlich nicht allein der Wunsch nach einem festen Wohnsitz Bismarck zur politischen Tätigkeit antrieb. Dem entspricht der im nächsten Satz vollzogene Wechsel des Tons, in welchem dem biedermeierlich anmutenden Bild des Familienvaters das bewegte des übermütig tanzenden Esels gegenübergestellt wird.

Drückt dieses Bild also eher vorsichtig hoffende Erwartung und Tatendrang aus, so zeigen die folgenden Äußerungen, wie bedrückend für ihn das *Provisorium* seiner Existenz und die politische Isolation waren:

> "Ich bin hier jetzt überflüssig, weil kein Kaiser, kein Minister, kein Gesandter mehr hier ist. Ich bin nicht sehr

---
53 EuG, S. 195.
54 EuG, S. 197/198.

gesund, und diese provisorische Existenz mit Spannung auf
'ob und wie' ohne eigentliche Geschäfte beruhigt die Nerven
nicht."[55]

Für die Orientierungslosigkeit und hilflose Resignation
findet Bismarck wiederum ein anschauliches Bild:

> "Meine Sachen liegen noch in Petersburg und werden dort einfrieren, meine Wagen sind in Stettin, meine Pferde bei Berlin auf dem Lande, meine Familie in Pommern, ich selbst auf der Landstraße. [...]. In dieser Ungewißheit verliere ich alle Lust an den Geschäften, und ich bin Ihnen von Herzen dankbar für jeden Freundschaftsdienst, den Sie mir leisten, um ihr ein Ende zu machen."[56]

Hier entsteht der Eindruck, daß der Zerstreutheit der Dinge und Menschen die Zerstreutheit und Ungewißheit des Erzählers entspricht. Dieser Eindruck wird dann auch durch das verzweifelt wirkende, nachfolgende Eingeständnis unterstrichen.

Die Beispiele zeigen, daß Bismarck in seinen Memoiren sich nicht scheut, die Bedrückung dieser Zeit darzulegen, "in der noch einmal der Schatten der Vergeblichkeit über seine ganze Existenz fiel"[57], um damit auch der Bedingtheit seiner politischen Existenz in ihren Anfängen Ausdruck zu verleihen.

Vor diesem Hintergrund ist es um so beeindruckender, daß die Schilderung dieser *Vorstufe zur Macht* noch im gleichen Kapitel in überraschender Zäsur durch die effektvolle Darstellung der *Erlangung der Macht* abgelöst wird. Diese Darstellung ist nicht nur "ein Meisterwerk der politischen Legendenbildung"[58], sondern auch ein Meisterwerk eindrucksvoller Selbstpräsentation, durch die Bismarck "sich selbst als eine Figur des Schicksals [entwirft]."[59]

---

55 EuG, S. 200.
56 EuG, S. 203.
57 Gall, Bismarck, a.a.O., S. 197.
58 Ebd., S. 240.
59 Willms, Johannes, Nationalismus ohne Nation, Deutsche Geschichte von 1789 bis 1914, 1. Aufl., Düsseldorf 1983, S. 344.

Die erzähltechnische Umsetzung dieser Inszenierung folgt
dem Gesetz eines dem Höhepunkt zusteuernden dramatischen
Geschehens. Diente die Schilderung der Vorstufe der Macht
sozusagen als Exposition, so dient das folgende Zitat, das
übergangslos an den letzten der oben genannten Briefe an-
gebunden wird, der Steigerung durch ein erregendes Moment:

> "In Paris erhielt ich folgendes Telegramm, dessen Unter-
> schrift auf einer Verabredung beruhte:
>
>   Berlin, le 18 Septembre.
> *Periculum in mora. Dépêchez-vous.*
>   L'oncle de Maurice Henning."[60]

In diesen wenigen Worten ist, verstärkt noch durch die abrupte Zäsur, eine geheimnisvolle Spannung eingefangen, der
der Leser gezielt ausgesetzt wird, da er bisher ja noch
nicht über die erwähnte Vereinbarung, die die Vorstellung
eines Codes impliziert, informiert wurde. Diese so erzeugte Spannung trägt - durch den Text des Telegramms - zugleich schon das die Spannungskurve erhöhende Moment der
kommenden Handlung in sich, eine Handlung, die als Rettung
(des bedrängten Königs) aus höchster Not erscheint.[61]

> "Obwohl die Fassung es zweifelhaft ließ, ob die Aufforderung
> aus der eignen Initiative Roons hervorgegangen oder von dem
> Könige veranlaßt war, zögerte ich nicht abzureisen."[62]

Damit ist die Einleitung des sich dem Höhepunkt nun
schnell nähernden Geschehens ausgesprochen; ein retardie-
rendes Moment stellt noch die Wiedergabe des Gesprächs
zwischen Bismarck und dem Kronprinzen Friedrich dar, in
dem Bismarck sich als äußerst zurückhaltend darstellt:

> "Ich war mit der Situation in ihren Einzelheiten nicht so
> vertraut, daß ich dem Kronprinzen ein programmartiges Ur-
> theil hätte abgeben können; außerdem hielt ich mich auch
> nicht für berechtigt, mich gegen ihn früher zu äußern als
> gegen den König. Den Eindruck, den die Thatsache meiner Au-

---

60 EuG, S. 204.
61 Vgl. zum Verlauf der tatsächlichen Ereignisse die Darstellung
   Galls (Bismarck, a.a.O., S. 240 ff.), der hervorhebt, daß an
   der Schilderung Bismarcks "in Wahrheit [...] fast nichts
   [stimmt]." Ebd., S. 240.
62 EuG, S. 204.

dienz gemacht hatte, ersah ich zunächst aus der Mittheilung
Roon's, daß der König mit Bezug auf mich zu ihm gesagt habe:
'Mit dem ist es auch nichts, er ist ja schon bei meinem Soh-
ne gewesen.' Die Tragweite dieser Aeußerung wurde mir nicht
sofort verständlich, weil ich nicht wußte, daß der König
sich mit dem Gedanken der Abdication trug und voraussetzte,
daß ich davon gewußt oder etwas vermuthet hätte und mich
deshalb mit seinem Nachfolger zu stellen gesucht habe."[63]

Es wird deutlich, daß es sich in dieser Unterredung nur um
ein *Vorspiel* handelt, wobei die Erwartung auf das eigentliche *Spiel* noch einmal durch das geschilderte Mißver-
ständnis des Königs gesteigert wird. Zugleich ist mit der
drohenden Abdankung *das* Element erwähnt, das entscheidend
für die dramatische Darstellung des berühmten "Babelsberger Gesprächs"[64] ist, das vom Erzähler folgendermaßen eingeleitet wird:

"In der That war mir jeder Gedanke an Abdication des Königs
fremd, als ich am folgenden Tage, dem 20. September[65], in
Babelsberg empfangen wurde, und die Situation wurde mir erst
klar, als Se. Majestät dieselbe ungefähr mit den Worten prä-
cisirte: [...]."[66]

Die wiederholte Hervorhebung der Unkenntnis Bismarcks über
die Abdankungspläne steigert den Eindruck der dramatisch
verstrickten Situation, innerhalb derer ihm erst jetzt
vollständig die drohende Gefahr bewußt wird. Es ist diese
vom Erzähler unternommene Vorbereitung, die der folgenden
Wiedergabe des Königs ihre Wirkung verleiht:

"[...] 'Ich will nicht regieren, wenn ich es nicht vermag,
wie ich es vor Gott, meinem Gewissen und meinen Unterthanen
verantworten kann. Das kann ich aber nicht, wenn ich nach
dem Willen der heutigen Majorität des Landtags regiren soll,
und ich finde keine Minister mehr, die bereit wären, meine
Regierung zu führen, ohne sich und mich der parlamentari-
schen Mehrheit zu unterwerfen. Ich habe mich deshalb ent-

---

63 Ebd.
64 Es fand am 22. September 1862 in Babelsberg statt. Die Darstellung, die Bismarck von seinem Gespräch mit Wilhelm I. in Babelsberg gibt, ist das einzig vorhandene Zeugnis dieser Unterredung.
Vgl. Gall, Bismarck, a.a.O., S. 244.
65 Falsches Datum von Bucher (*Handschrift* A); vgl. Buchner, Erinnerung und Gedanke, a.a.O., S. 205, Anm. 15.
66 EuG, S. 204/205.

schlossen, die Regierung niederzulegen, und meine Abdicationsurkunde, durch die angeführten Gründe motivirt, bereits entworfen.'"[67]

Durch die oben geschilderte Vorbereitung wird den entschlossenen Worten Wilhelms I. der Charakter des Vorläufigen hinsichtlich des weiteren Verlaufs gegeben; man kann sich förmlich das Entsetzen des von dieser Willenserklärung völlig überraschten Bismarck vorstellen, dessen Ziel ja nur sein kann, mit seiner Person den Grund für den Abdankungsplan aus dem Wege zu räumen. Da also der Leser dieses Zitats Bismarck automatisch *mitdenkt*, erscheint dieser als Retter aus der tiefen Not des Königs.

Deshalb stellt diese durch das Erzählarrangement hergestellte Konnotation, die ein geradezu klassisches Beispiel der mittelbaren Präsentation bietet, den Höhepunkt des Geschehens dar, so daß die Zusage Bismarcks, die in indirekter Rede wiedergegeben wird, fast beiläufigen Charakter erhält. Den Abschluß dieser Szene, die insgesamt wie eine Machtübergabe wirkt, bilden die pathetischen Sätze des Königs:

"[...] 'Dann ist es meine Pflicht, mit Ihnen die Weiterführung des Kampfes zu versuchen, und ich abdicire nicht.'"[68]

Daß mit diesen Worten der *Machterwerb* Bismarcks vollzogen wird, zeigt die Schilderung der weiteren Unterhaltung mit dem König, in der Bismarck die Fäden des Gesprächs bereits *rollenbewußt* in der Hand hält:

"Es gelang mir, ihn zu überzeugen, daß es sich für ihn nicht um Conservativ oder Liberal in dieser oder jener Schattirung, sondern um Königliches Regiment oder Parlamentsherrschaft handle und daß die letztere nothwendig und auch durch eine Periode der Dictatur abzuwenden sei."[69]

---

67 EuG, S. 205.
68 Ebd.
69 EuG, S. 206.

Diese Zeilen weisen darauf hin, daß mit dem Machterwerb
bereits die Notwendigkeit zum Kampf, d.h. des Macht*erhalts*
mit angelegt ist, wobei dies durchaus auf zwei Ebenen zu
verstehen ist; es geht einmal um die Machterhaltung der
Krone und zum anderen um die Person Bismarcks, der in seiner Identifikation mit dieser Krone und in seinem Machtkampf für diese Krone zugleich immer auch den Kampf um den
eigenen Machterhalt ausficht:

> "Ich sagte: 'In dieser Lage werde ich, selbst wenn Ew. Majestät mir Dinge befehlen sollten, die ich nicht für richtig
> hielte, Ihnen zwar diese meine Meinung offen entwickeln, aber
> wenn Sie auf der Ihrigen schließlich beharren, lieber mit dem
> Könige untergehen, als Ew. Majestät im Kampfe mit der Parlamentsherrschaft im Stiche lassen.'"[70]

In dieser Dramatisierung des Babelsberger Gesprächs, das
hinsichtlich seiner Dramatik zu den besonders beeindruckenden Stellen der Memoiren gehört, erscheint Bismarck
tatsächlich "wie ein Deus ex machina"[71], der in tiefster
Not dem aus der Bahn gekommenen Staatsschiff die (alte)
neue Richtung weist und als Steuermann seinem Kapitän treu
und bedingungslos ergeben ist. Hier deuten sich die grundlegenden Züge der Machtpräsentation in den Memoiren an:
Zweck der Macht ist die Erhaltung des Staates, ihr Ziel
ist die Stärkung der Krone und der eingeschlagene Weg ist
der Kampf.

Diese hier angedeuteten Grundzüge seiner Machtauffassung
legt Bismarck an einer Stelle in seinen Memoiren deutlich
offen: durch die Wiedergabe des berühmt gewordenen Briefwechsels mit Leopold von Gerlach vom Mai bis Juni 1857.
Daß Bismarck diesen Briefwechsel in seine Memoiren aufgenommen hat, zeigt, daß er seine Äußerungen als grundsätzliche verstanden wissen will.[72] Die Tatsache, daß die Ant-

---

70 Ebd.
71 Gall, Bismarck, a.a.O. 241.
72 Hintergrund dieses Briefwechsels ist die Auseinandersetzung
  Bismarcks mit seinen streng konservativen Freunden über Ziele
  und Richtung der preußischen Außenpolitik. Skeptisch geworden
  gegenüber der konservativ konsequenten Grundhaltung Bismarcks,
  beharrten sie auf Klärung, welche Rolle für Bismarck konserva-

wortbriefe Gerlachs "in Inhalt und Form gegenüber den kraftvoll-energischen Tönen seines Partners blaß und matt erscheinen"[73], steigert natürlich die Überzeugungskraft der Aussagen Bismarcks und verweist - unter erzähl-theoretischem Gesichtspunkt - auf das Briefzitat als geeignetes Erzählinstrument hinsichtlich der intendierten Selbstdarstellung des Ich-Erzählers.

Der Anlaß des Briefwechsels, der in den Memoiren in einer Einleitung kurz skizziert wird, ist die Entrüstung Leopold von Gerlachs über den Kontakt Bismarcks mit dem französischen Kaiser Napoleon III.[74], eine Entrüstung, deren Grund Bismarck im Festhalten der Konservativen an der "täuschende[n] Zauberformel"[75] der Legitimitätsvorstellung von Talleyrand sieht.

---

tive Prinzipien in der Aussenpolitik spielten. Deshalb mußte Bismarck, wollte er seine Gönner nicht verlieren - "seine Position so [...] begründen, daß ihn nicht der Bannstrahl traf, ein prinzipienloser Opportunist zu sein." Gall, Bismarck, a.a.O., S. 173. Die neuere geschichtswissenschaftliche Einschätzung warnt vor der Fehlinterpretation des Briefwechsels "als Grundsatzdokumentation einer gleichsam im Prinzip prinzipienlosen Realpolitik" (ebd.). Tatsächlich geht es hier aber "nicht um einen Streit um Grundsätze, sondern um Einschätzungen und Methoden [...]." Ebd., S. 174. Vgl. dazu auch Willms, a.a.O., S. 347.

73 Engelberg, a.a.O., S. 439.
74 Unter konservativem Gesichtspunkt galt Napoleon III. als Inbegriff der Revolution und wurde deshalb aus prinzipiellen Erwägungen als Gesprächspartner abgelehnt.
75 EuG, S. 126. Zum besseren Verständnis sei hier eine Begriffsklärung gegeben. Legitimität als Begriff bezeichnet die Rechtfertigung (*lat. legi intimus, legitimus: rechtmäßig*) und den Geltungsanspruch einer Herrschaftsgewalt gegenüber den Herrschaftsunterworfenen. In der Legitimitätsdoktrin Talleyrands (französischer Außenminister, der nach der Niederlage Napoleons 1814 die Rückkehr der Bourbonen forderte) dient der Begriff als politische Formel, mit der der Rechtsanspruch der Bourbonen auf den Thron begründet wird. Talleyrand identifiziert Legitimität mit monarchischer Legitimität, so daß der Begriff nun als rechtlicher Grundsatz für die Unverlierbarkeit des monarchischen Herrschaftsrechts erscheint. Der 'Trick' Bismarcks war nun, daß er "von dem formalen Prinzip der Legitimität und nicht von dem substantiellen der Revolution sprach, das Napoleon in Gerlachs Augen verkörperte", und er es deshalb vermag, "die Problematik eines Konservativismus aufzuzeigen, der sich nicht auf einen bestimmten Staat, sondern auf Europa insgesamt, auf seine Staatenwelt und auf seine Gesellschaft bezog." Gall, Bismarck, a.a.O., S. 175.

Hier beginnt die Veröffentlichung einiger Briefe Bismarcks, in denen die Rechtfertigung seiner Position mit der Darlegung grundlegender Positionen gekoppelt ist:

> "So einstimmig wir in Betreff der innern Politik sind, so wenig kann ich mich in Ihre Auffassung der äußern hineinleben, der ich im Allgemeinen den Vorwurf mache, daß sie die Realitäten ignorirt. Sie gehen davon aus, daß ich einem vereinzelten Manne, der mir imponire, das Princip opfere. Ich lehne mich gegen Vorder- und Nachsatz auf, der Mann imponirt mir durchaus nicht; die Fähigkeit, Menschen zu bewundern, ist in mir nur mäßig ausgebildet, und es ist vielmehr ein Fehler meines Auges, daß es schärfer für die Schwächen als für die Vorzüge ist. [...]. Was aber das geopferte Princip betrifft, so kann ich mir das, was Sie damit meinen, concret nicht recht formulieren und bitte Sie diesen Punkt in einer Antwort wieder aufzunehmen."[76]

Unter dem Aspekt der Selbstdarstellungsabsicht des Ich-Erzählers ist entscheidend, die durch das Zitat veränderte Kommunikationsstruktur in den Memoiren zu berücksichtigen; der Ich-Erzähler wendet sich hier mittelbar mit dem Brief an den Memoirenleser und macht ihn zum Brief-Leser auf einer anderen Kommunikationsebene. Auf dieser Ebene erhalten die Äußerungen Bismarcks in verstärktem Maße ihren Bekenntnischarakter. Dabei ist vor allem bedeutsam, daß das Bekenntnis zur Realpolitik hier nicht mehr Ausdruck einer theoretischen Grundsatzerklärung ist (wie zum Zeitpunkt der Entstehung des Briefes), sondern jetzt Dokumentation der von Bismarck zeit seines Lebens praktizierten Politik. Entsprechend seiner Selbstdarstellungsabsicht erscheint Bismarck nun als Realpolitiker mit kritischem Blick, für den 'diffuse' Prinzipien eine Gefährdung erfolgreicher Politik beinhalten.

Der Auseinandersetzung mit dem geopferten Prinzip entzieht sich Bismarck, indem er sich in raffinierter Wendung erst auf die Person Napoleons und dann auf seine eigene Person bezieht. Die Hervorhebung seines kritischen Blickes ist sprachlich geschickt formuliert, denn sie enthält die entscheidende Wendung, daß ein vermeintlicher Fehler des Au-

---

[76] EuG, S. 126/127.

ges sich nun als Schärfe des Blickes entpuppt; in dieser
Bedeutungsopposition liegt die Pointe der Aussage.

Hat sich Bismarck bis zu dieser Stelle in keiner Weise mit
dem Vorwurf des geopferten Prinzips auseinandergesetzt,
so bedient er sich nun gerade dieses Prinzips, um seine
grundsätzliche Auffassung über Ziele und Mittel der von
ihm verfolgten Interessenpolitik darzulegen.

> "Meinen Sie damit ein auf Frankreich und seine Legitimität
> anzuwendendes Princip, so gestehe ich, daß ich dies einem
> specifisch preußischen Patriotismus vollständig unterordne.
> [...]. [...] so aber zählt mir Frankreich, ohne Rücksicht
> auf die jeweilige Spitze, nur als Stein und zwar ein unver-
> meidlicher in dem *Schachspiel der Politik*, einem Spiele, in
> welchem ich nur meinem Könige und meinem Lande zu dienen den
> Beruf habe. Sympathien und Antipathien in Betreff auswärtiger
> Mächte und Personen vermag ich vor meinem Pflichtgefühl im
> auswärtigen Dienste meines Landes nicht zu rechtfertigen, we-
> der an mir noch an Andern; es ist darin der Embryo der Untreue
> gegen den Herrn oder das Land, dem man dient. Wenn man seine
> stehenden diplomatischen Beziehungen und die Unterhaltung des
> Einvernehmens im Frieden danach zuschneiden will, so hört man
> auf, Politik zu treiben und handelt nach persönlicher Willkür."[77]

Bismarck vollzieht hier bewußt eine logische Inkonsequenz,
indem er das Typische eines Prinzips, nämlich zugrundelie-
gender Maßstab für daraus abgeleitete Handlungen zu sein,
mißachtet und so das Prinzip selbst zur Handlung erklärt,
das angewendet werden kann. Entscheidend ist, daß er sich
damit eine Legitimation für seine folgende politische
Grundsatzerklärung verschafft, indem er sich auf den
preußischen Patriotismus - als neues Prinzip! - bezieht,
dem er allein, unter Absehung irgendwelcher Sympathien
oder Antipathien, folgt. Auf dieser Grundlage entwickelt
er das Bild der Politik als Schachspiel, in dem es im
preußischen Staatsinteresse gilt - dies ist die Spielre-
gel -, die Züge des Gegners wie auch die eigenen Züge
nüchtern zu kalkulieren.

Daß dieses *Bild des politischen Schachspiels* in den Memoiren häufig wiederkehrt, deutet darauf hin, daß Bismarck

---

[77] EuG, S. 127. Hervorhebung M.S.

darin ein besonders geeignetes Mittel sieht, um das Typische der Politik zu veranschaulichen. Verdeutlicht man sich das Typische dieses Spiels, so wird klar, weshalb Bismarck es gerne als Bild verwendet, um so die Komplexität der Politik auf eine modellhafte Vorstellung zu reduzieren.

Das Schachspiel ist von der Kommunikation zwischen Gegnern gekennzeichnet, die auf der Grundlage von Spielregeln versuchen, durch ihre Spielzüge die Stellung der Figuren so zu beeinflussen (=Ziel), daß ihnen der Sieg über den Gegner gelingt (=Zweck); der eingeschlagene *Weg* besteht in Zug und Gegenzug. Das angewendete *Mittel* liegt darin, durch rationales Kalkül die Züge des Gegners vorauszusehen und diese Prognose in die Planung der eigenen Züge miteinzukalkulieren. Aufgrund der Ungewißheit, die jede Prognose kennzeichnet, und der unübersehbaren Komplexität von Handlungsmöglichkeiten ist die rationale Durchführung allein jedoch keine Garantie für einen Sieg; es bedarf immer auch des Instinkts für den jeweiligen Gegner und den spezifischen Spielverlauf, um intuitiv die wahrscheinlich erscheinende Möglichkeit zu erfassen.

Diese Analyse zeigt, welche typischen Elemente der Auffassung zugrundeliegen, die Bismarck von der Politik und damit auch von den erforderlichen Eigenschaften des Politikers in seinen Memoiren vertritt. Wenn er die Politik immer wieder als *Kunst des Möglichen* bezeichnet, so zeigt sich in dieser Formulierung die Abwägung zwischen Irrationalität und Rationalität, zwischen notwendiger Intuition und unerläßlicher Planung. In eben dieser Hinsicht dient ihm das Bild als hervorragendes Mittel seiner Rolleninszenierung als *Künstler der Politik*, der mit intuitiver Gabe und rationaler Abwägung das politisch Mögliche erfaßt und in die Tat umsetzt.

Die Verwendung der Schachspiel-Metapher als Signum der Politik verrät zugleich Bismarcks Vorliebe, einen abstrakten

Gedanken zur sprachlich konkreten Wirklichkeit zu bringen. Der im Leser erweckte Eindruck beruht wesentlich auf den durch das Bild ausgelösten Sinnbildungsprozessen, in denen er die Übertragung eines Abstraktums auf ein Konkretum nachvollzieht. Ein weiteres Beispiel für dieses erzähltechnische Verfahren, das sich durch hohe sprachliche Sensibilität auszeichnet, findet sich in dem hier behandelten Briefwechsel, innerhalb dessen Bismarck die Passivität der preußischen Außenpolitik folgendermaßen beklagt:

> "[...] aber viel liegt ohne Zweifel in dem Umstande, daß wir keine Bündnisse haben und keine auswärtige Politik treiben, das heißt, keine active, sondern uns darauf beschränken, die Steine, die in unsern Garten fallen, aufzusammeln und den Schmutz, der uns anfliegt, abzubürsten, wie wir können."[78]

Die anschauliche Umsetzung der angeprangerten Passivität im Bild der durch Steine beworfenen Gärtner, die nicht einmal mehr die Steine zurückwerfen können, sondern sich hilflos auf das Aufsammeln und Säubern beschränken müssen, drückt plastisch den Gedanken aus, daß Preußen nur noch reagiert, aber nicht agiert. Diese Passivität stellt jedoch, wie Bismarck im gleichen Brief lakonisch bemerkt, eine große Gefahr dar:

> "Ob wir Absichten und bewußte Ziele unsrer Politik überhaupt jetzt haben, weiß ich nicht; aber daß wir Interessen haben, daran werden uns Andre schon erinnern."[79]

Die Schlüssigkeit dieser Aussage liegt nun wesentlich darin, daß das oben entworfene Bild weiter ausgemalt wird: denn es sind die nicht erwähnten, aber mitgedachten *"Steine"*, die den preußischen *'Gärtner'* an seine Interessen erinnern werden. In immer neuen Anläufen stellt Bismarck diese drohende Gefahr dar und greift dabei wiederum auf das Bild des Schachspiels zurück:

> "So lange Jeder von uns die Ueberzeugung hat, daß ein Theil des europäischen Schachbretts uns nach unsrem eignen Willen verschlossen bleibt oder daß wir uns einen Arm principiell

---
[78] EuG, S. 128.
[79] Ebd.

festbinden, während jeder Andre beide zu unsrem Nachtheil benutzt, wird man diese unsre Gemüthlichkeit ohne Dank und Furcht benutzen."[80]

Die Art und Weise, in der Bismarck hier neue Sinnbezüge herstellt, ist meisterhaft; geschickt verbindet er in dieser Darstellung abstrakten Gedanken und konkretes Bild, indem er das (abstrakte) Prinzip nun adverbial ummünzt, so daß im Bild des *principiell festgebundenen Arms* implizit bereits die eigentliche Aussage Bismarcks liegt.[81]

An diesem Beispiel wird wiederum offenbar, daß Bismarck in der spezifischen Weise, in der er die Sprache instrumentalisiert, eben diese Instrumentalisierung dadurch transzendiert, daß er die beschriebenen Sinnbildungsprozesse im Leser evoziert. In der Schaffung komplexer Sinnbezüge erscheint diese Sprache Bismarcks deshalb "selbst als Zeichen für die Konstitution einer bestimmten Welt oder Wirklichkeit, [...] durch das sich uns die Relationierung erschließt."[82] In der Relationierung liegt das von Bismarck Bezweckte, denn die sprachliche Ästhetisierung ist für ihn kein Selbstzweck, sondern ein Mittel, um seine Gedanken sprachlich überzeugend zum Ausdruck zu bringen.

So dient auch die Darstellung, die Bismarck in der genannten Weise vom desolaten Zustand der preußischen Außenpolitik gibt, dazu, seinem Plädoyer für die als notwendig erachtete Interessenpolitik überzeugende Schlagkraft zu geben:

"Aus dem Obigen geht schon hervor, daß ich den Maßstab für mein Verhalten gegen fremde Regierungen nicht aus stagnirenden Antipathien, sondern nur aus der Schädlichkeit oder Nützlichkeit für Preußen entnehme. In der Gefühlspolitik ist gar keine Reciprocität, sie ist eine ausschließlich preußische

---

80 EuG, S. 130.
81 Eine Aussage, die folgendermaßen lauten könnte: "Eine Politik, die sich allein darin erschöpft, sich in jedem Fall auf die vermeintliche Identität der legitimistischen Interessen der Monarchien zu stützen, [...] ist eine Nichtpolitik." Willms, a.a.O., S. 347.
82 Anderegg, Das Fiktionale und das Ästhetische, a.a.O., S. 159.

> Eigenthümlichkeit; jede andre Regierung nimmt lediglich ihre
> Interessen zum Maßstab ihrer Handlungen, wie sie dieselben
> auch mit rechtlichen oder gefühlvollen Deductionen drapiren
> mag. Man acceptirt unsre Gefühle, beutet sie aus, rechnet dar-
> auf, daß sie uns nicht gestatten, uns dieser Ausbeutung zu
> entziehen und behandelt uns danach, d.h. man dankt uns nicht
> einmal dafür und respectirt uns nur als brauchbare *dupe*."[83]

Bismarck baut hier noch einmal deutlich den Gegensatz zwischen (an die monarchische Legitimiätsvorstellung gebundene) *Gefühls*politik und der dem preußischen Staat allein dienenden *Interessen*politik auf. Entscheidend dabei ist sein Gedanke der Wechselseitigkeit in der Politik, für die es nach Bismarck nur ein denkbares Movens gibt: "[...] ich glaube, daß niemand etwas für uns thut, der nicht zugleich s e i n Interesse dabei findet."[84]

Diese Vorstellung von der bewegenden Kraft der Politik setzt einen Politiker voraus - und dies ist ein wesentliches Moment der Rollendarstellung -, für den nicht Ideologien oder Glaubensgrundsätze maßgebend sind, sondern das nüchterne Kalkül im Hinblick auf die Machtinteressen des Staates. Bismarck präsentiert sich als solchen immer im Interesse des Staates handelnden Politiker, dem es um die Behauptung des Staates auf dem europäischen Schachbrett ebenso geht wie um die Verwirklichung dessen berechtigter Ziele. In seiner Identifikation mit dem Staat gerät ihm das Machtinteresse des Staates zum eigenem Machtinteresse, so daß die Durchsetzung des Staatsinteresses zugleich der Durchsetzung des eigenen Willens entspricht.

Aufgrund der vorgenommenen Einzelanalysen ist eine zusammenfassende Betrachtung hinsichtlich der hieraus deutlich werdenden Machtpräsentation Bismarcks möglich. Zeigt doch die Tatsache, daß Bismarck diesen Briefwechsel "mit vollem Bedacht noch in den neunziger Jahren in seinen Erinnerungsband"[85] aufgenommen hat, daß er "sich des Gehalts und

---
83 EuG, S. 127/128.
84 EuG, S. 145.
85 Engelberg, a.a.O., S. 437.

der historischen Bedeutung dieser Briefe wohl bewußt"[86] war
und sie als Mittel seiner Rollendarstellung gezielt einsetzte.

Durch die Übernahme der Briefe in die aus der Rückschau
geschriebenen Memoiren verändert sich der Charakter der
Briefe: waren sie zu ihrer Entstehungszeit Ausdruck dessen, was Bismarck anstrebte, so sind sie nun Ausdruck dessen, was er erreicht hat. Oder, um in der Terminologie Webers zu bleiben, sind die Briefe ursprünglich Ausdruck des
eigenen Willens, der auch gegen Widerstreben durchgesetzt
werden soll, so sind sie nun Ausdruck des Durchgesetzt-
habens dieses Willens. Dadurch erhalten die Briefe Symbolcharakter; sie werden zu einem Zeichen, das für die
Selbstdarstellung des Ich-Erzählers steht. In ihrem Sinnbildcharakter tragen sie zu der Komplexität der Sinnbildungsprozesse bei, die durch die notwendige Übertragung
ausgelöst werden. In dieser Wendung liegt das entscheidende erzähltechnische Mittel, das zum Zweck der Rollendarstellung eingesetzt wird. Erst wenn man diese Veränderung der Perspektive des Ich-Erzählers beachtet, erschließt sich die damit verbundene grundlegende Änderung
des Lesevorgangs, innerhalb dessen *die* Sinnbildungsprozesse evoziert werden, die der Selbstdarstellungsabsicht
Bismarcks entsprechen.

Vor diesem Hintergrund ist als wesentliches Moment der
Selbstdarstellung das angewendete Bild der Politik als
Schachspiel einzuordnen. Denn indem Bismarck damit anhand
eines bildhaften Modells den Typus der Politik veranschaulicht, der für ihn die Politik kennzeichnet, verbindet er
damit gleichzeitig untrennbar auch den Typus des Politikers, als der er selber verstanden sein will.

Geht man davon aus, daß Bismarck im Bilde des Schachspiels
"eine Kampfsituation im Auge hat, in der die Stärke und
Stellung der Figuren, aber auch die Geistesart und das

---

[86] Ebd.

Vorgehen seines jeweiligen Gegenspielers zu berücksichtigen sind"[87], dann wird deutlich - ersetzt man den Schachspieler durch den Politiker Bismarck -, daß er sich in seinen Memoiren mit Hilfe dieses Bildes gemäß seines Machtbewußtseins präsentiert. Das Bild veranschaulicht das Typische seiner eigenen politischen Taktik, deren Wesen ja darin

> "besteht [...], sich stets bis zum allerletzten Moment der Entscheidung mehrere Wege offenzuhalten, um vor übermächtigen Widerständen oder gefährlichen Wandlungen der Konstellation zurückweichen, um das Ziel auf anderem Weg ansteuern zu können."[88]

Auch der Politiker benötigt, will er im Spiel der Politik bestehen, Rationalität und Instinkt, um seinen Willen gegen den Willen seines Gegners durchzusetzen. Dazu bedarf er der Fähigkeit, aus der Komplexität der Möglichkeiten die erfolgversprechendste auszuwählen; zugleich muß er vor jeder Handlung die mögliche Reaktion des Gegners und die dadurch bewirkte Veränderung des politischen Gesamtsystems berücksichtigen. Das bedeutet, daß sich der Politiker in hohem Maß *bedacht* verhalten muß; er muß die Vergangenheit, die Gegenwart und die Zukunft bedenken. Eben diese Vorstellung entspricht dem Machtbewußtsein Bismarcks, dessen Stärke gerade darin lag,

> "daß er als nüchtern kalkulierender Schachspieler auf dem überschaubaren Brett des diplomatischen Spiels europäischer Staatsinteressen durchaus einen Blick für die von der jeweiligen sozialen Position her politisch möglichen und notwendigen Züge zeigte."[89]

Die Machtpräsentation Bismarcks zeigt sich also hier im Bild des überlegenen, das waghalsige Spiel der Politik

---

[87] Engelberg, a.a.O., S. 451. Engelberg trifft die richtige Feststellung, daß die Schachspiel-Metapher der Politik einerseits nicht als ausgearbeitete Theorie verstanden werden darf, andererseits aber nicht als bloßes Bild verworfen werden sollte. Vgl. ebd.
[88] Buchner, Deutsche Geschichte im europäischen Rahmen, Darstellung und Betrachtungen, Göttingen 1975, S. 374.
[89] Engelberg, a.a.O., S. 451.

spielenden Politikers, dessen Macht darin besteht, daß er über die erforderliche Rationalität und den notwendigen Instinkt verfügt, um das jeweils *Mögliche* durchzusetzen. In diesem Sinne beeinhaltet die Inszenierung seiner Macht in den Memoiren dieses genialische Amalgam von Handwerk und Genie, von Realitätssinn und Phantasie, das gebunden ist "an die je spezifische Individualität [...], an den großen Einzelnen."[90] Die Legitimation dieser Macht, der notwendige *"Dienst an einer Sache"*, die die Sinnhaftigkeit seiner politischen Macht begründet, verankert Bismarck in seinem Glauben an die Monarchie und die damit verbundene Staatsräson.

Zugleich ist die Präsentation seiner Macht durchdrungen vom Ethos der Verantwortung, aus dem erst "die hohe, für ihn so charakteristische, für den Politiker so vorbildliche Kunst seiner politischen Taktik"[91] entspringt:

> "Was ihn weit über die meisten Staatsmänner emporhebt, ist die tiefgefühlte, tiefdurchdachte Verantwortlichkeit, aus der heraus er Politik macht."[92]

Thema des folgenden Kapitels ist es, in welcher Weise *dieses* Element seines Rollenbewußtseins in den Memoiren umgesetzt wird.

---

90 Gall, Bismarck, a.a.O., S. 710.
91 Buchner, Deutsche Geschichte im europäischen Rahmen, a.a.O., S. 373/374.
92 Ebd., S. 373. Auch Gall bestätigt, daß Bismarck "die Frage der Grenzen der Verantwortlichkeit eigenen Handelns [...] aktuell politisch und als ein ganz konkretes menschliches Problem immer wieder beschäftigt" hat. Gall, Bismarck, a.a.O., S. 62.

4.2 Verantwortung - oder das Ethos des Politikers

> "Das lernt sich in diesem Gewerbe recht, daß
> man so klug sein kann wie die Klugen dieser
> Welt und doch jederzeit in die nächste Minute
> geht wie ein Kind ins Dunkle."
>
> Bismarck 1864[1]

Ein zentrales Element des Rollenbewußtseins Bismarcks ist die Verantwortung des Politikers, der aufgrund seiner Überzeugung und seines Gewissens selbstbestimmt handelt und die Verantwortung für sein Handeln selber trägt.[2] Zugleich ist diese Eigenverantwortung immer mit einem ausgeprägten kämpferischen, ja leidenschaftlichen Element verwoben, eine Verbindung, die Max Weber für das zentrale Moment des *berufenen* Politikers hält:

> "Denn Parteinahme, Kampf, Leidenschaft - ira et studium - sind das Element des Politikers. Und vor allem: des politischen F ü h r e r s. [...]. Ehre des politischen Führers, also: des leitenden Staatsmannes, ist [...] gerade die ausschließliche E i g e n verantwortung für das, was er tut, die er nicht ablehnen oder abwälzen kann und darf."[3]

Im Bewußtsein dieser permanenten Verantwortlichkeit konstituiert Bismarck in seinen Memoiren das Bild des mündigen Politikers, der die Fähigkeit des selbstbestimmten Handelns ebenso besitzt wie auch die Bereitschaft, für die Folgen seines Handelns einzustehen, der aber zugleich un-

---

[1] Bismarck in einem Brief an seine Frau am 20. Juli 1864, in: Scheler, Eberhard (Hg.), unter beratender Mitwirkung v. Schüßler, Wilhelm und Buchner, Rudolf, Werke in Auswahl, Bd. 3, Die Reichsgründung, Teil 1, 1862-1866, Darmstadt 1965, S. 337.
[2] Bismarck gebraucht den Begriff "Verantwortung" in zweifacher Konnotation; er versteht darunter einerseits die Kompetenz des Politikers qua seines Amtes, andererseits seine Verpflichtung, sein Handeln ständig daraufhin zu überprüfen, ob es den politischen Zielen und Zwecken dient, und in dieser Hinsicht die Folgen seiner Handlungen abzusehen. In dieser Bedeutung geht es Bismarck um die ethische Komponente der Verantwortung, die gebunden ist an die *Ehre* und das *Gewissen* des Politikers, der, solange er sein Gewissen befragt, sich dieser Verantwortung weder entziehen noch sie delegieren darf.
[3] Weber, Politik als Beruf, a.a.O., S. 28.

ter dem Bewußtsein der steten Verantwortung auch leidet. In dieser in den Memoiren gegebenen Rollendarstellung zeigt sich, daß Bismarck sein Handeln nicht unter eine gesinnungsethische Maxime stellt, aufgrund derer die Folgen des Handelns nicht mehr in die Verantwortung des Handelnden selber gehören. Er tritt im Gegenteil vehement für eine *Verantwortungsethik* ein, in der der Handelnde für die voraussehbaren Folgen seines Handelns aufzukommen hat:

> "Der Verantwortungsethiker dagegen rechnet mit eben jenen durchschnittlichen Defekten der Menschen, - er hat, wie Fichte richtig gesagt hat, gar kein Recht, ihre Güte und Vollkommenheit vorauszusetzen, er fühlt sich nicht in der Lage, die Folgen eigenen Tuns, soweit er sie voraussehen konnte, auf andere abzuwälzen. Er wird sagen: diese Folgen werden meinem Tun zugerechnet."[4]

Vieles von dem, was unter dem Verantwortungsaspekt in den Memoiren zu finden ist, kann als Antwort Bismarcks auf die Frage gelten, "was für ein Mensch man sein muß, um seine Hand in die Speichen des Rades der Geschichte legen zu dürfen."[5] In dieser Antwort zeigen sich Eigenschaften, die Max Weber als Kennzeichen des *berufenen Politikers* entwickelt:

> "Man kann sagen, daß drei Qualitäten vornehmlich entscheidend sind für den Politiker: Leidenschaft - Verantwortungsgefühl - Augenmaß. Leidenschaft im Sinne von S a c h l i c h k e i t : leidenschaftliche Hingabe an eine 'Sache', an den Gott oder Dämon, der ihr Gebieter ist. [...] mit der bloßen, als noch so echt empfundenen Leidenschaft ist es freilich nicht getan. Sie macht nicht zum Politiker, wenn sie nicht, als Dienst in einer 'Sache', auch die V e r a n t w o r t - l i c h k e i t gegenüber ebendieser Sache zum entscheidenden Leitstern des Handelns macht. Und dazu bedarf es - und das ist die entscheidende psychologische Qualität des Politikers - des A u g e n m a ß e s , der Fähigkeit, die Realitäten mit innerer Sammlung und Ruhe auf sich wirken zu lassen, also: der D i s t a n z zu den Dingen und Menschen."[6]

---

4 Ebd., S. 58.
5 Ebd., S. 51.
6 Ebd.

Wie stark dieses Bewußtsein der Verantwortlichkeit auf
Bismarck lastet, verraten seine folgenden Worte:

> "Meine Gesundheit war damals längst geschwächt, nicht durch
> die Arbeiten, welche mir oblagen, aber durch das ununter-
> brochene Bewußtsein der Verantwortlichkeit für große Ereig-
> nisse, bei denen die Zukunft des Vaterlandes auf dem Spiele
> stand."[7]

In der Bestimmung der Verantwortung für die Zukunft des
Vaterlandes zeigt sich einerseits das ausgeprägte Machtbewußtsein Bismarcks, andererseits das Wissen um den Preis
dieser Macht. Er reflektiert sehr genau, daß Machterhalt
letztlich von politischen Erfolgen abhängig ist, so daß
jeder mächtige Politiker immer in der Furcht vor politischen Mißerfolgen lebt; die entscheidende Wendung aber,
die er in seiner Aussage trifft, ist die, daß er seinen
eigenen politischen Erfolg identifiziert mit dem Wohl des
Vaterlandes:

> "Die Frage, ob das eigne Augenmaß, der politische Instinkt
> ihn richtig leitet, ist ziemlich gleichgültig für einen Mi-
> nister, dem alle Zweifel gelöst sind, sobald er durch die
> königliche Unterschrift oder durch eine parlamentarische
> Mehrheit sich gedeckt fühlt [...]. Für einen Minister aber,
> der seine Ehre mit der des Landes vollständig identificirt,
> ist die Ungewißheit des Erfolgs einer jeden politischen Ent-
> schließung von aufreibender Wirkung."[8]

In dieser Identifikation der eigenen "Ehre" mit der des
Landes hebt Bismarck die Trennung zwischen privater und
öffentlicher Person auf und formuliert ein konstitutives
Prinzip seines Rollenbewußtseins, in dem das *Selbst* und
die *Rolle* eine Einheit bilden. Da diese Identifikation
sprachlich in der Er-Form ausgedrückt und damit Distanz
zum Gegenstand suggeriert wird, ist der Leser zu einem
Sinnbildungsprozeß aufgefordert, innerhalb dessen er die
unpersönliche Form in die Ich-Form überführt, d.h. mit dem
Ich-Erzähler identifiziert. Dieser vom Leser - aufgrund

---

7 EuG, S. 411.
8 EuG, S. 411/412.

einer Transferleistung - zu vollziehende Verstehensprozeß
unterstützt die Wirkung der Rollendarstellung.

Ein weiteres auffälliges Moment der Darstellung besteht in
der Steigerungskurve, die diese kurze Passage beeinhaltet.
Es werden hier zwei Typen politisch Handelnder einander
gegenüber gestellt: der durch eine Autorität "*gedeckt[e]*"
Minister, "*dem alle Zweifel*" hinsichtlich der politischen
Leitung "*gelöst sind*" und "*gleichgültig*" sein können, und
andererseits "*der seine Ehre mit der des Landes*" identifi-
zierende Minster, für den die "*Ungewißheit des Erfolgs*"
"*von aufreibender Wirkung*" ist. Die Hervorhebung der entscheidenden, die Spannungskurve dieser Passage tragenden
Wörter macht die Polarität zwischen ruhendem und dynami-
schem Moment deutlich.

Aus der hier dargelegten Identifikation wird verständlich,
daß Bismarck, "der das eigene Werk niemals getrennt von
der eigenen Person zu sehen vermochte"[9], in seinen Memoiren der eigenen Rolle einen gleichsam überpersönlichen
Nimbus verleiht. Dieses konstitutive Element seines Rollenbewußtseins, in dem das Wirken der eigenen Person immer
auf einen überpersönlichen Zweck gerichtet ist, zugleich
diese Person die Ziele ständig auf ihre Angemessenheit hin
überprüft, kennzeichnet das von Bismarck entwickelte Ethos
der Verantwortlichkeit:

> "Ich habe natürlich während der bewegten und gelegentlich
> stürmischen Entwicklung unsrer Politik nicht immer m i t
> S i c h e r h e i t voraussehen können, ob der Weg, den
> ich einschlug, der richtige war, und doch war ich gezwungen,
> so zu handeln, als ob ich die kommenden Ereignisse und die
> Wirkung der eignen Entschließungen auf dieselben mit voller
> Klarheit voraussehe."[10] [...].
> "Man kann die politische Gestaltung in der Zeit, welche die
> Durchführung einer Maßregel bedarf, so wenig mit Sicherheit
> vorhersehen wie das Wetter der nächsten Tage in unsrem Klima
> und muß doch seine Entschließung fassen, als ob man es könn-
> te [...]. Die Erwägung der Frage, ob eine Entschließung rich-
> tig sei und das Festhalten und Durchführen des auf Grund
> schwacher Prämissen für richtig Erkannten richtig sei, hat

---

9 Gall, Bismarck, a.a.O., S. 706.
10 EuG, S. 411.

> für jeden gewissenhaften und ehrliebenden Menschen etwas
> Aufreibendes, verstärkt durch die Thatsache, daß lange Zeit
> vergeht, oft viele Jahre, bevor man in der Politik sich
> selbst überzeugt, ob das Gewollte und Geschehene das Richti-
> ge war oder nicht."[11]

Die sprachliche Form dieses Bekenntnisses, das Bismarck hier ablegt, zeichnet sich durch den auffällig ruhigen Ton und die treffende Wahl der Bilder aus, in denen ein Grundproblem politischen Handelns - das immer auch prognostisches Handeln ist - präzise und anschaulich dargestellt wird. Wie schon in der oben zitierten Passage weist Bismarck auch hier auf das aufreibende Moment des politisch verantwortungsvollen Handelns hin, das im Zweifel des Politikers an der Richtigkeit seines Tuns virulent wird.

Verantwortung des politischen Handelns vollzieht sich, wie Bismarck darstellt, unter einer zweifachen Hinsicht: zum einen muß der Politiker die von ihm angestrebten Ziele und die eingesetzten Mittel ständig auf ihre *Richtigkeit* beurteilen, d.h. feststellen, ob sie dem übergeordneten Zweck dienen; zum anderen muß er auch den übergeordneten Zweck verantworten im Bewußtsein, daß sich politisches Handeln in der grundsätzlichen Ungewißheit bewegt, ob sich der in der Gegenwart als richtig angenommene Zweck als solcher auch in der Zukunft bestätigen wird.

Beiden Aspekten ist gemeinsam, daß Bismarck sein Handeln als Politiker durch die Verantwortung für den Erfolg seines Tuns kennzeichnet; dies setzt, wie er im folgenden Aphorismus anschaulich darstellt, nüchterne Sachanalyse, realistischen Blick für das Mögliche und vorausschauende Perspektive voraus:

> "Jedenfalls wird auch in der Zukunft nicht blos kriegerische
> Rüstung, sondern auch ein richtiger politischer Blick dazu
> gehören, das deutsche Staatsschiff durch die Strömungen der
> Coalitionen zu steuern, denen wir nach unsrer geographischen
> Lage und unsrer Vorgeschichte ausgesetzt sind."[12]

---

11 EuG, S. 412.
12 EuG, S. 497.

Gekonnt bindet Bismarck hier zwei Elemente - ein ruhiges und ein dynamisches - zusammen; im Bild des durch unruhiges Gewässer fahrenden Schiffes liegt das dynamische Moment, das zugleich auch ein beunruhigendes ist, denn Strömungen verheißen Gefahr und sind unberechenbar. Demgegenüber steht das Element des richtigen politischen Blickes, denn richtig kann auch richtunggebend bedeuten, und Blick darf hier vor allem im Sinne des Vorausblicks verstanden werden (wie das nächste Zitat bestätigen wird). In dieser Verbindung beruht die Stimmigkeit des hier entworfenen Bildes, das zu einer Vervollständigung durch den Leser geradezu einlädt; denn die immer existente Gefahr *kann* gebannt werden durch einen vorausschauenden Steuermann (wie Bismarck), der nicht nur über den erforderlichen Verstand, sondern auch über das zugehörige instrumentelle Geschick verfügen muß, das Schiff erfolgreich zu lavieren.

Daß sich ein richtiger politischer Blick für Bismarck notwendig durch Weitsicht und Vorausschau auszeichnet, zeigt sich in den folgenden Worten:

> "Die Aufgabe der Politik liegt in der möglichst richtigen Voraussicht dessen, was andre Leute unter gegebenen Umständen thun werden. Die Befähigung zu dieser Voraussicht wird selten in dem Maße angeboren sein, daß sie nicht, um wirksam zu werden, eines gewissen Maßes von geschäftlicher Erfahrung und Personalkenntniß bedürfte [...]."[13]

Der erste Satz verdeutlicht in seiner epigrammatischen Raffung den Anspruch auf Allgemeingültigkeit, der hier überzeugend erhoben wird. Die Überzeugungskraft beruht vor allem auf der logischen Schlüssigkeit des formulierten Gedankens, in dem das, was der Politik *aufgegeben* ist - und dies ist natürlich nur ein annähernd zu Erreichendes -, als eine *Möglichkeit* aufgewiesen wird. Die Annäherung an das Ideal des richtigen politischen Blickes setzt - hier zeigt sich wieder der durch die präzise Knappheit der Formulierung indizierte Sinngebungsprozeß - rationales, d.h. berechnendes und berechenbares Handeln voraus, denn nur

---

[13] EuG, S. 674.

dann kann der Politiker den erforderlichen Kausalnexus zwischen "*gegebnen Umständen*" und menschlicher Reaktion prognostizieren. Daß Bismarck diese Gedanken, für deren Darlegung es mehrerer erklärender Abstraktionen bedurfte, in *einem* Satz formuliert, verdeutlicht, in welcher Weise hier die instrumentelle Funktion der Sprache zugunsten ihrer relationierenden Funktion transzendiert wird.

Fordert Bismarck vom politisch Handelnden also einerseits die Fähigkeit zu rationalem, weitsichtigem und kompetentem Handeln, so ist in dieser Forderung des "*richtigen*" *politischen Blicks* das Wissen um die Bedingtheit menschlichen Urteilens bereits miteingeschlossen - die Einsicht darin,

> "[...], daß man der Vorsehung nicht so in die Karten sehen kann, um der geschichtlichen Entwicklung nach eigner Berechnung vorzugreifen."[14]

In dieser Einsicht in die überpersönliche Bedingtheit des politisch Handelnden, dem trotz aller rationalen Berechnung "die Grenzen menschlichen Planens und Handelns genau bewußt sind"[15] und der letztlich immer der Ungewißheit unterliegt, erfaßt Bismarck eine ihn grundsätzlich prägende und vertraute "persönliche Grunderfahrung"[16], die sich durch die Erfahrungen während seiner politischen Tätigkeit hinsichtlich seiner "Zweifel an dem Machbaren, an den Möglichkeiten des Einzelnen, an der Berechenbarkeit der Dinge verstärkt"[17] hatte.

Erst vor dem Hintergrund dieser Einsicht in die Bedingtheit des politischen Handelns und der Identifikation mit seiner Rolle als Politiker lassen sich seine Äußerungen

---

14 EuG, S. 360.
15 Gall, Bismarck, a.a.O., S. 61.
16 Ebd., S. 247.
17 Ebd.

über die ihn bedrückende Verantwortung und quälenden Zweifel angemessen würdigen:

"Nicht die Arbeit ist das Aufreibende, die Zweifel und Sorgen sind es und das Ehrgefühl, die Verantwortlichkeit, ohne daß man zur Unterstützung der letzteren etwas andres als die eigne Ueberzeugung und den eignen Willen anführen kann, wie das gerade in den wichtigsten Krisen am schärfsten Platz greift."[18]

In diesen eindringlichen Worten erfaßt Bismarck die existentielle Bedrückung seiner Tätigkeit, innerhalb derer er auf keine übergeordnete Instanz zurückgreifen konnte, sondern sich des rationalen Kalküls bedienen mußte. Das Bewußtsein der Bedingheit menschlichen Kalküls und das gleichzeitige Angewiesensein darauf sind die beiden Pole, zwischen denen der Politiker Bismarck sich bewegte und das *Aufreibende* dieser Bewegung hier noch einmal reflektiert. In dieser Hinsicht hat Marcks recht, wenn er feststellt:

"Was uns der Sieger aber aus dieser unvergleichlichen Zeit vor Augen führt, das sind nicht seine Siege, sondern seine Sorgen; selten nur erzählt oder schildert er im eigentlichen Sinne, meist erörtert, durchkämpft er die Fragen und die Gegensätze, und der Eindruck des Ringens, das auch das Buch des Greises noch so ganz erfüllt, ist gewaltig."[19]

Für das Rollenbewußtsein bedeutet dies - im Zusammenhang mit dem nachdrücklich hervorgehobenen Ethos der Verantwortlichkeit -, daß Bismarck in der Rolle des geschichtsmächtigen Politikers, in der er sich inszeniert, die Bedingtheit dieser Macht gleichsam mitanlegt.[20] Hier zeigt sich seine spezifische Geschichtsauffassung, in der ihm die Vorstellung,

"man könne Gott in die Karten blicken und den künftigen Lauf der Weltgeschichte vorhersehen [...] auf einer maßlosen

---

18 EuG, S. 412.
19 Marcks, a.a.O., S. 80.
20 Auch Gall betont, daß Bismarck sich, "im Unterschied zu seinen kritiklosen Bewunderern und bewundernden Kritikern, zeit seines Lebens das Bewußtsein seiner Generation in die überindividuelle Bedingtheit politischen Handelns und individuellen Wirkens bewahrt hat - trotz allen Sinns für Macht und bestimmenden Einfluß." Gall, Bismarck, a.a.O., S. 18.

Überschätzung der Macht des Menschen und einer geradezu blasphemischen Unterschätzung der Macht des Herrn der Geschichte"[21]

gegründet erscheint. Dieses Bewußtsein führt nun aber nicht zu einer resignativen Einsicht in das Unveränderliche, sondern zu der Auffassung der Politik als der "Fähigkeit, in jedem wechselnden Moment der Situation das am wenigsten Schädliche oder das Zweckmäßigste zu wählen"[22], als einer *Kunst des Möglichen*, die eines *Künstlers* bedarf, der die vielfältigen Kombinationen dieses Möglichen rational steuernd arrangiert und sie hinsichtlich des angestrebten Zweckes sowie der Folgen, die sich aus der rationalen Steuerung ergeben, verantwortet.

An dieser Stelle des Gedankengangs legt Bismarck den - für sein Rollenbewußtsein kennzeichnenden - Akzent auf den aktiv handelnden, politische Abläufe steuernden Einzelnen, der Entscheidungen treffen muß,

"nicht selten im Kampfe gegen alle Einflüsse, denen Gewicht beizulegen man gewöhnt ist, wie z.B. in Nikolsburg zur Zeit der Friedensverhandlungen, wo ich die einzige Person war und blieb, welche schließlich für das, was geschah, und für den Erfolg verantwortlich gemacht wurde und nach unsern Institutionen und Gewöhnungen auch verantwortlich war, und wo ich meine Entschließung im Widerspruch nicht nur mit allen Militärs, also mit allen Anwesenden, sondern auch mit dem Könige fassen und in schwerem Kampfe aufrecht halten mußte."[23]

Die Inszenierung als der einsam Kämpfende, der, im Besitz der richtigen Erkenntnis, diese gegen alle Widerstände durchsetzt, ist ein rollenspezifisches Merkmal, das für den Exklusivitätsanspruch Bismarcks steht. In unterschiedlichen Zusammenhängen stellt er diese dem Prinzip nach gleiche Situation dar, in der er, häufig bis zur völligen

---

21 Ebd., S. 183.
22 Bismarck in einer Ansprache an eine Abordnung der Universität Jena am 30. Juli 1892, in: Buchner, Rudolf, Engel, Georg (Hg.), Werke in Auswahl, Bd. 8, Teil B, Rückblick und Ausblick, 1890-1898, Mit zahlreichen unveröffentlichten Stücken und einem Dokumentenanhang, Darmstadt 1983, S. 113.
23 EuG, S. 412.

physischen und psychischen Erschöpfung, für seine Überzeugung erfolgreich kämpft.

Eine der dramatischsten Situationen schildert Bismarck im Kapitel *"Nikolsburg"*, in dem es um die Vorgeschichte des in Nikolsburg geschlossenen Friedens zwischen Österreich und Preußen geht. Kennzeichnend für Bismarcks meisterhafte Erzählmanier ist auch hier "die Art, wie er gleich mit den ersten Sätzen mitten in die Sache hineinführt und die richtigen Töne anzuschlagen versteht"[24]:

> "Am 30. Juni Abends traf Seine Majestät mit dem Hauptquartier in Reichenberg ein. Die Stadt von 28,000 Einwohnern beherbergte 1800 österreichische Gefangene und war nur von 500 preußischen Trainsoldaten mit alten Carabinern besetzt; nur einige Meilen davon lag die sächsische Reiterei. Dieselbe konnte in der Nacht Reichenberg erreichen und das ganze Hauptquartier mit Sr.M. aufheben. Daß wir in Reichenberg Quartier hatten, war telegraphisch publicirt worden. Ich erlaubte mir den König hierauf aufmerksam zu machen, und infolge dieser Anregung wurde befohlen, daß die Trainsoldaten sich einzeln und unauffällig nach dem Schlosse begeben sollten, wo der König Quartier genommen hatte. Die Militärs waren über diese meine Einmischung empfindlich, und um ihnen zu beweisen, daß ich um m e i n e Sicherheit nicht besorgt sei, verließ ich das Schloß, wohin S.M. mich befohlen hatte, und behielt mein Quartier in der Stadt. Es war damit schon der Keim zu einer der Ressort-Eifersucht entspringenden Verstimmung des Militärs gegen mich wegen meiner persönlichen Stellung zu S.M. gelegt, die sich im Laufe des Feldzugs und des französischen Krieges weiter entwickelte."[25]

In dieser Einleitung wird "durch die kurze Andeutung der Gefahr, der 1866 nach der Ansicht des Kanzlers das Hauptquartier in Reichenberg und der König ausgesetzt war [sic!], auf die erregte und gereizte Stimmung während der folgenden Verhandlungen fein vorbereitet."[26]

In den Mittelpunkt der Darstellung stellt Bismarck seinen Kampf mit dem König und dem Militär um gemäßigte Friedensbedingungen gegenüber Österreich, die er im Interesse einer zukünftigen Zusammenarbeit mit Österreich für notwen-

---

24 Klaiber, a.a.O., S. 293.
25 EuG, S. 310.
26 Klaiber, a.a.O., S. 293.

dig hielt. Diese Haltung brachte ihm die Abneigung der Militärs ein und stieß auch auf den Widerspruch des militärischen Einflüssen unterliegenden Wilhelms I.:

> "Die Lage war eine schwierige; allen Generalen war die Abneigung gemeinsam, den bisherigen Siegeslauf abzubrechen, und der König war militärischen Einflüssen im Laufe jener Tage öfter und bereitwilliger zugänglich als den meinigen [...]."[27]

Bismarcks Position scheint ausweglos zu sein, da er allein steht und keinen Einfluß mehr auf den König hat. Durch die Art und Weise der Darstellung steigert Bismarck den Eindruck seiner eigenen exponierten Situation, verweist aber gleichzeitig auf die ihm obliegende Verantwortung:

> "[...] ich war der Einzige im Hauptquartier, dem eine politische Verantwortlichkeit als Minister oblag und der sich nothwendig der Situation gegenüber eine Meinung bilden und einen Entschluß fassen mußte, ohne sich für den Ausfall auf irgend eine andre Autorität in Gestalt collegialischer Beschlusses oder höherer Befehle berufen zu können."[28]

Indem er die Verpflichtung seiner politischen Verantwortung hervorhebt, verdeutlicht Bismarck seinen Anspruch auf die Durchsetzung seiner Überzeugung gegen alle Widerstände und verweist daran anschließend auf die Legitimation seines Verhaltens:

> "Ich konnte die Gestaltung der Zukunft und das von ihr abhängige Urtheil der Welt ebenso wenig voraussehen wie irgend ein Andrer, aber ich war der einzige Anwesende, der gesetzlich verpflichtet war, eine Meinung zu haben, zu äußern und zu vertreten. Ich hatte sie mir in sorgsamer Ueberlegung der Zukunft unsrer Stellung in Deutschland und unsrer Beziehungen zu Oesterreich gebildet, war bereit, sie zu verantworten und bei dem Könige zu vertreten."[29]

Indem Bismarck die eigene Position als eine rational ermittelte darstellt, die Position seiner Widersacher (des sich im Siegesrausch befindenden Militärs und des dadurch beeinflußten Königs) jedoch als eine naiv unreflektierte,

---
27 EuG, S. 319.
28 Ebd.
29 Ebd.

wirkt die Hervorhebung seiner Verantwortlichkeit gerechtfertigt und glaubwürdig.

Dieses Bild des sorgfältig abwägenden Politikers, der im Hinblick auf die Zukunft und die Interessen seines Landes seine Meinung bildet und diese unabhängig vom Urteil seiner Umwelt vertritt, ist ebenso kennzeichnend für das Rollenbewußtsein Bismarcks wie der Verweis auf die prinzipielle Relativität von Zukunftsprognosen. Dieser Verweis steigert noch den Eindruck des im Bewußtsein seiner Bedingtheit trotzdem entschlossen für seine Überzeugung eintretenden Politikers und erreicht seinen Höhepunkt in Bismarcks Schilderung seines Nervenzusammenbruchs, nachdem sein energischer Einsatz für die gemäßigten Friedensbedingungen gegenüber Österreich zunächst erfolglos schien:

> "Meine Nerven widerstanden den mich Tag und Nacht ergreifenden Eindrücken nicht, ich stand schweigend auf, ging in mein anstoßendes Schlafzimmer und wurde dort von einem heftigen Weinkrampf befallen."[30] [...].
> "Der Widerstand, welchen ich den Absichten Sr. Majestät in Betreff der Ausnutzung der militärischen Erfolge und seiner Neigung, den Siegeslauf fortzusetzen, meiner Ueberzeugung gemäß leisten mußte, führte eine so lebhafte Erregung des Königs herbei, daß eine Verlängerung der Erörterung unmöglich war und ich mit dem Eindruck, meine Auffassung sei abgelehnt, das Zimmer verließ mit dem Gedanken, den König zu bitten, daß er mir erlauben möge, in meiner Eigenschaft als Offizier in mein Regiment einzutreten. In mein Zimmer zurückgekehrt, war ich in der Stimmung, daß mir der Gedanke nahe trat, ob es nicht besser sei, aus dem offenstehenden, vier Stock hohen Fenster zu fallen [...]."[31]

Diese dramatische, stimmungsdichte Darstellung ist Ausdruck der inneren Beteiligung Bismarcks an seiner Rolle als Politiker, so daß eine Distanzierung von dieser – seine ganze Person betreffenden – Rolle nicht mehr möglich ist. Die Konsequenz der aufgehobenen Trennung von privatem und öffentlichem Dasein zeigt sich darin, daß sein Rollenverhalten von existentieller Tragweite ist und Mißerfolge sogar seine Existenz gefährden.

---

30 Ebd.
31 EuG, S. 322.

Die einzige Möglichkeit, sich aus dieser Verstrickung zu
lösen, ist das Ablegen der Rolle. Daß Bismarck Rücktrittsüberlegungen immer dann formulierte, wenn er seine Überzeugung gegenüber dem König nicht durchsetzen konnte,
zeigt, welch hohen Stellenwert er der eigenen Meinung in
seinem Rollenbewußtsein beimißt.[32] Das wird beispielhaft in
seiner Äußerung, daß er aufgrund seiner Überzeugung gegenüber dem König Widerstand *"leisten mußte"*. Im Bewußtsein
der Verantwortung für das Vaterland bedeutet deshalb die
Mißachtung seiner Überzeugung durch seine Umgebung die
äußerste Gefährdung dieser Rolle.

Das Thema der politischen Verantwortlichkeit der Minister
behandelt Bismarck wiederholt in seinen Memoiren, wobei er
nachdrücklich die Notwendigkeit des weitsichtigen, rational abwägenden Ministers hervorhebt. Im zwölften Kapitel
des zweiten Buches beschäftigt er sich auch mit der Aufgabe des Ministers für auswärtige Angelegenheiten im Kriegs-
fall und kritisiert - indem er den Janus-Topos anwendet -
zunächst die kriegswissenschaftliche Theorie:

> "Wenn man die Theorie, [...] die auch kriegswissenschaftlich
> gelehrt werden soll, so ausdrücken kann: Der Minister der
> Auswärtigen Angelegenheiten kommt erst wieder zum Wort, wenn
> die Heeresleitung die Zeit gekommen findet, den Janustempel
> zu schließen, so liegt schon in dem doppelten Gesicht des
> Janus die Mahnung, daß die Regierung eines kriegsführenden
> Staates auch nach andern Richtungen zu sehen hat als nach
> dem Kriegsschauplatze."[33]

---

[32] Dies ist, wie Golo Mann feststellt, sicherlich auch Ausdruck
der gesteigerten Herrschsucht Bismarck: "Daß er überwältigend
herrschsüchtig sei und mit der Rolle des 'Zweiten' sich nie zufrieden geben würde, hatten erfahrene Psychologen früh erkannt;
später konnte er auch keine 'Zweiten' um sich brauchen, nur noch
verläßliche Befehlsausführer, Instrumente, Diener." Mann, Golo,
Deutsche Geschichte des 19. und 20. Jahrhunderts, 19. Aufl. der
Sonderausg., Frankfurt 1987, S. 321/322.
[33] EuG, S. 363.

Daran anschließend differenziert Bismarck die Aufgaben des Militärs und der Politik in systematischer Form:

"Aufgabe der Herresleitung ist die Vernichtung der feindlichen Streitkräfte; *Zweck* des Kriegs die Erkämpfung des Friedens unter Bedingungen, welche der von dem Staate verfolgten Politik entsprechen. Die Feststellung und Begrenzung der *Ziele*, welche durch den Krieg erreicht werden sollen, die Berathung des Monarchen in Betreff derselben ist und bleibt während des Krieges wie vor demselben eine politische Aufgabe, und die Art ihrer Lösung kann nicht ohne Einfluß auf die Art der Kriegführung sein. *Die Wege und Mittel* der letzteren werden immer davon abhängig sein, ob man das schließlich gewonnene Resultat oder mehr oder weniger hat erreichen wollen [...]."[34]

Auffällig ist die hier entwickelte wissenschaftlich anmutende Systematisierung einer Zweck-Ziel-Weg-Mittel-Relation. Bismarck macht dabei - seinem Rollenbewußtsein entsprechend - eine strikte Trennung zwischen Militär, das er als reinen Erfüllungsgehilfen sieht, und übergeordneter Politik, die Zwecke, Ziele, Wege und Mittel bestimmt. Notwendige Voraussetzung dafür sind Kompetenz und Sachverstand des zuständigen Ministers:

"Namentlich aber zu beurtheilen, wann der richtige Moment eingetreten sei, den Uebergang vom Kriege zum Frieden einzuleiten, dazu sind Kenntnisse der europäischen Lage erforderlich, welche dem Militär nicht geläufig zu sein brauchen, Informationen, die ihm nicht zugänglich sein können. Die Verhandlungen in Nikolsburg 1866 beweisen, daß die Frage von Krieg und Frieden auch im Kriege stets zur Competenz des verantwortlichen politischen Ministers gehört und nicht von der technischen Armeeleitung entschieden werden kann; der competente Minister aber kann dem Könige nur dann sachkundigen Rath ertheilen, wenn er Kenntniß von der jeweiligen Lage und den Intentionen der Kriegführung hat."[35]

Seine eigene Kompetenz unterstreichend, stellt Bismarck mit Blick auf seine Rolle während des deutsch-französischen Krieges fest, daß

"mir doch als dem leitenden Minister die Verantwortlichkeit für die richtige politische Ausnutzung der militärischen wie der auswärtigen Situation ob[lag], und ich [...] verfassungs-

---

34 EuG, S. 363/364. Hervorhebung M.S.
35 EuG, S. 364.

mäßig der verantwortliche Rathgeber des Königs in der Frage
[war], ob die militärische Situation irgend welche politische Schritte oder die Ablehnung irgend welcher Zumuthung andrer Mächte rathsam machte."[36]

Bismarck gibt seiner Rolle die Bedeutung eines Spielleiters, der die einzelnen Spielzüge kontrolliert und nach seinem Ermessen in das Spiel eingreifen kann; entscheidend ist, daß er seine Rolle immer als eine exponierte, übergeordnete und mit der größten Weitsicht ausgestattete beschreibt und sich als der besondere Einzelne inszeniert. Die Einzigartigkeit dieser Rolle unterstreichend, hält er fest:

> "Eine wirkliche Verantwortlichkeit in der großen Politik
> aber kann nur ein einzelner leitender Minister, niemals
> ein anonymes Collegium mit Majoritätsabstimmung leisten."[37]

Das komplizierte Geschäft der Politik erfordere, daß sich der Politiker - ohne durch Kompetenzstreitigkeiten abgelenkt zu sein - den diffizilen politischen Problemen zuwendet und die Verantwortung für seine Entscheidungen nicht auf neben- oder übergeordnete Instanzen abwälzt:

> "Die Entscheidung über *Wege* und *Abwege* liegt oft in minimalen,
> aber einschneidenden Wendungen, zuweilen schon in der Tonart
> und der Wahl der Ausdrücke eines internationalen Actenstükkes. Schon bei geringer Abweichung von *der richtigen Linie*
> *wächst die Entfernung* von derselben oft so *rapide*, daß der
> verlassene Strang nicht wieder erreicht werden kann und die
> Umkehr bis zu dem Gabelpunkt, wo er verlassen wurde, unausführbar ist. Das übliche Amtsgeheimniß deckt die Umstände,
> unter welchen eine Entgleisung stattgefunden hat, Menschenalter hindurch, und das Ergebniß der Unklarheit, in welcher
> der pragmatische Zusammenhang der Dinge bleibt, erzeugt bei
> leitenden Ministern, wie das bei manchen meiner Vorgänger
> der Fall war, Gleichgültigkeit gegen die sachliche Seite der
> Geschäfte, sobald die formale durch königliche Unterschrift
> bezw. parlamentarische Vota gedeckt erschien. Bei Andern wieder führt der Kampf zwischen dem eignen Ehrgefühl und der
> Verstrickung der Competenzverhältnisse zu tödtlichen Nervenfiebern, [...] oder zu Symptomen von Geistesstörung, wie in
> einigen früheren Fällen."[38]

---

36 EuG, S 365.
37 EuG, S. 216.
38 EuG, S. 216/217. Hervorhebung M.S.

Die Weise, in der hier im Bild eines beschrittenen Grenzpfades die Kompliziertheit politischen Handelns, die hohe Empfindsamkeit des Handelnden voraussetzt, anschaulich gemacht wird, ist meisterhaft. Bismarck zwingt den Leser förmlich in dieses Bild hinein, indem er durch sprachliche Prägnanz das Bild Schritt für Schritt ausmalt und es vor dem geistigen Auge des Lesers entstehen läßt.

So entsteht die Vorstellung einer verwirrenden Anzahl von "Wege[n]" und vermuteten "Abwege[n]" (denn welcher Weg ein Abweg ist, offenbart sich ja erst aufgrund einer falschen Entscheidung), die der Politiker vorsichtig abwägend beschreitet, geleitet von der Vermutung der Abwege und der 'Empfindung' (er weiß ja nie sicher darum) "der richtigen Linie", deren Verlassen wie das Abstürzen eines Bergsteigers geschildert wird (denn hierbei "wächst die Entfernung" von der "richtigen Linie" auch "rapide"). Dieses Bild trägt, ohne daß ein Außenbezug hergestellt werden müßte, seine Stimmigkeit in sich; und es ist ein Beispiel der in den Memoiren überall zu findenden Könnerschaft Bismarcks, durch die Veranschaulichung eines Gedankens sprachlich geformte, bildhafte Wirklichkeiten zu schaffen.

Das Beeindruckende dieser von Bismarck gebrauchten Metaphorik liegt einerseits in ihrer Stimmigkeit, die den Nachvollzug im Verstehensprozeß ermöglicht, und andererseits in der gekonnten Konkretisierung eines abstrakten Gedankens, ohne daß die Stichhaltigkeit des Gedankens durch die Konkretion reduziert würde. Dieser Gedanke liegt im vorliegenden Zitat auch darin, daß Bismarck sich selber implizit als einen der wenigen Politiker darstellt, der über das hier von ihm für notwendig erachtete politische Gespür und die erforderliche Unabhängigkeit der eigenen Meinung verfügt. Im Hinblick auf seine Tätigkeit unter Friedrich Wilhelm IV. stellt er *rollenbewußt* fest:

> "Ich habe nie den Muth gehabt, die Gelegenheiten, welche mir
> dieser persönlich so liebenswürdige Herr mehrmals, zuweilen
> scharf und beinahe zwingend, in den Jahren 1852 bis 1856 ge-

> boten hat, sein Minister zu werden, zu benutzen bzw. ihre
> Verwirklichung zu fördern. [...]. Mir fehlte die schmiegsame
> Gefügigkeit zur Uebernahme und ministeriellen Vertretung von
> politischen Richtungen, an die ich nicht glaubte, oder für
> deren Durchführung ich dem Könige den Entschluß und die Consequenz nicht zutraute."[39]

Mut hätte er dann haben müssen, wie Bismarck hier in überraschender Wendung formuliert, wenn er eine seiner Überzeugung nicht entsprechende Haltung eingenommen hätte, die eine opportunistische (von Bismarck treffend im Bild der "*schmiegsame[n] Gefügigkeit*" erfaßt) gewesen wäre. Auch in dieser Formulierung wird deutlich, daß für Bismarck zum Ethos seiner Rolle der feste Glauben an eine Überzeugung gehört, der die Grundlage seines selbstbestimmten, verantwortlichen Handelns als Politiker ist.

Unter diesem Aspekt seines Verantwortungsethos verurteilt Bismarck in immer neuen Anläufen das Fehlen eben dieser Selbstbestimmheit und der damit verbundenen Kompetenz. Indiskutabel findet er, daß die Minister

> "wie es seit meinem Rücktritte vorgekommen ist, von der
> Rechtfertigung ihrer eignen Ueberzeugung sich vermittelst
> des Argumentes zu entbinden [suchten], daß der König die Sache befohlen habe. Das Gewicht der persönlichen Ansicht desselben kann von einem Minister wohl zur Empfehlung dessen,
> was er vertritt, aber niemals zur Deckung seiner eignen Verantwortlichkeit für das Vertretene angeführt werden. Der Mißbrauch in letzterer Richtung führt dazu, die Verantwortlichkeit, welche die Minister treffen soll, zu verflüchtigen und
> auf den im Parlamente nicht anwesenden Monarchen zu übertragen."[40]

Da Bismarck diesen Verfall des Verantwortungsethos in kausalen Zusammenhang mit seinem Rücktritt bringt, verweist er implizit auf seinen politischen Moralanspruch, aus dem heraus er die massive Kritik an den Ministern und dem Kö-

---

39 EuG, S. 217.
40 EuG, S. 641.

nig rechtfertigt. Die Kritik an Kaiser Wilhelm II. steigert er in folgender überaus bissiger Bemerkung:

> "Meine Befürchtung ist, daß auf dem eingeschlagenen Wege unsre Zukunft kleinen und vorübergehenden Stimmungen der Gegenwart geopfert wird. Frühere Herrscher sahen mehr auf Befähigung als auf Gehorsam ihrer Rathgeber; wenn der Gehorsam allein das Criterium ist, so wird ein Anspruch an die universelle Begabung des Monarchen gestellt, dem selbst Friedrich der Große nicht genügen würde, obschon die Politik in Krieg und Frieden zu seiner Zeit weniger schwierig war wie heut."[41]

In dieser spöttischen Formulierung faßt Bismarck seine Erschütterung angesichts des von ihm festgestellten Verfalls der politischen Kultur zusammen; alle Werte, die er hinsichtlich eines erfolgreichen *politischen Schachspiels* für notwendig hält, scheinen ihm aufgehoben in der Irrationalität unberechenbarer Stimmungen. Gekonnt versetzt er dabei Wilhelm II. einen heftigen Schlag, indem er dessen Unfähigkeit durch den ironisch akzentuierten Vergleich mit dem legendären Preußenkönig polemisch hervorhebt.

Dieser Gedanke der zerstörten politischen Kultur beschäftigt Bismarck immer wieder; dabei ist seine Kritik nicht nur auf Personen gerichtet, sondern auch auf die politischen Strukturen:

> "Jeder, der heutiger Zeit in politischen Kämpfen gestanden hat, wird die Wahrnehmung gemacht haben, daß Parteimänner, über deren Wohlerzogenheit und Rechtlichkeit im Privatleben nie Zweifel aufgekommen sind, sobald sie in Kämpfe der Art gerathen, sich von den Regeln des Ehrgefühls und der Schicklichkeit, deren Autorität sie sonst anerkennen, für entbunden halten und aus einer karikirenden Uebertreibung des Satzes *salus publica suprema lex* die Rechtfertigung für Gemeinheiten und Rohheiten in Sprache und Handlungen ableiten, durch welche sie außerhalb der politischen und religiösen Streitigkeiten sich selbst angewidert fühlen würden."[42]

Die Ursache dieses Verfalls der politischen Kultur sieht Bismarck also auch im Parteienwesen, das aufgrund seiner Struktur den Typus des selbstverantwortlichen Politikers

---

41 EuG, S. 497.
42 EuG. S. 409/410.

zerstöre. Dieser Gedanke der Fremdbestimmung des Einzelnen durch eine die Verantwortung übernehmende Gruppe ist überraschend aktuell:

> "Diese Lossagung von Allem, was schicklich und ehrlich ist, hängt undeutlich mit dem Gefühle zusammen, daß man im Interesse der Partei, welches man dem des Vaterlandes unterschiebt, mit andrem Maße zu messen habe als im Privatleben und daß die Gebote der Ehre und Erziehung in Parteikämpfen anders und loser auszulegen sind als selbst im Kriegsgebrauch gegen ausländische Feinde."[43]

Zugleich verweist Bismarck anhand des Vergleichs zwischen Politik und Religion auf ein fundamentales Moment in der politischen Auseinandersetzung:

> "Die Reizbarkeit, welche zur Ueberschreitung der sonst üblichen Formen und Grenzen führt, wird unbewußt dadurch verschärft, daß in der Politik und in der Religion Keiner dem Andersgläubigen die Richtigkeit der eignen Ueberzeugung, des eignen Glaubens concludent nachweisen kann und daß kein Gerichtshof vorhanden ist, der die Meinungsverschiedenheiten durch Erkenntniß zur Ruhe verweisen könnte."[44]

In dieser Einsicht in das durch unterschiedlichen Glauben geleitete Spiel der Politik formuliert Bismarck eine grundlegende und überzeitlich gültige Erkenntnis, die nicht anders als ideologiekritisch zu nennen ist. Es ist eine bis heute gültige Einsicht in das Wesen der Politik, daß die vertretenen Inhalte und Positionen letztlich nur auf einmal gesetzte Prämissen zurückgeführt werden können - Prämissen, die immer auf subjektiven, nicht 'beweisbaren' Wertentscheidungen des Menschen beruhen. Politik - verstanden als Kampf um diese Prämissen - trägt das Scheitern hinsichtlich eines zu erzielenden Konsenses in sich, denn sie ist dann ja nichts anderes als ein Glaubenskampf:

> "In der Politik wie auf dem Gebiete des religiösen Glaubens kann der Conservative dem Liberalen, der Royalist dem Republikaner, der Gläubige dem Ungläubigen niemals ein anderes Argument entgegenhalten als das in tausend Variationen der

---
[43] EuG, S. 410.
[44] Ebd.

Beredsamkeit breitgetretene Thema: Meine politischen Ueberzeugungen sind richtig und die deinigen falsch; mein Glaube ist Gott wohlgefällig, dein Unglaube führt zur Verdammniß."[45]

Das dogmatische Moment in Glaubenskämpfen besteht in einer selbsterzeugten Gewißheit (=Glaube), für die - losgelöst von allen Vergleichsmaßstäben - absoluter Wahrheitsanspruch erhoben wird. Dieser privilegierte Wahrheitsanspruch führt zur Entfesselung des Menschen, der - seiner Rationalität beraubt - die als absolut erkannte Wahrheit bedingungslos vollstreckt und sich dabei durch die *gemeinsame Glaubenssache* rechtfertigt:

"Sobald man aber vor dem eignen Gewissen und vor der Fraktion sich damit decken kann, daß man im Parteiinteresse auftritt, so gilt jede Gemeinheit für erlaubt oder doch für entschuldbar."[46]

Da der politisch Agierende sein Tun nicht mehr in Frage stellen muß - er hat die für ihn einzig mögliche Antwort ja bereits in seinem Glauben gefunden -, kann er es auch nicht verantworten. Denn Verantwortung setzt die Befragung des Menschen durch sich selbst voraus - erst dann kann er Antworten formulieren, aufgrund derer er sein Tun *verantworten* kann. In dieser Wendung liegt der implizite Hinweis Bismarcks auf das notwendige Verantwortungsethos des Politikers, der für die von ihm vertretene Sache mit seiner eigenen Person - und nicht dem hinter ihm stehenden Parteienapparat - einzustehen hat.

In diesem prinzipiellen - in verschiedenen Varianten vorgetragenen - Plädoyer für die Selbstbestimmtheit des Politikers verweist Bismarck darauf, daß er selber die Frage nach der Legitimation seines Verhaltens, die sich angesichts seiner unzähligen einsamen Kämpfe ja aufdrängt, aufhebt im grundsätzlich proklamierten Verantwortungsethos, das die Gesamtheit seiner Handlungen wie eine Klammer umfaßt. Durch diese Legitimationsgrundlage ist es mög-

---
45 Ebd.
46 EuG, S. 410/411.

lich, daß er seine Rolle in ihrer ganzen Machtfülle stilisieren kann und trotzdem nicht als zynischer Machtpolitiker erscheint.

Es ist mit einiger Berechtigung zu vermuten, daß Bismarck dieses für sein Rollenbewußtsein konstitutive Ethos der Verantwortung in deutlicher Abgrenzung gegenüber der kritischen Einschätzung seiner Person darlegt und in seinen Memoiren eine Antwort für alle diejenigen gibt, die sich fragten, ob jemand

> "der eine so zynische Weltansicht hatte, der in Machtstreben, egoistischer Interessenwahrung und wesentlich vorrationalen Verhaltensweisen, jedenfalls soweit es die Politik betraf, die wesentlichen Antriebe der Menschen und der verschiedenen menschlichen Gemeinschaften sah, als Politiker mehr sein [konnte] als ein reiner Machtmensch, ohne große Ziele und feste Überzeugungen, ja letztlich ohne Gewissen?"[47]

Aber auch wenn dieses Motiv der Rechtfertigung zu einer Stilisierung seines Ethos geführt hat[48], so zeugen viele seiner Äußerungen in ihrer analytischen Schärfe, der Einsicht in die eigene Bedingtheit und auch in ihrer emotionalen Bewegtheit von einer Person, die sich selber niemals nur als reinen Machtmenschen begriffen haben *kann*.

Insofern trifft Bismarck die gleiche Fehleinschätzung wie Machiavelli, mit dem er manchmal in der negativen Konnotation des *'Machiavellisten'* verglichen wird; Machiavelli aber bekannte auf dem Sterbebett, daß er sein Vaterland mehr als seine Seele geliebt habe. Faßt man diese Äußerung auch als das Bekenntnis eines Politikers auf, der an seiner Rolle mit innerem Engagement beteiligt war, so kann man durchaus einen berechtigten Vergleich mit Bismarck wagen.

---

47 Gall, Bismarck, a.a.O., S.23.
48 Das zeigt sich noch deutlicher im zweiten Band von ERINNERUNG UND GEDANKE, in dem Bismarck sich mit seiner Entlassung beschäftigt; dies wird im Kapitel 4.4 untersucht.

In seinen Memoiren legt dieser Zeugnis davon ab, daß er nicht skrupelloser zynischer Machtpolitiker sein wollte, sondern ein im Glauben an eine Sache engagierter *Berufspolitiker*, der an seinen Handlungen stets innerlich beteiligt war und sich selber - in der Wendung Max Webers - als Verantwortungsethiker aufgefaßt hat. Hierin liegt die Authentizität, *die subjektive Wahrheit* seiner Memoiren, auch wenn die Stilisierungen seiner Rolle manchmal vielleicht eher Auskunft geben über das, was Bismarck sein *wollte* und nicht immer sein *konnte*.

4.3 Dienen - oder die Leitung des Herrn

> "[...] und doch ist es nur dieses persönliche Gefühl in letzter Instanz, welches die Diener ihrem Monarchen, die Soldaten ihrem Führer, auf Wegen, wie Friedrich II. und Eure Majestät sie nach Gottes Rathschluß gegangen sind, in rückhaltloser Hingebung nachzieht. Meine Arbeitskraft entspricht nicht mehr meinem Willen; aber der Wille wird bis zum letzten Athem Eurer Majestät gehören."
>
> Bismarck 1872[1]

Ein weiteres konstitutives Element des Rollenbewußtseins Bismarcks ist das Verständnis seiner Rolle als Diener des Monarchen; die Beziehung zu Wilhelm I. faßt er als ein lehnsrechtliches Treueverhältnis auf, das auf gegenseitigem Wohlwollen und seiner Liebe zu Wilhelm beruht.

Bismarcks Rollenverständnis als Diener seines Herrn zeigt sich beispielhaft im Kapitel "*Kaiser Wilhelm I.*", in dem er ein Porträt Wilhelms entwirft, das geprägt ist durch den ehrfürchtigen Respekt vor seinem *Herrn*, gleichzeitig aber auch durch die emotionale Nähe zu seinem *Herrn*. An keiner anderen Stelle seines Memoirenwerkes spricht Bismarck so ausführlich über einen Menschen in einem so gesteigerten warmherzigen, ja liebevollen Ton. Die emotionale Tiefe seiner Darstellung, verbunden mit der rationalen Schärfe seiner Beurteilung, geben diesem Kapitel seine herausragende Stellung innerhalb des Gesamtwerkes.

Bismarck läßt das Kapitel mit einer kurzen Schilderung des Todes Wilhelms I. beginnen, umreißt im weiteren dessen Erziehung und widmet sich dann ausführlich der Beschreibung des Politikers und des Menschen Wilhelm I. Schon in den

---

[1] Bismarck in einem Brief an Kaiser Wilhelm I. am 24. Dezember 1872, in: Milatz, Alfred (Hg.), Werke in Auswahl, Bd. 5, Reichsgestaltung und europäische Friedenswahrung, Teil 1, 1871-1876, Darmstadt 1973, S. 257.

knappen Bemerkungen über Wilhelms Erziehung, die "ausschließlich militärisch"[2] gewesen sei, so daß "sein ganzes Leben militärische Einflüsse an und für sich stärker auf ihn wirkten als civilistische"[3], führt sich Bismarck in einer bedeutenden Rolle ein - der des Erziehers des Thronerbens. Zu diesem Zweck verwendet er das darstellerische Mittel der Wiedergabe eines Gespräches, das er mit Wilhelm über den Pietismus führte.

Einleitend bemerkt er, daß ihm dieses Gespräch deshalb in Erinnerung geblieben sei, "weil es mich betroffen machte über des Prinzen Unbekanntschaft mit unsren staatlichen Einrichtungen und der politischen Situation."[4] Das folgende Gespräch hat deshalb auch einen ausgeprägt lehrhaften Charakter, was sich schon in der Eingangsfrage Bismarcks: "'Was denken Ew.K.H. Sich unter einem Pietisten?'"[5] zeigt. Er schildert den weiteren Verlauf der Unterhaltung in einer Weise, die um vieles mehr seine eigene Person als die Wilhelms in den Vordergrund rückt. So klärt Bismarck den Thronfolger erst einmal über die richtige Bedeutung des Begriffes *Pietist* auf und beschreibt ihn als

> "einen Menschen, der orthodox an die christliche Offenbarung glaubt und aus seinem Glauben kein Geheimniß macht; und deren giebt es viele, die mit dem Staate gar nichts zu thun haben und an Carrière nicht denken.' E r: 'Was verstehen Sie unter orthodox?' I c h: 'Beispielsweise Jemanden, der ernstlich daran glaubt, daß Jesus Gottes Sohn und für uns gestorben ist als ein Opfer, zur Vergebung unsrer Sünden. Ich kann es im Augenblick nicht präciser fassen, aber es ist das Wesentliche der Glaubensverschiedenheit.' E r, hoch erröthend: 'Wer ist denn so von Gott verlassen, daß er das nicht glaubte!' I c h: 'Wenn diese Aeußerung öffentlich bekannt würde, so würden Ew.K.H. selbst zu den Pietisten gezählt werden.'"[6]

Bismarck hat die Fäden des Gespräches fest in der Hand, er ist der Antwortende, der Thronfolger der Fragende. Zugleich präsentiert er sich hier als der - dem emotional

---

2 EuG, S. 508.
3 Ebd.
4 EuG, S. 509.
5 Ebd.
6 Ebd.

betroffenen Prinzen - rational Überlegene. Auch der weitere Gesprächsverlauf, in dem es um das Verhältnis zwischen Adel und Landbevölkerung geht, und in dem Wilhelm wiederum eine gefühlsmäßig engagierte Position einnimmt, bezieht Bismarck die Haltung des nüchtern Abwägenden, der mit leisem Spott auf den emotionalen Überschwang seines Gesprächspartners reagiert. Auf das Drängen Wilhelms (er "könne aber nicht zugeben, daß 'der Bauer von dem Edelmann mißhandelt werde'"[7]) entgegnet Bismarck:

> "[...] 'Wie sollte der Edelmann das anfangen? Wenn ich die Schönhauser Bauern mißhandeln wollte, so fehlte mir jedes Mittel dazu, und der Versuch würde mit meiner Mißhandlung entweder durch die Bauern oder durch das Gesetz endigen.'"[8]

Die Selbstinszenierung Bismarcks bedeutet nicht einen Mangel an Akzeptanz gegenüber dem Prinzen, den er als seinen Herrn betrachtet. Aber immer ist es diese Mischung zwischen ehrfürchtigem Respekt gegenüber seinem Herrn und zugleich Sicherheit in der Sache, die das Rollenbewußtsein Bismarcks als Diener seines Herrn ausmacht. Die Ehrfurcht gegenüber Wilhelm bedeutet für Bismarck in keiner Weise Unterwürfigkeit, sondern beruht, wie er es im gleichen Kapitel an anderer Stelle formuliert, auf seiner "persönlichen Liebe zu Kaiser Wilhelm I."[9] und seiner unerschütterlichen Überzeugung von der Monarchie. Bismarck selber faßt seine Haltung gegenüber Wilhelm I. folgendermaßen zusammen:

> "Die Beziehungen und meine Anhänglichkeit hatten ihre principielle Begründung in einem überzeugungstreuen Royalismus: aber in der Specialität, wie derselbe vorhanden war, ist er doch nur möglich unter der Wirkung einer gewissen Gegenseitigkeit des Wohlwollens zwischen Herrn und Diener, wie unser Lehnrecht die 'Treue' auf beiden Seite zur Voraussetzung hatte. Solche Beziehungen, wie ich sie zum Kaiser Wilhelm hatte, sind nicht ausschließlich staatsrechtlicher oder lehnrechtlicher Natur; sie sind persönlich, und sie wollen von dem Herrn

---

7 Ebd.
8 Ebd.
9 EuG, S. 518.

sowohl wie von dem Diener, wenn sie wirksam sein sollen, erworben sein; sie übertragen sich mehr persönlich als logisch leicht auf eine Generation [...]."[10]

In seiner hier explizit beschriebenen persönlichen Bindung an Wilhelm I. liegt der Grund dafür, daß Bismarcks Charakterisierung seines Herrn durchwoben ist vom ständigen Rückbezug auf die eigene Person. Gerade aber weil er nicht in der Lage ist, sich selber und seine Empfindungen zurückzunehmen, entsteht das lebendige und von ihm engagiert gezeichnete Bild seines Herrn, das zugleich Ausdruck seines eigenen Rollenverständnisses als Diener seines Herrn ist.

Bismarck betont in seinem Porträt Wilhelms dessen hohe Arbeitsdisziplin, mit der dieser seit Beginn seiner Regentschaft "den Mangel an geschäftlicher Vorbildung"[11] behob. Er unterstreicht die Konzentration, mit der sich der Regent den Staatsgeschäften widmete, dessen Fleiß und dessen ausgeprägten Verstand:

"Neben dem Fleiße, zu dem ihn sein hohes Pflichtgefühl trieb, kam ihm in Erfüllung seiner Regentenpflicht ein ungewöhnliches Maß von klarem, durch Erlerntes weder unterstützten noch beeinträchtigten gesunden Menschenverstande, *common sense*, zu Statten."[12]

Tief beeindruckt ist Bismarck von der Entschlossenheit und dem Mut Wilhelms, der als preußischer Prinz und Offizier

"mit der Frage, ob die Bahn, die er einschlug, gefährlich sei, niemals rechnete. Wenn er überzeugt war, daß Pflicht und Ehre, oder eins von beiden, ihm geboten, einen Weg zu betreten, so ging er ihn ohne Rücksicht auf die Gefahren, denen er ausgesetzt sein konnte, in der Politik ebenso wie auf dem Schlachtfelde. Einzuschüchtern war er nicht."[13]

Der tiefe Respekt, den Bismarck diesem Wesenszug entgegenbringt, entspringt aus seinem eigenem Rollenverständnis

---
10 EuG, S. 520.
11 EuG, S. 510.
12 EuG, S. 511.
13 Ebd.

als aktiv und mutig agierender Politiker; hierin liegt ein
wesentliches Identifikationsmoment in der Beziehung zu
seinem Herrn.

Besonders widmet sich Bismarck in seinem Porträt

> "der mächtigen und vornehmen Natur, welche diesem Fürsten,
> unabhängig von der ihm zu Theil gewordenen Erziehung, an-
> geboren war. Der Ausdruck 'königlich vornehm' ist prägnant
> für seine Erscheinung."[14]

Wilhelm, dem die Eitelkeit eines Friedrich des Großen
"durchaus fremd"[15] war, hatte durch "die Ehrlichkeit der
königlichen Würde, die sichere Ruhe [...] schließlich die
Achtung auch seiner Gegner erzwungen"[16] und war "durch sein
hohes persönliches Ehrgefühl zu einer gerechten Beurthei-
lung der beiderseitigen Situationen befähigt."[17] Bismarck
sieht in Wilhelm den Inbegriff eines Edelmannes:

> "Er war ein *gentleman* ins Königliche übersetzt, ein Edelmann
> im besten Sinne des Wortes, der sich durch keine Versuchung
> der ihm zufallenden Machtvollkommenheiten von dem Satze *no-
> blesse oblige* dispensirt fühlte: sein Verhalten in der in-
> nern wie in der äußern Politik war den Grundsätzen des Cava-
> liers alter Schule und des normalen preußischen Offiziersge-
> fühls jeder Zeit untergeordnet. Er hielt auf Treue und Ehre
> nicht nur Fürsten, sondern auch seinen Dienern bis zum Kam-
> merdiener gegenüber. Wenn er durch augenblickliche Erregung
> seinem feinen Gefühl für königliche Würde und Pflicht zu nah
> getreten war, so fand er sich schnell wieder und blieb dabei
> 'jeder Zoll ein König', und zwar ein gerechter und wohlwol-
> lender König und ehrliebender Offizier, den der Gedanke an
> sein preußisches *portépée* auf richtigem Wege erhielt."[18]

In dieser Beschreibung hebt Bismarck vor allem den Charak-
terzug der Selbstkontrolle hervor, die aus der Verpflichtung an ein persönliches Ehrgefühl erwächst. Besonders
auffällig ist, daß Bismarck so weit geht, eine Trennungs-
linie zwischen Person und Rolle zu ziehen, wenn er davon
spricht, daß der König in einer Erregung "*seinem feinen*

---
14 EuG, S. 516.
15 Ebd.
16 EuG. S. 517.
17 Ebd.
18 Ebd.

Gefühl für königliche Würde und Pflicht zu nah getreten war" und sich dann *wiedergefunden* habe. Die Trennung, die Bismarck hier vornimmt, deutet an, daß das Verlieren der Selbstkontrolle für ihn gleichbedeutend mit der Verletzung der bedeutenden Rolle ist, die so prägende Wirkung auf die Person hat, daß diese sich mit ihr identifiziert. Deshalb ist der Verlust der Selbstkontrolle ein *Sich-selber-Verlieren* und die Überwindung der Erregung ein *Sich-Selber-Wiederfinden*.

Bismarck sagt an dieser Stelle, obwohl sein Blick auf Wilhelm gerichtet ist, auch etwas über sein Rollenverständnis aus, in dem Person und Rolle untrennbar miteinander verwoben sind. Daß diese Identifikation hinsichtlich der *Diener-Rolle* für Bismarck nicht devote Unterwerfung bedeutet, wird besonders deutlich in den Äußerungen, die er bezüglich der seltenen, aber heftigen Temperamentsausbrüche Wilhelms macht:

> "Auf mich haben Ausbrüche von Heftigkeit des Kaisers, die ich seltener erlebte als Roon, niemals contagiös, eher abkühlend gewirkt. Ich hatte mir die Logik zurechtgelegt, daß ein Herrscher, welcher mir in dem Maße Vertrauen und Wohlwollen schenkte, wie Wilhelm I., in seinen Unregelmäßigkeiten für mich die Natur einer *vis major* habe, gegen die zu reagiren mir nicht gegeben sei, etwa wie das Wetter oder die See, wie ein Naturereigniß, auf das ich mich einrichten müsse; und wenn mir das nicht gelang, so hatte ich eben meine Aufgabe nicht richtig angegriffen."[19]

Diese "*Logik*", die ihm ermöglichte, Angriffe auf seine Person abzuleiten, gründet auf der Trennung, die Bismarck zwischen emotionalem und rationalem Bereich macht:

> "Es hinderte das nicht, daß mich sachliche, politische Interessen, für die ich bei dem Herrn entweder kein Verständniß oder eine vorgefaßte Meinung vorfand, die von Ihrer Majestät oder von confessionellen oder freimaurerischen Hofintriguanten ausging, in Stimmung einer durch ununterbrochenen Kampf erzeugten Nervosität zu einem passiven Widerstande gegen ihn geführt haben [...]."[20]

---

19 EuG, S. 517/518.
20 EuG, S. 518.

Indem er diese - in seinem Rollenbewußtsein verankerte - Trennung rational vollzieht, vermag er es, Verletzungen seiner Person durch die konstruierte "*Logik*" abzufangen und seines Machtbewußtseins nicht verlustig zu gehen. Die Identität, die Bismarck zwischen seiner Person und seiner Rolle herstellt, ist deshalb auch geprägt durch das Bewußtsein seiner großen Bedeutung als "Diener des Monarchen".[21]

So kommt er auch in der Schilderung Wilhelms stets auf sein eigenes Rollenverständnis zurück:

> "Es ist eine Eigenthümlichkeit royalistischer Gesinnung, daß ihren Träger, auch wenn er sich bewußt ist, die Entschließungen des Königs zu beeinflussen, das Gefühl nicht verläßt, der Diener des Monarchen zu sein."[22]

Es ist kennzeichnend, daß Bismarck das Dienersein verbindet mit dem Einfluß auf seinen Herrn. Im folgenden wird aus der Einflußnahme auf den Herrn sogar die Leitung desselben:

> "Der König selbst rühmte eines Tages (1865) gegen meine Frau die Geschicklichkeit, mit welcher ich seine Intentionen zu errathen und - wie er nach einer Pause hinzusetzte - zu leiten wüßte."[23]

Zwar betont Bismarck immer wieder, daß auch Wilhelm sich jederzeit bewußt war, "daß er der Herr und ich sein Diener sei, ein nützlicher, aber ehrerbietig ergebener"[24], spricht dann aber davon, sich scheinbar wieder der Beschreibung des Königs widmend, daß dieser

> "in seiner eignen königlichen Einschätzung und in seinem Gerechtigkeitssinn zu hoch [stand], um jemals dem Gefühl einer Saulischen Eifersucht gegen mich zugänglich zu werden. Er hatte das königliche Gefühl, daß er es nicht nur vertrug, sondern *sich gehoben fühlte durch den Gedanken*, einen angesehenen und mächtigen Diener zu haben."[25]

---
21 EuG, S. 519.
22 Ebd.
23 Ebd.
24 Ebd.
25 Ebd. Hervorhebung M.S.

Wie mächtig Bismarck seine Rolle einschätzt, wird darin offenbar, daß er seine Bedeutung nun hinsichtlich ihrer Wirkung auf den König rückbezieht, so daß der Eindruck der innigen Verbindung zwischen Diener und Herrn nicht nur gesteigert wird, sondern eine neue Qualität gewinnt; nicht nur der Diener braucht seinen Herrn, sondern auch der Herr kann sich in der Machtfülle seines Dieners spiegeln. Damit enthebt Bismarck dieses Verhältnis inhaltlich seines ursprünglich hierarchischen Charakters und präsentiert seine Rolle als Diener als eine mächtige und gewichtige.

Dieses hier von Bismarck beispielhaft formulierte Rollenverständnis als *leitender Diener* zeigt sich in den Memoiren vor allem an den Stellen, an denen Bismarck sich über die negativen Einflüsse auf Wilhelm I. und die daraus erwachsenden Kämpfe zwischen Diener und Herr äußert. Schon in der Schilderung der Zeit vor seiner Ernennung zum Minister wird diese Rollengewißheit Bismarcks deutlich; so beurteilt Bismarck zum Beispiel die Haltung Wilhelms gegenüber dem italienischen Krieg 1859:

> "Aber die Fiction einer fortdauernden und aufopfernden Hingebung für 'Deutschland' nur in Worten, nie in Thaten, der Einfluß der Königin und ihres den österreichischen Interessen ergebenen Ministers von Schleinitz, dazu die damals gang und gäbe Phraseologie der Parlamente, der Vereine und der Presse, erschwerten es dem Regenten, die Lage nach seinem eignen klaren und hausbacknen Verstande zu prüfen, während sich in seiner politischen und persönlichen Umgebung Niemand befand, der ihm die Nichtigkeit des ganzen Phrasenschwindels klar gemacht und ihm gegenüber die Sache des gesunden deutschen Interesses vertreten hätte."[26]

Obwohl Bismarck sich zu dieser Zeit noch nicht an der Seite Wilhelms befand, formuliert er hier in nuce sein Rollenverständnis als leitender Diener seines Herrn. Er selber hat später - so lassen sich seine Äußerungen lesen - diese empfindliche Lücke an der Seite seines Herrn ausgefüllt, hat als kompetenter Ratgeber diesem die Augen ge-

---

26 EuG, S. 219.

öffnet und dessen klaren Verstand zum Vorschein kommen
lassen. In diesem Sinn fährt Bismarck dann auch fort:

> "Erst die inneren Kämpfe, welcher der Regent und spätere König durchzumachen hatte, [...] erst die Schwierigkeiten, welche den König 1862 zu dem Entschlusse der Abdication brachten, übten auf das Gemüth und das gesunde Urtheil des Königs den nöthigen Einfluß, um seine monarchischen Auffassungen von 1859 über die Brücke der dänischen Frage zu dem Standpunkte von 1866 überzuleiten, *vom Reden zum Handeln, von der Phrase zur That.*"[27]

Die Ereignisse und Daten, die Bismarck hier nennt, sind
untrennbar mit seiner eigenen Person verbunden; er brachte
den König von seinem Abdankungsplan ab, focht die "*inneren
Kämpfe*" gegen das Parlament aus, sicherte vollends seine
Position durch den siegreichen Krieg gegen Dänemark und
erwarb mit dem preußischen Sieg über Österreich 1866
glanzvollen Ruhm. Der *Diener* Bismarck also war es, der den
notwendigen Einfluß auf "*das gesunde Urtheil*" des Herrn
ausübte, die Fäden in der Hand hatte und - wie in epigrammatischer Kürze im letzten Satz formuliert - das notwendige politische Handeln in Gang brachte.

Diese Bedeutung, die Bismarck seiner Rolle als *Diener* beimißt, zeigt sich immer wieder in der Schilderung seiner
Konflikte und nervenaufreibenden Kämpfe mit Wilhelm I.,
aus denen Bismarck hinsichtlich des zur Debatte stehenden
Themas meist als Sieger hervorgeht. Er scheut sich dabei
nicht, die Meinung seines Herrn als eine naive, durch
äußere Einflüsse unreflektiert übernommene darzustellen
und sich selber als den weitsichtigen kompetenten und rational Abwägenden zu inszenieren, der seinen Herrn auf den
richtigen Weg zurückführt.

In diesem Sinne stellt Bismarck auch die Unterredung mit
Wilhelm I. während der nächtlichen Bahnfahrt von Jüterbog
nach Berlin dar, im Verlaufe derer er dem besorgten und
resignierten König die Motive darlegte, die ihn zu der

---

27 EuG, S. 219/220. Hervorhebung M.S.

- von der Öffentlichkeit massiv kritisierten - Äußerung über "*Blut und Eisen*" als Mittel der preußischen Politik bewegt hatte. Diese Schilderung ist ein "literarisch-psychologisches Kabinettstück"[28], denn der Erzähler versteht es meisterhaft, seine Erzählabsicht durch die Art und Weise der Darstellung überzeugend zu vermitteln. Daß er sich dabei wiederum fiktiver Elemente bedient - der wiedergegebene Dialog hat "so nie stattgefunden"[29] - trägt zur stimmungsdichten Atmosphäre der Gesamtszenerie bei.

Diese Atmosphäre wird schon durch die Eröffnung der Szenerie hervorgerufen:

"In den ersten Tagen des Octobers fuhr ich dem Könige [...] bis Jüterbog entgegen und erwartete ihn in dem noch unfertigen, von Reisenden dritter Classe und Handwerkern gefüllten Bahnhofe, im Dunkeln auf einer umgestürzten Schiebkarre sitzend. Meine Absicht, indem ich die Gelegenheit zu einer Unterredung suchte, war, Se. Majestät über eine Aufsehen erregende Aeußerung zu beruhigen, welche ich am 30. September in der Budget-Commission gethan hatte [...]. Ich hatte einige Mühe, durch Erkundigungen bei kurz angebundenen Schaffnern des fahrplanmäßigen Zuges den Wagen zu ermitteln, in welchem der König allein in einem gewöhnlichen Coupé erster Klasse saß."[30]

Das Bild, das hier im Leser hervorgerufen wird, hat Willms treffend analysiert:

"Die Szenerie - Bismarck am Abend in einem halbfertigen, von Reisenden dritter Klasse bevölkerten Bahnhof auf einer umgestürzten Schubkarre sitzend - reflektiert nicht nur die Stimmung des Helden, sondern evoziert auch beim Leser ein vertrautes patriotisches Bild: Friedrich II., nach einer Schlacht in trübes Brüten versunken, auf einer hölzernen Brunnenröhre sitzend."[31]

---

28 Willms, a.a.O., S. 353. Auch Gall hebt hervor, daß diese Schilderung "eine geschickt in Szene gesetzte Legende" in dem Sinne sei, daß hier der Eindruck erweckt werde, "er, Bismarck, habe das Haus Hohenzollern praktisch gegen den Willen seines ersten Vertreters politisch gerettet und ihm seine Stellung und Macht bewahrt." Tatsächlich zeige die unternommene Reise aber, "wie sehr Bismarck zu diesem Zeitpunkt den Boden unter seinen Füßen schwanken fühlte, wie deutlich er spürte, einen entscheidenden Fehler begangen zu haben." Gall, Bismarck, a.a.O., S. 259.
29 Willms, a.a.O., S. 354.
30 EuG, S. 220/221.
31 Willms, a.a.O., S. 353.

Bismarck wendet das bekannte erzähltechnische Verfahren an, indem er der Wiedergabe des Dialogs eine Einleitung vorausschickt, durch die dem Leser die deprimierte Verfassung des Königs schon während der Reise suggeriert wird[32]:

> "Er war unter der Nachwirkung des Verkehrs mit seiner Gemahlin sichtlich in gedrückter Stimmung, und als ich um die Erlaubniß bat, die Vorgänge während seiner Abwesenheit darzulegen, unterbrach er mich mit den Worten: 'Ich sehe ganz genau voraus, wie das Alles endigen wird. Da vor dem Opernplatz, unter meinem Fenster, wird man Ihnen den Kopf abschlagen und etwas später mir.'"[33]

Diese Einleitung deutet auf einen Wechsel der Perspektive hin, durch den es nicht mehr um die anfangs erwartete Rechtfertigung Bismarcks gegenüber dem König geht, sondern um die gedrückte Stimmung Wilhelms I. Auf diese Weise gelingt es dem Erzähler, sich auf dem Höhepunkt der Szenerie - der Wiedergabe des Gesprächs - als agierend, den König aber als reagierend darzustellen:

> "Je länger ich in diesem Sinne sprach, desto mehr belebte sich der König und fühlte sich in die Rolle des für Königthum und Vaterland kämpfenden Offiziers hinein. [...]. Er hatte sich bis dahin auf seiner Fahrt nur gefragt, ob er vor der überlegenen Kritik seiner Frau Gemahlin und ob er vor der öffentlichen Meinung in Preußen mit dem Wege, den er mit mir einschlug, würde bestehen können. Dem gegenüber war die Wirkung unsrer Unterredung in dem dunklen Coupé, daß er die ihm nach der Situation zufallende Rolle mehr vom Standpunkt des Offiziers auffaßte. [...]. Damit war er auf einen seinem ganzen Gedankengange vertrauten Weg gestellt und fand in wenigen Minuten die Sicherheit wieder, um die er in Baden gebracht worden war, und selbst seine Heiterkeit. [...]. Er fühlte sich ganz in der Aufgabe des ersten Offiziers der Preußischen Monarchie, für den der Untergang im Dienste derselben ein ehrenvoller Abschluß der ihm gestellten Aufgabe ist. Der Beweis der Richtigkeit meiner Beurtheilung ergab sich darin, daß der König, den ich in Jüterbog matt, niedergeschlagen und entmutigt gefunden hatte, schon vor der Ankunft in Berlin in eine heitere, man kann sagen, fröhliche und kampflustige Stimmung gerieth [...]."[34]

Bismarck gibt in seiner Darstellung dem Gespräch die entscheidende Wendung, indem er die Perspektive einfach um-

---
32 Vgl. ebd., S. 354.
33 EuG, S. 221/222.
34 EuG, S. 222/223.

dreht; er ist nun derjenige, der den König von seiner irrigen Auffassung abbringt und diesem die richtige Sehweise vermittelt.

Der Einfluß, den ein Diener auf seinen Herrn haben kann, ist wohl kaum gewichtiger darzustellen, als Bismarck es hier tut. In seiner Schilderung erhält das Gespräch mit dem König fast therapeutischen Charakter und

> "illustriert Bismarcks Begabung, genau den Ton zu treffen und damit den König auch in Zweifelsfällen für sich zu gewinnen. Bismarck war der haushoch Überlegene, weil er die einfache soldatische Psychologie dieses gekrönten Hauptes durchschaute [...]."[35]

Die in dieser Szene vorgeführte Selbstinszenierung macht deutlich, welche Machtfülle er seiner Rolle als Diener verleiht. Wie tief verwurzelt dieses Element seines Rollenbewußtseins ist, zeigt sich auch im 21. Kapitel des ersten Bandes, in dem Bismarck - nachdem er das bereits erläuterte liebevolle und lebendige Porträt Wilhelms I. gezeichnet hat - zum Zweck seiner Rollenpräsentation Briefe des Königs wiedergibt. Nachdem er also bereits ein facettenreiches Bild Wilhelms I. entworfen hat, leitet er zum siebten Teil über mit den Worten:

> "Lebendiger als in meiner Schilderung werden gewisse Charakterzüge des Kaisers aus seinen nachstehenden Briefen hervortreten: [...]."[36]

Gerade im Vergleich mit der Lebendigkeit der Figur, wie sie Bismarck schon geliefert hat, ist die Neugierde und Erwartungshaltung durch diese Einführungsformulierung beim Leser geweckt; auch im Hinblick darauf, daß er den Eindruck bekommen muß, die persönliche Schilderung Bismarcks mit dem authentischen Zitat vergleichen zu können.

Was aber tatsächlich in den folgenden zitierten Briefen Wilhelms folgt, ist weniger dessen eigene Charakterisie-

---
35 Willms, a.a.O., S. 354.
36 EuG, S. 520.

rung als vielmehr die Beschreibung der Person Bismarcks und seiner politischen Bedeutung aus der Perspektive des Kaisers. Diese Schilderung ist eine äußerst schmeichelhafte, vor Lob teilweise überschäumende Anerkennung und auch Überhöhung Bismarcks. Wilhelm schildert seinen engsten politischen Vertrauten in einer Weise, die der Selbstdarstellungsabsicht Bismarcks voll entspricht.

Anläßlich der Eröffnung des deutschen Reichstages 1871 würdigt Wilhelm Bismarck mit folgenden Worten:

> "In welchem Maaße Sie das Vertrauen gerechtfertigt haben, aus welchem ich damals den Ruf an Sie ergehn ließ, liegt offen vor der Welt. Ihrem Rath, Ihrer Umsicht, Ihrer unermüdlichen Thätigkeit verdankt Preußen und Deutschland das Welt Geschichtliche Ereigniß, welches sich heute in meiner Residenz verkörpert."[37]

Anläßlich der Silbernen Hochzeit Bismarcks steigert Wilhelm seine Anerkennung in folgender Dankbarkeitsbezeugung:

> "Unsere und meine Dankgebethe gehen aber weiter, indem sie den Dank in sich schließen, daß Gott Sie mir in entscheidender Stunde zur Seite stellte und damit eine Laufbahn meiner Regierung eröffnete, die weit über Denken und Verstehen gehet. Aber auch hierfür werden Sie Ihre Dankgefühle nach Oben senden, daß Gott Sie begnadigte, so Hohes zu leisten."[38]

Die Briefe Wilhelms übernehmen die Selbstdarstellung Bismarcks, ohne daß dieser als sprechendes Erzählsubjekt in Erscheinung treten muß; als Erzählobjekt ist er aber um so gegenwärtiger. Der Eindruck dieser Präsenz ist auch deshalb so intensiv, weil es sich in den Briefen offensichtlich um dokumentarische Zeugnisse handelt; dieser Charakter intimer Vertraulichkeit, dargelegt vor den Augen einer an Hintergründen stark interessierten Leserschaft, trägt entscheidend zur Glaubwürdigkeit und Überzeugungskraft dieser Passage und damit zu der von Bismarck intendierten Selbstpräsentation bei.

---

[37] EuG, S. 521.
[38] EuG, S. 522.

Bismarck tritt also hier (im Sinne der mittelbaren Präsentation) *mittelbar* als Arrangeur des Erzählmaterials in Erscheinung, das er im Hinblick auf das von ihm beabsichtigte Selbstbild auswählt: es geht ihm um Herausstellung seiner Bedeutung für die Geschichte Preußens und Deutschlands, um Würdigung seiner vorausschauenden und energischen, klugen Politik, um Hervorhebung seiner persönlichen Integrität gegenüber Wilhelm I., dessen großen Vertrauens und inniger Zuneigung. Indem er sich so der Dokumentarmethode bedient, ohne das mit dieser Methode angestrebte Ziel zu verfolgen, ist es Bismarck möglich, selbst zu Superlativen überhöhte Formulierungen anzuführen, die aus seinem eigenen Munde das Maß der Erträglichkeit beim Leser überschritten hätten:

> "Ein leuchtendes Bild von wahrer Vaterlandsliebe, unermüdlicher Thätigkeit, oft mit Hintenansetzung Ihrer Gesundheit, waren Sie unermüdlich, die oft sich aufthürmenden Schwierigkeiten, im Frieden und Kriege fest ins Auge zu fassen u*(nd)* zu guten Zielen zu führen, die Preußen an Ehre und Ruhm, zu einer Stellung führten in der Welt Geschichte, wie man sie nie geahndet hatte! Solche Leistungen sind wohl gemacht, um den 25. Jahrestag des 23. Septembers mit Dank gegen Gott zu begehen, daß Er Sie mir zur Seite stellte, um seinen Willen auf Erden auszuführen!"[39]

In diesem Brief ist wohl in nuce das Bild entworfen, das Bismarck am Ende seines Lebens und seiner politischen Laufbahn der Öffentlichkeit vermitteln will: die unzerstörbare Dynamik und den Elan seiner Tätigkeit, den stets klaren Blick des souveränen Staatsmannes und seinen großen persönlichen Einsatz für das Vaterland.

Die Mystifikation des letzten Satzes entspricht in ihrer Überhöhung des Politikers zum Stellvertreter Gottes auf Erden einerseits der eitlen Selbstbespiegelung; andererseits berührt sie auch das tief verwurzelte Rollenverständnis, das Bismarck von sich als treuer und ergebener Diener seines Herrn zeitlebens verinnerlicht hat.

---

[39] EuG, S. 525. Klammer und Hervorhebung im Original.

In dieser Hinsicht stellt der oben zitierte Brief Wilhelms einen Kulminationspunkt der mittelbaren Präsentation und der damit verbundenen Selbstdarstellung Bismarcks als machtvoller Diener seines Herrn dar. Hier verbinden sich gerade in der letzten Zeile konstitutive Elemente seines Rollenverständnisses: politisches Agieren als Regie der Geschichte und Vollzug eines höheren - und damit der Frage nach richtig oder falsch enthobenen - Willens an der Seite seines Herrn.

4.4 Entmachtung - oder der schwere Abschied

> Seit ich gegen meinen Willen vom Amt gekommen bin, hört niemand mehr auf mich: ich mag sagen, was ich will, man hört mich nicht. Mein Freund Schanzenbach, der sagte mir, als ich früher verstimmt und müde zurücktreten wollte: 'Tun Sie das nicht, einen Baum, der an seinem Spalier hängt, soll man nicht losreißen vom Spalier, er geht sonst zugrunde.' Mich hat man von meinem Spalier, von meinem Amt, von meiner Tätigkeit losgerissen. Ich fühle das."
>
> Bismarck 1895[1]

Grundlegend für das Rollenbewußtsein Bismarcks ist - wie die Untersuchung gezeigt hat - die Gewißheit über seine Machtfülle als Politiker; er inszeniert sich als der große Einzelne, der es vermochte, das Mögliche zu realisieren und den eigenen Willen gegen den Willen anderer durchzusetzen.

In dieser untrennbaren Verbindung zwischen Rollen- und Machtbewußtsein ist - und hier zeigt sich ein weiteres Element des Rollenbewußtseins Bismarcks - der Kampf um die Macht und die Furcht vor dem Machtverlust mit angelegt. Diese Furcht vor der Entmachtung ist das Motiv dafür, daß Bismarck sich in seinen Memoiren als in seiner Macht ständig bedrohtes Individuum inszeniert. Daß diese Inszenierung immer auf der Grundlage seines Machtbewußtseins erfolgt, es ihm also nicht darum geht, "im Laufe seiner Selbstergründung und Selbstdarstellung manche Irrtümer, die er gemacht hat, zu erkennen, Unklarheiten vor sich selbst zu beseitigen, besonnener zu urteilen"[2], hat Konsequenzen, die sich besonders deutlich im zweiten Band der Memoiren zeigen; darauf wird im zweiten Teil der Ausführungen eingegangen.

---

[1] Bismarck in einem Gespräch mit Dr. Albert Bürklin am 12. Dezember 1895, in: Buchner, Engel, Werke in Auswahl, Bd. 8, Teil B, a.a.O., S. 230.
[2] Aichinger, Probleme der Autobiographie, a.a.O., S. 425.

Bismarck thematisiert dieses Element seines Rollenbewußtseins einerseits in polemischer, aggressiver und rechtfertigender Weise; dabei ist die Schilderung von Feinden und Intrigen geprägt durch die gekonnte Pointierung spezifischer Merkmale der betreffenden Personen und die schonungslose Offenheit, in der Schwächen und Fehler dieser Personen entlarvt und angeprangert werden.

Die Äußerungen Bismarcks offenbaren andererseits aber auch - und dies ist ein wichtiges Moment für ein differenziertes Verständnis seiner Rolle - die Beklemmung und Resignation, die Mutlosigkeit und Verzweiflung, die gerade der sich in seiner Machtfülle spiegelnde Politiker angesichts der Exponiertheit seiner Existenz durchlebt. Daß Bismarck diese Grenzerfahrungen meist auf eine spezifisch implizite Weise thematisiert, zeigt, daß er sein "Rollenspiel noch im intimsten Bereich"[3] durchhält.

So stellt Bismarck ausführlich seine Erschütterung angesichts des "*Bruch[s] mit den Konservativen*" dar, indem er neben der beißenden und vernichtenden Kritik an seinen Widersachern in folgenden Worten auf seine eigene psychische und physische Labilität verweist:

> "Für die Nerven eines Mannes in reifen Jahren ist es eine harte Probe, plötzlich mit allen oder fast allen Freunden und Bekannten den bisherigen Umgang abzubrechen."[4]

Indem Bismarck seine Gefühlslage aus der distanzierten Perspektive des Er-Erzählers beschreibt, objektiviert er die Darstellung seiner Emotionen und erscheint als kühl wirkender, um sachliche Distanz bemühter Beobachter, der in nüchternen Worten eine Sachlage erfaßt. Deutlich wird hier, daß der Erzähler um Objektivierung seines Themas bemüht ist, eines Themas, bei dem es ihm doch gerade um die Darlegung seiner eigenen Gefühlslage - also eines höchst Subjektiven - geht. Hält man sich vor Augen, daß Bismarck

---

3 Neumann, a.a.O., S. 35.
4 EuG, S. 411.

hier über seine Enttäuschungen und Verletzungen spricht, so überrascht diese Diskrepanz zwischen subjektivem Inhalt und der um Versachlichung bemühten Darstellungsform.

Gerade vor dem Hintergrund der die Memoiren prägenden erzählerischen Subjektivität ist hier für die Erzählhaltung Bismarcks eine wichtige Feststellung zu treffen: Sind die Memoiren einerseits geprägt durch die auf der Grundlage des Rollenbewußtseins vollzogene *Subjektivierung des Objektiven*, so kehrt sich dieses Verhältnis hier um in eine spezifische *Objektivierung des Subjektiven*. In dem Moment, in dem das erzählende Subjekt über seine Innerlichkeit selbst spricht, gerät es in Zwiespalt mit seinem Rollenbewußtsein, das ja weiterhin erzählerisches Organisationszentrum ist und in dem die introspektive, reflektierende Schau des 'Selbst' nicht vorgesehen ist.

Es ist dieser Zwiespalt, aus dem heraus der Erzähler Bismarck in auffälliger Weise darstellerische Distanz zu seinem Stoff entwickelt und sich in charakteristischer Weise 'zurückzieht':

> "Der Verkehr mit Andern, die man für gleichgestellt hält, erleichtert die Ueberwindung solcher Krisen, und wenn er plötzlich aufhört und aus Motiven, welche mehr persönlich als sachlich, mehr mißgünstig als ehrlich, und so weit sie ehrlich, ganz banausischer Natur sind, der betheiligte verantwortliche Minister plötzlich von allen bisherigen Freunden boycottirt, als Feind behandelt, also mit sich und seinen Erwägungen vereinsamt wird, so muß das den Eingriff seiner amtlichen Sorgen in seine Nerven und seine Gesundheit verschärfen."[5]

Der Rückzug des Erzählers zeigt sich hier in der indefiniten *man-Form*, in der er seine Bedrückung und Isolation formuliert. Durch das verklausuliert anmutende Bekenntnis seiner Emotionen schafft er eine Distanz gegenüber dem Leser, der das vom Erzähler Implizierte erst explizieren muß. Zu dieser Art und Weise der Aussage kontrastiert auffallend ihr Inhalt, in dem es um eine schwerwiegende Er-

---

5 EuG, S. 412/413.

fahrung des Ich-Erzählers geht, die immerhin dazu führte, daß dieser "*mit sich und seinen Erwägungen vereinsamt[e]*" - eine Formulierung, in der Bismarck die Tragweite seiner Bedrückung vermittelt und seine Enttäuschung offenbart.

An diesem Zitat wird deutlich, wie Bismarck die erzählerische Distanz durch das spezifische Darstellungsverfahren der mittelbaren Präsentation herstellt; indem persönliche Erlebnisse und Empfindungen durch Verallgemeinerung auf eine überpersönliche Darstellungsebene gehoben werden, wird ihnen gleichsam intersubjektiv nachvollziehbarer Gesetzescharakter zugeschrieben. Dieses um Versachlichung bemühte Verfahren ist gekennzeichnet durch die epische Sprache, deren wesentliches Merkmal Staiger in ihrem deiktischen Zug sieht:

"Die epische Sprache stellt vor. Sie deutet auf etwas hin. Sie zeigt. [...] Auf ein Verdeutlichen, Zeigen, Anschaulichmachen kommt es hier überall an."[6]

Die erzählerische Distanz zeigt sich in der sprachlichen Vermittlung auf kunstvolle Weise; die Passage besteht aus einem einzigen Satz, der hypotaktisch aufgebaut und durch den Nominalstil geprägt ist. Das Subjekt des Satzes ("*der Verkehr mit Andern*") dient als Bezugspunkt für die folgenden Bemerkungen. Durch Substantivierung ("erleichtert die *Ueberwindung*","den *Eingriff* seiner amtlichen Sorgen") und der unpersönlichen Formulierung "*der betheiligte verantwortliche Minister*" (hierauf beziehen sich dann die Possessivpronomina "*seinen* Erwägungen", "*seiner* amtlichen Sorgen" "*seine* Nerven und *seine* Gesundheit") erscheint der Ich-Erzähler als distanzierter, epischer Berichterstatter.

Die Bemühung um Versachlichung der eigenen Innerlichkeit zeigt sich in den Memoiren in der auf Verallgemeinerung zielenden Form der Darstellung. In diesem um Distanz be-

---

6 Staiger, Grundbegriffe der Poetik, a.a.O., S. 95.

mühten Verfahren berichtet Bismarck über seine Verfassung Ende der 70er Jahre:

"Die Beschwerde des Grafen [...] waren mir in ihrer Form um so mehr auf die Nerven gefallen, als ich an den Folgen einer schweren Erkrankung litt, welche durch die Einwirkung der auf den Kaiser gemachten Attentate und den gleichzeitigen Zwang zur Arbeit in dem Präsidium des Berliner Congresses hervorgerufen, zwar aus amtlichem Pflichtgefühle zurückgedrängt, aber durch die Gasteiner Kur mehr verschärft als geheilt war. Diese Kur [...] wirkt auf überarbeitete Nerven nicht beruhigend, wenn sie durch Arbeit oder Gemüthsbewegung gestört wird."[7]

Bismarck vollzieht hier keine reflektierende Betrachtung seiner psychischen Verfassung, sondern trifft Feststellungen über die Symptome seiner inneren Anspannung, die - selbst nicht thematisiert - nur in der objektivierten Form ihrer sinnlich wahrnehmbaren Auswirkungen thematisiert wird. Deutlich wird dies in der anschließenden Bemerkung Bismarcks:

"Während einer solchen Correctur [einer Rede] kam bei mir eine seit Monaten vorbereitete Nervenkrisis körperlich zum Ausbruche, glücklicherweise in der leichteren Form der Nesselsucht."[8]

Mit diesen Äußerungen über seinen geschwächten Gesundheitszustand korrespondieren immer wieder auf Verallgemeinerung zielende, häufig den Charakter des Epigramms annehmende Feststellungen. So schließt Bismarck in folgender Weise an das oben wiedergegebene Zitat an:

"Die Aufgaben eines leitenden Ministers einer europäischen Großmacht mit parlamentarischer Verfassung sind an sich hinreichend aufreibender Natur, um die Arbeitsfähigkeit eines Mannes zu absorbiren; sie werden es in höherem Maße, wenn der Minister, wie in Deutschland und Italien, einer Nation über das Stadium ihrer Ausbildung hinwegzuhelfen und wie bei uns mit einem starken Isolirungstrieb der Parteien und Individuen zu kämpfen hat."[9]

---

7 EuG, S. 442/443.
8 EuG, S. 443.
9 Ebd.

Hier wird mit der Formulierung eines Allgemeinen begonnen, das zunächst eine fortschreitende Besonderung erfährt. Gekoppelt mit diesem Gang vom Allgemeinen zum Besonderen ist eine stetig steigende Spannungslinie, die sich auf die Feststellung bezieht, daß die Belastung für einen leitenden Minister grundsätzlich eine große ist, sich aber hinsichtlich der Länder Italien und Deutschland steigert.

Die Spannungskurve erreicht ihren Höhepunkt, wenn der Erzähler nun - ausgehend von der getroffenen Einengung - generalisierend folgert:

> "Wenn man Alles, was der Mensch an Kräften und Gesundheit besitzt, an die Lösung solcher Aufgaben setzt, so ist man gegen alle Erschwerungen derselben, welche nicht sachlich nothwendig sind, doppelt empfindlich."[10]

Auch hier wird in der Verwendung des indefiniten *man* der Anspruch eines auf grundsätzliche Adäquatheit zielenden Befundes unterstrichen; ein Befund, der angesichts des sachlichen Tons, in dem er getroffen wird, und der anscheinend überpersönlichen Perspektive, aus der er konstatiert wird, wiederum in der schon bekannten Diskrepanz zu der implizit getroffenen Aussage Bismarcks über sich selber steht. Erst in der anschließenden erneuten Hinwendung zu seiner gesundheitlichen Verfassung spricht er wieder in der ersten Person:

> "Ich glaubte schon zu Anfang der 70er Jahre mit meiner Gesundheit zu Ende zu sein und überließ deshalb das Präsidium des Cabinetes dem einzigen mir persönlich Nahestehenden unter meinen Collegen, dem Grafen Roon, wurde aber damals nicht durch sachliche Schwierigkeiten entmutigt."[11] [...].
> "Die Gürtelrose, an welcher ich krank war, [...] kennzeichnete den Fehlbetrag in dem damaligen Zustande meiner Gesundheit, war eine Quittung über Erschöpfung der Nerven."[12]

Aber auch in diesen Äußerungen behält Bismarck durch den sachlichen Stil seine Erzählerdistanz bei; wie ein kühl

---

10 Ebd.
11 Ebd.
12 EuG, S. 443/444.

abwägender Beobachter diagnostiziert er in buchhalterischer Manier seinen Gesundheitszustand.

Mit dem Verweis auf die gesundheitliche Indisposition hat der Erzähler Bismarck eine Form der Darstellung gefunden, die es ihm erlaubt, in codierter Form über seine innere Verfaßtheit zu sprechen. Gebunden an sein Rollenbewußtsein und auch in diesem gefangen, ist er bestrebt, in der Haltung des Epikers das zutiefst Subjektive in seiner objektivierten Gestalt - der Krankheit - zu vergegenständlichen.

Darin, daß Bismarck den Grund für seine Krankheiten vor allem in der ihm feindlich gesonnenen Umgebung sieht, zeigt sich die Verbindung mit dem hier behandelten Element seines Rollenbewußtseins - *der Furcht vor der Entmachtung*. So schließt er folgendermaßen an die von ihm getroffene 'Diagnose' an:

> "Mehr als die 'Reichsglocke' und deren Zubehör am Hofe hatte daran der Mangel an Aufrichtigkeit in der Mitwirkung einiger meiner amtlichen Mitarbeiter Antheil. Meine Vertretung durch das Vicepräsidium des Grafen Stolberg nahm durch den Einfluß, welchen die Minister Friedenthal und dann Graf Botho Eulenburg auf meinen Vertreter ausübten, eine Gestalt an, welche mir schließlich den Eindruck machte, daß ich mich einem Systeme allmäligen Abdrängens von den Geschäften der politischen Leitung gegenüber befand."[13]

Im Begriff des *Systems* erfaßt Bismarck in abstrakter Weise die Vorstellung eines sich langsam schließenden Intrigennetzes im Sinne eines aus mehreren Teilen zusammengesetzten und gegliederten Ganzen. Es zeugt von der Darstellungskunst Bismarcks, daß er in der weiteren Beschreibung seiner Gegner konsequent in dieser Vorstellung des Systems bleibt:

> "Ob ein Cabinet Gladstone, dessen Mission durch die Namen Stosch, Eulenburg, Friedenthal, Camphausen, Rickert und beliebige Abschwächungen des Gattungsbegriffs 'Windthorst' mit katholischen Hofeinflüssen bezeichnet werden kann, wenn es

---

13 EuG, S. 444.

gelang, dasselbe zu Stande zu bringen, in sich haltbar gewesen wäre, ist eine Frage, welche sich die Interessenten wohl nicht vorgelegt hatten; der Hauptzweck war der negative, mich zu beseitigen, und über den waren einstweilen die Inhaber der Antheilscheine auf die Zukunft einig. Jeder konnte nachher wieder hoffen, den Andern hinauszudrängen, wie das bei uns im System aller der heterogenen Coalitionen liegt, die nur in der Abneigung gegen das Bestehende einig sind."[14]

Bismarck findet hier wieder zu dem - für ihn so typischen - bissigen Ton zurück, in dem er spöttisch auf die Naivität seiner Feinde verweist, die bei aller *'Systematik'* ihres Vorgehens letztlich das Opfer ihres eigenen Systems, in dem sie unreflektiert gefangen sind, werden müssen. In der Formulierung der "*beliebige[n] Abschwächungen des Gattungsbegriffs 'Windthorst'*" drückt Bismarck nicht nur in gekonnt sarkastischer Weise die Abneigung aus, die er gegenüber dem Führer der Zentrumspartei Windthorst empfindet, sondern er hebt in Form einer Begriffsbildung die Person eines Feindes auf die verallgemeinerte *Gattungsebene*.[15]

In diesem Zusammenhang entwickelt Bismarck sogar eine systematische Kategorisierung seiner Gegner, die er in drei Klassen einteilt. Zu der ersten Klasse zählt er "die mit dem vulgären Namen 'Kreuzzeitung' bezeichnete conservative Richtung"[16], deren Motive allerdings teilweise noch in "achtbaren principiellen Gründen"[17] gelegen hätten:

"In andern, ich möchte sagen in meinen Gegnern zweiter Classe, lag das Motiv der Opposition im Streberthum - ôte-toi, que je m'y mette - deren Prototyp Harry Arnim, Robert Goltz und Andre waren. Als dritte Classe möchte ich meine Standesgenossen im Landadel bezeichnen, die sich ärgerten, weil ich in meinem exceptionellen Lebenslauf aus dem mehr polnischen

---

14 EuG, S. 444/445.
15 In drastischer Weise soll Bismarck seine Empfindungen gegenüber Windthorst so formuliert haben: "Mein Leben erhalten und verschönern zwei Dinge: meine Frau und - Windthorst. Die eine ist für die Liebe da, der andere für den Haß." Tiedemann, Christoph von, Aus sieben Jahrzehnten, Erinnerungen, Bd. 2, Sechs Jahre Chef der Reichskanzlei unter dem Fürsten Bismarck, Leipzig 1909, S. 15.
16 EuG, S. 404.
17 Ebd.

> als deutschen Begriff der traditionellen Landadelsgleichheit
> herausgewachsen war. Daß ich vom Landjunker zum Minister wur-
> de, hätte man mir verziehen, aber die Dotationen nicht und
> vielleicht auch den mir sehr gegen meinen Willen verliehenen
> Fürstentitel nicht: die 'Excellenz' lag innerhalb des gewohn-
> heitsmäßig Erreichbaren und Geschätzten; die 'Durchlaucht'
> reizte die Kritik."[18]

So originell diese hier entwickelte Klassifizierung hinsichtlich der unterschiedlichen Motive seiner Gegner ist, so deutlich wird auch, wie stark Bismarck durch den Gedanken an die ihn umgebende Mißgunst gebannt ist. So bissig er sich über seine Gegner äußert, so wenig kann er das Beklemmende seiner Situation verbergen, in der er den größten Teil seiner Umgebung nur noch von dem Wunsch beseelt sieht, ihn "*zu beseitigen*". Seiner Betroffenheit verleiht Bismarck in der bekannten Codierung Ausdruck - er verweist abschließend auf seinen geschwächten Gesundheitszustand:

> "Ich verfiel in einen Gesundheitsbankerott, der mich lähm-
> te, bis der Dr. Schweninger meine Krankheit richtig er-
> kannte, richtig behandelte und mir ein relatives Gesund-
> heitsgefühl verschaffte, das ich seit vielen Jahren nicht
> mehr gekannt hatte."[19]

Den Hinweis auf seine schwer angegriffene Gesundheit formuliert Bismarck in wenigen, aber der dramatischen Anschaulichkeit nicht entbehrenden Worten, die einiges von der existentiellen Bedrückung des um seine Macht fürchtenden Politikers spüren lassen. Wenn Bismarck im weiteren - nun auf einer anderen Ebene - nur noch über die erfolgreichen Therapiebemühungen seines Arztes berichtet, so fängt er dadurch die 'Gefahr' ab, sich explizit über den ihn lähmenden "*Gesundheitsbankerott*" auszulassen. Auch wenn sein Rollenbewußtsein ihn hier zu einer Form der erzählerischen Disziplinierung zurückfinden läßt, die eine Offenbarung seiner Innerlichkeit verhindert, so verweisen seine Äußerungen doch auf seine Empfindungen angesichts der ihn bedrängenden und belastenden Situation.

---

18 Ebd.
19 EuG, S. 445.

Das vielleicht deutlichste Beispiel dieses codierten Darstellungsverfahrens findet sich in dem Kapitel, in dem Bismarck sich ausschließlich den *Intriguen*, denen er sich zunehmend ausgesetzt sah, widmet. Er faßt seine Betroffenheit in der für ihn äußerst angespannten Gesamtsituation - im folgenden Zitat durch eine Rüge Wilhelms I. ausgelöst - in die Worte:

"Ich war unwohl und abgespannt, und der Text des kaiserlichen Schreibens und der Eulenburgsche Angriff fielen mir dermaßen auf die Nerven, daß ich von Neuem ziemlich schwer erkrankte, nachdem ich dem Kaiser durch Roon geantwortet hatte [...], die ungnädige Verurtheilung, die ich durch das Schreiben erfahren hätte, nöthige mich, mein Abschiedsgesuch vom Frühjahr zu erneuern. Diese Correspondenz fand in den letzten Tagen des Jahres 1877 statt, und meine neue Erkrankung fiel gerade in die Neujahrsnacht."[20]

Die Bedeutung, die der Erzähler Bismarck dem Verweis auf seinen gesundheitlichen Zustand als Indikator seiner Gesamtverfassung zuordnet, wird dadurch unterstrichen, daß er das Kapitel mit der Wiedergabe eines Briefes abschließt, in dem er sich gegenüber Minister von Bülow folgenderweise äußert:

"Die Kur scheint mir gut zu bekommen, doch markirt sich jeder Rückschlag über ärgerliche Eindrücke in empfindlicher Weise und läßt mich voraussehen, daß mein Gesundheitszustand ein dienstfähiger schwerlich wieder werden wird. Vor der einfachen Besorgung der Amtgeschäfte würde ich nicht zurückschrekken; aber die *faux frais* der Hofintrigue vermag ich nicht mehr in der Weise zu tragen wie früher, vielleicht auch deshalb, weil sie an Umfang und Wirkung in erschreckender Weise zugenommen haben. Diese eigentlichen Gründe meiner fortbestehenden Absicht, zurückzutreten, habe ich vor drei Monaten verschwiegen, obwohl es damals wesentlich dieselben waren; und ich werde auch demnächst aus Rücksicht für den Kaiser keine andern Motive für mein Ausscheiden anführen können als den Zustand meiner Gesundheit."[21]

Diese Briefwiedergabe läßt auf eine bewußte darstellerische Absicht schließen, die auf Verdeutlichung und Erhärtung des zuvor Geschilderten zielt. Bismarck hantiert also - dies sei zusammenfassend festgestellt - gezielt mit die-

---
20 EuG, S. 433.
21 EuG, S. 450.

ser codierten Darstellungsform, in der der explizite Hinweis auf seine gesundheitliche Verfassung Verweisungscharakter hat und Indikator für die dahinterstehende Erzählintention ist.

Die Vereinzelung des politisch Agierenden, der sich mit wachsender Macht zunehmend auf sich selber zurückverwiesen sieht und sich in einer intriganten und neidvollen Umgebung wähnt, die nach seiner Macht trachtet, ist ein Element des Rollenbewußtseins, das sich in den gesamten Memoiren zeigt. So beschäftigt Bismarck sich - das wurde bereits erwähnt - mit den von ihm vermuteten "*Intriguen*" im gleichnamigen Kapitel im zweiten Buch des ersten Bandes.

Bismarcks Darstellung, deren Ton teilweise gereizt und polemisch, teilweise rechtfertigend und resignativ wirkt, steht unter einem ihn beherrschenden Eindruck:

> "Der Gesammtandrang auf meine Stellung, das Streben nach Mitregentschaft oder Alleinherrschaft an meiner Stelle, das sich in dem Plane selbstständiger [sic!] Reichsminister, in den combinirten Rücktrittserklärungen von Eulenburg, Camphausen, Friedenthal und in den erwähnten Heimlichkeiten verrathen hatte, trat handgreiflich zu Tage in der Conseilsitzung, welche der Kronprinz als Vertreter seines verwundeten Vaters am 5. Juni 1878 abhielt, um über die Auflösung des Reichstags nach dem Nobiling'schen Attentate zu beschließen.[22] Die Hälfte meiner Collegen oder mehr [...] stimmte abweichend von meinem Votum gegen die Auflösung [...]. Die Zuversicht, welche meine Collegen bei dieser Gelegenheit kundgaben, beruhte offenbar auf vertraulicher Verständigung zwischen ihnen und einflußreichen Parlamentariern, während mir gegenüber kein Einziger von den letzteren

---

[22] Am 11. Mai und 2. Juni 1878 wurden zwei Attentate auf Kaiser Wilhelm I. verübt; das erste durch den Klempnergesellen Hödel, das zweite durch den Landwirt Karl Nobiling. Bismarck hatte schon das erste Attentat sofort zum Anlaß genommen, einen Gesetzesentwurf "zur Abwehr sozialdemokratischer Ausschreitungen" von Preußen im Bundesrat vorzulegen; die Mehrheit des Reichstages lehnte jedoch diesen ersten Entwurf ab. Nach dem zweiten Attentat plädierte Bismarck dann für die Auflösung des Reichstages, stieß damit aber wiederum bei der Mehrheit seiner Kabinettskollegen auf Ablehnung. Vgl. Gall, Bismarck, a.a.O., S. 564 ff.

auch nur eine Aussprache versucht hatte. *Es schien, daß man sich über die Theilung meiner Erbschaft bereits verständigt hatte.*"[23]

Dieser Eindruck der Isolation und der Bedrohung seiner politischen Stellung ist Ausdruck einer Furcht, in der sich Bismarcks "bis zu regelrechten Wahnvorstellungen steigerndes Mißtrauen"[24] zeigt, aus dem heraus er sich ständig in seiner Existenz bedroht und in die Enge gedrängt sieht und "einzelne Äußerungen und in Wahrheit voneinander ganz isolierte Vorgänge und Ereignisse als Indizien einer politischen Verschwörung"[25] deutet. Noch aus der Rückschau ist sich Bismarck dieser ihn bedrohenden Verschwörung vollkommen gewiß:

"Wie in der Nacht beim Gewitter jeder Blitz die Gegend deutlich zeigt, so gestatteten auch mir einzelne Schachzüge meiner Gegner die Gesammtheit der Situation zu überblicken, welche durch äußerlich achtungsvolle Kundgebungen von persönlichem Wohlwollen bei thatsächlicher Boycottirung erzeugt wurde."[26]

Gekonnt wird hier in der Verbindung zweier Bilder - des die Dunkelheit plötzlich erhellenden Blitzes und des Schachspiels - eine Situation veranschaulicht, in der Bismarck die 'Spiellage' nur für einige Augenblicke übersehen kann und sich so in steter Bedrohung wähnt.

Bismarck bezeichnet seine bedrohte Lage als *Notwehr-Situation* und findet dafür - in Abwehrung einer ihm zugeschriebenen Formulierung - das folgende Bild:

"Wenn ich überhaupt Minister bleiben wollte, was ja eine Opportunitätsfrage geschäftlicher sowohl wie persönlicher Natur war, die ich bei eigner Prüfung mir bejahte, so befand ich mich im Stande der Nothwehr und mußte suchen, eine Aenderung der Situation im Parlament und in dem Personalbestande meiner Collegen herbeizuführen. [...]. Nicht ich habe Händel mit den Nationalliberalen gesucht, sondern sie haben im Complot mit meinen Collegen mich an die Wand zu drängen ver-

---

23 EuG, S. 435/436. Hervorhebung M.S.
24 Gall, Bismarck, a.a.O., S. 568.
25 Ebd.
26 EuG, S. 444.

sucht. Die geschmacklose und widerliche Redensart von dem an die Wand drücken, bis sie qietschten, hat niemals in meinem Denken, geschweige denn auf meiner Lippe Platz gefunden – eine der lügenhaften Erfindungen, mit denen man politischen Gegnern Schaden zu thun sucht."[27]

Typisch für die Darstellung Bismarcks ist seine Kunst der Dramatisierung im einseitigen Blick auf die eigene Person; den politischen Konflikt, um den es hier geht und in dem Bismarck tatsächlich eine unrühmliche Rolle spielte[28], stellt er ausschließlich unter der Perspektive seiner eigenen Empfindungen und Eindrücke dar. Er stilisiert sich selber dabei zu dem von allen verlassenen Einzelnen, der die Legitimation seines Handelns aus einer existentiellen Notwehrsituation beziehen kann und *muß*, denn nur so ist er in der Lage, seinem Gewissen gemäß zu handeln:

"Minister bleiben wollte ich, weil ich, wenn der schwer verwundete Kaiser am Leben bliebe, was bei dem starken Blutverlust in seinem hohen Alter noch unsicher, fest entschlossen war, ihn nicht gegen seinen Willen zu verlassen, und es als Gewissenspflicht ansah, wenn er stürbe, seinem Nachfolger

---

27 EuG, S. 436. Bismarck liefert hier gleichzeitig noch eine Rechtfertigung hinsichtlich einer ihm nachgesagten Reaktion auf die Nachricht des zweiten Attentates auf den Kaiser. Tiedemann, der Überbringer der Nachricht, berichtet in seinen Erinnerungen (a.a.O., S. 263), daß Bismarck – ehe er sich nach dem Zustand des Kaisers erkundigt hatte – ausgerufen habe: "Dann lösen wir den Reichstag auf." Vgl. Gall, Bismarck, a.a.O., S. 566.
28 Gall urteilt, daß es "zweifellos zu den dunkelsten Punkten in Bismarcks politischer Laufbahn [gehört], wie er sich die beiden Attentate zunutze machte, die am 11. Mai und am 2. Juni 1878 auf Kaiser Wilhelm verübt wurden [...]." Ebd. S. 564. Obwohl es keinen Anhaltspunkt dafür gegeben habe, als Urheber die Sozialdemokraten zu verdächtigen, sei Bismarck – ohne an der Offenlegung der Hintergründe interessiert zu sein – sofort entschlossen gewesen, gegen die Sozialdemokraten vorzugehen. Er habe dadurch vor allem die nationalliberale Fraktion zu einer prinzipiellen Entscheidung für oder gegen die Regierung zwingen wollen, ohne jedoch mit diesem Ansinnen Erfolg gehabt zu haben. Vgl. ebd., S. 564/565. In einer zusammenfassenden Beurteilung des Verhaltens Bismarcks stellt Gall fest: "Man ist eher geneigt, hier einen Politiker am Werk zu sehen, der aus dem Gefühl der Isolierung und der Bedrohung seiner politischen Stellung weitestgehend emotional reagierte. Bismarck trat gleichsam die Flucht nach vorne an, ohne genau zu übersehen, was ihm das einbringen würde." Ebd., S. 567.

die Dienste, welche ich ihm vermöge des Vertrauens und der
Erfahrung, die ich mir erworben hatte, leisten konnte, nicht
gegen seinen Willen zu versagen."[29]

Indem Bismarck auf seine Bedeutung als Staatsmann verweist
und damit die Notwendigkeit seines politischen Wirkens unterstreicht, erscheint der von ihm geschilderte Kampf gegen seine Widersacher als unabhängig von persönlichen Motiven geführter Kampf für einen übergeordneten Zweck - das
Wohl des Vaterlandes.

Es ist dieser Bewußtseinshorizont, in dem die Überzeugung
von der eigenen überpersönlichen Bedeutung und die traumatische Furcht vor dem Verlust der diese Bedeutung begründenden Macht Hand in Hand gehen, aus dem heraus dem Erzähler Bismarck gerade in der Schilderung politischer Konflikte und Widersacher "das eigene Bild, die eigene Interpretation der Wirklichkeit zur Wirklichkeit schlechthin
wird."[30]

Aus dieser durch ein Höchstmaß erzählerischer Subjektivität geprägten Perspektive trifft Bismarck seine polemischen und auch diffamierenden Verurteilungen politischer
Widersacher, wie zum Beispiel Harry von Arnims und Robert
von der Goltz', zweier Männer,

> "die er in den vorangegangenen Jahren als seine gefährlichsten politischen Konkurrenten mit allen ihm zu Gebot stehenden Mitteln und mit brutaler Rücksichtslosigkeit bekämpft
> hatte und die er noch über den Sieg hinaus mit seinem ganzen
> Haß verfolgte [...]. Die beiden standen stellvertretend für
> die fast traumatische Sorge, es könne jemand eines Tages einen ähnlichen Weg wie er selber gehen: sich zur Verkörperung
> einer mehr oder weniger vagen politischen Alternative aufbauen, das Ohr des Kaisers gewinnen und ihn, Bismarck, dann
> in einer politischen Krise beiseitedrängen. Vor allem die
> vieldiskutierte sogenannte Arnim-Affäre ist ein einziger Be-

---

29 EuG, S. 436.
30 Gall in seiner Einleitung zu: Otto Fürst von Bismarck, Die großen Reden, hg. und eingel. v. L.G, ungekürzte Ausg., Frankfurt/Main, Berlin, Wien 1984, S. 16. [Im folgenden zitiert als 'Reden'.]

leg dafür, wie sehr er stets von der Sorge vor einer solchen 'Palastintrige' beherrscht war, von einer politischen Verschwörungsangst, die unübersehbar pathologische Züge trug."[31]

Diese von Gall beschriebene Einstellung Bismarcks wird in den Memoiren noch einmal durch dessen Kunst der Darstellung lebendig; eine Darstellung, die zeigt, daß Bismarck auch in zeitlicher Distanz nichts an Leidenschaftlichkeit der Empfindungen verliert.

Die Kunst der Schilderung Bismarcks zeigt sich dabei vor allem im raffinierten Arrangement der Erzählung, so daß sich Sinnzusammenhänge, ohne daß sie expliziert werden, häufig allein aus der Anordnung der Erzählteile ergeben. So "rückt er das ganze Kapitel 'Intrigen' durch die schneidende Kennzeichnung des Grafen Harry Arnim zu Anfang von vornherein in die beabsichtigte Beleuchtung."[32]

Orientiert an diesem Prinzip der mittelbaren Präsentation läßt Bismarck die Darstellung Harry von Arnims mit folgenden Satz wie mit einem Paukenschlag beginnen:

> "Graf Harry Arnim vertrug wenig Wein und sagte mir einmal nach einem Frühstücksglase: 'In jedem Vordermanne in der Carrière sehe ich einen persönlichen Feind und behandle ihn dementsprechend. Nur darf er es nicht merken, so lange er mein Vorgesetzter ist'."[33]

Ohne daß es näher ausgeführt werden muß, zeichnet Bismarck schon in dieser Einleitung mit knappen Strichen ein Bild Arnims, in dem die wesentlichen Elemente der von Bismarck intendierten Charakterisierung enthalten sind: Arnim erscheint als karrieresüchtiger Opportunist, der verschlagen und raffiniert seine egoistischen Ziele verfolgt. Die Lebendigkeit der Darstellung liegt darin, daß Bismarck die oben explizierten Elemente durch die kurze Gesprächssequenz in ein Bild faßt und sie dadurch dem Leser zur Anschauung bringt.

---

31 Gall, Bismarck, a.a.O., S. 568.
32 Klaiber, a.a.O., S. 293.
33 EuG, S. 416.

Die weiteren Ausführungen dienen nun dazu, dieses Bild zu komplettieren, indem die Striche und Konturen immer mehr an Farbigkeit gewinnen. Hierbei zeigt sich die Fähigkeit Bismarcks, eine Korrespondenz zwischen Inhalt und Form, Erzähltem und der Art und Weise der Darstellung herzustellen:

> "Es war dies in der Zeit, als er nach dem Tode seiner ersten Frau aus Rom zurückgekommen, durch eine italienische Amme seines Sohnes in roth und gold Aufsehen auf den Promenaden erregte und in politischen Gesprächen gern Macchiavell und die Werke italienischer Jesuiten und Biographen citirte. Er posirte damals in der Rolle eines Ehrgeizigen, der keine Scrupel kannte, spielte hinreißend Klavier und war vermöge seiner Schönheit und Gewandtheit gefährlich für die Damen, denen er den Hof machte. Diese Gewandtheit auszubilden, hatte er frühzeitig begonnen, indem er als 16jähriger Schüler des Neustettiner Gymnasiums von den Damen einer wandernden Schauspielertruppe sich in die Lehre nehmen ließ und das mangelnde Orchester am Clavier ersetzte, nachdem er schon früher das Cösliner Gymnasium aus Gründen, welche das Lehrercollegium seiner sittlichen Haltung entnahm, hatte verlassen müssen."[34]

In dieser an die oben zitierte Textstelle anschließenden Passage weitet Bismarck die zunächst gegebene Momentaufnahme Arnims aus durch die staccatohaft wirkende Aneinanderreihung seiner Verhaltensweisen und Eigenschaften. Dieser - durch die dichtgedrängte Aufzählung erzeugten - Dynamik der Darstellung entspricht der dadurch vermittelte Inhalt; denn in der Darstellung Arnims als einer skrupellosen, ehrgeizigen und gewandten Person entsteht insgesamt das Bild eines agilen, aber gehetzt wirkenden Menschen, der sich ruhelos von einer Aktivität in die nächste stürzt.

Daß es Bismarck in seiner Darstellung nicht um eine differenzierte Betrachtung der Person Arnims geht, wird besonders deutlich in den Anspielungen auf das Verhalten Arnims gegenüber Frauen und der diffamierenden vieldeutigen Äußerung über dessen "*sittliche[...] Haltung*"; Anspielungen,

---

34 Ebd.

die nicht näher ausgeführt werden, so daß ihre Wirkung auf
der vielfältigen Assoziationsträchtigkeit des nicht Ausgesprochenen beruht. Dieses Darstellungsverfahren, das in
den Bereich der mittelbaren Präsentation gehört, verwendet
Bismarck gekonnt vor allem für Personenbeschreibungen, die
auf diese Weise eine - auf Assoziationen beruhende - Anschaulichkeit gewinnen, ohne daß diese erzählerisch aufwendig entwickelt werden müßte.

Bismarck gesteht Arnim zwar im weiteren "seine hohe Begabung trotz seiner Fehler"[35] zu, fügt aber gleich hinzu, daß
er - Bismarck - diese Begabung "im Interesse des Dienstes
nützlich zu verwerthen hoffte"[36]; Bismarck degradiert Arnim
so zu einem bloßen Instrument und vermittelt dadurch die
ganze Mißachtung, die er für einen Mitarbeiter empfand,
der nur eines im Sinn hatte:

> "[...] er sah in seiner Stellung dort aber nur eine Stufe,
> von der aus er mit mehr Erfolg daran arbeiten konnte, mich
> zu beseitigen und mein Nachfolger zu werden."[37]

Beherrscht von diesem Eindruck interpretiert Bismarck das
gesamte Verhalten Arnims ihm gegenüber als eine stete
List:

> "Nachdem Arnim sich 1873 in Berlin überzeugt hatte, daß seine
> Aussichten, an meine Stelle zu treten, noch nicht so reif waren, wie er angenommen hatte, versuchte er einstweilen das
> frühere gute Verhältniß herzustellen, suchte mich auf, bedauerte, daß wir durch Mißverständnisse und Intriguen Andrer
> auseinander gekommen wären, und erinnerte an Beziehungen,
> die er einst mit mir gehabt und gesucht hatte.[38]

Daß diese Einschätzung der Motive Arnims keinerlei Zweifel
spüren läßt - obwohl sie ja nichts anderes als eine Unterstellung Bismarcks ist - zeigt nicht nur, wie gewichtig
seine Furcht vor möglichen Konkurrenten gewesen sein muß,

---

35 EuG, S. 416/417.
36 EuG, S. 417.
37 Ebd.
38 EuG, S. 417/418.

sondern verweist auch auf die eigene Wirklichkeit der erzählerischen Subjektivität.

Indem dieses keine Zweifel verratende Urteil psychologische Einfühlung dadurch suggeriert, daß Bismarck sich scheinbar in die andere Person hineinversetzt und deren Motive durchschaut, entsteht eine erzählerische Sinnkonfiguration, die die Identifikation zwischen Erzähler und Leser ermöglicht und damit die Voraussetzung für die Wirkung der anschließenden Passage ist:

> "Zu gut von seinem Treiben und von dem Ernst seines Angriffs auf mich unterrichtet, um mich täuschen zu lassen, sprach ich ganz offen mit ihm, hielt ihm vor, daß er mit allen mir feindlichen Elementen in Verbindung getreten sei, um meine politische Stellung zu erschüttern, in der irrigen Annahme, er werde mein Nachfolger werden, und daß ich an seine versöhnliche Gesinnung nicht glaube. Er verließ mich, indem er mit der ihm eignen Leichtigkeit des Weinens eine Thräne im Auge zerdrückte. Ich kannte ihn von seiner Kindheit an."[39]

Die beschriebene Reaktion Bismarcks erscheint nun als folgerichtiges Verhalten gegenüber dem als unehrlich entlarvten Gegenüber; Bismarck inszeniert sich selber als überlegen abwägenden Gesprächspartner, der seinen Feind souverän und kühl in dessen Schranken verweist.

Bemerkenswert ist das Darstellungsverfahren in den beiden letzten Sätzen, in denen Bismarck seine Erzählintention - die Darstellung der Unaufrichtigkeit Arnims und die eigene, keinen Zweifel zulassende Kenntnis über dessen Person - in kurzen Formulierungen vermittelt. Der abschließende Verweis darauf, daß er - Bismarck - Arnim seit der Kindheit gekannt habe, verleiht durch den Hinweis auf die Kompetenz des Beobachters dem beschriebenen Bild des nur auf die Wirkung seiner Tränen bedachten Arnims Glaubwürdigkeit; zudem liegt die erzählerische Wirkung auch in der Knappheit der diese Passage beschließenden Aussage, die den bisherigen Erzählfluß abschließt.

---

[39] EuG, S. 418.

Diese Art und Weise der Darstellung, in der das Thema
gleich zu Beginn in dem oben beschriebenen Verfahren eingeführt und im weiteren nur noch variiert zu werden
braucht, ist ein konstitutives Stilmittel Bismarcks, das
besonders deutlich in seinen Personenbeschreibungen zum
Ausdruck kommt. So läßt er das dritte Kapitel des zweiten
Bandes, in dem er seine harsche Kritik am Minister Boetticher darlegt, folgenderweise beginnen:

> "Der Kaiser Wilhelm II. hat nicht das Bedürfniß, Mitarbeiter
> mit eignen Ansichten zu haben, welche ihm in dem betreffen-
> den Fache mit der Autorität der Sachkunde und Erfahrung ent-
> gegentreten könnten. Das Wort 'Erfahrung' in meinem Munde
> verstimmte ihn und rief gelegentlich die Aeußerung hervor:
> 'Erfahrung? Ja, die allerdings habe ich nicht.'"[40]

In diesen ersten Sätzen des mit "*Boetticher*" überschrie-
benen Kapitels wird sofort deutlich - ohne daß die Person
Boetticher überhaupt genannt wird -, daß dieser einer jener unselbständigen, inkompetenten Mitarbeiter des Kaisers
gewesen sein muß. Bismarck wendet hier das gleiche Prinzip
der Darstellung an wie in seiner Beschreibung des Grafen
Harry Arnim; er stellt eine spezifische Sinnkonfiguration
an den Anfang, die er im weiteren nur noch ausweitet und
veranschaulicht.[41]

---

40 EuG, S. 568.
41 Ebenso verfährt Bismarck in der Darstellung des *Grafen Friedrich Eulenburg*: "Der Graf Friedrich Eulenburg erklärte sich
körperlich bankrott, und in der That war seine Leistungsfähig-
keit sehr verringert, nicht durch Uebermaß von Arbeit, sondern
durch die Schonungslosigkeit, mit welcher er sich von Jugend
auf jeder Art von Genuß hingegeben hatte. Er besaß Geist und
Muth, aber nicht immer Lust zu ausdauernder Arbeit. Sein Ner-
vensystem war geschädigt und schwankte schließlich zwischen
weinerlicher Mattigkeit und künstlicher Aufregung. Dabei hatte ihn in der Mitte der 70er Jahre, wie ich vermute, ein gewisses Popularitätsbedürfniß überfallen, welches ihm früher
fremd geblieben war, so lange er gesund genug war, um sich zu
amüsiren. Diese Anwandlung war nicht frei von einem Anflug von
Eifersucht auf mich, wenn wir auch alte Freunde waren." EuG,
S. 429/430. Ähnlich sind auch die einleitenden Worte über *Herrn
von Gruner*: "Herr von Gruner, während der Neuen Aera Unter-
staatssekretär in dem Ministerium der Auswärtigen Angelegenheiten, wurde bald nach meiner Uebernahme des Ministeriums des Auswärtigen zur Disposition gestellt und durch Herrn von Thile ersetzt. Er gehörte schon seit meiner Ernennung zum Bundesgesand-
ten zu meinen Gegnern, da er diese Stellung als ein Erbtheil von

So wird dann Herr von Boetticher - in noch stärkerem Maße
als Harry von Arnim - zu einem willfährigen Instrument des
Kaisers Wilhelm II. degradiert:

> "Um seinen Ministern sachkundige Anregungen zu geben, zog er
> deren Untergebene an sich und ließ sich von diesen oder von
> Privatleuten die Informationen beschaffen, auf Grund deren
> eine kaiserliche Initiative den Ressortministern gegenüber
> genommen werden konnte. Außer Hinzpeter und Andern war mir
> gegenüber dazu in erster Linie Herr von Boetticher brauch-
> bar."[42]

In immer neuen Formulierungen unterstreicht Bismarck in
geradezu beschwörender Art und Weise die Abhängigkeit und
Bedeutungslosigkeit Boettichers, der seine Karriere vor
allem ihm - Bismarck - zu verdanken habe:

> "Ich habe die Carriere des Sohnes [d.i. Boetticher] durch
> meinen Einfluß bei dem Kaiser Wilhelm I. ziemlich schnell
> gefördert; er wurde auf meinen Antrag Oberpräsident in
> Schleswig, Staatssecretair, Staatsminister, lediglich durch
> mich, aber Minister immer nur in dem Sinne eines Amanuensis
> für mich, eines *aide* oder *adjoint*, wie man in Petersburg
> sagt, der nach dem Willen des Kaisers nur meine Politik im
> Staatsministerium und im Bundesrathe zu vertreten hatte, na-
> mentlich wenn ich durch Abwesenheit verhindert war. Er hatte
> kein anderes Ressort als die Aufgabe, mich zu unterstützen.
> Es war dies eine Stellung, die [...] ausschließlich zu mei-
> ner Vertretung und Erleichterung von Sr.M. geschaffen wurde."[43]

Hier zeigt sich das Höchstmaß der Egozentrik Bismarcks, in
der er befangen ist; deshalb stellt er Boetticher als bloßes Mittel seiner Politik dar und disqualifiziert ihn zu
einem fremdbestimmten Instrument. Zwar gesteht Bismarck
Boetticher durchaus einige Fähigkeiten zu; die Art und
Weise, in der er das tut, decouvriert allerdings die dahinterstehende Erzählabsicht:

> "Er besitzt hohe Begabung für einen Unterstaatssecretair, ist
> ein vorzüglicher parlamentarischer *debater*, geschickter Un-
> terhändler und hat die Fähigkeit, geistige Werthe von höhe-

---

seinem Vater Justus Gruner angesehen hatte; er blieb mir feind
und war geschäftlich unfähig." EuG, S. 445.
42 EuG, S. 568/569.
43 EuG, S. 569.

rem Betrage in Kleingeld unter die Leute zu bringen und
durch die ihm geläufige Form gutmüthiger Biederkeit Einfluß
dafür zu üben."[44]

Was Bismarck hier anschaulich formuliert, ist nicht mehr
als das gönnerhafte Zugeständnis, daß die Fertigkeiten
Boettichers seiner subalternen Tätigkeit - und nur dieser - angemessen waren. Diese Einschätzung unterstreichend
(und auf die naive Eitelkeit Boettichers anspielend) fährt
Bismarck fort:

> "Daß er niemals fest genug in seinen Ansichten war, um sie
> dem Reichstage, geschweige denn dem Kaiser gegenüber mit Beharrlichkeit zu vertreten, war für den ihm angewiesenen Wirkungskreis nicht gerade ein wesentlicher Mangel; und wenn er
> für Rang- und Ordensfragen eine krankhafte Empfindlichkeit
> hatte, die bei getäuschter Erwartung in Thränen ausbrach, so
> war ich mit Erfolg bemüht, dieselbe zu schonen und zu befriedigen."[45]

Die Bedeutung Boettichers sieht Bismarck allein in der
Funktion, die dieser für ihn hatte; in sarkastischem Ton
und zugleich eifersüchtiger Manier stellt Bismarck fest:

> "Die Amtspflicht des Herrn von Boetticher war nicht, an der
> Unterwerfung eines erfahrenen Kanzlers unter den Willen eines jugendlichen Kaisers zu arbeiten, sondern den Kanzler
> in seiner verantwortlichen Aufgabe bei dem Kaiser zu unterstützen. Hätte er sich an diese seine amtliche Aufgabe gehalten, so würde er auch innerhalb der Grenzen seiner natürlichen Befähigung geblieben sein, auf Grund deren er in seine Stellung berufen war."[46]

Bismarck stellt Boetticher in den Dienst der Darstellung
seiner eigenen Machtbefugnisse, wenn er - den subalternen
Status Boettichers unterstreichend - feststellt:

> "Herr von Boetticher war im Reichsdienste mein Untergebner
> als Staatssecretair des Innern, im preußischen Dienste mein
> amtlicher Beistand, berufen, mich bei Vertretung meiner Ansichten zu unterstützen, nicht aber eigne unabhängig geltend
> zu machen. Er hat diese Aufgabe Jahre lang bereitwillig und
> mit Geschick erfüllt, eigne Ansichten mir gegenüber nur mit
> großer Zurückhaltung und, wie ich vermuthe, nur auf parla-

---

44 EuG, S. 570.
45 Ebd.
46 EuG, S. 572.

mentarische und anderweitige Instigation vertreten. Eine definitive Aussprache meiner Ansicht genügte stets zur schließlichen Erlangung seiner Zustimmung und Mitwirkung."[47]

In diesen Zeilen offenbart Bismarck nicht nur sein gesteigertes Machtbewußtsein, aus dem heraus er niemanden neben sich duldete, sondern zugleich spürt man in der Beschwörung der Bedeutungslosigkeit Boettichers die Furcht vor der Gefährdung dieser Macht. Gerade unter diesem Aspekt ist es interessant, in welcher Weise Bismarck über sein persönliches Verhältnis zu Boetticher spricht:

> "Mein Vertrauen zu ihm war so groß, daß ich ihn nach dem Abgange des Herrn von Puttkamer zu dessen Nachfolger als Vicepräsidenten des Staatsministeriums empfahl. Auch in dieser Stellung blieb er mein, des Präsidenten, Vertreter. Ein Dualismus findet in dem Ministerpräsidium nicht Statt. Ich hatte mich gewöhnt, ihn als einen persönlichen Freund zu betrachten, der seinerseits durch unsere Beziehungen vollständig befriedigt wäre."[48]

Es ist aufschlußreich, in welchen Zusammenhang Bismarck hier Freundschaft und Vertrauen stellt; denn bevor er über seine Freundschaft mit Boetticher spricht, hebt er zunächst den hierarchischen Charakter seiner Beziehung zu diesem hervor - eine zumindest befremdliche Bemerkung angesichts des in Rede stehenden Themas, aber kennzeichnend für die Perspektive, unter der Bismarck dieses Thema behandelt. Diese zeigt sich deutlich in seiner Bemerkung, er habe sich daran gewöhnt, Boetticher als "*persönlichen Freund zu betrachten*" und umgekehrt sei dieser "*vollständig befriedigt*" gewesen; hier spürt man die Distanz Bismarcks ebenso wie eine gewisse Selbstherrlichkeit hinsichtlich der selbstsicheren Einschätzung der Empfindungen eines anderen Menschen.[49]

---

47 EuG, S. 570.
48 EuG, S. 570/571.
49 Stürmer faßt die Einstellung und das Verhalten Bismarcks gegenüber seiner Umgebung folgendermaßen zusammen: "Zu seiner Umgebung hatte Bismarck ein durch Alter und Menschenverachtung wie durch Macht und Selbstbewußtsein geprägtes Verhältnis des Monologs. Wem hat er überhaupt noch zugehört? [...]. Menschen waren ihm Medium, durch das er hindurchsah, und Instrument. Bestenfalls nutzte er sie als Echo seiner düsteren Analysen der Gegen-

Grundsätzlich sind die Bemerkungen Bismarcks Ausdruck seines gesteigerten Mißtrauens gegenüber seiner Umgebung, ein Mißtrauen, das sich auch gegen vertraute Personen richtet, denen Bismarck in seinen Memoiren immer wieder Neid und Intrigantentum unterstellt. So zeigt der weitere Gang der Ausführungen über Boetticher, daß Bismarck ihn - ebenso wie Arnim - nur von einem einzigen Motiv, dem Machtstreben, beherrscht sieht:

> "Mittheilungen, die mir später zugegangen sind, und der Rückblick auf Vorgänge, denen ich gleichzeitig wenig Beachtung geschenkt hatte, haben mich nachträglich überzeugt, daß Herr von Boetticher schon seit längerer Zeit den persönlichen Verkehr mit dem Kaiser, in welchen ihn meine Vertretung brachte, sowie seine Beziehungen [...] dazu benutzt hatte, um sich auf meine Kosten nähere Beziehungen zu Sr. M. zu schaffen und sich in diejenigen Lücken einzunisten, welche zwischen den Auffassungen des jugendlichen Kaisers und der greisenhaften Vorsicht seines Kanzlers bestanden. Die Versuchung, in welcher sich Herr von Boetticher befand, den Reiz der Neuheit, welchen die monarchischen Aufgaben für den Kaiser hatten, und meine vertrauensvolle Müdigkeit in Geschäften zum Nachtheile meiner Stellung auszubeuten, wurde, wie ich höre, durch weibliches Rangstreben und in Baden durch gelangweiltes Einflußbedürfniß gesteigert."[50]

Bismarck beschreibt das vielfältige Beziehungsgeflecht in anschaulicher Art und Weise; im Bild des sich in die bestehenden "*Lücken*" zwischen dem Kaiser und Bismarck einnistenden Boettichers erfaßt Bismarck den parasitären Charakter seines Feindes, ohne sich einer solch krassen Formulierung bedienen zu müssen.

Die Eindringlichkeit der Darstellung entsteht zudem durch die zum Teil ungewöhnliche Kombination der Adjektive und Substantive, mittels derer in wenigen Worten Wesentliches erfaßt wird. In der "*greisenhaften Vorsicht*" des Kanzlers, seiner "*vertrauensvolle[n] Müdigkeit in Geschäften*" erfaßt Bismarck das abwägende, ruhige und auch resignativ wirkende Moment seiner eigenen Haltung. Dem gegenüber stehen die

---

wart und Zukunft." Stürmer, Michael, Bismarck, Die Grenzen der Politik, München 1987, S. 88.
50 EuG, S. 571.

"Auffassungen des jugendlichen Kaisers", "weibliches Rangstreben" und "gelangweiltes Einflußbedürfnis"; in den ersten beiden Formulierungen ist die Dynamik seiner offensiven Widersacher erfaßt, in der letzten Formulierung dagegen eine gewisse defensive Lässigkeit.

Das von Bismarck entworfene Bild veranschaulicht die Empfindungen einer ehemals mächtigen Gestalt angesichts des bewußten Miterlebens ihres schwindenden Einflußbereiches. Es ist das Bewußtsein, sich umgeben zu sehen von einem vielmaschigen Intrigennetz und ständig in der politischen Existenz bedroht zu sein. Aus diesem Bewußtsein heraus verdächtigt Bismarck jede Person seiner näheren Umgebung - hier ist es Boetticher -, nur eines im Sinn gehabt zu haben:

> "Daß er es nicht bloß auf die Gunst des Kaisers, sondern auch auf meine Beseitigung und seine Nachfolge in dem Ministerpräsidium abgesehen hatte, schließe ich aus einer Reihe von Umständen, deren einige erst später zu meiner Kenntniß gekommen sind."[51]

Bismarck beschließt das Kapitel über Boetticher mit einer Passage, die durch ihren veränderten Ton überrascht:

> "Die Thatsache, daß Boetticher bei meinem Wiedereintritt in die ministeriellen Discussionen in allen Fragen, in welchen ihm die Abweichung meiner Ansichten von den ihm früher als mir mitgetheilten kaiserlichen bekannt war, als Advocat des kaiserlichen Willens mich in Gegenwart Sr. M. und in dem Staatsministerium bekämpfte, war für meine politische, ich möchte sagen geschichtliche Auffassung ein erfreuliches Symptom der Stärke, zu welcher die königliche Macht seit 1862 wieder gediehen war."[52]

Es ist tatsächlich überraschend, daß Bismarck durch die Ironie zu einer gewissen Distanz gegenüber seinen Emotionen findet, die mehrere Seiten lang seine Feder bestimmten. Auch das ist typischer *Bismarckton*; indem er "mit einem gewissen sarkastischen Stolz darauf verweisen [kann], daß er das Opfer seines eigenen Werkes, der wiedererstark-

---
51 EuG, S. 572.
52 EuG, S. 574.

ten Krongewalt, geworden sei"[53], unterstreicht er einerseits seine eigene Bedeutung, denn er zeichnet ja verantwortlich für die Stärkung der königlichen Macht, formuliert andererseits aber auch seine

> "persönliche Tragödie - eine ironische Tragödie, denn Bismarck fiel in eine Grube, die er selbst gegraben hatte. Er hatte seinerzeit im preußischen Verfassungskonflikt die schon fast anachronistisch gewordene Selbstherrlichkeit des 'monarchischen Regiments' gerettet - und damit die Macht geschaffen, gegen die er nun wehrlos war."[54]

Sowohl in dem Hinweis auf die eigene Bedeutung als auch in der eifersüchtigen Betonung des subalternen Status seiner Untergebenen zeigt sich, wie eng für Bismarck Machtbewußtsein und die Furcht vor Machtverlust miteinander verbunden sind. Daß in der Inszenierung der eigenen Macht diese - wenn auch nicht ausgesprochene - latente Furcht vor deren Verlust mitschwingt, verleiht den Äußerungen Bismarcks häufig ihren doppelbödigen Charakter.

Das Ringen des sich mit seiner Rolle identifizierenden Politikers um die einmal erreichte Machtposition wird auch darin deutlich, daß Bismarck sein Festhalten an der Macht überhaupt begründet. Er bezieht sich dabei immer auf sein Ethos als Politiker, der nicht an seinem Posten, nicht an seiner Macht hängt, sondern allein durch sein Gewissen und sein Pflichtgefühl geleitet wird.

Genau diese Perspektive ist es auch, unter der Bismarck im zweiten Band die Geschichte seiner Entlassung behandelt. Unter diesem Gesichtspunkt läßt sich der zweite Band, der immer wieder als zänkischer Racheakt beurteilt wurde, angemessen würdigen. Dabei steht außer Frage, daß Bismarck diesen Teil seiner Erinnerungen mit *"galliger Feder"*[55] schrieb; Ton und Inhalt sind geprägt durch heftige Polemik

---
53 Hank, a.a.O., S. 206.
54 Haffner, Sebastian, Otto von Bismarck, in: S.H., Venohr, Wolfgang, Preußische Profile, ungekürzte Ausg., Frankfurt/Main, Berlin, Wien 1982, S. 109.
55 Gall, a.a.O., S. 262.

nicht nur gegen Wilhelm II., sondern gegen die gesamte Umgebung, mit der Bismarck zu tun hatte. Aber in der Beurteilung, daß die ersten beiden Bücher

> "are of infinitely greater interest than the scolding supplement which"[56] "is written with a pen of gall, and damages the writer more than the young ruler who was the object of his attack"[57],

wird nicht berücksichtigt, daß sich gerade in der einseitig subjektiven Darstellung seiner Entlassung - dem Prozeß seiner Entmachtung - wesentliche Elemente des Rollenbewußtseins Bismarcks zeigen. Es ist eben dieser Gesichtspunkt, der in der Forschung bisher weitgehend verkannt wurde, so daß der Bismarck-Biograph Erich Eyck so weit ging, folgende Empfehlung auszusprechen:

> "Von dem dritten Band wird man bei der Würdigung des Gesamtwerkes am besten absehen. Er ist eine Parteischrift, ganz unter der Wirkung der frischen Wunde und in der gehässigsten Tendenz geschrieben. Auch wer Wilhelm II. aus vollem Herzen verdammt, wird dieses Bandes nicht froh. Es ist zuviel des Kleinlichen und Giftigen darin, und die Tatsachen sind zu bedenkenlos entstellt. Selbst das Kapitel über den Kaiser persönlich, so viel Treffendes es enthält, verstimmt, weil jedem Satz der Charakter der Rachsucht zu deutlich aufgeprägt ist [...]."[58]

Differenzierter ist folgende Beurteilung:

> "In komprimierter Form übermittelte der Fürst hier der Nachwelt ein Selbstportrait nach seinem Geschmack, das Bild eines weisen, abgeklärten Kanzlers, der beharrlich seine als richtig erkannte Bahn verfolgte, bis ihn ein unreifer, Hirngespinsten nachjagender Kaiser im Verein mit opportunistischen Ministerkollegen und intriganten Untergebenen systematisch aus dem Amte drängte, aus einem Amt, an dem er zwar nicht hing, an dem aber möglichst lange festzuhalten ihm Ehr- und Pflichtgefühl geboten."[59]

Gerade dann, wenn man den Wert der Memoiren Bismarcks "in the revelation of the author's personality and ideas"[60]

---

56 Ebd., S. 261.
57 Ebd., S. 262.
58 Eyck, a.a.O., S. 629.
59 Hank, a.a.O., S. 205.
60 Gooch, a.a.O., S. 262.

sieht, muß auch der zweite Band als die Offenbarung dieser
Persönlichkeit und ihrer Ideen anerkannt werden; das Urteil, daß Bismarck sich damit selber schade, entspringt
einer Perspektive, die für sich die Kenntnis der wahren
Persönlichkeit Bismarcks beansprucht und von diesem übergeordneten Maßstab aus entscheidet, wann sich die Persönlichkeit des Verfassers zeigt und wann nicht.

Nicht berücksichtigt wird dabei, daß Bismarck auch und gerade in der einseitig subjektiven Darstellung seiner Entlassung in nuce sein Rollenbewußtsein thematisiert, dabei
allerdings in einen grundlegenden Zwiespalt gerät, dessen
lebensgeschichtlichen Hintergrund Gall treffend so beschreibt:

> "Gerade die Diskrepanz zwischen dem ungebrochenen, ja, eher
> noch verstärkten Machtstreben und der Wirklichkeit, eine
> Diskrepanz, die dieser große Realist sich nie wirklich zu
> verhehlen vermochte, bezeichnete nicht nur die innere Tragik
> seiner letzten Lebensjahre, sondern auch den Charakter all
> dessen, was er unternahm."[61]

Erst das Verständnis dieses Zwiespalts, der dem zweiten
Band der Memoiren sein charakteristisches Gepräge gibt,
ermöglicht es, auch diesen Teil der Erinnerungen Bismarcks
- selbst hinsichtlich ihres beeindruckenden polemischen
und teilweise diffamierenden Charakters - als Zeugnis seiner Persönlichkeit angemessen zu würdigen.

Der Konflikt, in den der Erzähler Bismarck gerät, erklärt
sich daraus, daß er auch den Prozeß seiner Entmachtung aus
seinem Machtbewußtsein heraus darstellt; das konsequente
Durchhalten seiner Rolle als machtvolles Individuum aber
führt Bismarck - angesichts des veränderten Erzählstoffes,
der nicht mehr geeignet ist, sich diesem Rollenbewußtsein
gemäß zu inszenieren - dazu, sein Festhalten an der Macht
in geradezu beschwörender Art und Weise zu rechtfertigen

---

61 Gall, Bismarck, a.a.O., S. 709.

und aus dieser Legitimation heraus eine generalisierende Verurteilung seiner Umgebung zu treffen.[62]

In seiner Rechtfertigung hebt Bismarck seine altruistischen Motive für das Festhalten an der Macht hervor; er stilisiert sich in einer Weise, die verdeckt, daß es ihm "mit seinen Intrigen und seinem greisenhaften Festhalten an der Macht"[63] "nur noch um die Bewahrung seiner Stellung, um das Amt und seine Position als solche gegangen war."[64]

Entscheidend für die vorliegende Untersuchung jedoch ist *das Bild*, das Bismarck in seinem Rechtfertigungsversuch von sich gibt; ein Bild, in dem noch einmal die konstitutiven Elemente seines Rollenbewußtseins deutlich werden. Dabei bezieht er sich vornehmlich auf *das* Element seines Rollenbewußtseins, das ihm auch angesichts der veränderten äußeren Situation die Möglichkeit der Selbstdarstellung bietet - auf sein Verantwortungsethos:

"In meinem Alter hing ich um meiner selbst willen nicht an meiner Stelle, und wenn ich die baldige Trennung vorhergesehen hätte, so würde ich sie für den Kaiser bequemer und für mich würdiger herbeigeführt haben. Daß ich sie nicht vorhergesehen habe, beweist, daß ich trotz vierzigjähriger Uebung kein Höfling geworden war und die Politik mich mehr in Anspruch nahm als die Frage meiner Stellung, an welche mich nicht Herrschsucht und Ehrgeiz, sondern nur mein Pflichtgefühl fesselte."[65]

Die These, daß er nur aus Pflichtbewußtsein und Gewissensgründen an seinem Posten festgehalte habe, variiert Bis-

---

[62] Gall formuliert es so: "Die Vergangenheit und das Riesenmaß desjenigen, der sie im Entscheidenden geformt und bestimmt habe - das war die Waffe, die er gegen seine Gegenwart einsetzte, die sich ihm entwunden hatte und weiter zu entwinden drohte, die ihn ohnmächtig sein ließ und ohne Zukunft. Mit ihr schlug er auf seine großen und kleinen Erben ein. [...] Und mit dieser Waffe bedrohte und verfolgte er jeden, der sich erdreistete, politisch anderer Meinung zu sein als der 'Reichsgründer'." Gall, Bismarck, a.a.O., S. 710.
[63] Ebd., S. 694.
[64] Ebd., S. 693.
[65] EuG, S 579/580.

marck wiederholt in beschwörender Weise:

> "In meinem Alter hing ich nicht an meinem Posten, nur an meiner Pflicht. Die nach und nach hervortretenden Anzeichen, daß der Kaiser - man ließ Se. Majestät glauben (Boetticher, Berlepsch), ich stände seiner Popularität bei den Arbeitern im Weg - mehr Vertrauen zu Boetticher, Verdy, zu meinen Räthen, zu Berlepsch und andern unberufenen Rathgebern hatte als zu mir, haben mich zu wiederholter Erwägung veranlaßt ob und wie mein volles oder theilweises Ausscheiden ohne Schädigung der staatlichen Interessen rathsam sei. Ich habe ohne Verstimmung in mancher schlaflosen Nacht die Frage erwogen, ob ich mich den Schwierigkeiten entziehen solle und dürfe, die ich als bevorstehend ansah. Ich kam stets zu dem Ergebniß, daß ich ein Gefühl von Pflichtwidrigkeit im Gewissen behalten würde, wenn ich mich den Kämpfen, die ich voraussah, versagte."[66]

In der Gegenüberstellung dieser beim ersten Lesen fast identisch lautenden Aussagen läßt sich bei näherer Betrachtung allerdings eine interessante Entdeckung machen; konstatiert Bismarck zunächst, daß er nicht *um seiner selbst willen* an seiner Stellung hing, so relativiert er diese Aussage aufgrund der Feststellung, daß er an seine Stellung nur durch sein "Pflichtgefühl" gefesselt gewesen sei und *nur an seiner Pflicht gehangen* habe.

Diese elementare Bindung Bismarcks an sein Pflichtgefühl, sein Selbstverständnis als Handelnder nicht für einen eigenen, sondern einen übergeordneten Zweck, zeigt aber gerade - interpretiert man das Selbst als das spezifische Rollenselbst, wie es in den Memoiren erscheint -, daß er natürlich *um seiner selbst willen* an seiner Stellung festhält, denn nur als Inhaber dieser Stellung kann er ja seine Pflicht erfüllen. Und hier wird deutlich, daß die Trennung, die Bismarck zwischen eigenem und übergeordneten Zweck zieht, tatsächlich für ihn gar nicht besteht, sondern daß es ihm "stets aufs neue um Identifizierung, um

---

[66] EuG. S. 599.

Identifizierung seiner Person mit dem Staat und dessen grundsätzlichem Herrschaftsanspruch schlechthin"[67] geht.

In dieser identitätsstiftenden Bindung des Selbst an seine Rolle als handelnder Politiker, der nur als Handelnder seine Pflicht erfüllen und seinem Gewissen gemäß leben kann, liegt die Notwendigkeit der Handlung begründet. Insofern ist das Festhalten an dem, das Handeln erst ermöglichenden Posten tatsächlich in mehr als Ehrgeiz und bloßer Herrschsucht begründet; es ist - unter der Voraussetzung dieser identitätsstiftenden Rolle - ein existentieller Akt des um seine Identität fürchtenden Individuums. Die Tragik dieses Vorgangs in differenzierter Form zusammenfassend, stellt Eyck fest:

> "Die Tragik, die hier durchbricht, hat nichts mit Recht oder Unrecht, mit politischem Segen oder Unheil zu tun. Es ist die *rein menschliche* Tragik des geborenen Herrschers, dem plötzlich die Herrschaft entrissen wird. Der Mann, der seit früher Jugend den Beruf zum Herrscher in sich gefühlt, der ihn durch achtundzwanzig Jahre mit weltbewegender Wirkung ausgeübt, der mächtiger geworden war als irgendein Mitlebender, vor dessen Überlegenheit sich ein ganzer Erdteil geneigt, der diese Macht eifersüchtig gegen jeden Nebenbuhler behütet und nie geglaubt hatte, daß ein anderer als der Tod sie ihm entwinden könnte - dieser Mann erlebt plötzlich, daß ein junger Mensch ihn mit einem Federstrich zur Ohnmacht verdammen konnte, nur weil er die preußische Königskrone trug, die allein seiner Lebensarbeit ihre Macht und ihren Glanz verdankte."[68]

In dieser Hinsicht verdient die Aussage Bismarcks, er habe nicht an seinem Posten, sondern an seiner Pflicht gehangen, insofern Glaubwürdigkeit, als dieser Posten ihm tatsächlich zur verinnerlichten Pflicht geworden ist. Das Individuum, das seine *Rolle verinnerlicht* hat, ist darauf angewiesen, *diese Rolle zu leben*, denn nur so kann es seinen Vorstellungen gemäß leben. Deshalb bringt der äußerliche Rollenverlust den Träger dieser Rolle in eine tragi-

---

67 Gall, Reden, a.a.O., S. 11. Gall fährt fort: "Er sage nicht wie Ludwig XIV.: 'L'Etat c'est moi', so hat er es selbst sechs Jahre vor seinem Sturz in vertrautem Kreis einmal mit brutaler Offenheit formuliert, sondern: 'Moi je suis l'Etat'." Ebd.
68 Eyck, a.a.O., S. 595/596.

sche Situation, denn er kann sein identitätsstiftendes Rollenbewußtsein eben nicht wie einen Schuh ablegen.

Diese Feststellung ist wichtig, um die Qualität der von Bismarck so vehement betonten Instanz des Gewissens, in der Pflicht- und Ehrgefühl die tragenden Elemente sind, differenziert ausloten zu können. Aus heutiger Perspektive ist man schnell geneigt, dem Verweis eines Politikers auf sein Gewissen skeptisch gegenüberzustehen, da diese Kategorie manchmal als leere Legitimationsformel und bloße Worthülse erscheint. Auch Bismarck gebraucht diese Legitimation, nur erscheint sie bei ihm nicht als leere Formel, sondern gründet auf der Identifikation mit seinem spezifischen Ethos der Verantwortung, in dem das Wirken der eigenen Person immer auf einen überpersönlichen Zweck gerichtet ist:

> "Die Befreiung von aller Verantwortlichkeit hatte bei meiner Ansicht über den Kaiser und seine Ziele viel Verführerisches für mich; aber mein Ehrgefühl kennzeichnete mir diese Regung als Scheu vor Kampf und Arbeit im Dienste des Vaterlandes, als unverträglich mit tapferem Pflichtgefühl. Ich befürchtete damals, daß die Krisen, die uns, wie ich glaube, bevorstehen, schneller eintreten würden. [...]. Ich hielt den Kaiser für kampflustiger, als er war oder unter fremdem Einfluß blieb, und hielt für Pflicht, ihm mäßigend, eventuell kämpfend, zur Seite zu bleiben."[69]

Bismarck formuliert hier in großer Deutlichkeit die Bindung an sein mit seiner Rolle untrennbar verbundenes Gewissen, das ihm den 'Ausstieg' aus seiner Rolle verbietet. Indem er die Bedeutung dieser Rolle hinsichtlich ihres Nutzens für den Staat hervorhebt, verlagert er grundsätzlich die Perspektive, unter der er sich mit seiner Entlassung beschäftigt:

> "Die Gründe, welche in meinem politischen Gewissen gegen meinen Rücktritt sprachen, lagen auf anderen Gebieten, namentlich auf dem der auswärtigen Politik sowohl unter dem Gesichtspunkt des Reiches als unter dem der deutschen Politik Preußens. Das Vertrauen und die Autorität, welche ich mir in einer langen Dienstzeit bei ausländischen und bei

---

69 EuG, S. 600.

deutschen Höfen erworben hatte, vermochte ich nicht auf Andere zu übertragen; dieser Besitz mußte bei meinem Ausscheiden dem Lande und der Dynastie verloren gehen. Ich hatte in schlaflosen Nächten Zeit genug, diese Frage in meinem Gewissen zu erwägen, und kam zu der Ueberzeugung, daß es für mich eine Ehrenpflicht sei, auszuharren, und daß ich die Verantwortlichkeit und die Initiative zu meinem Ausscheiden nicht auf mich nehmen dürfe, sondern dem Kaiser überlassen müsse."[70]

Der Gedankengang, den Bismarck hier entwickelt, besticht durch seinen stringenten Aufbau und die sprachliche Präzision des Erzählers. Die Erzählabsicht ist dabei vor allem darauf gerichtet, die Gefahren darzulegen, die eine Amtsenthebung des Reichskanzlers für den Staat hätte.

Diesem Ziel dient zunächst die Feststellung Bismarcks, daß die Gründe gegen seinen Rücktritt in seinem "*politischen Gewissen*" gelegen hätten; das Adjektiv *politisch* deutet schon an und die Weiterführung bestätigt dies, daß sich Bismarck die Gewissensfrage hinsichtlich seines Festhaltens an der Macht unter einem auf das Gemeinwohl bezogenen "*Gesichtspunkt des Reiches*" und "*der deutschen Politik Preußens*" stellt.

Indem Bismarck nun als Gründe das nicht übertragbare Vertrauen und die ihm eigene Autorität anführt, Merkmale, die untrennbar mit seiner Person verbunden sind, hebt er *seine* unverwechselbare und außergewöhnliche Bedeutung für dieses Gemeinwohl hervor. Diese Aussage wird dadurch unterstützt, daß Bismarck die ihn auszeichnenden Merkmale als "*Besitz*" bezeichnet, den er nicht zu übertragen "*vermochte*". Auffällig ist hier die zweifache Konnotation des Wortes *Besitz*: einerseits handelt es sich um das Vermögen an menschlichen Fähigkeiten und Fertigkeiten, andererseits ist es - hier zeigt sich die Identifikation der Person Bismarck mit dem Staat - der Besitz des Landes und der Dynastie, der durch eine Entlassung verloren wäre.

---

70 EuG, S. 588/589.

Dieser Identifikation und dem Bewußtsein der eigenen großen Bedeutung entsprechend folgert Bismarck, daß nicht er selber, sondern nur der Kaiser die Verantwortung für die Entlassung - deren überpersönliche Bedeutung er zuvor dargestellt hat - auf sich nehmen dürfe. Bismarck vollzieht hier eine beeindruckende Stilisierung der eigenen Rolle, indem er ihr einen gleichsam überpersönlichen Nimbus verleiht und eine Verbindung zwischen diesem Nimbus und seinem Ethos der Verantwortung herstellt. Damit stellt er die ganze Problematik seiner Entlassung in einen ebenso überpersönlichen Zusammenhang, innerhalb dessen er seine Entlassung selber nicht verantworten kann, weil er diese für einen katastrophalen - Staat und Krone ins Verderben reißenden - politischen Fehler hält:

> "Ich war also auch damals noch überzeugt, daß ich nicht die Initiative und damit die Verantwortlichkeit für mein Ausscheiden zu übernehmen habe."[71]
> "Ich gedächte nicht, die Verantwortlichkeit für meinen Rücktritt selbst zu übernehmen, sondern sie Sr. Majestät zu überlassen [...]."[72]
> "Ich hatte damals noch die Absicht, Kanzler und Ministerpräsident zu bleiben, weil ich dies im Angesicht der Schwierigkeiten, welche ich von der nächsten Zukunft befürchtete, für eine Ehrenpflicht hielt. Namentlich glaubte ich im auswärtigen Reichsdienste die Verantwortung für mein Ausscheiden nicht selbst übernehmen zu können, sondern abwarten zu müssen, ob S.M. die Initiative dazu ergreifen würde. An diesem Pflichtgefühl hielt ich auch dann fest, als das Verhalten des Kaisers mich zu der directen Frage veranlaßte, ob 'ich Sr.M. im Wege sei'."[73]

Vor dem Hintergrund dieser Feststellung wendet sich Bismarck dem Bereich zu, in dem er - entsprechend seinem Verantwortungsethos - handelte.

In diesem Zusammenhang ist das 7. Kapitel *"Wandlungen"* deshalb besonders aufschlußreich, weil Bismarck hier zu

---

71 EuG, S. 613.
72 EuG, S. 619.
73 EuG, S. 635.

Beginn ein interessantes Versprechen abgibt:

> "Welche Wandlungen in der Stimmung und den Absichten des Kaisers während der letzten Wochen vor meiner Entlassung Statt gefunden haben, darauf kann ich aus seinem Verhalten und aus mir später zugegangenen Mittheilungen nur mehr oder weniger sichere Schlüsse machen. *Nur über die psychologischen Vorgänge in mir selbst vermag ich an der Hand gleichzeitig von Tage zu Tage gemachter Notizen mir im Rückblick Rechenschaft zu geben.* Beides hat natürlich in Wechselwirkung gestanden, aber die beiderseitigen in der Zeit parallelen Vorgänge synoptisch darzustellen, ist nicht thunlich."[74]

Die Darlegung der "*psychologischen Vorgänge*" ist - dies sei vorweggenommen - kein Rechenschaftsbericht im Sinne der autobiographischen Introspektion, sondern sie ist dem spezifischen Rollenverständnis Bismarcks und seinem Verantwortungsethos verpflichtet. In diesem Sinne ist sie die *rollengemäße* Introspektion des Erzählers, gerichtet auf die Motive des Agierens und die Empfindungen angesichts des gescheiterten Agierens.

Die Schilderung ist insgesamt durch den Stimmungswechsel zwischen lebendigem Ton einerseits und resignativem Ton andererseits geprägt. Die Darstellungskunst Bismarcks zeigt sich dabei unter anderem darin, daß er - ohne interpretierend einzugreifen - allein durch die Art und Weise einer Situationsschilderung eine ganz bestimmte Stimmung erzeugt:

> "In der Ministersitzung vom 9. Februar deutete ich meine Absicht an, aus den Preußischen Aemtern zurückzutreten. Die Collegen schwiegen mit verschiedenem Gesichtsausdruck, nur Boetticher sagte einige Worte ohne Tragweite, fragte mich aber nach der Sitzung, ob er als Ministerpräsident den Rang vor dem alten Generalobersten von Pape bei Hofe haben würde. Ich sagte zu meinem Sohne: 'Die sagen zu dem Gedanken, mich los zu werden, Alle *Ouf!*, erleichtert und befriedigt.'"[75]

---

[74] EuG, S. 599. Hervorhebung M.S. Buchner weist darauf hin, daß es fraglich sei, ob mit den hier erwähnten Notizen die "Losungen für das Jahr 1890" gemeint seien, da diese nur äußere Daten und Tatsachen enthielten. Andere tägliche Notizen sind aber nicht bekannt. Vgl. ebd., Anm. 1.

[75] EuG, S. 602/603.

Es ist weniger das hier Ausgesprochene, als vielmehr das
Nicht-Ausgesprochene, durch das eine resignative Stimmung
erzeugt wird. Ist die explizit geschilderte Situation
selbst wenig dramatisch, so stellt sich der Sinn des hier
Geschilderten erst in seinem Verweisungscharakter her.

Bismarck beschreibt zwar den Gesichtsausdruck seiner Kollegen nicht näher, stellt aber durch den Bezug zwischen
dem Verb (*schweigen*) und dem Adjektiv (*verschieden*) einen
Interpretationsrahmen her, der zunächst unterschiedliche
Assoziationen zuläßt. Die Äußerung Bismarcks seinem Sohn
gegenüber schränkt die Assoziationsvielfalt allerdings
wieder insofern ein, als sie verdeutlicht, daß Bismarck
dieses Schweigen als ein gegen ihn gerichtetes empfunden
hat; der umgangssprachliche Ton und der dadurch erzeugte
Stilbruch hebt die zitierte Äußerung innerhalb des Kontextes besonders hervor. In diesem Kontext und angesichts
der geschilderten Rücktrittsabsicht Bismarcks wirkt die
Frage des nur auf seine Interessen gerichteten Boettichers
zusätzlich wie ein Faustschlag.

Kennzeichnet die hier geschilderte Situation in äußerer
Schlichtheit die Enttäuschung, ja Trauer, die Bismarck angesichts seiner Erfahrung der zunehmenden Vereinzelung
empfindet, so weist er dennoch wiederholt auf sein nicht
versiegendes politisches Engagement hin:

> "Obwohl ich vollkommen überzeugt war, daß der Kaiser mich los
> sein wollte, so ließen meine Anhänglichkeit an den Thron und
> meine Zweifel an der Zukunft es mir als eine Feigheit er-
> scheinen davonzugehen, ehe ich alle Mittel erschöpft hätte,
> um die Monarchie vor Gefahren zu behüten oder dagegen zu ver-
> theidigen. Nachdem der Ausfall der Wahlen sich übersehen
> ließ, entwickelte ich, in der Ueberzeugung, daß S.M. die bis
> dahin mir gegenüber seit Jahren kund gegebene Politik auch
> der neuen Wahlsituation gegenüber fortführen wolle, in einem
> Vortrage am 25. Februar ein Programm. Wegen der Zusammenset-
> zung des Reichstags und behufs Vertretung der bisherigen So-
> cialpolitik sowie der nöthigen Militärforderungen hielt ich
> jetzt mein Verbleiben bis nach den ersten parla-
> mentarischen
> Kämpfen noch mehr für nothwendig, um unsre Zukunft gegen die
> socialistische Gefahr sichern zu helfen. S.M. würde in Folge
> der bezüglich der Streiks beobachteten Politik und der Erlas-
> se vom 4. Februar vielleicht früher, als sonst geschehn wäre,

> gegen die Socialdemokratie kämpfen müssen; wolle er das, so
> würde ich den Kampf gern führen, solle aber Nachgiebigkeit
> die Parole sein, so sähe ich größere Gefahren voraus; die-
> selben würden durch Aufschub der Krisis fortgesetzt wachsen.
> Der Kaiser ging darauf ein, wies Nachgiebigkeit von sich und
> acceptirte, wie mir schien, während er mir beim Abschiede die
> Hand gab, meine Parole *No surrender!*"[76]

Auffällig ist die Lebendigkeit des Tons, das Engagement der Darstellung, das sich in dem Moment zeigt, in dem Bismarck über sein Handeln als Politiker spricht. Kennzeichnend für die ungebrochene Identifikation Bismarcks mit seiner Rolle ist die Hervorhebung seiner jederzeit einsatzbereiten, kämpferischen Haltung; die Art und Weise, in der er diese erzählerisch vermittelt, läßt den resignativen Hintergrund seiner Ausführungen fast vergessen.

Die sprachliche Präzision, mit der er den oben ausgeführten, komplexen Gedankengang in wenigen, aber treffenden Formulierungen darlegt, ist Ausdruck seines sprachlichen Gespürs und seines darstellerischen Geschicks. Durch den Wechsel zur indirekten Rede im zweiten Teil der Passage gewinnt der Bericht über die Unterredung mit dem Kaiser größere Anschaulichkeit und Dynamik - eine Dynamik, die im abschließenden, staccatohaft wirkenden Satz und der militärisch knappen Parole "*No surrender*" ihren Höhepunkt findet.

Bismarck leitet zunächst mit einer erzählerischen Sinnkonfiguration ein, die seinen weiteren Ausführungen ihr spezifisches Gepräge gibt. Die Feststellung, er sei sich der ablehnenden Haltung des Kaisers völlig gewiß gewesen, lassen sein im weiteren beschriebenes politisches Engagement als die fast übermenschliche, auf jeden Fall bewundernswerte Disziplinierung eines seinem (*Verantwortungs-*)Ethos gemäß handelnden Menschen erscheinen.

---

[76] EuG, S. 603/604.

Aus dieser Perspektive gewinnen die Äußerungen, die Bismarck im folgenden trifft, ihren resignativen Zug, ohne daß dieser zunächst erzählerisch expliziert wird:

> "Während ich so für die Ausführung des Kaiserlichen Programms thätig war, hatte der Kaiser dasselbe, wie ich glauben muß, aufgegeben, ohne mir eine Mittheilung darüber zu machen. Ich lasse unentschieden, ob es ihm mit demselben überhaupt Ernst gewesen ist."[77]

Diese sachliche, in schlichten Worten getroffene Feststellung Bismarcks gewinnt erst durch den Erzählrahmen, in dem sie getroffen wird, ihre besondere Tragweite. So wird deutlich, daß Bismarck hier die - für den politisch Handelnden - erschütternde Erkenntnis formuliert, daß sein Handeln keine politische Relevanz mehr besitzt und in dieser Hinsicht sinnlos geworden ist.

Diese äußerliche Diszipliniert des Tons beibehaltend beschließt Bismarck das Kapitel mit folgenden Worten:

> "Ich vermute, daß [...] zu meinem Bedauern der Weg gewählt worden ist, mir das Verbleiben im Amte bis zu dem verabredeten Junitermine zu verleiden. Die bis dahin üblichen Formen des geschäftlichen Verkehrs mit mir erlitten in jenen Tagen eine einschneidende Aenderung, der ich die Ueberzeugung entnehmen mußte, daß der Kaiser meine Dienste nicht nur für entbehrlich, sondern auch für unwillkommen hielt, und daß S.M., anstatt mir dies mit der sonstigen Offenheit freundlich zu sagen, mir durch ungnädige Formen den Rücktritt nahe legte. Persönliche Verstimmung war in mir bis dahin nicht aufgekommen. Ich war ehrlich bereit, dem Kaiser an Gestaltung der Dinge nach seinem Willen zu helfen. Diese meine Stimmung wurde erst gestört durch Schritte vom 15., 16. und 17., die mich jeder eignen Verantwortlichkeit für mein Ausscheiden aus dem Dienste enthoben, und durch die Plötzlichkeit der Exmission, die mich nöthigte, meinen ein Menschenalter lang eingerichteten Haushalt auf eintägige Kündigung abzubrechen, ohne daß ich bis heut den eigentlichen Grund des Bruches mit authentischer Sicherheit erfahren hätte."[78]

So nüchtern diese Einschätzung Bismarcks zunächst auch anmutet, so auffällig ist gerade der letzte Satz, in dem er seinen übereilten Abschied in einer Weise schildert, die

---

[77] EuG, S. 606.
[78] EuG, S. 606/607.

Ausdruck seiner Erschütterung ist. Wie verletzt er durch die Form seines Abschieds als eines Hinauswurfs gewesen sein muß, zeigt sein wiederholter Hinweis auf die *"Exmission"*:

> "Während Lucanus diesen Auftrag ohne Motive ausrichtete, mußte meine bis dahin gleichmüthige Stimmung naturgemäß einem Gefühl der Kränkung weichen, das sich steigerte, als Caprivi, noch ehe ich den Bescheid auf mein Abschiedsgesuch erhalten hatte, von einem Theile meiner Dienstwohnung Besitz nahm. Darin lag eine gewisse Exmission ohne Frist, die ich nach meinem Alter und der Länge meiner Dienstzeit wohl nicht mit Unrecht als eine Rohheit ansah. Ich bin noch heute nicht von den Folgen dieser meiner überhasteten Exmission frei."[79]

Dieses Motiv des Hinauswurfs dient Bismarck zur Veranschaulichung seiner Gemütsbewegung; er beschreibt seine Fassungslosigkeit nicht in Worten, sondern *erfaßt* sie in der bildhaften Darstellung seiner Vertreibung aus dem Amt und findet dabei sogar wieder zu dem für ihn typischen Sarkasmus zurück:

> "[...] am 29. März verließ ich Berlin unter diesem Zwange übereilter Räumung meiner Wohnung und unter den vom Kaiser im Bahnhof angeordneten militärischen Ehrenbezeigungen, die ich *ein Leichenbegängniß erster Klasse* mit Recht nennen konnte."[80]

Seiner Fassungslosigkeit, die er angesichts dieser Situation empfunden hat, in der ihm von nun an "jede legale Möglichkeit politischen Wirkens genommen"[81] war, verleiht Bismarck in der Klage über seine *Boykottierung* Ausdruck:

> "Mein Rath ist seitdem weder direct noch durch Mittelspersonen jemals erfordert, im Gegentheil scheint meinen Nachfolgern untersagt zu sein, über Politik mit mir zu sprechen. Ich habe den Eindruck, daß für alle Beamte und Offiziere, welche an ihrer Stelle hängen, ein Boycott nicht nur geschäftlich, sondern auch social mir gegenüber besteht."[82]

Hält man sich die Vehemenz vor Augen, mit der Bismarck wiederholt betont, daß er nur als Handelnder seine Pflicht

---
79 EuG, S. 619.
80 EuG, S. 630. Hervorhebung M.S.
81 Hank, a.a.O., S. 202.
82 EuG, S. 627.

erfüllen und seinem Gewissen gemäß leben kann, so wird
erst die volle Tragik deutlich, die sich hinter diesen
Zeilen verbirgt. Das endgültige Handlungsverbot, das über
ihn verhängt ist, läßt ihn zu folgendem resignierten und
seine Verbitterung kennzeichnenden Urteil kommen:

> "Auch nach meiner Entlassung ist sorgfältig vermieden worden,
> mit mir in irgendwelche Beziehung zu treten, augenschein-
> lich um nicht in den Verdacht zu gerathen, daß man meine Er-
> fahrung, Sach- und Personen-Kenntniß zu benutzen ein Bedürf-
> niß empfinde. Ich wurde streng boycottirt und unter Quaran-
> täne gehalten als Herd von Bacillen der Seuchen, an denen
> wir politisch gelitten hatten, als ich Kanzler war."[83]

Die Eindringlichkeit dieser Aussage beruht darauf, daß
hier die im ersten Satz getroffene Analyse im zweiten Satz
in ein konkretes Bild überführt wird: die treffende Kennzeichnung des Verhaltens seiner Umgebung mit präzisen Ad-
verb-Verb-Kombinationen ("*sorgfältig vermieden*", "*streng
boycottirt*") mündet in eine Metapher, in der sprachlich
meisterhaft der Zustand der Isolation im Bild der "*Quaran-
täne*" konkret erfaßt wird.

Daß Bismarck diese Metapher dem Umkreis der Krankheit ent-
nimmt, ist ein Hinweis darauf, daß er in diesem Bereich
eine vertraute Vorstellungswelt findet. Deshalb gelingt es
ihm, Krankheitsmetaphern in unterschiedlicher Konnotation
zu verwenden; er findet mit ihnen Bilder, durch die er -
als souverän gestaltender Erzähler - die damit verbundenen
vielfältigen Assoziationen evoziert; Assoziationen, die
die Vorstellung von Leiden, Kummer und Erniedrigung des
Kranken ebenso hervorrufen, wie auch Vorstellungen von
Hinfälligkeit, Schwäche und Gefahr.

Im obengenannten Zitat legt er das Gewicht auf die Gefahr,
die von einer infektiösen Krankheit ausgeht und auf das
Leiden des Patienten, dem die erniedrigende Isolationssi-
tuation aufgezwungen wird. An anderer Stelle hebt er das
destruktive, prozeßhafte Moment der Krankheit hervor: im

---

83 EuG, S. 639

Zusammenhang mit seiner Kritik an Gesetzesvorlagen "in sprachlich unvollkommener Fassung"[84], bezeichnet er diese als "einen Theil der Last [...], welche sich wie eine Krankheit schleichend fortschleppt."[85] In diesem Bild wird gekonnt auf die Gefahr verwiesen, die eine Krankheit aufgrund ihres langsamen, jedoch unaufhaltsamen Fortschreitens hat.

Die Krankheitsmetapher bietet Bismarck - das zeigen beide Beispiele - die Möglichkeit, in der Rolle des kühl überlegenden *Arztes* das Krankheitsbild zu *besprechen*. Indem er auf diese Weise persönliche, ihn emotional bewegende Situationen - wie die seiner Isolation durch die Umgebung - mit einer Metapher in ihren anschaulichen Einzelheiten *erfaßt*, hat er zugleich seine Erschütterung in ein Bild *gefaßt*, das er nun wie ein diagnostizierender Mediziner beschreibt und analysiert. So registriert er auch im Zusammenhang mit dem ihn doch so berührenden und verletzenden Verhalten Wilhelms II., daß bis zu einem bestimmten Zeitpunkt "keine Symptome einer Sinnesänderung"[86] aufgetreten seien. Erinnert man sich der bereits zu Beginn dieses Kapitels entwickelten These über die codierte Darstellungsweise, die Bismarck für seine Gefühlslage wählt, so wird deutlich, daß auch die Krankheitsmetapher der Objektivierung von Emotionen und der damit verbundenen Disziplinierung des Tons dient.

Kennzeichnen diese in Metapherform gefaßten Aussagen die Resignation, die Bismarck angesichts des Entzugs seiner Handlungsbasis empfindet, so findet er jedoch auch zu der kämpferischen Auseinandersetzung mit seiner Entlassung zurück. Seine Aufmerksamkeit richtet sich dabei auf die Beschäftigung mit der Person Wilhelms II., die den gesamten

---

[84] EuG, S. 506.
[85] Ebd.
[86] EuG, S. 579.

zweiten Band der Memoiren wie ein roter Faden durchzieht und der Bismarck zusätzlich zwei eigene Kapitel widmet.[87]

In dieser Beschäftigung zeigt sich einerseits, wie Bismarck das Problem, seine Entmachtung aus seinem Machtbewußtsein heraus darzustellen, löst; andererseits ist sie auch Ausdruck seiner existentiellen Erschütterung, die er angesichts einer seinem Rollenbewußtsein als Politiker widersprechenden Situation erfährt. Der Grundzug der Darstellung liegt darin,

> "den Kaiser in die Rolle des aggressiven, unduldsamen und sprunghaften Teils zu manövrieren, Bismarck hingegen als ruhig, souverän und geduldig argumentierenden Gesprächspartner auszuweisen."[88]

Dieser Erzählabsicht dient unter anderem das scheinbare Verständnis, das Bismarck dem jungen Kaiser entgegenbringt:

> "Ich fand die Neigung des Kaisers, den Ruhm seiner kommenden Regirungsjahre nicht mit mir theilen zu wollen, psychologisch erklärlich und sein Recht dazu klar, entfernt von jeder Empfindlichkeit. Die Befreiung von aller Verantwortlichkeit hatte bei meiner Ansicht über den Kaiser und seine Ziele viel Verführerisches für mich [...]."[89]

Die zu bezweifelnde Feststellung Bismarcks, er habe ohne *"Empfindlichkeit"* gegenüber dem Kaiser reagiert[90], zeugt zwar von der Absicht, seiner Darstellung einen bewußt

---

87 Das erste Kapitel *"Prinz Wilhelm"* und das zehnte Kapitel *"Kaiser Wilhelm II."*.
88 Hank, a.a.O., S. 205. Hank betont, daß dieser von Bismarck erweckte Eindruck seiner Überlegenheit im Gegensatz zu seinem tatsächlichen Verhalten gestanden habe - war Bismarck doch derjenige, "der sich seinerzeit durch die bewußt zur Schau getragene Ruhe Wilhelms wiederholt zu so maßloser Heftigkeit hatte provozieren lassen, daß der Kaiser in einem Fall später erzählen konnte, es habe nicht viel gefehlt und Bismarck hätte ihm das Tintenfaß an den Kopf geworfen." Ebd.
89 EuG, S. 599/600.
90 Eine Feststellung, die er wiederholt betont: "Persönliche Verstimmung war in mir bis dahin nicht aufgekommen." EuG, S. 607. "Ich habe ohne Verstimmung in mancher schlaflosen Nacht die Frage erwogen, ob ich mich den Schwierigkeiten entziehen solle und dürfe, die ich als bevorstehend ansah." EuG, S. 599.

sachlich-distanzierten Anstrich dadurch zu geben, daß er
scheinbar Verständnis für die Motive seines Gegners zeigt.
Angesichts seiner an anderer Stelle formulierten vernichtenden Beurteilung des Kaisers allerdings, an die Bismarck
hier mit der knappen Bemerkung über seine "*Ansicht über
den Kaiser und seine Ziele*" erinnert, entlarvt sich das
vorgespiegelte Verständnis zwischen den Zeilen eher als
ein aus souveräner Distanz getroffenes, mitleidiges Zugeständnis an den in seiner Selbstsicherheit geschwächten
und eifersüchtigen Gegner.

Dieses Eifersuchtsmotiv strapaziert Bismarck in seinen Bemerkungen über Wilhelm II. in einer Weise, die deutlich
macht, daß ihm die Vorstellung des in seinem Schatten stehenden Kaisers durchaus angenehm ist. Bestätigt wird dieser Eindruck durch die süffisante Behaglichkeit, in der
Bismarck dieses Motiv in epischer Breite darstellerisch
umsetzt:

> "Sein Rath würde auch nicht durchgeschlagen haben, wenn nicht
> bei Sr.M. die Neigung vorhanden gewesen wäre, zu verhindern,
> daß die richtige Würdigung der eignen monarchischen Leistun-
> gen ferner durch die Zweifel beeinträchtigt werden könnte,
> ob die Allerhöchsten Entschließungen kaiserlichen oder kanz-
> lerischen Ursprungs seien. Der 'neue Herr' hatte das Bedürf-
> niß, nicht nur von einem Mentor frei zu werden, sondern auch
> für Gegenwart und Zukunft die Verdunklung nicht zuzulassen,
> welche eine kanzlerische Wolke etwa wie die Richelieu's und
> Mazarin's entwickeln würde. Einen nachhaltigen Eindruck hat-
> te auf ihn eine gelegentlich von dem Grafen Waldersee [...]
> mit Berechnung gethane Aeußerung gemacht: 'daß Friedrich der
> Große nie der Große geworden sein würde, wenn er bei seinem
> Regierungsantritt einen Minister von der Bedeutung und Macht-
> stellung Bismarck's vorgefunden hätte'."[91]

Im scharfen Sarkasmus, in dem Bismarck hier den spöttisch
titulierten "*neue[n] Herr[n]*" als unsicheren, leicht
beeinflußbaren und um Anerkennung heischenden Menschen
diskreditiert und in der Anschaulichkeit des Bildes der
"*kanzlerische[n] Wolke*" verbindet er die vernichtende Verurteilung des Gegners mit seiner eigenen perfekten Rolleninszenierung. Indem Bismarck sich selber in eine histo-

---

[91] EuG, S. 566/567.

rische Kontinuität einordnet, die durch geschichtsmächtige
Gestalten wie Richelieu und Mazarin gekennzeichnet ist,
offenbart er - anschaulich gefaßt im Bild der verdunkelnden Wolke - das Bewußtsein seiner eigenen historischen Bedeutung.

Diese Bedeutung unterstreichend führt Bismarck die Äußerung Graf Waldersees an, eine Äußerung, die nicht nur exakt in seine zuvor gegebene Selbstdarstellung paßt, sondern grundsätzlich seinem Rollenbewußtsein als *'leitender Diener seines Herrn'* entspricht. Bismarck kann die überspitzte Formulierung - die in ihrer Polemik das dienende in ein tyrannisches Prinzip überführt - deshalb so gelassen, ja genüßlich zitieren, da es sich hier ja nicht mehr um seinen Herrn Wilhelm I., sondern um den *'neuen Herrn'* Wilhelm II. handelt. Unterstreicht Bismarck hinsichtlich der Beziehung zu Wilhelm I. stets die eigene Ergebenheit, so beruht diese auf dem Treueverhältnis, in dem er sich mit dem Kaiser verbunden sieht. Eben dieses Treueverhältnis sieht Bismarck durch die Schuld Wilhelms II. zerstört:

> "Kaiser Wilhelm II. gegenüber habe ich mich des Eindrucks
> einseitiger Liebe nicht erwehren können. Das Gefühl, welches
> die festeste Grundlage der Verfassung des preußischen Heeres
> ist, das Gefühl, daß der Soldat den Offizier, aber auch der
> Offizier den Soldaten niemals im Stiche läßt, ein Gefühl,
> welchem Wilhelm I. seinen Dienern gegenüber bis zur Ueber-
> treibung nachlebte, ist in der Auffassung des jungen Herrn
> bisher nicht in dem Maße erkennbar; der Anspruch auf unbe-
> dingte Hingebung, auf Vertrauen und unerschütterliche Treue
> ist in ihm gesteigert, eine Neigung, dafür seinerseits Ver-
> trauen und Sicherheit zu gewähren, hat sich bisher nicht be-
> thätigt."[92]

Die Zerstörung dieses Treueverhältnisses ist für Bismarck, der "27 Jahre lang in größtem Stil Geschichte und Schicksal gemacht hat, ohne jemals festen persönlichen Machtboden unter den Füßen zu haben"[93] niederschmetternd, denn erst durch dieses Verhältnis, "dieser Kampfehe [mit Wilhelm I.] als Machtbasis hat Bismarck ein Vierteljahrhun-

---

92 EuG, S. 649.
93 Haffner, a.a.O., S. 97/98.

dert lang souverän Geschichte gestaltet - preußische, deutsche, europäische Geschichte."[94]

Die Aufhebung des Treueverhältnisses ist also für Bismarck identisch mit der Aufhebung seiner Macht; deshalb beschäftigt er sich - oft in Form einer Gegenüberstellung Wilhelms I. und Wilhelms II. - so intensiv mit diesem Thema. An das obige Zitat anschließend, stellt er fest:

> "Die Leichtigkeit, mit welcher er [Wilhelm II.] bewährte Diener, auch solche, die er bis dahin als persönliche Freunde behandelt hat, ohne Klarstellung der Motive, von sich scheidet, fördert nicht, sondern schwächt den Geist des Vertrauens, wie er seit Generationen in den Dienern der Könige von Preußen gewaltet hat."[95]

Bismarck spricht hier über sein persönliches Schicksal in der für seinen Darstellungsstil typischen Verallgemeinerung; durch diese Verallgemeinerung des Subjektiven formuliert er auch hier den Anspruch seines auf prinzipielle Gültigkeit zielenden Urteiles hinsichtlich des schwindenden Vertrauens in die preußischen Monarchen. Vermittelt Bismarck hier seine persönliche Bedrückung in eher sachlich-kühlem Ton, so ändert sich dieser in der anschließenden Betrachtung Wilhelms I.:

> "Wilhelm I. schützte und deckte seine Diener, auch wenn sie unglücklich oder ungeschickt waren, vielleicht über das Maß des Nützlichen hinaus, und hatte in Folge dessen Diener, die ihm über das Maß des für sie Nützlichen hinaus anhingen. Sein warmherziges Wohlwollen für Andere überhaupt wurde unzerstörbar, wenn seine Dankbarkeit für geleistete Dienste dazu trat. Es lag ihm stets fern, den eignen Willen als alleinige Richtschnur und Verletzungen der Gefühle Anderer als gleichgültig anzusehen. Seine Formen Untergebnen gegenüber blieben stets die eines wohlwollenden hohen Herrn und milderten Verstimmungen, die geschäftlich vorkamen. Hetzereien und Verleumdungen, die sein Ohr erreichten, glitten an seiner vornehmen Geradheit ab, und Streber, deren einziges Verdienst in der Schamlosigkeit von Schmeichelei besteht, hatten bei Wilhelm I. keine Aussicht auf Erfolg. Für Hintertreppen-Einflüsse und Verhetzungen gegen seine Diener war er nicht zugänglich, selbst wenn sie von den ihm nächststehenden hochgestellten Personen ausgingen, und trat er in Erwä-

---

94 Ebd., S. 103.
95 EuG, S. 649.

gung des ihm Mitgeteilten ein, so geschah das in offner Besprechung mit dem Betheiligten, hinter dessen Rücken es hatte wirken sollen. Wenn er andrer Meinung war wie ich, so sprach er sich offen gegen mich aus, discutirte die Frage mit mir, und wenn es mir nicht gelang, ihn für meine Ansicht zu gewinnen, so fügte ich mich wo möglich, und war es mir nicht möglich, vertagte ich die Sache oder ließ sie definitiv fallen."[96]

Daß Bismarck sich in dieser Ausführlichkeit mit Wilhelm I. in einem Kapitel beschäftigt, das die Überschrift "*Kaiser Wilhelm II.*" trägt, entbehrt nicht nur einer gewissen Ironie, sondern läßt in der affirmativen Darstellung Wilhelms I. die Gestalt Wilhelms II. gleichsam im Negativ heraustreten; die Passage läßt sich also - das ist der darstellerische 'Trick' Bismarcks - mit umgekehrtem Vorzeichen als vernichtende Verurteilung des *neuen Herrn* lesen.

Vor dem Hintergrund dieser veränderten Beziehung zwischen Monarch und Untergebenem, die für Bismarck Ausdruck einer völlig degenerierten '*Diener-Herr-Beziehung*' ist, wird verständlich, daß er den oben zitierten Ausspruch Graf Waldersees, der die überragende Machtfülle des monarchischen Dieners beschreibt, als Mittel seiner Selbstinszenierung ohne Skrupel einsetzen kann. Bismarck ist von dieser Äußerung so beeindruckt, daß er sie in ähnlichem Zusammenhang erneut zitiert:

"Wann der Gedanke, mich zu beseitigen, in dem Kaiser entstanden, wann zum Entschlusse gereift ist, kann ich nicht wissen. Der Gedanke, daß er den Ruhm seiner dereinstigen Regierung mit mir nicht theilen werde, wenn ich Minister bliebe, war ihm schon als Prinzen nahe gebracht und eingängig geworden. [...]. Je näher die Wahrscheinlichkeit rückte, daß der Prinz bald nach seines Großvaters Tode zur Regierung kommen werde, desto lebhafter wurden die Bestrebungen, den zukünftigen Kaiser für persönliche und Parteizwecke zu gewinnen. Gegen mich ist schon vorher die von Graf Waldersee angebrachte, wohlberechnete Phrase dabei ausgenutzt worden: wenn Friedrich der Große einen solchen Kanzler gehabt hätte, so wäre er nicht der Große geworden."[97]

---

96 EuG, S. 649/650.
97 EuG, S. 578.

In dieser Passage zeigt sich deutlich, daß Bismarck den grundlegenden Zwiespalt, in dem er sich befindet - die Darstellung seiner Entmachtung auf der Grundlage seines Machtbewußtseins - dadurch löst, daß er den Grund für seine Entmachtung gerade in die Tatsache seiner - den Monarchen einschüchternden - Machtfülle verlegt und auf diese Weise seine Macht selbst als Ursache für seine Entmachtung darstellt.

Wie hoch hier der Grad der erzählerischen Subjektivierung - organisiert durch das Rollenbewußtsein Bismarcks - ist, zeigt der Vergleich seiner Aussagen mit denen eines Historikers, der folgende Beurteilung der Situation Bismarcks abgibt:

> "In diesen vielfältigen Erwartungen, die sich auf die Person des jungen Herrschers konzentrierten, war der Untergang Bismarcks bereits angelegt. Denn längst war der Nimbus des Erfolgs, der seine Person wie eine eherne Rüstung gegen alle Attacken geschützt hatte, vom Zweifel an der Weisheit seines innenpolitischen Kurses, ja seines ganzen Systems zerfressen worden. Neben dem jungen Kaiser, der ein Symbol für die strahlende Zukunft des Reichs zu sein schien, wirkte der alte Kanzler wie eine Gestalt aus grauer, trostloser Vorzeit, die sich nur noch mit skrupelloser List in ihrer Machtstellung behauptete, aber eben dadurch den Anbruch jener besseren Zukunft, für die der junge Kaiser einstand, verzögerte."[98]

Abgesehen davon, daß Bismarck selber sicherlich diese vernichtende Einschätzung seiner Situation nicht geteilt hat, so mußte er doch während des schmerzhaften Prozesses seiner Entmachtung erfahren, daß er nicht mehr vermochte, entsprechend seinem Rollenbewußtsein zu handeln - das Mögliche zu realisieren und den eigenen Willen gegen den Willen anderer durchzusetzen.

Seiner Erschütterung angesichts der Zerstörung seiner Existenz - die ja immer auch die politische Existenz gewesen ist - verleiht Bismarck Ausdruck auf die hier beschriebene doppelbödige, häufig codierte Art und Weise, die zeigt, daß der Erzähler in seinem Rollenbewußtsein befangen und

---

98 Willms, a.a.O., S. 515.

gefangen ist und welche darstellerischen Mittel er einsetzt, um aus diesem Rollenbewußtsein heraus nicht nur das Glänzende, sondern auch das Dunkle seiner Existenz zu beschreiben.

Akzeptiert man, daß der rollenbewußte Erzähler Bismarck über dieses 'Dunkel' vor allem in der Form des Verweises spricht, so wird deutlich, daß seine Memoiren - und besonders der so geschmähte zweite Band - auch Zeugnis einer existentiellen Erschütterung ablegen, in die der Politiker angesichts seines Machtverlustes gerät.

Einen wirklichen Abschied von der Politik hat Bismarck nie genommen - seine Memoiren sind die Fortsetzung seiner Politik mit anderen Mitteln. Und doch bleibt das Instrument seines Handelns - die Sprache - dasselbe. Mit diesem Instrument versucht Bismarck am Ende seines Lebens *das* festzuhalten, was seine politische Existenz beinhaltet, was sie ausgemacht hat,

> "[...] die Macht, die Menschen, das Glück, das Bild der Omnipotenz. Daß jeder Abschied auch ein Anfang ist - diese Erkenntnis wird dem Politiker bitter hart. Pointiert ausgedrückt: Er arbeitet an verkappten Unsterblichkeitsprojekten. [...]. Das Sprichwort weiß, daß Abschiednehmen ein wenig wie Sterben ist. Politik ist in der Regel, jedenfalls in der Endphase, ein Versuch, dem Abschied zu entgehen. Ein oft verzweifelter, jedenfalls ein hoffnungsloser Versuch."[99]

---

99 Zundel, Rolf, Der schwere Abschied, Vom Leiden der Politiker nach dem Entzug von Macht, Öffentlichkeit, Apparat und Wirkungsmöglichkeiten, in: Die Zeit, Nr. 15, 7. April 1989, S. 46.

IV. Schlußwort - "...nur das, was man sagen will"

> "Man muß nicht selten ein Wort, bevor man es ausspricht, förmlich mit der Hand abwägen, ob es weder ein majus noch ein minus enthält, sondern nur das, was man sagen will."
>
> Bismarck[1]

Bismarcks Sprachgewalt und Erzählkunst sind immer wieder gerühmt worden; Odo Russell sah sich durch "die Originalität, Eigentümlichkeit und plötzlichen Genieblitze [...] an Shakespeares kraftvollsten Stil"[2] erinnert und Paul Heyse vermutet, daß Bismarck ein "ernsthafter Konkurrent"[3] der deutschen Schriftsteller wäre, wenn er "statt mit Politik sich zu befassen, auf dem Feld der Novellistik auftrete[...]."[4] Theodor Fontane bescheinigt die hohe Qualität von Bismarcks Sprache in folgenden Worten:

> "Er ist der glänzendste Bildersprecher und hat selbst vor Shakespeare die Einfachheit und vollkommenste Anschaulichkeit voraus."[5]

In diesen Äußerungen sind bereits in komprimierter Form wesentliche Momente der Sprache Bismarck angedeutet: die bildhafte, plastische Gestaltung, die scharfe Pointierung und die immer wieder überraschende Originalität.

---

1 Bismarck gegenüber Hermann Hofmann, in: H.H., Fürst Bismarck, 1890-1898, Bd. 1, Leipzig, Stuttgart 1913-1914, S. 207. Zitiert nach Schoeps, Hans-Joachim, Bismarck über Zeitgenossen, Zeitgenossen über Bismarck, Frankfurt/Main, Berlin, Wien 1972, S. 15, S. 401 d. Bibliographie.
2 Odo Russell an Granville am 30. November 1870, zitiert bei Mosse, W.E., The European Powers and the German Question 1848-71, With Special Reference to England and Russia, Cambridge 1958, S. 348.
3 Zitiert bei Kaehler, S.A., Realpolitik zur Zeit des Krimkrieges - Eine Säkularbetrachtung, Historische Zeitschrift, 1952, Bd. 174, S. 476.
4 Ebd.
5 Theodor Fontane in einem Brief vom 8. Januar 1891 an Paul Heyse, in: Petzet, Erich (Hg.), Der Briefwechsel von Theodor Fontane und Paul Heyse, 1850-1897, Berlin 1929, S. 213.

Der auf uns so typisch wirkende Bismarckton in ERINNERUNG UND GEDANKE entsteht aus der Vereinigung des Gegensätzlichen: aus der Verbindung von kurzen, oft wie Sentenzen wirkenden Sätzen und langen hypotaktischen Konstruktionen; der Verbindung dramatischer, unmittelbar wirkender Schilderungen (mittels direkter Rede) und nüchternem, distanziertem Berichtston; der Verbindung von erregtem und gedämpftem Erzählton; der Verbindung einer am preußischen Aktenstil orientierten Sprache und dem lockeren, spontan wirkenden Plauderton; der Verbindung bildhafter, konkret wahrnehmbarer Anschaulichkeit und analytischer Reflexionen; der Verbindung von ausführlichen, in allen Einzelheiten beschriebenen Schilderungen und knappen, skizzenartigen Andeutungen, deren Aussage dem vom Leser Assoziierten überlassen bleibt; der Verbindung kühler, beißender Ironie und leidenschaftlichen Engagements.

Mit dieser vielfältigen Gegensätzlichkeit hat Bismarck sich sein

> "ganz persönliches, gar nicht überhörbares stilistisches Schema geschaffen, dessen graphische Kurve man leicht nachzeichnen könnte: offensiv und schleppend, vorstoßend und nonchalant, amtlich und persönlich zugleich. [...]. So wird die Schwerfälligkeit der amtlichen Ausführung durch eine plötzliche ironische Wendung geschmeidig und elastisch, an einer Bagatelle entfaltet sich die volle Weite seines Weltbildes, ein geschliffenes Wort macht den Aktenstil elegant und federnd, ein Bild belebt die Trockenheit, ein Hauch bläst allen Staub von den abgenutzten oder, um ihn selbst sprechen zu lassen, 'eingealterten' Formeln herunter."[6]

Zugleich verweist diese Polarisierung des Stils auf den hohen Grad des Sprachbewußtseins Bismarcks, der aus seiner Sprachskepsis heraus stets aufs Neue die ihm zur Verfügung stehenden sprachlichen Mittel auf ihre vielfältigen Möglichkeiten hin auslotet, um sie so hinsichtlich der von ihm verfolgten Absicht spezifisch einzusetzen. Erst diese Differenzierung unterschiedlicher sprachlicher Varianten ermöglicht Bismarck die virtuose Handhabung des sprachli-

---

6 Masur, a.a.O., S. 84.

chen Instrumentariums, den zielgerichteten Einsatz sprachlicher Mittel im Sinne seiner Absichten.

Die Einsicht in die Begrenztheit des sprachlichen Mediums motiviert ihn zur steten Ausweitung dieser Grenzen.[7] Weil Bismarck Sprache als unzulängliches Ausdrucksmittel des Denkens betrachtet, weil er sich "der Inferiorität der Sprache gegen den Gedanken"[8] bewußt ist, bemüht er sich so intensiv um die Perfektionierung des ihm einzig zur Verfügung stehenden Ausdrucksmittels - der Sprache.

Hier liegt der entscheidende Grund für die künstlerische Qualität seiner Sprache, für ihr "poetisches Fluidum"[9]; im Ringen um die sprachlich präzise Erfassung wird der instrumentelle Charakter der Sprache transzendiert zugunsten vielfältiger Sinnrelationen. In dieser Mehrdimensionalität zeigt sich die schöpferische und originale Weise, in der Bismarck mit der Sprache umgeht. Er ist ein Meister des prägnanten und anschaulichen Wortes, ein großer Stilist, der sein Stilprinzip selbst mit den Worten "je schlichter das Wort, desto größer der Eindruck"[10] umschrieben hat.

Sein Stil, der sich gleichermaßen durch Engagement wie durch Disziplinierung des Tons auszeichnet, ist das Ergebnis einer "in tage- und nächtelangem Durchdenken dem Ton der Sprache abgerungene[n] Formung"[11], seines unermüdlichen Ringens um das präzise Wort, um das treffende, anschauliche Bild:

> "Er konnte sich niemals genug tun in der Präzision und Klarheit des Ausdrucks und daher kommt es, daß alle Schriftstücke, die von ihm ausgegangen sind, ein geradezu klassisches

---

7 So berichtet Tiedemann: "Mit peinlicher Sorgfalt verfuhr er bei der Korrektur eines Konzepts, auch wenn er es selbst diktiert hatte; es mußte bisweilen zwei-, dreimal umgeschrieben werden. Tiedemann, a.a.O., S. 472.
8 EuG, S. 139.
9 Gundolf, a.a.O., S. 261.
10 So zitiert ihn Tiedemann, a.a.O., S. 472.
11 Masur, a.a.O., S. 71

Deutsch enthalten. Mit Recht hat man ihn einen der größten Prosaiker der deutschen Literatur genannt."[12]

Die besondere "Art distanzierten Sagens"[13], die im Verzicht auf Superlative und starke Akzente und in der Anlehnung an die Aktensprache entsteht, führt zum bismarcktypischen "'Pathos der Distanz'"[14], in dem schlichte Klarheit, reservierter und doch leidenschaftlicher Ton der Sprache vereint sind. In der - wenn auch disziplinierten - Leidenschaftlichkeit des Tons offenbart sich der bekenntnishafte Charakter der Sprache, die - hieraus erklärt sich die häufig festgestellte Parallele - ebenso wie die Sprache Luthers

> "unmittelbar aus dem Geist und dem Charakter des Mannes erwuchs, nicht nur eine Mitteilung, sondern ein ursprünglicher, bekenntnishafter Wesensausdruck war."[15]

Bismarck geht es in seinen Memoiren nicht um den stilistischen Selbstzweck, sondern um ein auf äußerste Effektivität bedachtes Stilprinzip, mittels dessen er seine Leitideen überzeugend zur sprachlichen Wirklichkeit bringen will[16]: "Er schrieb fast nie, um zu schreiben; er schrieb, um zu wirken."[17] Dieses auf Wirkung gerichtete Bedürfnis erklärt seine Hinwendung zum Konkret-Anschaulichen, mit dem er - durch die Veranschaulichung des ihm wesentlich Erscheinenden - beim Zuhörer bzw. Leser den von ihm beabsichtigten Eindruck hervorrufen will.

In ERINNERUNG UND GEDANKE ist die Absicht Bismarcks - wie die literartypologische Untersuchung zeigte - auf die rollen-

---

12 Tiedemann, Bd. II, a.a.O., S. 472.
13 Masur, a.a.O., S. 75.
14 Ebd., S. 74.
15 Martini, Fritz, Deutsche Literaturgeschichte, Von den Anfängen bis zur Gegenwart, 17., erw. Aufl., Stuttgart 1978, S. 119.
16 In diesem Zusammenhang erinnert Helbling daran, daß Bismarck auch in seinem - bis heute wahrscheinlich berühmtesten - Brief an Herrn von Puttkamer selbst die intimsten, persönlichsten Bekenntnisse ganz in den Dienst seiner (werbenden) Absicht stellt. Vgl. Helbling, a.a.O., S. 558/559.
17 Ebd., S. 558.

bewußte Selbstdarstellung gerichtet. Hier liegt auch der Grund dafür, daß sich in den Memoiren in nuce die für Bismarck so typische Verbindung zwischen Sprache und Handeln zeigt; in seiner Selbstdarstellung als Politiker aktualisiert Bismarck die ganze Bandbreite seines politischen Handlungsinstrumentes - der Sprache.[18]

Diese Verbindung von Politiker und Schriftsteller ist nicht nur das hervorstechende Kennzeichen von Bismarcks Memoirenwerk, sie verweist auch auf dessen bedeutende Stellung innerhalb der politischen Memoirenliteratur, deren beste Werke als diejenigen zu gelten haben, in denen ein "Staatsmann die sorgsam ausgebaute Kluft zwischen Politik und Literatur"[19] überspringt und dadurch das Medium und das Mittel des politischen Handelns, die Sprache, zur Erscheinung bringt.

ERINNERUNG UND GEDANKE ist ein faszinierendes Zeugnis dafür,

> "daß der Staatsmann als solcher nicht nebenbei, sondern gemäß der Natur seiner politischen Wirksamkeit, gemäß seiner Natur als Staatsmann zugleich Literat"[20]

sein kann. In ERINNERUNG UND GEDANKE spricht ein Staatsmann, der seine Erfahrungen als mächtiger Regisseur der Geschichte in einer Sprache verdichtet, die eine ihm eigene und originale ist. Eben in dieser Verwobenheit von "Politik und Sprache, Regierungskunst und Redekunst"[21] liegt der herausragende Wert von Bismarcks Memoiren, die von der we-

---

18 Diese Verbindung zwischen Sprache und Handeln unterstreicht auch Helbling: "Es wäre darum nicht richtig, zu sagen, dass Bismarck ein grosser Politiker und ausserdem ein bemerkenswerter Schriftsteller war. Dass er die Möglichkeiten des sprachlichen Ausdrucks beherrschte, heisst kaum etwas anderes, als dass er das Instrument seines Handelns fest in der Hand hatte [...]." Ebd.
19 Sternberger, Dolf, Der Staatsmann als Rhetor und Literat, in: Deutsche Akademie für Sprache und Dichtung, Jahrbuch 1966, S. 102/103.
20 Ebd., S. 103.
21 Ebd., S. 115.

senhaften Verwandtschaft von Handeln und Sprechen durchdrungen sind.

Hier zeigt sich ein Staatsmann, der eine Sprache für sich geschaffen hat, als Machtmittel für seine Zwecke und Absichten; ein Staatsmann, der, im Wissen um die Unzulänglichkeit dieses Handlungsinstrumentes, eine Virtuosität im Umgang mit ihm erlangte, die ihn als bedeutenden Prosaisten der deutschen Literatur des 19. Jahrhunderts kennzeichnet.

V. Literaturverzeichnis

1. ERKLÄRUNG DER SIGLEN

EuG = Erinnerung und Gedanke, hg. v.Buchner, Rudolf, unter Mitarbeit v. Engel, Georg, Werke in Auswahl, Bd. 8, Teil A, Darmstadt 1975.
FBA = Fürstlich von Bismarck'sches Archiv
KP. = Kapsel
TBB 2 = Busch, Moritz, Tagebuchblätter, Bd. 2, Leipzig 1899.
TBB 3 = Busch, Moritz, Tagebuchblätter, Bd. 3, Leipzig 1899.

2. QUELLEN

A) BISMARCK-AUSGABEN

REIN, GUSTAV ADOLF/u.a. (Hg.), Otto von Bismarck, Werke in Auswahl, Jahrhundertausgabe zum 23. September 1862. [Ausgewählte Quellen zur Deutschen Geschichte der Neuzeit, Freiherr vom Stein-Gedächtnisausgabe.]

REIN, GUSTAV ADOLF (Hg.), unter Mitwirkung v. Busse, Ulrich, Werke in Auswahl, Bd. 1, Das Werden des Staatsmannes, 1815-1862, Teil 1, 1815-1854, Darmstadt 1962.

REIN, GUSTAV ADOLF (Hg.), unter Mitwirkung v. Busse, Ulrich, Werke in Auswahl, Bd. 2, Das Werden des Staatsmannes, 1815-1862, Teil 2, 1854-1862, Darmstadt 1963.

SCHELER, EBERHARD (Hg.), unter beratender Mitwirkung v. Schüßler, Wilhelm und Buchner, Rudolf, Werke in Auswahl, Bd. 3, Die Reichsgründung, Teil 1, 1862-1866, Darmstadt 1965.

MILATZ, ALFRED (Hg.), Werke in Auswahl, Bd. 5, Reichsgestaltung und europäische Friedenswahrung, Teil 1, 1871-1876, Darmstadt 1973.

MILATZ, ALFRED (Hg.), Werke in Auswahl, Bd. 6, Reichsgestaltung und europäische Friedenswahrung, Teil 2, 1877-1882, Darmstadt 1976.

BUCHNER, RUDOLF (Hg.), unter Mitarbeit v. Engel, Georg, Werke in Auswahl, Bd. 8, Teil A, Erinnerung und Gedanke, Darmstadt 1975.

BUCHNER, RUDOLF, ENGEL, GEORG (Hg.), Werke in Auswahl, Bd. 8, Teil B, Rückblick und Ausblick, 1890-1898, Mit zahlreichen unveröffentlichten Stücken und einem Dokumentenanhang, Darmstadt 1983.

B) UNVERÖFFENTLICHTE QUELLEN

FÜRSTLICH VON BISMARCK'SCHES FAMILIENARCHIV, Friedrichsruh:

KAPSEL A: Reichskanzler Fürst Otto von Bismarck

KAPSEL B: Korrespondenz von/an den Kanzler und von/an Graf Herbert von Bismarck

KAPSEL D: Graf Herbert von Bismarck

KAPSEL M: Erinnerung und Gedanke

C) VERÖFFENTLICHTE QUELLEN

AUGUSTINUS, AURELIUS, Bekenntnisse, übersetzt, mit Anmerkungen versehen und hg. v. Flasch, Kurt, Mojsisch, Burkhard, Stuttgart 1989.

BAMBERGER, LUDWIG, Erinnerungen, hg. v. Nathan, Paul, Berlin 1899.

BEBEL, AUGUST, Aus meinem Leben, Mit e. Einl. v. Brandt, Brigitte, ungekürzte Ausg., Berlin, Bonn 1986.

BEUST, FRIEDRICH FERDINAND GRAF VON, Aus Drei Viertel-Jahrhunderten, Erinnerungen und Aufzeichnungen in 2 Bde., Bd. 1 (1809-1866), Bd. 2 (1866-1885), Stuttgart 1887.

OTTO VON BISMARCK, Aus seinen Schriften, Briefen, Reden und Gesprächen, Auswahl und Nachwort v. Helbling, Hanno, Zürich 1976.

BÖRSENBLATT FÜR DEN DEUTSCHEN BUCHHANDEL, 12. Oktober 1898, 65. Jg., Nr. 237, S. 7544-7545.

BÜLOW, BERNHARD FÜRST VON, hg. v. Stockhammern, Franz von, Denkwürdigkeiten, Vom Staatssekretariat bis zur Marokko-Krise, Bd. 1, Berlin 1930.

BUSCH, MORITZ, Tagebuchblätter, Bd. 2 und 3, Leipzig 1899.

DIEST-DABER, OTTO VON, Berichtigung von Unwahrheiten etc. in den Erinnerungen des Fürsten Bismarck und Deutsches Rechtsbewußtsein, Zürich 1899.

ECKARDSTEIN, HERMANN FREIHERR VON, Lebenserinnerungen und politische Denkwürdigkeiten, Bd. 1, 3. Aufl., Bd. 2, 2. Aufl., Leipzig 1920, Bd. 3 (Die Isolierung Deutschlands), 2. Aufl., Leipzig 1921.

GALL, LOTHAR, Otto Fürst von Bismarck, Die großen Reden, hg. u. eingel. v. L.G., ungekürzte Ausg., Frankfurt/Main, Berlin, Wien 1984.

GOETHE, WOLFGANG VON, Brief an Friedrich Maximilian von Klinger, 8. Mai 1814, in: Goethes Werke, hg. im Auftrag der Großherzogin

Sophie von Sachsen, Weimarer Ausg., fotomechanischer Nachdr. der Ausg. Weimar, Böhlau, 1887-1919, Bd. 117, Abt. 4 (Goethes Briefe), München 1987, S. 251.

HOFMANN, HERMAN, Fürst Bismarck 1890-1898, Bd. 1, Leipzig, Stuttgart 1913-1914, S. 207. [Zitiert nach Schoeps, Hans-Joachim, Bismarck über Zeitgenossen, Zeitgenossen über Bismarck, Frankfurt/Main, Berlin, Wien 1972, S. 15, S. 401 d. Bibliographie.]

HOHENLOHE, ALEXANDER VON, Aus meinem Leben, Frankfurt/Main 1925.

HUMBOLDT, WILHELM VON, Wilhelm von Humboldts Werke, hg. v. Leitzmann, Albert. [Wilhelm von Humboldts Gesammelte Schriften, hg. v. d. Königlich Preussischen Akademie der Wissenschaften, 1. Abteilung.]
-- Über das vergleichende Sprachstudium in Beziehung auf die verschiedenen Epochen der Sprachentwicklung, Bd. 4, 1820-1822, Berlin 1905, S. 1-34.
-- Über den Dualis, Bd. 6, 1827-1835, 1. Hälfte, Berlin 1907, S. 4-30.
-- Über die Verschiedenheiten des menschlichen Sprachbaues, Bd. 6, 1827-1835, 1. Hälfte, Berlin 1907, S. 111-303.

KAEHLER, S.A., Realpolitik zur Zeit des Krimkrieges - Eine Säkularbetrachtung, Historische Zeitschrift, 1952, Bd. 174, S. 417-478.

KEUDELL, ROBERT VON, Fürst und Fürstin Bismarck, Erinnerungen aus den Jahren 1846 bis 1872, Berlin, Stuttgart 1901.

LORENZ, OTTOKAR, Kaiser Wilhelm und die Begründung des Reichs 1866-1871, Nach Schriften und Mitteilungen beteiligter Fürsten und Staatsmänner, Jena 1902.

MORITZ, KARL PHILIPP, Anton Reiser, Ein psychologischer Roman, Mit Textvarianten, Erläuterungen und einem Nachwort hg. v. Martens, Wolfgang, Stuttgart 1972.

MOSSE, W.E., The European Powers and the German Question 1848-71, With special Reference to England and Russia, Cambridge 1958.

PETZET, ERICH (Hg.), Der Briefwechsel von Theodor Fontane und Paul Heyse, 1850-1897, Berlin 1929.

SEIDEL, SIEGFRIED (Hg.), Der Briefwechsel zwischen Friedrich Schiller und Wilhelm von Humboldt, Bd. 2, Berlin 1962.

DAS TAGEBUCH DER BARONIN SPITZEMBERG, geb. Freiin v. Varnbüler, Aufzeichnungen aus der Hofgesellschaft des Hohenzollernreiches, ausgew. u. hg. von Vierhaus, Rudolf, Göttingen 1960. [Deutsche Geschichtsquellen des 19. und 20. Jahrhunderts, Bd. 43.]

TIEDEMANN, CHRISTOPH VON, Aus sieben Jahrzehnten, Erinnerungen, Bd. 2, Sechs Jahre Chef der Reichskanzlei unter dem Fürsten Bismarck, Leipzig 1909.

3. Forschungsliteratur zu Erinnerung und Gedanke

BAMBERGER, LUDWIG, Bismarck Posthumus, Berlin 1899. [Sonderabdruck aus der Wochenschrift "Die Nation".]

BAUERMANN, JOHANNES, Ein quellenkritischer Beitrag zum dritten Band von Bismarcks "Gedanken und Erinnerungen", in: Historische Zeitschrift, 1922, Bd. 127, S. 273-277.

BUCHNER, RUDOLF, Einleitung zu Erinnerung und Gedanke, in: R.B., Werke in Auswahl, Bd. 8, Teil A, a.a.O., S. IX-XXX.

DOVE, ALFRED, Bismarcks Gedanken und Erinnerungen, in: Meinecke, Friedrich (Hg.), Alfred Dove, Ausgewählte Aufsätze, München 1925, S. 284-297. [Alfred Dove, Ausgewählte Aufsätze und Briefe, hg. v. Meinecke, Friedrich, Dammann, Oswald, Bd. 1.]

FESTER, RICHARD, Über den historiographischen Charakter der Gedanken und Erinnerungen des Fürsten Otto v. Bismarck, in: Historische Zeitschrift, 1900, Bd. 85, S. 45-64.

GOOCH, G.P., Political Autobiography, in: G.P.G., Studies in Diplomacy and Statecraft, London 1942, Nachdruck 1969, S. 261-263.

GUNDOLF, FRIEDRICH, Bismarcks Gedanken und Erinnerungen als Sprachdenkmal, in: Europäische Revue, 1931, VII. Jg., H. 4, S. 259-271.

GRUNDMANN, GERHARD, Der gegenwärtige Stand der historischen Kritik an Bismarcks "Gedanken und Erinnerungen" Band I, (Diss., Breslau 1924), Berlin 1925. [Historische Studien, H. 162.]

HANK, MANFRED, "Erinnerung und Gedanke", in: M.H., Kanzler ohne Amt, Fürst Bismarck nach seiner Entlassung 1890-1898, (Diss., München 1975), München 1977, S. 231-257 [tuduv-Studien: Reihe Kulturwissenschaften, Bd. 8.]

KAEMMEL, OTTO, Fürst Bismarcks Gedanken und Erinnerungen, in: Die Grenzboten, 1899, 58. Jg., Nr. 14, S. 1-14.
-- Kritische Studien zu Fürst Bismarcks Gedanken und Erinnerungen, in: Die Grenzboten, 1899, 58 Jg., Nr. 24, S. 561-570, S. 625-636.

KLAIBER, THEODOR, Die deutsche Selbstbiographie, Beschreibungen des eigenen Lebens, Memoiren, Tagebücher, Stuttgart 1921, S. 279-301.

KOHL, HORST, Wegweiser durch Bismarcks Gedanken und Erinnerungen, Leipzig 1899.

LENZ, MAX, Zur Kritik der "Gedanken und Erinnerungen" des Fürsten Bismarck, in: Deutsche Rundschau, 1899, Jg. 25, Bd. 99, H. 9 (Teil 1), S. 405-427; Jg. 25, Bd. 100, H. 10 (Teil 2), S. 109-140.

MARCKS, ERICH, Fürst Bismarcks Gedanken und Erinnerungen, Versuch einer kritischen Würdigung, Berlin 1899.

MASUR, GERHARD, Bismarcks Sprache, in: Historische Zeitschrift, 1933, Bd. 147, S. 70-88.

MEINECKE, FRIEDRICH, Die Gedanken und Erinnerungen Bismarck's, in: Historische Zeitschrift, 1899, Bd. 82, S. 282-295.

PAHNCKE, ROBERT, Die Parallel-Erzählungen Bismarcks zu seinen Gedanken und Erinnerungen, Halle 1914. [Historische Studien, H. 3.]

RITTER, GERHARD, Einleitung zu Erinnerung und Gedanke, in: G.R., Stadelmann, Rudolf (Hg.), Erinnerung und Gedanke, Kritische Neuausgabe auf Grund des gesamten schriftlichen Nachlasses, Bd. 15 d. gesammelten Werke, 1. Aufl., Berlin 1932, S. IV-XXVIII.

SCHIEMANN, THEODOR, Bismarck's Audienz beim Prinzen von Preußen, Zur Kritik der Bismarck-Kritik, in: Historische Zeitschrift, 1899, Bd. 83, S. 447-458.

SCHMOLLER, GUSTAV, Über die "Gedanken und Erinnerungen" von Otto Fürst von Bismarck, in: G.S., Lenz, Max, Marcks, Erich, Zu Bismarcks Gedächtnis, 1. u. 2. Aufl., Leipzig 1899, S. 63-78.

SCHWENINGER, ERNST, Dem Andenken Bismarcks, Zum 1. April 1899, Leipzig 1899.

SPAHN, MARTIN, Der dritte Band der "Gedanken und Erinnerungen" u. die Problematik der inneren Politik Bismarcks, in: Hochland, 1921/1922, 19. Jg., Bd. 1, S. 687-699.

ULMANN, HEINRICH, Kritische Streifzüge in Bismarcks Memoiren, in: Historische Vierteljahresschrift, 1902, V. Jg., S. 48-78.

ULRICH, HERMANN, Die Entwicklung der deutschen Selbstbiographie, in: Westphal, a.a.O., S. 62-72.

4. LITERATUR ZUR LITERATURTHEORIE UND LITERATURGESCHICHTE

AICHINGER, INGRID: Probleme der Autobiographie als Sprachkunstwerk, in: Österreich in Geschichte und Literatur 14, 1970, S. 418-434.
-- Art. *Selbstbiographie*, in: Kohlschmidt, Werner, Mohr, Wolfgang (Hg.), Reallexikon der deutschen Literaturgeschichte, begr. v. Merker, Paul, Stammler, Wolfgang, 2. Aufl., neu bearb. u. unter red. Mitarb. von Kanzog, Klaus, sowie Mitw. zahlreicher Fachgelehrter, Bd. 3, Berlin, New York 1977, S. 801-819.

ANDEREGG, JOHANNES, Fiktion und Kommunikation, Ein Beitrag zur Theorie der Prosa, Göttingen 1973.
-- Das Fiktionale und das Ästhetische, in: Henrich, Iser, a.a.O., S. 153-172.
-- Zum Problem der Alltagsfiktion, in: Henrich, Iser, a.a.O., S. 377-386.

BAUMGART, REINHARD, Aussichten des Romans oder Hat Literatur Zukunft?, Frankfurter Vorlesungen, Neuwied, Berlin 1968. [Poetikvorlesungen, Frankfurt/Main, Januar u. Februar 1967.]

BELKE, HORST, Literarische Gebrauchsformen, Düsseldorf 1973. [Grundstudium Literaturwissenschaft, Bd. 9.]
-- Gebrauchstexte, in: Arnold, Heinz Ludwig, Sinemus, Volker (Hg.), Grundzüge der Literatur- und Sprachwissenschaft, Bd. 1, Literaturwissenschaft, 8. Aufl., München 1986, S. 320-341.

BERNHEIDEN, INGE, Individualität im 17. Jahrhundert, Studien zum autobiographischen Schrifttum, (Diss., Aachen 1986), Frankfurt/Main, Bern, New York, Paris 1988. [Literarhistorische Untersuchungen, Bd. 12.]

BEYER-FRÖHLICH, MARIANNE, Die Entwicklung der deutschen Selbstzeugnisse, Leipzig 1930. [Reihe Deutsche Selbstzeugnisse, Bd. 1.]

COOLEY, THOMAS, Educated Lives: The Rise of Modern Autobiography in America, Columbus 1976.

FISCHER, WOLFRAM, Struktur und Funktion erzählter Lebensgeschichten, in: Soziologie des Lebenslaufs, hg. u. eingel. v. Kohli, Martin, Darmstadt und Neuwied 1978, S. 311-335. [Soziologische Texte, Bd. 109.]

FRIEDRICH, HUGO, Dichtung und die Methoden ihrer Deutung, in: Enders, Horst (Hg.), Die Werkinterpretation, Darmstadt 1967, S. 294-311. [Wege der Forschung, Bd. XXXVI.]

GOOCH, G.P., Political Autobiography, in: G.P.G., Studies in Diplomacy and Statecraft, London 1942, Nachdruck 1969, S. 227-290.

GUSDORF, GEORGES, Voraussetzungen und Grenzen der Autobiographie, in: Niggl, Die Autobiographie, a.a.O., S. 121-147, übersetzt v. Christmann, Ursula. [Originaltitel "Conditions et limites de l'autobiographie, in: Formen der Selbstdarstellung, Analekten zu einer Geschichte des literarischen Selbstportraits, Festgabe für Fritz Neubert, hg. v. Reichenkron, Günter, Haase, Erich, Berlin 1956, S. 105-123.]

HAMBURGER, KÄTE, Die Logik der Dichtung, ungekürzte Ausg. nach d. 3. Aufl. 1977, Frankfurt/Main, Berlin, Wien 1980.
-- Wahrheit und Ästhetische Wahrheit, 1. Aufl., Stuttgart 1979.

HARTH, DIETRICH, Fiktion, Erfahrung, Gewißheit, Second thoughts, in: Koselleck, Reinhart, Lutz, Heinrich, Rüsen, Jörn (Hg.), Formen der Geschichtsschreibung, München 1982, S. 621-630. [Theorie der Geschichte, Beiträge zur Historik, Bd. 4.]

HENRICH, DIETER, ISER, WOLFGANG (Hg.), Funktionen des Fiktiven, München 1983. [Poetik und Hermeneutik X.]

HERTING, HELGA, Berichte über sich Selbst, in: Sinn und Form, 1970, Jg. 22, H. 1, S. 228-237.

HOCHHUTH, ROLF, Die Selbstbiographie, in: Frankfurter Allgemeine Magazin, 26. September 1986, S. 58-64.

KAISER, GERHARD, Um eine Neubegründung des Realismusbegriffs, in: Brinkmann, Richard (Hg.), Begriffsbestimmung des literarischen

Realismus, 3., erw. Aufl., Darmstadt 1987, S. 236-258. [Wege der Forschung, Bd. 212.]

KAYSER, WOLFGANG, Das sprachliche Kunstwerk, Eine Einführung in die Literaturwissenschaft, 16. Aufl., Bern, München 1973.

KLAIBER, THEODOR, Die deutsche Selbstbiographie, Beschreibungen des eigenen Lebens, Memoiren, Tagebücher, Stuttgart 1921.

KRONSBEIN, JOACHIM, Autobiographisches Erzählen, Die narrativen Strukturen der Autobiographie, [Diss., Bielefeld 1983), München 1984. [Minerva-Fachserie Geisteswissenschaften.]

KUCZYNSKI, JÜRGEN, Probleme der Autobiographie, Erfahrungen im Umgang mit dem eigenen Ich und Ansichten über die Kunst der Erinnerung, 1. Aufl., Berlin und Weimar 1983.

LEHMANN, JÜRGEN, Bekennen, Erzählen, Berichten, Studien zu Theorie und Geschichte der Autobiographie, (Habil.-Schr., Göttingen, o.J.), Tübingen 1988. [Studien zur deutschen Literatur, Bd. 98.]

LEJEUNE, PHILIPPE, Der autobiographische Pakt, in: Niggl, Die Autobiographie, a.a.O., S. 214-257, übersetzt v. Heydenreich, Hildegard. [Erstveröffentlichung unter dem Titel "Le pacte autobiographique", in: Poétique 4, 1973, S. 137-162.]

MAHRHOLZ, WERNER, Deutsche Selbstbekenntnisse, Ein Beitrag zur Geschichte der Selbstbiographie von der Mystik bis zum Pietismus, Berlin 1919.

MARTINI, FRITZ, Deutsche Literaturgeschichte, Von den Anfängen bis zur Gegenwart, 17., erw. Aufl., Stuttgart 1978.

MENDELSSOHN, PETER DE, Biographie und Autobiographie, in: P.d.M., Von deutscher Repräsentanz, Ansbach 1972, S. 9-47.

METSCHER, THOMAS, Kunst und sozialer Prozeß, Studien zu einer Theorie der ästhetischen Erkenntnis, Köln 1977.

MICHEL, GABRIELE, Biographisches Erzählen - zwischen individuellem Erlebnis und kollektiver Geschichtentradition, Untersuchung typischer Erzählfiguren, ihrer sprachlichen Form und ihrer interaktiven und identitätskonstituierenden Funktion in Geschichten und Lebensgeschichten, Tübingen 1985. [Reihe Germanistische Linguistik, 62.]

MISCH, GEORG, Geschichte der Autobiographie:
-- Begriff und Ursprung der Autobiographie, in: Bd. 1, Das Altertum, 1. Hälfte, 3., stark vermehrte Auflage, Frankfurt/Main 1949, S. 3-21.
-- Bd. 3, Das Mittelalter, 2. Teil, Das Hochmittelalter im Anfang, 2. Hälfte, Frankfurt/Main 1962.
-- Bd. 4, 1. Hälfte, 3. Teil, Das Hochmittelalter in der Vollendung, aus dem Nachlaß hg. v. Delfoss, Leo, Frankfurt/Main 1967.

-- Bd. 4, 2. Hälfte, Von der Renaissance bis zu den autobiographischen Hauptwerken des 18. und 19. Jahrhunderts, bearb. v. Bernd Neumann, Frankfurt/Main 1969.

MÜLLER, KLAUS-DETLEF, Autobiographie und Roman, Studien zur literarischen Autobiographie der Goethezeit, (Habil.-Schr., Tübingen 1974/75), 1. Aufl., Tübingen 1976. [Studien zur deutschen Literatur, Bd. 46.]

MUKAŘOVSKÝ, JAN, Die poetische Benennung und die ästhetische Funktion der Sprache, in: J.M., Kapitel aus der Poetik, Frankfurt/Main 1967, aus dem Tschechischen übersetzt v. Schamschula, Walter. [Titel der Originalausgabe: Kapitoly z české poetiky, Prag 1948.]

NEUMANN, BERND, Identität und Rollenzwang, Zur Theorie der Autobiographie, (Diss., Frankfurt/Main 1970), Frankfurt 1971. [Athenäum Paperbacks Germanistik, Bd. 3.]

NIGGL, GÜNTER, Geschichte der deutschen Autobiographie im 18. Jahrhundert, Theoretische Grundlegung und literarische Entfaltung, 1. Aufl., Stuttgart 1977.
-- (Hg.), Die Autobiographie, Zu Form und Geschichte einer literarischen Gattung, Darmstadt 1989. [Wege der Forschung, Bd. 565.]

PASCAL, ROY, Die Autobiographie, Gehalt und Gestalt, Stuttgart, Berlin, Köln, Mainz 1965,, Übersetzung aus dem Englischen v. Schaible, M., überarb. v. Wölfel, Kurt. [Titel der Originalausgabe: Design and Truth in Autobiography, London 1960.]

PETERSEN, JÜRGEN H., Kategorien des Erzählens, Zur systematischen Deskription epischer Texte, in: Poetica 9, 1977, S. 167-195.

QUANDT, SIEGFRIED, SÜSSMUTH, HANS (Hg.), Historisches Erzählen, Formen und Funktionen, mit Beiträgen v. Hans Michael Baumgartner, Wolfgang Hug, Michael Jung, Franz Neubauer, Siegfried Quandt, Jörn Rüsen, Kurt Röttgers, Heinz Dieter Schmid, Hans Süssmuth, Rudolf Vierhaus, Göttingen 1982.

RÖTTGERS, KURT, Geschichtserzählung als kommunikativer Text, in: Quandt, Süssmuth, a.a.O., S. 29-48.

RÜSEN, JÖRN, Geschichtsdidaktische Konsequenzen aus einer erzähltheoretischen Historik, in: Quandt, Süssmuth, a.a.O., S. 129-170.

SCHWAB, SYLVIA, Autobiographik und Lebenserfahrung, Versuch einer Typologie deutschsprachiger autobiographischer Schriften zwischen 1965 und 1975, Würzburg 1981. [Epistemata, Würzburger wissenschaftliche Schriften: Reihe Literaturwissenschaft, Bd. 4.]

SENGLE, FRIEDRICH, Die literarische Formenlehre, Vorschläge zu ihrer Reform, Stuttgart 1967. [Erw. Fassung der Münchener Antrittsvorlesung vom 18. Mai 1966.]

SHUMAKER, WAYNE, English Autobiography, Its Emergence, Materials, and Form, Berkeley 1954.

SLOTERDIJK, PETER, Literatur und Lebenserfahrung, Autobiographien der Zwanziger Jahre, (Titel der Diss.: Literatur und Organisation von Lebenserfahrung, Gattungstheorie und Gattungsgeschichte der Autobiographik der Weimarer Republik, 1918-1933, Hamburg 1976), München, Wien 1978. [Schriftenreihe: Literatur als Kunst.]

STAIGER, EMIL, Grundbegriffe der Poetik, 2., erw. Aufl., Zürich 1951.

STEMPEL, WOLF-DIETER, Fiktion in konversationellen Erzählungen, in: Henrich, Iser, a.a.O., S. 331-356.

STERNBERGER, DOLF, Der Staatsmann als Rhetor und Literat, in: Deutsche Akademie für Sprache und Dichtung, Jahrbuch 1966, S. 101-115.

STRELKA, JOSEPH, Der literarische Reisebericht, in: Weissenberger, Prosakunst ohne Erzählen, a.a.O., S. 169-184.

TAROT, ROLF, Die Autobiographie, in: Weissenberger, Prosakunst ohne Erzählen, a.a.O., S. 27-43.

ULRICH, HERMANN, Die Entwicklung der deutschen Selbstbiographie, in: Westphal, a.a.O., S. 7-75.

VIERHAUS, RUDOLF, Wie erzählt man eine Geschichte?, Die Perspektive des Historiographen, in: Quandt, Süssmuth, a.a.O., S. 49-56.

WELLEK, RENÉ, WARREN, AUSTIN, Theorie der Literatur, Frankfurt/Main, Berlin 1963, aus dem Englischen übertragen v. Lohner, Edgar, Lohner, Marlene. [Titel der amerikanischen Originalausgabe: Theory of Literature, New York 1942.]

WEISSENBERGER, KLAUS, Einleitung, in: K.W. (Hg.), Prosakunst ohne Erzählen, Die Gattungen der nicht-fiktionalen Kunstprosa, Tübingen 1985, S. 1-6. [Konzepte der Sprach- und Literaturwissenschaft; 34.]

WESTPHAL, M. (Hg.), Die besten deutschen Memoiren, Lebenserinnerungen und Selbstbiographien aus sieben Jahrhunderten, Mit einer Abhandlung über die Entwicklung der deutschen Selbstbiographie v. Hermann Ulrich, Leipzig 1923. [Kleine Literaturführer, Bd. 5.]

WILPERT, GERO VON, Sachwörterbuch der Literatur, 6., verb. u. erw. Aufl., Stuttgart 1979.

WUTHENOW, RALPH-RAINER, Das erinnerte Ich, Europäische Autobiographie und Selbstdarstellung im 18. Jahrhundert, München 1974.
-- Autobiographien und Memoiren, Tagebücher, Reiseberichte, in: R.-R.W., (Hg.), Zwischen Absolutismus und Aufklärung: Rationalismus, Empfindsamkeit, Sturm und Drang, 1740-1786, Reinbek bei Hamburg 1980, S. 148-169. [Deutsche Literatur, Eine Sozialgeschichte, Bd. 4.]

5. Literatur zur Soziologie, Geschichte und Philosophie

AUGSTEIN, RUDOLF, Otto von Bismarck, in: Sternburg, Wilhelm von (Hg.), Die deutschen Kanzler, Von Bismarck bis Schmidt, Frankfurt 1987, S. 13-38.

BUCHNER, RUDOLF, Deutsche Geschichte im europäischen Rahmen, Darstellung und Betrachtungen, Göttingen 1975.

CLAESSENS, DIETER, Rolle und Macht, 3., überarbeitete Aufl., München 1974, [Grundfragen der Soziologie, Bd. 6.]

DAHRENDORF, RALF, Homo Sociologicus, Ein Versuch zur Geschichte, Bedeutung und Kritik der Kategorie der sozialen Rolle, 15. Aufl., Opladen 1977. [Studienbücher zur Sozialwissenschaft, Bd. 20.]

ENGELBERG, ERNST, Bismarck, Urpreuße und Reichsgründer, Berlin 1985.

EYCK, ERICH, Bismarck, Leben und Werk, Bd. 3, Erlenbach-Zürich 1944.

GALL, LOTHAR, Bismarck, Der weiße Revolutionär, korrigierte Ausg., Frankfurt/Main, Berlin, Wien 1983.

HAFFNER, SEBASTIAN, Otto von Bismarck, in: S.H., Venohr, Wolfgang, Preußische Profile, ungekürzte Ausg., Frankfurt/Main, Berlin, Wien 1982, S. 93-114.

HAUG, FRIGGA, Kritik der Rollentheorie und ihrer Anwendung in der bürgerlichen deutschen Soziologie, Frankfurt/Main 1972. [Texte zur politischen Theorie und Praxis.]

JÄCKEL, EBERHARD, Über den Umgang mit Vergangenheit, in: E.J., Umgang mit Vergangenheit, Beiträge zur Geschichte, Stuttgart 1989, S. 118-130.

JONOSKA-BENDL, JUDITH, Probleme der Freiheit in der Rollenanalyse, in: Kölner Zeitschrift für Soziologie und Sozialpsychologie, 1962, 14. Jg., H. 3, S. 459-475.

KÖNIG, RENÉ, Freiheit und Selbstentfremdung in soziologischer Sicht, in: Freiheit als Problem der Wissenschaft, Abendvorträge der Freien Universität Berlin im Winter 1961/62, Berlin 1962, S. 25-41.

MANN, GOLO, Deutsche Geschichte des 19. und 20. Jahrhunderts, 19. Aufl. der Sonderausg., Frankfurt 1987.

MEYER, ARNOLD OSKAR, Bismarck, Der Mensch und der Staatsmann, Leipzig 1944.

MOMMSEN, WILHELM, Bismarck, Mit Selbstzeugnissen und Bilddokumenten, Reinbek bei Hamburg 1985.

PALMER, ALAN, Bismarck, Düsseldorf 1976, aus dem Englischen übertragen v. Landfermann, Ada, Wild, Cornelia. [Titel der englischen Originalausgabe: Bismarck, London 1976.]

RANKE, LEOPOLD VON, Vorrede der ersten Ausgabe (October 1824) von:
L.v.R., Geschichten der romanischen und germanischen Völker von
1494 bis 1514, 2. Aufl., Leipzig 1874, S. V-VIII. [Leopold von
Ranke's Sämmtliche Werke, 3. Gesammtausgabe, Bd. 33 u. 34.]

RUMPLER, HELMUT, Die deutsche Politik des Freiherrn von Beust 1848-
1850, Zur Problematik mittelstaatlicher Reformpolitik im Zeitalter
der Paulskirche, Wien, Köln, Graz 1972. [Veröffentlichungen der
Kommission für Neuere Geschichte Österreichs, 57.]

SCHEIBLE, HARTMUT, Wahrheit und Subjekt, Ästhetik im bürgerlichen
Zeitalter, Reinbek bei Hamburg 1988.

SCHMIDT, HEINRICH, Philosophisches Wörterbuch, neu bearb. v. Schischkoff, Georgi, 21. Aufl., Stuttgart 1982.

STÜRMER, MICHAEL, Bismarck, Die Grenzen der Politik, München 1987.

TAYLOR, A.J.P., Bismarck, Mensch und Staatsmann, München 1962, aus dem
Englischen übertragen v. Wille, Hansjürgen, Klau, Barbara. [Titel
der englischen Originalausgabe: Bismarck, The Man and the States-
man, London 1955.]

WEBER, MAX, Die Objektivität sozialwissenschaftlicher und sozialpoli-
tischer Erkenntnis, in: Methodologische Schriften, Studienausgabe,
Mit einer Einführung besorgt v. Winckelmann, Johannes, Frank-
furt/Main 1968, S. 1-64.
-- Soziologische Grundbegriffe, in: Methodologische Schriften, a.a.O.,
S. 279-340.
-- Politik als Beruf, 8. Aufl., unveränderter Nachdruck der 7. Aufl.
von 1982, Berlin 1987.

WILLMS, JOHANNES, Nationalismus ohne Nation, Deutsche Geschichte von
1789 bis 1914, 1. Aufl., Düsseldorf 1983.

ZUNDEL, ROLF, Der schwere Abschied, Vom Leiden der Politiker nach dem
Entzug von Macht, Öffentlichkeit, Apparat und Wirkungsmöglichkeiten, in: Die Zeit, Nr. 15, 7. April 1989, S. 45-46.

ANALYSEN UND DOKUMENTE

Beiträge zur Neueren Literatur

Herausgegeben von Norbert Altenhofer

Band 1   Heinz Lunzer: Hofmannsthals politische Tätigkeit in den Jahren 1914-1917. 1981.

Band 2   Ingrid Eggers: Veränderungen des Literaturbegriffs im Werk von Hans Magnus Enzensberger. 1981.

Band 3   Dieter Mank: Erich Kästner im nationalsozialistischen Deutschland. 1933-1945: Zeit ohne Werk? 1981.

Band 4   Eberhard Fahlke: Die 'Wirklichkeit' der Mutmaßungen. Eine politische Lesart der *Mutmassungen über Jakob* von Uwe Johnson. 1982.

Band 5   Brigitte Bender: Ästhetische Strukturen der literarischen Landschaftsbeschreibung in den Reisewerken des Fürsten Pückler-Muskau. 1982.

Band 6   Alois Münch: Bertolt Brechts Faschismustheorie und ihre theatralische Konkretisierung in den *Rundköpfen und Spitzköpfen*. 1982.

Band 7   Werner Kurzawa: Analytische Aspekte der literarischen Wertung. Zur Werturteilsfrage in der philosophischen, sozialwissenschaftlichen und literaturwissenschaftlichen Diskussion. 1982.

Band 8   Peter Christian Lang: Literarischer Unsinn im späten 19. und frühen 20. Jahrhundert. Systematische Begründung und historische Rekonstruktion. 1982.

Band 9   Robert Weninger: Arno Schmidts Joyce-Rezeption 1957-1970. Ein Beitrag zur Poetik Arno Schmidts. 1982.

Band 10   Hildegard Hummel: Rudolf Borchardt. Interpretationen zu seiner Lyrik. 1983.

Band 11   Bernd Willim: Urbild und Rekonstruktion. Zur Bedeutung von Schleiermachers Konzept der Literaturauslegung in der aktuellen Diskussion um eine materiale Hermeneutik. 1983.

Band 12   Herbert Gutjahr: Zwischen Affinität und Kritik. Heinrich Heine und die Romantik. 1984.

Band 13   Hendrik Balonier: Schriftsteller in der konservativen Tradition. Thomas Mann 1914-1924. 1983.

Band 14   Gerhard A. Schulz: Literaturkritik als Form der ästhetischen Erfahrung. Eine Untersuchung am Beispiel der literaturkritischen Versuche von Samuel Taylor Coleridge und August Wilhelm Schlegel über das Shakespeare-Drama *Romeo und Julia*. 1984.

Band 15   Winfried Happ: Nietzsches *Zarathustra* als moderne Tragödie. 1984.

Band 16   Michèle Pauget: L'interrogation sur l'art dans l'oeuvre essayistique de Hugo von Hofmannsthal. Analyse de configurations. 1984.

Band 17   Bernhard Uske: Geschichte und ästhetisches Verhalten. Das Werk Wolfgang Koeppens. 1984.

Band 18   Abdo Abboud: Deutsche Romane im arabischen Orient: Eine komparatistische Untersuchung zur Rezeption von Heinrich Mann, Thomas Mann, Hermann Hesse und Franz Kafka. Mit einem Überblick über die Rezeption der deutschen Literatur in der arabischen 'Welt'. 1984.

Band 19   Lynne Tatlock: Willibald Alexis' *Zeitroman Das Haus Düsterweg* and the *Vormärz*. 1984.

Band 20   Ehrhard Marz: Goethes Rahmenerzählungen (1794-1821). Untersuchungen zur Goetheschen Erzählkunst. 1985.

Band 21   Manfred Steinbrenner: "Flucht aus der Zeit"? Anarchismus, Kulturkritik und christliche Mystik - Hugo Balls "Konversionen". 1985.

Band 22   Bettina Dessau: Nathans Rückkehr. Studien zur Rezeptionsgeschichte seit 1945. 1986.

Band 23 Bärbel Kuehn: Kindergeschichte, Spiel und Parabel. Untersuchungen zu kurzen Prosatexten um 1970. 1987.

Band 24 Yoriko Sakurai: Mythos und Gewalt. - Über Hugo von Hofmannsthals Trauerspiel "Der Turm" -. 1988.

Band 25 Gabi Ziegler-Happ: Das Spiel des Stils. Interpretation von Goethes Stilbegriff vor dem Hintergrund von Schillers Spieltheorie. 1988.

Band 26 Gabriele Metzger: Liebe als Rollen-"Spiel". Eine Motivuntersuchung. 1990.

Band 27 Anne Barbara Gerken: Die sprachtheoretische Differenz zwischen Gottsched und Gellert. 1990.

Band 28 Thomas Lindner: Die Modellierung des Faktischen. Heinar Kipphardts *Bruder Eichmann* im Kontext seines dokumentarischen Theaters. 1990.

Band 29 Marina Stadler: Rollenbewußtsein und Subjektivität. Eine literartypologische Untersuchung politischer Memoiren am Beispiel von Otto von Bismarcks "Erinnerung und Gedanke". 1991.

Lebenslauf

Am 3. Juni 1958 wurde ich als Tochter von Eva Stadler und Dr. Marinus Stadler in München geboren. Ich besitze die deutsche Staatsangehörigkeit. Von 1964 bis 1968 besuchte ich die Grundschule in Bad Soden am Taunus, von 1968 bis 1978 das Eichwaldgymnasium in Sulzbach. Dort legte ich am 19. Juni 1978 die Reifeprüfung ab.

Im Sommersemester 1979 begann ich das Studium der Germanistik und Politologie an der Johann Wolfgang Goethe-Universität in Frankfurt am Main. Dort bestand ich im Mai 1985 die erste Staatsprüfung für das Lehramt an Gymnasien. Im Januar 1986 folgte die Arbeit an der vorliegenden Dissertation, für die ich von April 1987 bis März 1990 ein Promotionsstipendium der Konrad-Adenauer-Stiftung, Sankt Augustin bei Bonn, erhielt.

Meine Lehrer in Neuerer und Älterer Philologie und Politologie waren die Professorinnen/Professoren und Dozentinnen/Dozenten Altenhofer, Blank, Brackert, Brakemeier, Czempiel, Fetscher, Greß, Jahn, Jeziorkowski, Kimpel, Kokott, Maus, Metzner, Mittenzwei, Naumann, Piechotta, Shell, Schlosser, Wuthenow, Zimmermann.